제3판

행정관리론

오세덕 · 이명재 · 강제상 · 임영제 · 김강민

도서출판 대영문화사

제3판 머리말

이번에 『행정관리론』 제3판을 출간하게 된 것을 계기로 돌이켜보니 지난 2013년 이 책의 개정판을 발간한 지 벌써 7년이 넘는 시간이 훌쩍 흘러갔다. 그동안 개정에 대한 필요성이 지속적으로 제기되었으나 필자들의 각자 사정으로 인해 작업이 부진했다. 독자 여러분의 과분한 성원에 힘입어 이 책이 그 생명력을 유지하고 있는 만큼 성원에 일부분이나마 보답하고자 하는 마음으로 심기일전해 이번에 개정작업에 착수하게 되었다. 개정작업을 하면서 최근 국내외에서 새롭게 발간된 관련 문헌 및 자료를 숙독·검토하면서 최대한 내용을 수정·보완하려고 노력했다. 이번에 내용이 새롭게 추가되거나 수정 및 보완된 주요 부분은 다음과 같다.

첫째, 이전의 5편으로 구성된 책의 편제는 계속 유지하면서 20개 장에서 18개 장으로 구성을 변경했다. 행정환경의 변화로 인해 새롭게 부상했거나, 반대로 불필요해진 부분을 선별해 관련 내용을 추가하거나 축소 및 삭제했다. 우선 새로운 장으로서 공공갈등과 관리시스템, PR과 정책 마케팅을 새 원고로 추가했다. 한편 기존의 제4장 기획과 제5장 관리통제 및 조정, 제11장 행정수요관리와 제12장 고객만족 및 품질관리, 제17장 위기관리와 제18장 감축관리를 각각 한 장으로 묶으면서 내용을 선별·정리했다. 그리고 제14장 지식관리는 전면 삭제했다.

둘째, 각 장별로 수정 및 보완한 내용을 구체적으로 살펴보면 제5장에서는 리더십의 상황이론, 리더십의 새로운 경향을 일부 수정했고, 제7장에서는 동기부여의 과정이론 내용을 추가·보완했다. 제9장 갈등관리는 갈등관리와 협상으로 명칭을 바꾸고 협상에 관한 이론을 추가했다. 제11장 참여관리 중 주민참여제도를 새 원고로 대체했고, 제17장 전략관리에 전략적 방향 설정 및 전략의 유형 등을 추가하고 수정했다.

셋째, 전체 장에 걸쳐 설명이 부족했거나 문장의 수정・보완이 요구되었던 부분을 가필・수정했다.

저자들의 노력에도 불구하고 개정 후에는 항상 아쉬운 부분이 일부 남아 있는 것 같다. 앞으로도 새로운 이론을 소개할 필요가 있거나 고쳐야 할 점이 발견된다면 계속적으로 수정・보완해 나갈 계획이다. 지금까지와 마찬가지로 독자 여러분의 고견을 개정에 최대한 반영해 나갈 생각이므로 이 책에 대한 계속된 질정(叱正)을 부탁드린다. 끝으로 이 책의 발간을 위해 힘써 주신 대영문화사 임춘환 사장님을 비롯한 관계자 여러분의 후의와 노고에 깊이 감사드린다.

2020년 1월
저자 연구실에서
공동 저자를 대표해서 오세덕 씀

차 례

PART 2 운용과정관리

PART 3 행태관리

Chapter 05 리더십

Chapter 09 갈등관리와 협상

PART 4 수요와 성과관리

Chapter 10 행정 수요 및 품질관리

Chapter 11 참여관리

PART 1

현대 행정관리의 이해

CHAPTER

01 현대 행정관리의 의의와 접근법

제 1 절 행정관리의 의의

1. 행정과 관리

행정과 관리, 공조직과 사조직을 어떻게 구분하고 어떻게 정의해야 마땅한가? 이 문제는 행정학의 발단으로부터 시작해 이론사가 전개되어 온 과정 속에서, 행정학의 학문적 패러다임의 변화와 밀접히 연관된다고 할 수 있겠다. 양자를 동일한 현상으로 바라보는 관점, 즉 공・사조직 간의 유사성을 강조하는 견해가 초창기 행정학의 주된 관점이었다. '행정의 분야는 사무의 분야'라는 윌슨(Thomas W. Wilson)의 말처럼 행정과 관리를 동일시하는 관점이 초창기의 정치・행정이원론적 관점이었다. 즉, 정부활동이나 기업활동이 각기 지향하는 목표는 다르다 할지라도 그 기술적 과정은 '관리'라는 동일한 현상으로 설명될 수 있다는 것이었다(오세덕・여윤환, 2000: 27).

그러나 1930년대에 등장한 정치・행정일원론적 패러다임은 행정과 정치의 동질성을 부각시키는 반면 행정과 관리 간에는 차별성을 강조하기 시작했다. 즉, 공행정과 사행정은 본질적인 차이가 존재하며, 따라서 양자는 구분해서 접근할 필요가 있다는 것이었다.

최근에 이루어진 공・사조직의 비교연구에서도 이러한 두 가지 흐름과 비슷하게 두 가지 부류가 나타나고 있다. 즉, 공·사조직 간의 유사성을 강조하는 머레이(Murray, 1975: 364-371) 등의 연구 경향을 '일반론적 접근법'이라 한다면, 공·사조직 간의 차별성을 부각시키는 페리와 레이니(Perry & Rainey, 1980: 182-201)의 연구 경향을 '이분법적 접근법'이라고 부를 수 있다. 페리와 레이니는 방대한 문헌을 체계적으로 분석해 ① 환경적 요인, ② 조직과 환경과의 교류, ③ 조직 내부의 구조와 과정의 세 가지 면에서 공·사조직 간의 차이를 밝혀내고, 나아가 이것은 두 영역 사이에 관리를 위한 연수 내용과 방법 설계에서도 큰 시사를 줄 수 있다고 주장한다.

한편 보즈만(Bozeman, 1984: 46-62)의 연구는 이 두 가지 접근법의 문제점을 해소해 사기업에는 공공책임성을 높일 수 있고 공조직에는 관리 기술과 혁신의 이전 가능성을 높일 수 있는 통합적 접근법으로서 차원적 접근법(dimentional approach)을 제시하고 있다. 즉, 조직의 유형이나 성격이 어떠하든 간에 각 차원별 공공성(publicness)의 정도를 공통 척도로 삼아 설명하고 있는데, 이 공공성 차원은 ① 자원의 공공성, ② 생명주기 과정의 공공성, ③ 조직구조·관리 과정의 공공성, ④ 목표 달성 과정의 공공성 등 네 가지 차원으로 접근한다. 부연하자면 어떤 조직의 영역이 정부조직에 속하는가 또는 민간기업에 속하는가가 중요한 것이 아니라, 공공성 척도를 기준으로 볼 때 정부조직 중에도 공공성이 약한 조직이 있는가 하면 사기업 조직 중에도 공공성이 강한 조직이 있을 수 있다는 것이다.

행정과 관리를 둘러싼 또 하나의 쟁점은 그 개념 공간의 설정 문제이다. 과연 행정과 관리라는 양 개념은 어느 것이 상위 개념이고 어느 것이 하위 개념인지, 아니면 양자는 같은 수준의 개념인지의 문제이다. 이를 둘러싸고 세 가지의 견해가 대두되었다.

첫째로 관리우위론으로서, 이것은 행정은 관리라는 일반 개념의 일부에 불과하며 행정의 작용은 전문가가 하는 것이고, 이에 대한 전반적 방향을 지도 또는 조종하는 작용이 관리작용이라는 싱클레어(Richard G. Sinclair), 어윅(Lindall F. Urwick), 페이욜(Henri Fayol) 등의 주장이 그것이다.

둘째로 행정우위론으로서, 행정은 유효한 지도인데 반해서 관리는 유효한 수행을 의미하는 것이기 때문에 관리를 행정에 종속시켜야 한다는 셸던(O. Sheldon), 슐츠(J. Schulze) 등의 견해가 그것이다.

셋째로 행정은 일반적으로 그 본질상 관리적 성격을 갖는다는 행정·관리동의론으로서, 이러한 이론은 화이트(Leonard P. White), 디목(Marshall E. Dimock) 등이 주장해 왔다.

그러나 이후 이러한 세 가지 견해보다는 관리작용을 행정 가운데의 새로운 작용 또는 행정의 특수 분야로 파악하는 왈도(Dwight Waldo)나 밀레(John D. Millet)의 견해, 즉 관리특수행정론에 동조하는 학자들이 많은데, 이 책에서도 이러한 견해에 따르고자 한다. 따라서 관리의 의미를 너무 확대하서는 안 되며, 행정 본래의 기능과는 동일시될 수 없는 성질의 것으로서, 이것은 본래의 행정 목적 달성을 효율적으로 촉진시키는 특수한 작용으로 이해해야 할 것이다(오세덕·여윤환, 2000: 29).

2. 조직과 관리

조직(organization)이 무엇인가에 관한 개념 정의가 워낙 복잡다기하게 전개되어 온 나머지 아직 학자들 간에 합의된 정의가 없는 것과 마찬가지로 관리(management) 개념 역시 그 복잡다양성은 이에 못지않다. 심지어 조직과 관리 개념 중 어느 것이 상위 개념이고 어느 것이 하위 개념인가에 관해서도 학자들 간에는 이견이 있어 왔다.

조직 하면 곧 조직구조를 연상하고, 관리 하면 곧 경영이나 행정과 동일시하던 초창기 조직이론의 맥락에서 보면 관리가 조직의 상위 개념처럼 보이는 혼동을 이해할 수 있을 것이다. 초창기 조직연구에서 테일러(Frederick W. Taylor)는 사실상 구조와 관리를 구분해 설명하지 않았다. 페이욜은 오히려 조직의 구조적 문제를 관리에 포함되는 것으로 이해했다. 이를테면, 그가 제시한 이른바 관리의 열네 가지 원칙 가운데서 분업, 권한과 책임, 명령의 통일, 지휘의 통일, 집권화 등의 원칙들은 구조적인 면에 관련된 것들이다.

그러나 조직이론이 전개되어 온 지 한 세기가 지난 오늘날 학자들은 관리를 조직의 한 하위 시스템으로 파악하는 관점, 즉 관리를 조직의 하위 개념으로 보는 관점이 주류를 이루고 있다고 말할 수 있다. 그리고 조직의 개념도 학자들마다 다양하게 정의되고는 있지만 조직을 목표 달성의 수단으로 간주한다는 점, 바꾸어 말해 조직의 기본 속성을 목표지향성에 두고 있다는 점에서는 거의 일치한다.

조직이론의 발달사를 돌이켜 보건대, 연구의 초점은 다음과 같이 크게 세 가지로 변천해 왔다고 볼 수 있다.

베버(Max Weber)나 테일러 등이 중심이 된 초창기 학자들의 관심의 초점은 구조(structure)에 있었다. 즉, 합리성이나 능률성이라는 조직가치 내지 조직 목표를 달성하는 데는 무엇보다 조직의 구조를 잘 설계하는 것이 가장 중요하다고 믿었었다. 그러다가 페이욜이나 귤릭(Luther Gulick) 등의 이른바 고전적 관리론이 등장하면서부터 조직이론의 관심은 관리로 그 초점이 옮겨지게 되었다. 그런가 하면 메이요(George E. Mayo)의 인간관계론에서 연유한 조직 내 인간 행위의 중요성에 대한 강조는 행동과학자들의 주된 관심사가 되었다. 구조론과 관리론이 지나치게 양적 생산성 내지 이윤만을 강조해 인간을 기계시하고 소외감을 불러일으킨다는 비판에서 인간 중심의 조직론으로 그 초점이 바뀐 것이다.

이와 같이 구조론적 조직론으로부터 관리론적 조직론을 거쳐 행태론적 조직론으로 학자들의 관심의 초점이 변해 온 것은 단지 이론사적 측면에서 그러하다뿐이지 조직을 완전히 이해하기 위해서는 이 세 가지 중 어느 하나도 소홀히 할 수 없는 것이다. 여기서 우리는 관리란 조직이라는 상위 체제를 구성하는 하나의 하위 체제이며, 그 전제는 구조가 되어야 하며 조직 내의 인간 행위와 밀접 불가분의 관계가 있다는 시사를 받을 수 있다. 근래에 발간된 국내외 조직학 관련 서적들 저서명을 보더라도 조직구조론, 조직관리론, 조직행태론의 세 가지 명칭이 가장 많이 등장하고 있다. 다만 유념해야 할 점은 대부분의 사회과학이론들이 그러하듯이 이러한 구조론, 관리론, 행위론이라는 세 분야 간의 엄격한 경계를 설정하기는 어렵다는 점이다.

3. 관리의 다의성

관리를 간단히 관리자의 직무라고 정의할 수도 있겠으나 이것만으로는 충분한 정의라고 볼 수 없다. 관리자란 전문화된 타인의 노력(개인적 · 집단적 · 조직적 노력)을 통해 결과를 성취하는 데 궁극적으로 책임 있는 자를 말한다. 관리라는 개념도 조직 개념 못지않게 복잡할 뿐 아니라 보편적으로 사용되고 있기 때문에 그 개념 정의에서 통일된 견해는 존재하지 않는다. 여러 학자의 정의를 살펴보면 다음과 같이 다양하다.

이러한 정의들을 종합해 본다면 관리는 "관리자가 조직의 목표 달성을 위해 자원을 배분하고 운용하는 행태로 구성되며, 도한 환경 변화에 적응하는 조직 과정"이라고 할 수 있다. 이 의미를 좀 더 세분해서 설명하면 다음과 같다(오세덕 · 여윤환, 2002: 31-32).

- 관리는 공동의 목표를 위해 협동집단의 행동을 지시하는 과정이다(Massic, 1971: 4).
- 관리는 조직의 목표를 달성하기 위해 자원을 이용하고 인간 행위에 영향을 주며, 변화에 적응하는 사회적 · 기술적 과정이다(Haiman & Scott, 1974: 6).
- 조직이 인적 · 재정적 · 물질적 및 정보자원을 사용해 계획 · 의사결정 · 조직화 · 지도 및 통제를 하는 과정이다(Griffin, 1987: 8-9).
- 관리는 리더십을 통해 조직의 목표를 달성하는 과정이다(Hersey & Blanchard, 1982: 15-20).
- 관리란 변화에 대응해서 목적을 달성하기 위한 최선의 자원 활용 방안의 추구이다(Keeling, 1972: 32).

첫째, 관리의 주체는 조직 내의 관리자이다. 관리자란 다른 사람들(개인이나 집단)을 통해 목표(집단 목표나 조직 목표) 달성을 추구하는 자로서 작업자와는 구분된다. 조직 내에서 작업자는 직접 일을 하지만 다른 사람들에 대해 책임을 지지 않는 반면, 관리자는 역으로 결과적 책임을 지되 직접 일을 하지 않는다. 관리자의 유형은 조직이나 집단의 전문 영역에 따라 여러 가지가 있을 수 있으나, 보통 계층 수준에 따라 최고관리자, 중간관리자, 하급관리자로 분류할 수 있다.

둘째, 관리의 목적은 조직 목표를 효율적으로 달성하는 데 있다. 즉, 관리란 합목적적인 활동인 동시에 합리적 · 효율적 활동이다. 합목적적이어야 하는 것은 조직과 그 하위 체제로서 관리가 목표 달성을 위한 수단적 성격인 것에 기인하며, 효율적이어야 하는 것은 조직이 운용할 수 있는 자원이 제한적이기 때문이다.

셋째, 관리의 대상은 인력 · 물자 · 정보 · 시간 등의 자원이다. 이러한 자원의 성격, 즉 관리의 대상에 따라서 인력관리, 재무관리, 물자관리, 정보관리, 시간관리 등으로 각론화시켜 연구할 수 있다.

넷째, 관리는 조직 기능이자 조직 과정이다. 관리 현상을 파악하는 데 지금까지 기능적 측면과 과정적 측면의 두 가지 시각이 있어 왔다. 전자의 견해를 대표한 바너드(Chester I. Barnard)에 따르면 관리는 협동적 노력의 체제를 유지하는 기능을 수행하는 것이다. 이 기능의 요소로서 바너드(Barnard, 1938: 217)는 의사소통을 핵심으로 하여 유인·의사결정·권위·지도성 등을 들고 있다. 한편, 후자의 견해는 고전적 관리론의 창시자인 페이욜로부터 이루어져 왔다. 그는 관리를 계획하고, 조직화하고, 명령하고, 조정하고, 통제한다는 다섯 가지 과정적 국면으로 이루어지며 또한 이 과정들은 선형적인 것이 아니라 순환적인 것이라고 이해하고 있다.

페이욜의 관리론은 1930년대에 미국에 소개되면서부터 관리에 관한 연구가 활발히 진행되었는데 이들을 관리과정학파라 칭하기도 한다. 관리 과정에 관한 연구는 1937년에 귤릭이 발표한 소위 POSDCoRB(Planning, Organizing, Staffing, Directing, Coordinating, Reporting, Budgeting) 이론으로부터 근래의 쿤츠(Harold Koontz)와 오도넬(Cyrill O'Donnel)의 관리과정이론에 이르기까지 그 맥을 이어오고 있다.

그런데 관리 과정을 몇 단계로 보느냐는 학자에 따라 견해차가 있다고 하더라도 관리를 계획-실행-통제(plan-do-see)의 세 가지 기본 과정이 순환되는 것으로 보는 데는 이론이 없다 하겠다. 그리고 관리기능론과 관리과정론도 전혀 별개의 시각이 아니라 통합적으로 이해되어야 할 것이다. 이를테면 기능론에서 제기된 관리 요소인 리더십·의사결정·의사전달·권위·동기부여 등은 계획 과정이나 실행 과정 및 통제 과정 각각의 국면에 모두 요청되는 기능인 것이다. 관리를 단순히 기능적 측면에서만 본다면 관리가 단편적이고 개인 관리자의 차원에만 머무르는 것으로 오인될 우려가 있으며, 또한 과정적 측면에서만 본다면 관리의 동태적인 성격을 경시할 우려가 있다. 관리는 각 기능의 전체와 부분이 상호작용하는 동태적 과정인 것이다.

다섯째, 관리는 조직환경의 변화에 적응하는 기술적 과정이자 사회적 과정이다. 오늘날 관리이론이 고전적 관리이론과 다른 점은 조직환경의 변화를 인식하고 이에 조직이 부단히 적응해야 할 필요성을 강조하는 것이며, 이는 체제이론의 영향이라고 할 수 있다. 그리고 과거에는 관리자의 전문적 기술만 강조한 데 비해 현대 관리자의 능력은 사회적·인간관계적 기술도 매우 중요시되고 있다. 관리자가 효율화를 추구함은 물론 인간화도 함께 추구해야 하는 이유가 여기에 있다.

이상과 같이 관리가 갖는 의미를 여러 가지 측면에서 조명해 볼 수 있었지만 관리적 과업과 관련해서는 세 가지 차원에서 종합해 볼 수 있다. 즉, 그 첫째는 업무와 조직 및 변화의 관리이고, 그 둘째는 조직구성원인 인간의 행태관리이며, 그 셋째는 과정 및 운영의 관리가 그것이다.

[그림 1-1]은 세 가지 관리 과업이 각기 독립적으로 논의될 수 있다는 것을 보여 줌과 동시에 이들이 상호 연관되어 있음을 보여 준다. 또한 그것들은 이 책을 통해 구성하고자 하는 내용의 틀을 제공해 주고 있다.

그림 1-1 이 책의 구성 체계

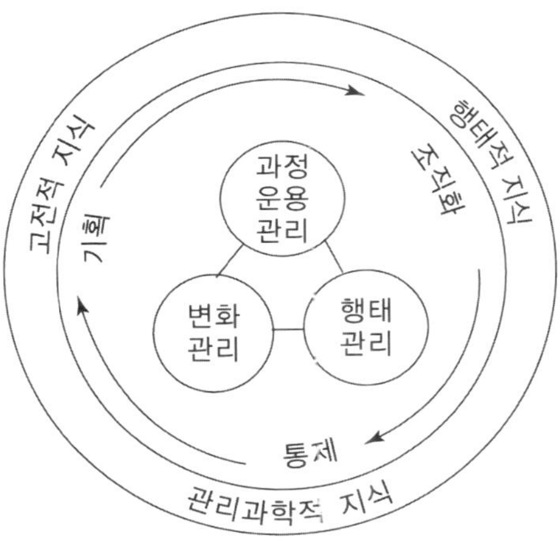

[그림 1-1]은 오늘날 관리자들이 직면하는 도전과, 기획하고 조직화하고 통제하기 위해 필요한 광범한 지식을 요약하고 있다. 즉, 관리자들은 작업 및 조직을 관리하기 위해서는 고전적 접근에 기초한 정보에 우선 의존하지 않으면 안 된다. 그러나 사람을 관리하기 위해서는 관리자들은 행태적 정보를 필요로 한다. 아울러 운영을 통제하기 위해 관리자들은 관리과학적 관점을 갖지 않으면 안 되는 것이다(Barnard, 1938: 11).

제 2 절 관리접근법의 전개

1. 관리에 대한 접근법

지금까지 관리사상에 관해서는 잘 정립된 세 가지 접근법이 있어 왔다. 즉, 고전적 접근법, 행태적 접근법, 관리과학적 접근법이 그것이다. 비록 이 세 가지가 순서대로 전개되어 왔다 할지라도 나중 것이 먼저 것을 대체하는 접근법이 되지는 못했다. 단지 새로운 접근법이 앞선 것을 보완하고 지식을 추가하는 데 그쳤으며, 각 접근법이 독자적으로 발전을 이루어 왔다. 그러나 이후 그간의 축적된 지식들을 통합하고자 하는 시도가 나타났는데 체제적 접근법과 상황적합적 접근법이 그것이다(Donnelly, Gibson, & Ivancevich, 1987: 6-10).

1) 고전적 접근법

고전적 접근법(classical approach)은 관리를 본격적으로 연구하기 위한 첫 번째 시도이다. 금세기 초엽, 관리자들은 급속히 팽창해 가는 작업집단의 '능률성과 생산성을 어떻게 증진시킬 것인가'와 같은 근본적이면서 실제적인 문제에 대한 해답을 탐구하기 시작했다. 제1차 세계대전 중에는 기업의 지도자들이 근로자들의 생산성 향상을 추구하면서부터 점차로 엔지니어의 기술적 통찰력을 중요시하게 되었다.

이러한 노력은 공장설계 · 직무설계 · 작업 방법 및 기타 '작업관리' 측면에 관한 광범한 지식집단을 형성하기에 이르렀다. 동시에 소규모 단일 생산 회사들은 대규모적인 복합 생산조직으로 확장해 가기 시작했다. 이러한 조직을 관리하는 개인들은 '조직의 관리'가 '작업의 관리'와는 전혀 다르다는 것을 인식했다. 이와 같이 연구자들은 거대하고 복잡한 조직을 관리하는 문제를 연구하기 시작했는데, 그들은 관리를 집단 목표를 달성하기 위해 집단의 노력을 조정하는 과정으로 보았던 것이다. 기획 · 조직화 · 통제 등이 관리 과정을 망라하는 기능으로 확인된 것은 이 시기였다.

2) 행태적 접근법

행태적 접근법(behavioral approach)이 발전된 부분적인 이유는 실무관리자가 고전적 접근 방법의 사고가 언제나 전체적 능률성과 작업장의 조화를 달성하는 것은 아니라는 사실을 발견했기 때문이다. 부하들은 항상 고전적 접근이 가정하는 바대로 행동하지는 않기 때문에 관리자는 문제에 봉착했다. 이리하여 관리자가 부하들을 관리하는 데 좀 더 효과적이 되도록 도와주는 방안에 많은 관심이 모아졌다.

행태적 접근법은 작업환경 속의 인간 행동을 이해하는 데 관리자를 도와주기 위해 심리학 · 사회학 · 인류학 및 기타 행동과학의 개념들을 사용한다. 행태적 접근의 강조점은 사람과 작업 및 조직 간의 상호관계에 초점을 둔다. 따라서 동기부여 · 커뮤니케이션 · 리더십 · 작업집단 등의 주제에 관심을 집중한다.

3) 관리과학적 접근법

어떤 의미에서 관리과학적 접근법(management science approach)은 고전적 접근법이 일찍이 작업관리에 강조점을 두었던 것의 현대적 재현이다. 그 주요 특징은 운영을 관리하는 데 보조 수단으로서 수학과 통계학을 사용한다는 점이다. 관련 문헌들은 행태적 문제보다는 기술적 문제들을 해결하는 데 초점을 둔다.

이것들은 조직의 생산물과 관련된 문제를 해결하는 데 관리자에게 유용한 개념과 도구에 초점을 두고 있다. 정보기술(IT)은 이 접근법의 성장에 크게 기여했는데, 정보기술을 활용함으로써 이전에는 불가능했던 복잡한 생산과 운영 문제를 분석 가능하게 했기 때문이다.

2. 세 가지 접근법의 통합 시도

1) 체제적 접근법

관리에 대한 체제적 접근법(systems approach)은 관리 문제에 대한 하나의 사고방식으로서, 조직을 단일 목표를 갖는 상호 관련된 부분의 집합으로 간주한다. 그리고 한 부분의 행동은 여타 부분에 영향을 주며, 관리자는 각 부분을 분리해서 다룰 수 없다는 것을 전제로 한다.

광범한 생산 라인에서 생산비용과 마케팅 목표 간의 해묵은 논쟁은 관리 문제의 상호 관련된 성격의 한 예이다. 각 목표들은 상호간에 갈등 관계에 있다. 생산비용을 최소화하기 위해서는 회사는 하나의 색상과 스타일을 생산하려 할 것이다. 그러나 마케팅 목표를 달성하기 위해서는 비용이 더 들더라도 색상과 모델의 수를 더 늘릴 필요가 있다. 이 상황에서 전체 체제의 목표 달성을 위해서는 어떤 타협이 요구된다. 각 부분의 목표는 회사의 전체 목표에 부응하기 위해서는 조정되지 않으면 안 된다.

체제적 접근을 사용할 때, 개별 관리자는 그들의 직무에 관한 광범한 관점을 채택하지 않으면 안 된다. 체제적 관점에서 그들은 조직의 다양한 부분 목표와 전체로서 조직 목표 간의 조정을 더 쉽게 달성할 수 있다.

2) 상황적합적 접근법

상황적합적 접근법(contingency approach)의 기본적 사고는 기획하고 조직화하고 통제하는 데 최선의 방법이란 없다는 것이다. 대신, 관리자는 모름지기 서로 다른 상황에 적합한 서로 다른 방법을 발견하지 않으면 안 된다. 하나의 상황에서 가장 효과적인 방법은 다른 상황에서는 효과적으로 작용하지 않을 수 있다. 상황적합적 접근은 서로 다른 상황을 서로 다른 관리 방법과 짝짓고자(matching) 시도한다.

이러한 상황적합적 접근은 지난 20여년 동안 꾸준히 성장해 왔다. 여러 연구에 의해 이 접근법은 검증이 시도되었다. 예컨대, 치밀한 계획, 명백히 정의된 직무, 권위주의적 리더십, 엄격한 통제 등이 때로는 높은 생산성과 근로자 만족을 가져올 수 있다. 그런가 하면, 그 반대의 경우(일반적 계획, 느슨하게 정의된 직무, 민주적 리더십, 그리고 느슨한 통제 등)가 동일한 결과를 가져오기도 한다.

상황적합적 접근법을 따른다면 관리자는 고전적 해결책에서처럼 새로운 작업 방법을 필요로 한다거나, 행태적 해결책에서처럼 새로운 동기부여 접근이 시도될 필요가 있다고 무조건 가정하지는 않을 것이다. 대신 그 관리자는 어떤 해결책을 결정하기에 앞서 작업자의 특성, 직무의 성격, 그리고 자신의 리더십 접근법 등을 연구할 것이다. 그리고 자신이 처한 상황에 적합한 관리 방법을 적용하려 할 것이다. 이와 같이 상황적합적 접근법은 관리에서 모든 상황에 보편적으로 적용될 수 있는 유일무이의 법칙은 존재하지 않는다고 주장한다.

제 3 절 현대 행정관리의 방향

급격한 외부 환경의 변동은 오늘날 공공관리의 본질적인 변화를 강요하고 있다. 그것은 무릇 정부조직의 구조, 업무 수행 방법, 행동 양식, 전략에 이르기까지 다양하다. 따라서 오늘날 이러한 변화에 대한 새로운 수요로 말미암아 행정관리의 새로운 이론의 필요성과 대두가 불가피하게 되었다. 즉, 전통적 행정관리에서 새로운 행정관리론의 초점은 다음과 같이 변화되었다(박우순, 1996: 29).

첫째, 새로운 행정관리는 거시적 수준에서의 가치와 관련해서는 종래의 독점이라는 가치에서 경쟁의 가치로, 통제를 위한 규제조직의 가치에서 시장 유인을 강조하는 사명 지향적인 조직의 가치로, 단순한 프로그램의 추가에서 프로그램의 선별과 리엔지니어링 과정의 가치를 강조하고 있다.

둘째, 조직구조에 대한 가치와 관련해서는 집권화에서 분권화로, 통제자로서 감독관청에서 지원자로서 감독관청으로, 비민주적 가치 차원에서 참여적 가치 차원을 중시하고, 개별적 업무보다는 팀워크를 중시하고, 계층제적 조직 대신에 수평적인 조직을, 단순한 업무에서 다차원적인 업무로, 단수가치 서비스 대신에 복수가치 서비스를 중시하는 쪽으로 관리 초점의 변화가 불가피하게 되었다.

셋째, 업무에 대한 가치와 관련해서는 내부 지향적인 전문가적 업무에 초점을 맞추는 대신, 외부 지향적인 고객에 초점을 맞추게 되었으며, 현상 유지적인 전통이 아니라 변동을 유도하는 혁신이 주요 초점이 되었고, 업무와 관련된 측정이 두려운 존재가 되는 것이 아니라 기회 발양의 존재가 되었으며, 보호적 차원의 업무를 주로 하는 것이 아니라 생산적 차원의 업무가 주가 되고, 서열보다는 능력, 검사와 통제보다는 예방이 주요한 가치로 등장하게 되었다.

넷째, 구성원(인간)에 대한 가치와 관련해서는 체제 무관심 상황에서 방치하는 것이 아니라 직원의 욕구를 끊임없이 수렴하고 충족시키며, 비용 개념으로 직원을 카운트하는 것이 아니라 자산으로 높이 평가하며, 관리자 중심의 가치관이 아니라 구성원 중심의 가치가 지배해야 하고, 평정 · 제재 · 순위가 아니라 발전 · 학습 · 인정이 중요한 가치적 지향성을 갖는 방향으로의 이행이 불가피해졌다.

이와 같은 논의의 요지는 결국 공무를 집행하는 데 경험과 충성심이 강조되고 일상적으로 대처하던 시대에서 결과 중심의 실적주의와 기업가적 관리 능력을 중시하는 행정으로 변하고 있다는 것이다. 마스카렌하스(Mascarenhas, 1993: 319-328)는 오늘날이야말로 관리기술(managerial skills), 기업가적 계획(corporate plans), 성과계약(performance agreements) 등이 강조되는 때라고 밝히고, 이러한 변화를 신공공관리(new public management: NPM)라고 표현하고 있다.[1)]

또한 신관리주의(new managerialism)가 주장하는 행정혁신의 내용인 행정 서비스의 분권화, 조직관리 계층의 축소, 고객으로서의 시민, 행정의 민간위탁, 행정 서비스의 전달 체계를 좀 더 시민 중심으로 할 것을 제도화한 시민헌장(Citizen's Charters) 등도 위에서 밝힌 내용과 맥락을 같이한다(Farnham & Horton, 1993: 237-254; Prior, 1995: 89-90). 이러한 시각은 이론적으로 볼 때 행정과 정치의 이분론적 접근 및 행정과 경영의 이분론적 접근이라는 전통적 관리 개념의 극복과 지양을 의미하며, 하나의 연속선상에서 상호 보완적으로 보는 시각이 타당함을 일깨우는 것이라 하겠다.

---

1) 여기에서는 신공공관리의 개요에 대해서만 설명하고 그 구체적 내용과 신공공관리 이후의 변화에 대한 내용은 제2장에서 설명하기로 한다.

CHAPTER

02 행정관리의 혁신

제 1 절 신공공관리와 행정관리 혁신

1. 신공공관리의 의의

행정이 변화하는 환경에 대해 적절히 대응해야 하고, 나아가 소망스러운 변화의 촉진자 역할을 해야 한다는 것은 잘 알려진 사실이다. 그동안 이와 관련해 많은 이론 및 모형이 개발되어 왔는데, 특히 작은 정부론(limited government), 신공공관리(new public management),[1] 신관리주의(new managerialism) 등이 활발히 논의되어 왔다. 앞의 장에서 현대 행정관리의 새로운 방향으로 전통적 행정관리와 비교되는 신공공관리의 개요에 대해 살펴보았다.

신공공관리론은 1980년대 이후 '시장주의'와 '신관리주의'에 기반을 두고 전통적 행정 패러다임의 한계를 극복하고 작은 정부를 구현하기 위해 개발된 정부 운영에 관한 이론이다(박연호 · 이종호 · 임영제, 2018: 59). 그런데 신공공관리의 실체적 개념에 대해서는 아직도 의견이 분분하다. 신공공관리는 그 개념이 명확히 규정되어 있지 않아 누구나 새로운 관리 기법을 신공공관리의 하나로 소개할 수 있다고 할 수 있을 정도라는 말이 있다(Ferlie, Ashburner, Fitzgerald, & Pettigrew, 1996). 후드

1) 신공공관리론의 경우 가장 광의로는 행정관료제에 국한되지 않고 국민과의 관계까지 포함하는 뉴거버넌스(new governance)와 유사한 개념으로 사용되고 있으며, 가장 협의로는 미국 및 영국에서 시도되는 일련의 행정개혁 프로그램을 지칭하기도 한다.

(Hood, 1991)는 신공공관리가 전 세계적으로 공공관리의 전환점으로 등장했다고 주장하나, 실제로는 영국의 넥스트 스텝스(Next Steps)를 제외하고는 신공공관리의 개념이 정부개혁에 제대로 자리 잡지 못하고 있다는 주장도 존재한다(Barlow, Farnham, Horton, & Ripley, 1996).

이와 같은 논의를 정리하기 위해 우선 신공공관리론의 주요 내용을 요약하면 다음과 같다(Ferlie, Ashburner, Fitzgerald, & Pettigrew, 1996: 10-15). 첫째, 정부 기능 및 규모의 축소, 행정 서비스의 민영화 등에 중점을 둔다. 둘째, 결과 혹은 성과를 강조하며, 행정관의 책임을 강조한다. 셋째, 공공 서비스의 시장 지향을 추구하고 고객 지향적 행정을 강조하며, 시장 지향적 성격을 띤 공공관리의 새로운 모형을 모색한다. 넷째, 공직 임용에서의 계약제를 강화하고, 이른바 책임기관(agency)을 설치해 정부 조직구조의 변화를 추구한다. 다섯째, 전통적인 통치의 개념이 아닌 신관리주의적 정부 운영의 개념을 강조해 작은 정부(limited government)를 강조한다.

신공공관리론은 행정 서비스가 비능률적이며, 국민 경제구조에 낭비를 초래하고 있고 정부는 공동체의 요구를 충족시킬 수 있는 기반을 상실했다는 인식에 입각하고 있다. 따라서 ① 처방 지향적이며, ② 공공관리와 공공조직의 공공성에 중점을 두며, ③ 과정보다 문제를 중시하고, ④ 이론적 지식보다 경험적 지식에 역점을 두며, 전략과 다조직 문제(multi-organizational problem)에 초점을 둔다(김규정, 1999: 111; Bozeman, 1993: 362). 그동안 우리나라를 포함해 많은 국가가 이러한 신공공관리론의 내용과 초점에 기반을 두고 행정관리 혁신을 추구했으며, 나름대로의 성과도 거두었으나 동전의 양면처럼 그 부작용도 드러났다(강제상 · 임영제, 2002).

2. 신공공관리와 신관리주의

관리주의(managerialism)는 민간 부문의 관리 시스템과 기법을 정부 부문에 도입하고자 하는 주장으로서 정부 부문의 성과 · 실적을 중시하고 관리자의 개인적 책임을 강조하는 사고 방식을 말한다(Farnham & Horton, 1993: 259). 이러한 관리주의의 핵심은 경제적 생산성, 다기능적 대규모 집행기관, 생산성 지향의 인력, 관리의 독자적 기능, 관리 자율성이다(Pollitt, 1990: 2-7). 그 후의 관리주의는 공공선택론,

대리인이론 등과 결합하게 되고 그 결과 신관리주의(new managerialism)라는 새로운 형태로 거듭나게 되었다(배용수, 2000: 24). 이 사고 방식은 노젓기가 아닌 방향 제시, 과정이 아닌 결과, 정치가 아닌 생산, 권력 행사가 아닌 권한위임, 갈등이 아닌 협력을 강조하는 것으로 특징지어진다(Lynn, 1998: 236). 관리주의는 1980년대에 관료모형을 극복하는 방안으로서 일선관리자에게 예산과 인사상의 권한을 위임해 주는 형태로 실시되었다. 이에 비해 신관리주의는 행정가의 정책기업가(policy entrepreneur)로서 역할을 강조한다.

신관리주의의 접근법을 살펴보면 다음과 같다(배용수, 2000: 26). 신관리주의는 주로 자율적 관리와 시장 지향적 관리에 기반을 두고 이론적 토대를 마련하고 있으나, 그 밖에 계량적·분석적 관리 및 정치적 관리의 접근법에 의해서도 구체화된다(Terry, 1998: 194-195).

첫째, 계량적·분석적 관리 방법(quantitative/analytic management)인데, 이 접근법은 미래예측 기법이나 비용편익분석과 같은 정교한 분석 기법의 전략적 활용에 비중을 둔다.

둘째, 정치적 관리 방법(political management)은 극단적인 정치·행정이원론을 반대하고 공공관리의 정치적 측면에 초점을 맞춘다.

셋째, 자율적 관리 방법(liberation management)은 공공관리자가 고도로 숙련되고 관리 기법을 숙지하고 있는 헌신적인 사람이라는 사고 방식에 기반을 두며, 공공관리자를 '악한' 시스템에 갇힌 '선한' 존재로 본다. 따라서 공공관료제의 성과를 개선하기 위해서는 병리 현상을 해소해 관리자의 자율성을 제고해야 한다고 보며, 이를 위해서는 내부관리의 규제 완화로부터 관리 과정의 분권화·합리화에 이르기까지 다양한 전략을 채택해야 한다고 주장한다.

넷째, 시장 지향적 관리 방법(market-driven management)은 다음과 같은 두 가지의 개념 요소를 포함한다. 우선 경쟁은 비용을 낮추고 능률성을 증대시킴으로써 정부관료제를 개선할 수 있는 실행 가능한 전략으로 본다. 다음으로 민간 부문적 관리(private-sector management)는 민간 부문의 관행과 기술은 공공 부문의 관행과 기술보다 우월하다는 믿음에 기초를 두고 있는데, 이는 이 접근법의 옹호자로 하여금 공공관리와 민간관리를 구분하는 것이 무의미하다는 결론에 도달하게 한다.

지금까지의 논의를 정리해 보면, 결국 앞에서 정리한 신공공관리와 신관리주의의 지향점은 유사하며 상호 교호적인 개념인 것을 알 수 있다(Rhodes, 2000: 55-56; Pierre, 2000: 14-19; Frederickson, 1997: 79).

3. 신공공관리의 지향

1) 고객 지향적 행정

신공공관리의 기본적 특징 중 하나는 고객 지향적 행정을 지향한다는 것이다. 고객 지향적 행정은 과거의 행정 중심적이고 공급 중심적인 관행으로부터 민간 중심적이고 수요 중심적인 것으로 전환하자는 것이다. 고객 지향적 정부가 지켜야 할 이념과 가치로서는 고객 요구를 적절하게 반영하는 행정(적절성), 정당한 절차를 따르는 행정(민주주의와 절차의 정당성), 능률적 행정(능률성), 약자의 보호와 복지사회 건설을 위한 행정(공정성), 학습조직으로서 행정(자기개혁성) 등 다섯 가지를 들 수 있다(이종범, 1996: 26-34). 즉, 고객 지향적 정부는 "정부에 대해 주인이며 동시에 고객인 국민에게 고품질의 행정 서비스를 능률적으로 제공하고, 국민들의 요구에 대해 민감하게 대응함으로써 국민들의 만족도를 극대화시켜 주기 위해 국민에게 접근하려는 정부"라고 할 수 있다(박세정 외, 1996: 47).

고객 지향적 행정이 성공을 거두기 위해서는 우선 다음과 같은 측면에서 행정조직 내부의 혁신이 우선되어야 한다.

첫째, 조직 내 모든 계층, 모든 부서 조직원의 의식 개혁과 적극적인 참여를 통한 범조직적 관리혁신운동이 필요하다.

둘째, 일선 부서의 조직구성원들이 업무 수행 중 느낀 문제점에 대해 자발적이고 주도적으로 개선 방안을 제안하고 공감대를 형성해 현실성 있는 구체적 실천계획을 수립, 실천해 나가도록 해야 한다.

셋째, 고객 만족의 극대화에 걸림돌이 되는 기존의 조직구조, 관행, 업무 절차 등을 과감히 개혁해 나가야 한다.

2) 품질 지향적 행정

품질 지향적 행정은 앞에서 살펴본 고객 지향적 행정과 맥을 같이하는 개념이다. 흔히 총체적 품질관리(Total Quality Management: TQM)로 지칭되는 품질행정은 조직의 과정, 산출물, 서비스의 계속적 개선을 위한 수량적 방법 이용과 종업원의 참여를 통해 고객의 요구와 기대를 만족시키는 총체적이며 종합적인 조직의 접근법으로 정의된다(Denhardt, 1993: 15). 여기에서 총체적(total)이라는 말은 고객의 확인에서 고객의 만족도 평가까지 조직에서 수행하는 업무의 모든 측면에 적용한다는 것을 말하며, 품질(quality)은 고객의 기대를 만족시키고, 나아가 이를 능가하는 것을 뜻한다. 또 관리(management)는 지속적으로 품질을 개선할 수 있는 능력의 개발과 유지를 의미한다(Cohen & Eimicke, 1994: 450).

TQM은 전통적 관리(traditional management)와는 여러 가지 면에서 차이점을 가지고 있다. 첫째, 전통적 관리는 주로 단기적 목표 달성에 초점을 두는 반면, TQM은 조직이 장기적으로 원하는 비전(vision)을 창출하고 이를 조직의 목표로서 운영되게 해 준다(Durant & Wilson, 1993: 218). 둘째, TQM의 지지자들은 전통적 관리는 품질 향상과 고객 서비스에 대한 사회감정적(socioemotinal) 몰입을 이끌어 내는 데 불충분하다고 비판하며 TQM은 이를 가능하게 해 준다고 강조한다. 셋째, TQM은 정부조직 내의 수평적 조직구조, 계속적 개선, 전체 조직구성원의 자발적 협력, 참여관리, 고객 서비스, 성과의 탁월성 등으로 야기되는 조직의 '문화혁신(cultural revolution)'을 요구한다(Durant & Wilson, 1993: 228). 반면 전통적 관리는 현상 유지를 최우선시한다. 넷째, 전통적 관리가 주로 기술구조적 측면을 중시한 반면 TQM은 인적 측면과 기술구조적 측면 양자 모두의 변화를 요구한다. 다섯째, 전통적 관리는 사후적 통제를 강조하는 반면 TQM는 사전 예방을 중시한다. 요약하면, 전통적 관리와 TQM과의 차이점 중 핵심적인 내용은 고객 지향, 품질 보장, 권한위임 및 조직구성원의 참여, 계속적 개선이라고 할 수 있다.

3) 기업가형 정부

기업가형 정부란 능률성과 효과성을 높이기 위해 새로운 방식으로 자원을 배분하는 기업가적 혁신(entrepreneurial innovation)을 이룩하고 동시에 효과적으로 운용되는 행정조직, 내부 유인 체계, 조직문화를 가진 정부 형태이다. 즉, 고객을 만족시키는 공공 서비스를 더욱 낮은 비용으로 제공하기 위한 목적으로 기업가적 혁신이 끊임없이 생겨나는 정부 형태를 말한다(Osborne & Gaebler, 1992).

이와 같은 기업가형 정부의 개념에는 다음과 같은 두 가지 측면이 있다(이혜훈, 1999). 첫째, 효과성 및 능률성 제고의 측면이다. 기업가형 정부는 기업 운영 방식을 정부조직 내부에 적용하는 것이기 때문에 그 운영 원리를 경쟁주의, 성과주의, 결과지향성 등 경제적 능률성에 근거하고 있다. 둘째, 자발성과 지속성의 측면이다. 기업가형 정부에서 혁신은 외부적 압력이 없이도 자발적으로 생겨나는 것이며, 일과성에 그치는 것이 아니라 지속적으로 발생하는 것이다. 기업가형 정부로 전환한다는 것은 외부의 압력 없이도 지속적으로 개혁하고 끊임없이 품질을 향상시키는 자기혁신 체제(self-renewing system), 즉 체제 내적인 향상성을 갖는 정부를 창조하는 것을 의미한다(Osborne & Plastrik, 1991).

4) 성과 지향적 행정

성과 지향적 행정(performance management)이라 함은 성과 향상을 위한 체계적 접근법으로서, 국가에 따라서는 '결과중심관리(management by result)', '사업계획관리' 등의 용어로 사용되기도 한다. 원래 민간기업에서 활발하게 사용되는 성과 중심 관리 체제에는 일반적으로 중기전략계획, 연도별 운영계획, 성과측정 및 보고 등이 포함된다. 현재 대부분의 OECD 국가들은 기관 목표의 재정의, 전략계획 절차의 확립, 성과지표 및 측정 기법 개발, 성과보고 및 평가 체계의 확립, 성과협약 제도의 개발 등을 도모하기 위해 범정부적인 노력을 계속하고 있다(Pollitte & Bouckaert, 2004: 90-93). 왜냐하면 성과를 측정하지 않기 때문에 정부는 바라는 목표를 좀처럼 달성할 수 없는 것이라는 데 인식을 같이하고 있기 때문이다. 즉, 성과에 대한 정보가 거의 없는 상태에서, 정부는 연공서열, 관리예산과 스태프(staff)의 규모, 권한의 수준에 기초해서 공무원에게 보상을 준다. 이 때문에 공무원은 더 많은 예산 · 스태프 · 권한을 추구하며, 자신들의 업무를 보호하고, 자신들의 제국 건설(empire-building)을 위해 노력하게 되는 것이다.

그러나 아직 공공 부문에 성과 중심 관리제도를 정착시키는 데 극복해야 할 과제는 대단히 많다. 우선 성과측정의 문제는 조직의 성과와 책임에 관심을 가진 어떠한 사회에서도 가장 기본적 문제인데, 공공 부문에서 이러한 성과측정 기법이 불완전한 수준이기 때문에 여러 가지 역기능이 발생되기도 한다. 또한 영연방국가를 비롯한 일부 국가에서 활용되고 있는 계약제도는 그 자체가 또 하나의 경직된 제도로 작용함으로써 행정관리상의 신축성 및 재량성을 저해하는 또 다른 문제점으로 지적받고 있다. 따라서 성과 중심 관리제도는 단순한 조직의 구조조정으로 달성할 수 있는 것이 아니고, 행정개혁의 틀 안에서 다른 다양한 전략을 병행해야 성공할 수 있는 제도인 것이다.

5) 작은 정부

여기에서 작은 정부라고 하는 것은 언제나 일정한 소규모를 유지해야 한다는 것을 의미하는 것은 아니고 정부 기능에 따라 확대되는 것은 불가피하나 가급적 소규모로 유지해야 한다는 상대적 의미를 갖는다(박등서, 1993: 11). 작은 정부론을 지지하는 학자들은 시장 원리, 즉 경제적 효율성을 주요 지향점으로 하는 국가 운영으로 거대 국가나 복지국가의 비효율성으로 인한 문제점을 해소할 수 있다고 주장한다.

일반적으로 작은 정부의 개념은 정부기구의 규모(조직, 인력, 재원 등)의 차원에서 논의된다. 즉, 작은 정부란 정부 규모만이 아니라 영향력 또는 사회에 대한 개입의 크기를 포함하는 권력의 측면을 포괄하는 것으로 볼 수 있다. 그러나 작은 정부를 규모와 권력 측면을 포괄하는 용어로 사용하는 것은 문제가 있는 것으로 보여지는데, 왜냐하면 정부의 규모와 권력의 크기가 항상 동일 방향으로 움직이는 것은 아니기 때문이다. 이 점에서 정부의 외형적 규모에 관해서는 작은(또는 큰) 정부, 권력에 관해서는 약한(또는 강한) 정부로 지칭하는 것이 타당하다고 본다(이승종, 1997).

4. 신공공관리의 개혁 수단과 행정개혁

1) 신공공관리의 개혁 수단과 방향

신공공관리모형은 영국의 신관리주의(new managerialism)와 미국의 기업가적 정부모형(entrepreneurial government model)으로 대별된다. 이와 같은 패러다임의 조류는 경쟁적 시장 메커니즘과 대중주의적 접근 방식을 통해 효율성과 대응성이라는 행정의 근본적 가치를 달성하려고 하는 데 특징이 있다(김태룡, 2000: 1).

영국을 중심으로 한 신관리주의는 신우파의 사고에 기초해 시장적 개인주의가 내재된 기업모형을 공공 부문의 핵심적 가치에 이식시키거나 이와 일치하려는 조류로 볼 수 있다(Self, 1993: 1-20; Mascarenhas, 1993: 320-321; Hood, 1995: 129). 신관리주의가 사용하고 있는 주요 개혁 수단으로는 먼저 구조개혁 수단으로 민영화, 인력 감축, 재정지출 억제, 책임집행기관, 규제 완화 등을 들 수 있다. 그리고 인사개혁 수단으로는 권한위임, 고위직 근무평정 및 성과급 제도, 임용 권한의 위임 및 사무차관 등을 포함한 고위직 임용계약제 등을 들 수 있다. 세 번째로 재정개혁 수단으로는 운영예산제, 연도말 이월, 다년도 예산, 발생주의 회계 등을, 서비스와 성과관리를 위한 개혁 수단으로는 서비스 기준 제도, 성과협약, 전략기획 등을 들 수 있다(김번웅, 1997; 총무처, 1997; Mascarenhas, 1993).

미국을 중심으로 한 기업가적 정부모형이 사용하고 있는 개혁 수단은 영국의 신관리주의 개혁 수단과 매우 유사하다. 그러나 한 가지 특징적인 것은 미국의 기업가적 정부모형에서의 개혁 수단은 구조개혁 수단에서 부처 통폐합 등을 거의 채택하지 않았으며, 인사개혁 수단에서는 정원통제권이나 보수결정권의 위임 등을 채택하지 않았다. 그리고 재정개혁 수단에서는 영국과 달리 산출예산 제도나 다년도 예산의 채택에 소극적인 입장이었으며, 서비스와 성과관리를 위한 개혁 수단에서는 성과협약 등에 소극적인 차이를 보이고 있다(총무처, 1997: 57-58). 그러나 신공공관리모형을 구축하는 데 기여한 양 유형은 1990년대에 이르러서는 혼재되어 그 구별이 모호해지는 양상을 보이며, 모형이 추구하는 방향도 경쟁지향성 · 성과지향성 · 고객지향성에 모아지고 있다.

2) 신공공관리에 기반을 둔 각국의 정부혁신과 평가

(1) 신공공관리론에 기반을 둔 각국의 정부혁신

영국, 미국, 호주, 뉴질랜드 등은 이미 오래전부터 신공공관리론(new public management: NPM)에 기초한 성과 중심 관리를 추구해 오면서 각 행정기관으로 하여금 그들의 임무와 사업 목표를 설정하고, 성과에 대한 측정 결과를 보고하도록 하는 등 정부혁신을 지속적으로 추진해 왔다(Mascarenhas, 1993: 319-328). 그리고 이러한 정부혁신을 뒷받침하기 위해 중앙의 규제를 완화하고 통제를 감소시켜 조직의 관리자로 하여금 사업 목표를 성취하는 데 필요한 재원 활용에서의 유연성을 확대해 왔다.

우선 영국의 경우를 보면, 정부 부문 개혁을 위한 조치로서 FMI(Financial Management Initiatives)가 도입되었고, 나중에 이를 수정·보완해 정부조직관리 전반의 개혁을 시도한 '넥스트 스텝(Next Steps)' 조치를 시행했는데 이는 성과(결과) 중심의 관리를 기본 내용으로 하는 정부관리 향상 방안이다(김근세, 1996: 137-138). 또한 가장 엄격한 성과 중심 관리 체제를 은영하고 있는 뉴질랜드의 경우 각 부처의 장관과 사무차관 간에 매년 고용계약을 맺고 부처의 산출(outputs) 결과를 관리함으로써 직원들의 일상 업무가 산출 목표 달성에 기여하도록 연결시키는 체제를 갖고 있다(Ingraham, 1997: 328). 성과를 올리지 못하면 차관은 다음에 재계약을 할 수 없기 때문에 성과를 올리는 부하 직원에 대해서는 파격적인 승진과 급여를 제공한다. 또 공무원은 어떤 목표를 어떻게 시행해 어떤 결과를 달성하겠다는 계획서를 고용계약 시에 제출해야 한다. 이 계획서는 모두 공개되기 때문에 공무원의 성과 달성 여부를 누구나 알 수 있게 되고, 이에 따라 다음 계약 때의 재계약 여부도 함께 공개되고 있는 셈이다.

한편 1992년 이후 당시 클린턴(Bill Clinton) 대통령이 활발한 정부혁신을 추진했던 미국의 경우 과거에도 결과 중심의 사업예산관리를 도입하기 위한 개혁 노력이 여러 차례 시도되었으나 감당하기 어려운 수준의 계량적 측정과 분석정보를 요구함으로써 결국 뿌리를 내리지 못하고 실패한 선례가 있었다(총무처 직무분석기획단, 1997: 147). 이후 추진된 미국의 성과 중심 관리개혁은 과거와는 다른 양상을 보이고 있으며, 이는 정부조직을 성과 중심 조직으로 재편하려는 시도였다(Roberts, 1997: 465-478). 이러한 맥락에서 1993년에 제정된 「행정 성과 및 결과에 관한 법률(Government Performance and Results Act: GPRA)」은 과거의 실패를 교훈삼고 영국, 뉴질랜드 등 외국의 사례와 미국 내 지방정부의 성공 사례를 본받아 연방정부로 하여금 종합적이고 체계적인 성과중심관리를 확립하도록 법적 의무를 부여하고 있다. 「행정 성과 및 결과에 관한 법률」은 예산과 성과를 연계시키기 위해 제정된 법으로서 다음과 같은 목적으로 제정되었다.

첫째, 정부가 달성해야 할 성과를 구체적으로 설정하고 이를 달성할 수 있도록 예산편성 과정에서 배려하고자 하는 것이다.

둘째, 관리자에게는 목표 달성을 위한 관리상의 자율성을 부여하는 대신 예산·사업의 집행 성과를 계획된 목표 수준과 비교함으로써 사업의 능률성과 효과성을 엄격히 통제하겠다는 것이다.

이 법률은 연방기관이 달성하고자 하는 목표 수준을 구체적으로, 그리고 계량적 측정이 가능하게 설정함으로써 실제 달성된 성과를 측정해 목표와 사후 비교하도록 법률로써 의무화하고 있다. 만약 목표 미달의 경우에는 책임을 확보하는 한편, 추진하고자 하는 사업이 예산에 반영되지 못해 유명무실화되는 것을 방지하기 위해 관리예산처(OMB)는 각 부처의 계획을 종합해서 범정부적인 사업계획을 수립하고 이를 예산편성에 반영하도록 의무화하고 있는 것이다.

(2) 신공공관리론에 대한 비판

신공공관리에 입각한 행정개혁이 작은 정부에 지나치게 치중한 결과 그 표명된 목적과는 달리 규모 축소와 경비 절감에만 치중했다는 비난이 있다(Caiden, 1994; 김신복 외, 2000: 169). 작지만 강한 정부를 표방하면서 여러 가지 문제점이 나타났다는 것이다. 특히 가장 큰 문제점으로 지적받고 있는 것이 이러한 개혁이 비용 절감에만 강조점을 둠으로써 행정 역량의 약화를 초래했다는 점이다(Kettl, 1995: 37-74). 먼저 행정개혁을 일찌감치 추진했던 외국에서 발생한 문제점을 살펴보면 다음과 같다(정부혁신기획단, 1997: 123-124).

첫째, 자발적 또는 조기퇴직에 대한 보상 체계가 공직 내부에서 가장 필요로 하는 사람들에게 가장 인기가 높을 수 있다는 것이다. 즉, 인력 감축 조치는 조직의 우수한 인재를 잃어버리는 결과를 가져올 수 있다.

둘째, 인력 감축이 가져다주는 실질적인 예산 절감의 효과는 단기적으로 볼 때 극히 미미하다. 오히려 인력 감축에 드는 비용이 일정 기간은 인건비 절감액을 초과하게 될 수 있다. 초기 3년간 인력 감축에 드는 비용이 절감분의 6배를 차지하며, 모든 비용을 만회하는 데 무려 10년이 지나야 하는 경우까지 있었다는 것이다.

셋째, 각 정부기관이 중앙에서 요구하는 인력 감축 목표에만 치중해 감원 숫자 또는 인건비 절감의 목표치를 채우는 데 급급한 반면, 구조 개편에는 소홀하다는 지적도 나오고 있다. 미국의 경우 계약 제도(contract out)로 용역을 받아 일하는 인력이 연방공무원 숫자의 네 배에 달하는 것으로 추정되어 당초의 비용 절감이라는 목표가 제대로 달성되었는지 의문시된다.

넷째, 대부분의 경우 인력 감축 과정에서 직무의 과학적 분석에 기초했다기보다 자의적으로 이루어지는 경향이 많았으며, 기존의 공무원법도 인력 감축에 대해서는 구체적인 지침을 제공해 주고 있지 못하다는 문제점도 있는 것으로 보고되었다.

지금까지 살펴본 외국에서 나타난 문제점 외에도 우리나라에서 다음과 같은 문제점이 나타났다(임영제, 1998: 262-265).

첫째, 제도적 문제점을 들 수 있다. 우선 사회보장 미비로 인한 문제점을 들 수 있다. 우리나라는 사회보장 체제가 미흡하다. 이러한 상황에서 공무원의 인위적 감축이 이루어진다면 문제가 심각해질 것이다. 적절한 취업교육이나 직장 알선 제도 등이 부재한 상태에서 인위적 감축은 여러 가지 부작용을 양산해 낼 수밖에 없을 것이다. 이와 함께, 적극적 모집(positive recruitment)의 실패로 귀결될 가능성이 있다. 현재 공무원으로 봉직하고 있는 대다수의 사람은 민간 부문에 비해 상대적으로 적은 임금에도 불구하고 신분 보장과 상대적으로 긴 정년 때문에 공무원을 지망했던 사람들이다. 그런데 이러한 장점이 사라질 경우 우선 능력 있는 사람은 떠나고 무능력한 사람만 남을 가능성도 있다. 인사의 문제는 행정의 핵심 문제로서, 이러한 인사행정이 실패할 때 행정의 실패는 당연한 귀결이 될 것이다.

둘째, 사회심리적인 문제점을 들 수 있다. 우선 사기 저하 및 생산성 저하가 우려된다. 정부개혁의 원래의 목적은 비용 절감과 생산성 향상이다. 민간기업을 대상으로 한 조사이기는 하지만 미국경영자협회가 1994년 대량 감원을 단행했던 기업을 대상으로 실시한 조사에서 34%의 기업만이 감원을 통해 생산성이 높아졌다고 응답했으며, 생산성이 정체되거나 하락했다는 기업이 각각 36%와 30%에 이른다는 사실을 주목할 필요가 있다. 감축관리에서 가장 어려운 문제가 사기 저하 요인의 증가에도 불구하고 공무원의 높은 사기를 유지하면서 행정 실책을 최소화하는 일이다.

셋째, 스트레스의 과다로 인한 부작용이 만연할 것이다. 정부혁신이라는 대변화는 공무원에게 적절한 자극을 주어 능력 개발 또는 업무 성과 향상이라는 긍정적인 효과를 가져올 수 있지만, 부정적 스트레스원(stressor)으로 작용해 오히려 심리적 탈진 상태를 유발하거나 사기 저하와 무능력화라는 부정적인 결과를 초래할 수도 있다. 급격한 구조개편 및 인력 감축은 압박감으로 인한 심리적 스트레스원, 실직으로 인한 사회적 스트레스원, 신분 보장의 파괴로 인한 가치관의 혼란으로 조성된 규범적 스트레스원 등 다양한 스트레스원으로 작용할 수 있다. 다음으로 공정성의 문제가 있다. 어느 특정 개인이 면직되었을 때 이를 순순히 받아들일 것인가의 문제와 타인과의 공정성 인지 문제가 대두될 것이다. 이는 조직개편을 행정 논리가 아닌 정치 논리로 접근했을 경우 문제는 더 심각해진다.

넷째, 서비스의 질 하락도 우려된다. 영국의 예에서 알 수 있듯이 지나친 감축과 효율성 추구는 인력 부족을 가져오게 되고 결국 국민에 대한 서비스의 질을 떨어뜨릴 것이다. 이를 해결하는 방법으로는 행정 수요 자체를 감소시키는 것인데 이는 수요자 부담 원칙을 적용할 수밖에 없고, 결국 이는 소외계층을 배제하는 행정의 형평성을 취약하게 만드는 결과를 가져오게 될 것이다. 또 나아가 지역주민을 무시하거나 냉대하는 경향을 보일 수도 있다. 스트레스와 과로로 공무원이 공격적인 행동을 취할 수 있기 때문이다.[2)]

---

2) 이는 조직에서의 반사회적 행동(antisocial behavior)의 발생 가능성으로 요약할 수 있다. 반사회적 행동이란 조직, 조직구성원, 관계자들에게 해를 끼치거나 해를 끼칠 의도로 하는 행동을 의미하는 것으로서 공갈(blackmail), 뇌물 수수, 차별, 첩자행위(espionage), 금품 강요, 대인적 폭력, 사보타주(sabotage), 거짓말, 상납, 소송, 성희롱, 기밀 누설, 내부고발(whistle blowing) 등의 행위가 모두 여기에 포함된다. 이러한 반사회적 행동의 가장 큰 원인은 좌절(frustration)에 있는 것이고 좌절은 좌절원(frustrator)에 기인하는데, 좌절원이란 개인으로 하여금 직무에서의 개인적 목표를 달성하거나 유지하는 것을 방해하는 환경적 사건 혹은 상황을 의미한다. 그리고 인위적인 인원 감축은 공무원의 좌절원으로 충분히 작용할 수 있는 것이다.

결론적으로, 신공공관리론은 상당히 설득력을 얻기는 했으나 이를 국정 운용 전체에 적용하기에는 무리가 있다. 특히 공공 부문과 민간 부문의 근본적 차이를 경시했다는 점에서 비판을 받고 있으며, 민간 부문이 무조건 우월하다는 논리에도 문제점이 있다는 것이다. 또한 사회보장의 축소로 인한 사회적 약자(minority)의 어려움의 증대, 공무원의 사기 저하와 심리적 동요 및 공직 이탈 현상의 가속화, 능률지상주의로 인한 다양한 부작용, 단기적 · 가시적 성과에 대한 집착으로 인한 폐해 등 우려할 만한 일이 현실화되는 것을 보면 이에 대한 진지한 재검토가 요망된다고 볼 수 있다(강제상 · 임영제, 2002).

제 2 절 뉴거버넌스와 행정관리 혁신

1. 뉴거버넌스론의 대두

신공공관리론에 따라 공공 서비스의 전달 과정에서 과거에 비해 민간 부문과 비영리 부문의 참여가 확대되었다. 이러한 배경 속에서 정부 주도의 공공 서비스 전달 및 공공 문제 해결 방식을 넘어선 대안을 제시하기 위해 등장한 것이 거버넌스 혹은 뉴거버넌스(new governance) 이론이다(이종수 · 윤영진 외, 2012: 145).

뉴거버넌스가 무엇인가에 대해 UNDP(1997)는 "뉴거버넌스란 한 국가 내의 모든 수준에서 국정을 관리하기 위해 경제적 · 정치적 · 행정적 권한(authority)을 행사하는 것으로 볼 수 있다. 그것은 사회 내의 시민과 집단이 자신들의 이해관계를 밝히고 그들의 법적인 권리를 행사하며 자신들의 의무를 다하고 그들 간의 견해 차이를 조정할 수 있는 기구, 과정, 제도로서 구성된다"고 정의하고 있다. 프레데릭슨(Frederickson, 1997: 8) 역시 이와 유사하게 공공 부문에서의 상호 협력 관계에 있는 전통적인 공공 부문과 민간 부문의 전 범위를 뉴거버넌스란 개념으로 포괄할 수 있다고 보고 있다. 또한 뉴거버넌스 개념은 구체적인 통치의 행위와 방법 또는 수단의 의미에서 이해되기보다는 정부가 중심이 되어 행하는 가장 상위의 결정력 있는 차원에서 정책 방향 제시라는 철학적 의미로 이해될 수도 있다(노정현, 2000: 34).

2. 뉴거버넌스의 개념

근래 빈번히 사용되는 용어 중 하나인 뉴거버넌스는 일반적으로 전통적인 정부 이미지와 대조되는 새로운 방식의 통치에 대한 다목적용 용어가 되고 있다(Moon, 1999: 112). 즉, 기존의 전통적 행정 개념과는 차이가 나는 개념으로서,[3] 종합적으로 볼 때 뉴거버넌스는 1970년에 새로운 관리 체제의 필요성의 대두로 태동하게 되고, 1980년대의 국제사회의 관심 증대와 국가 차원의 사회 통합의 필요성을 배경으로 발전했다. 1990년대에 와서 뉴거버넌스 논의가 발전, 심화하면서 선진국은 물론 다른 개발도상국가에도 국제기구의 권고 위에 이론적으로나 정책적인 차원에서 본격적으로 전개되었다.

뉴거버넌스의 개념은 개념 정의 수준에 따라 협의의 개념과 광의의 개념으로 구분할 수 있다(문순홍 · 정규호, 2000). 전자의 경우 국가와 시장 메커니즘과는 분명히 구별되는 시민사회 영역 내에 존재하는 자발적 · 자율적이고 자기 조직적인 조정 양식을 의미한다면, 후자의 경우는 국가와 시장, 시민사회가 과거와는 다른 새로운 형태의 상호작용과 협력 체제를 구성하면서 등장한 조정 양식을 의미한다고 볼 수 있다. 이를 구체적으로 설명하면 다음과 같다(김석준 외, 2000: 42-43).

첫째, 협의의 뉴거버넌스 개념은 오래전부터 국가나 시장 메커니즘과는 별도로 존재해 왔던 조정 양식의 원형으로 파악해, 시민사회 중심적인 접근을 하고 있다. 이러한 협의의 정의에서는 뉴거버넌스를 복합조직 또는 네트워크(network)로 부르면서 "공식적 권위 없이도 다양한 행위자들이 자율적으로 호혜적인 상호의존성에 기반해 협력하도록 하는 제도 및 조정 형태"로 정의한다. 그리고 이러한 기반에서 뉴거버넌스는 '사회적 사이버네틱 체제'나 '자기 조직적 네트워크'를 구축할 수 있다고 보고 있다.

---

3) 오스본과 게블러(Osborne & Gaebler, 1992)의 경우 전통적 관료제적 관리에서 뉴거버넌스 하에서의 행정은 촉진적, 지역사회 주도적, 경쟁적, 사명 지향적, 성과 지향적, 고객 지향적, 기업가적, 예방적, 분권적, 시장 지향적 정부를 추구해야 한다고 주장한다(Frederickson, 1997: 83).

둘째, 광의의 뉴거버넌스 개념은 정부 중심의 공공조직과 민간조직의 경계가 무너지면서 나타난 새로운 상호 협력적인 조정 양식을 의미하는 것으로 이해된다. 이는 협의에서는 포함하지 않는 국가와 시장도 포함하는 국가, 시민사회 및 시장 간의 파트너십을 통한 새로운 협력 형태를 의미하며, 그 내용과 성격에 따라 최소국가론(minimal state), 좋은 거버넌스(good governance) 및 신공공관리론(new public management: NPM) 등을 포함한다.

3. 뉴거버넌스의 유형과 행정관리 혁신

1) 로드스의 유형

로드스(R. A. W. Rhodes)의 경우 뉴거버넌스란 '정부'가 변화하고 있음을 암시하는 새로운 통치 과정(process of governing)이라고 지적한다(Rhodes, 1996: 652-667). 그는 최소한 여섯 가지로 구분되는 뉴거버넌스 용법이 존재한다고 정리하는데, 최소국가로서의 거버넌스, 기업식 거버넌스, 신공공관리로서의 거버넌스, '좋은 거버넌스', 사회적 사이버네틱(cybernetic) 체계로서의 거버넌스, 자기 조직화 네트워크로서의 거버넌스 등이 그것이다.

첫째, 최소국가(minimal state)의 의미인데, 이는 공공개입의 범위와 형태를 재정의하고, 공공 서비스의 공급에서 시장과 준(準)시장을 활용하려는 것이다.

둘째, 기업적 거버넌스(corporate governance)의 의미이다. 이는 전통적인 행정서비스의 정서 혹은 공평무사한 서비스 및 개방성에 대한 가치와는 다른 기업적인 문화와 분위기를 추구하는 것이다.

셋째, 새로운 행정관리(new public management)의 의미이다. 이것은 두 가지의 의미를 함축하고 있는데, 우선 관리주의(managerialism)를 들 수 있다. 이는 민간 부문의 경영 방식을 공공 부문에 도입하려는 것이다. 다른 하나는 신제도경제학(new institutional economics)적 측면인데, 이는 시장 경쟁과 같은 유인 체계를 공공 서비스 제공에 도입하려는 시도이다. 여기서는 이른바 '조타 기능(steering)'이 공공관리 분석의 중심으로 자리잡는데, 이 '조타 기능'이 거버넌스와 동의어인 것으로 보고 있으며 '기업가적 정부'를 대안으로 제시한다(Osborne & Gaebler, 1992).

넷째, '좋은' 거버넌스(good governance)의 의미이다. 여기서 거버넌스란 국가의 일을 관리하기 위해 정치 권력을 행사하는 것으로 신공공관리와 자유민주주의를 결합한 의미로 보고 있다. 그리고 '좋은' 거버넌스가 되기 위해서는 능률적인 관료군, 독립적인 사법 체계 및 계약 집행을 위한 법률구조, 책임성 있는 공공기금 관리, 대의제적 의회에 책임을 지는 독립적 공공감사기구, 법과 인권을 존중하며, 다원주의적인 제도적 구조와 출판의 자유 등이 전제되어야 한다고 한다.

다섯째, '사회적 사이버네틱 체제(socio-cybernetic systems)'의 의미로 사용하는데, 여기서 거버넌스는 사회정치 체계에서 모든 행위자의 상호작용 노력의 결과로서 출현하는 하나의 형태 또는 구조이며, 이와 같은 형태는 특정한 하나의 행위자 혹은 행위자 집단으로 환원될 수 없다고 한다.

여섯째, 거버넌스는 '자기 조직화 네트워크(self-organizing networks)'의 의미이다. 즉, 거버넌스를 '자기 조직적인, 조직 간 네트워크(self-organizing, interorganizational networks)'로 보고, 여기에 신공공관리, 정부간 관리(intergovernmental management) 등의 개념이 모두 포함되는 것으로 본다.

로드스가 구분한 뉴거버넌스의 여섯 가지 의미는 다양한 기관이나 학자들의 주장을 비교적 폭넓게 반영했다는 점에서 긍정적으로 평가할 수 있으나 그가 구분해 제시한 유형은 체계적인 유형화와는 거리가 먼 나열식의 한계를 극복하지 못했다는 점에서 개념화에 따른 혼란 축소라는 목표에는 제대로 부응하지 못한 것으로 판단된다(김정렬, 2000: 23).

2) 피터스의 유형과 행정개혁

피터스(Peters, 1996: 18)는 뉴거버넌스를 정부가 행정행위를 관장해 가는 과정이라고 전제하면서 네 가지 뉴거버넌스의 모형을 제시하고 있다. 피터스의 모형 구분에서 뉴거버넌스를 네 가지 형태로 구분짓는 요소는 조직구조, 조직의 관리 방식, 조직의 정책결정 기저이며, 이들 요소가 조직의 정책 목표와 국민의 관심 정도 및 경향에 따라 뉴거버넌스의 유형이 결정된다고 보는 것이다(목진휴, 2000: 115).

표 2-1 뉴거버넌스의 모형과 주요 요소

요소/모형		시장형 정부	참여적 정부	신축적 정부	탈규제적 정부
정책 목표		독점 타파	계층지 타파	불변성 타파	내부규제 타파
조직	조직구조	탈집중	평면조직	가상조직	특별정부
	관리 방식	성과제	MBO 팀제	일시적 인력관리	자율적 관리
	정책결정 기저	시장적 동기	협상과 협의	실험적	기업가적 정부
국민의 관심		저비용	관여 및 협의	저비용, 조정	창의성, 능동성

시장형 정부모형은 전통적 관료제에 대한 불신을 전제로 시장의 효율성에 대한 신뢰를 기초로 하고 있으며, 전통적 관료모형의 비효율성을 극복하기 위해서 조직 내부에 인센티브를 부여해 시장 원리에 의한 효율성을 제고하는 데 초점을 두고 있다. 따라서 행정개혁은 정책 결정과 집행의 분권화를 추구하며 민간 또는 준민간조직의 이용을 적극 권장한다. 반면 참여적 정부모형은 시장모형과는 이념적으로 반대 입장에 있는 모형으로서 정부에 대해 시민들이 적극적으로 의견을 투입하는 참여 지향적 개혁 방향을 모색하게 된다. 피터스는 참여적 정부모형의 또 다른 대안적 개념으로서 위임국가(empowerment state)를 들고 있는데, 이러한 위임국가는 계층제적 체제하에서 배제되었던 사람들의 조직적 참여를 허용하는 모형이다. 전통적 정부모형에 대한 대안으로서의 신축적 정부모형은 변화가 요구될 때, 생존을 위해 여기에 효과적으로 대응하는 것에 주안점을 두며, 정부 내의 구조적 변화를 대안으로 제시한다. 한편 탈규제적 정부모형은 적어도 피터스가 보는 견지에서는 경제정책과는 관련이 없고 내부적인 정부관리의 맥락과 관계가 있다. 즉, 탈규제적 정부모형은 공공관료제 내부의 독특한 문제를 강조한다는 점에서 다른 모형과 구분되며, 관료제 역기능의 원천으로서 조직 내의 내부규제를 강조한다. 피터스는 이러한 네 가지 정부모형이 추구해야 할 행정개혁의 방향을 〈표 2-2〉와 같이 정리했다.

일반적으로 뉴거버넌스란 한 국가 내의 모든 수준에서 국정을 관리하기 위해 경제적·정치적·행정적 권한을 행사하는 것으로 볼 수 있다. 그것은 사회 내의 시민과 집단이 자신들의 이해관계를 밝히고 그 법적인 권리를 행사해 자신들의 의무를 다하고 그들 간의 견해 차이를 조정할 수 있는 기구, 과정, 제도로서 구성된다고 정리

표 2-2 기본적 문제에 대한 해답: 정부개혁의 방향

구분	시장모형	참여모형	신축모형	탈규제모형
조정	보이지 않는 손	하의상달	조직개편	관리자의 자기이익
오류 발견/수정	시장적 선호	정치적 신호	오류의 제도화 방지	더 많은 오류 수용
공무원 제도	시장 기제로 대체	계층제 축소	임시고용제 활용	내부규제 철폐
책임성 확보	시장에 의존	소비자 불만에 의존	(명확한 제안 없음)	사후통제에 의존

할 수 있다. 요컨대 과거에 정부가 단독으로 수행하던 일을 이제 민간 부문이 공유하면서 함께 해결하는 것이 바로 뉴거버넌스의 핵심 내용이다(강제상 · 임영제, 2002).

제 3 절 신공공서비스론과 행정관리 혁신

1. 신공공서비스론의 대두

1) 신공공서비스론의 등장 배경

신공공관리론은 나름대로의 성과도 있었으나 몇 가지 면에서 문제점을 노출했다. 그중 하나가 시민은 배제된 채, 관료들이 방향잡기와 노젓기 중 어디에 치중해야 하는가와 같은 문제에 관심을 두어 온 결과 오히려 관료의 권력만을 강화시켰다는 것이다. 따라서 신공공관리론의 영향으로 시민은 배제된 채 관료에게만 집중되었던 권력의 시민에게 되돌려 주어야 한다는 주장이 제기되었다(김태룡, 2010, 305). 또 이러한 맥락에서 신공공관리를 비판하면서 그 자리를 신공공서비스(new public service)로 대치되어야 한다는 주장하는 학자들도 등장했다(Denhardt & Denhardt, 2000; Denhardt, 2004: 172-183).

신공공서비스론은 이와같이 신공공관리이론의 잘못된 시각과 처방에 대한 반작용과 행정환경의 변화에 대한 반응으로 등장했다고 볼 수 있다. 이러한 신공공서비스론의 지적 기반은 민주적 시민이론, 지역공동체 및 시민사회 모형, 조직인본주의와 담론이론 등에 기초한다(Denhardt, 2000: 552-553). 이런 측면에서 신공공서비스론은 과거 신행정학이 강조했던 사회적 형평성과 대응성을 강조했던 것과 맥을 같이 한다고 볼 수 있다. 행정이 얼마나 효율적으로 수행되었느냐보다 어떻게 시민의 삶의 질을 향상시키는 데 기여했느냐가 더욱 중요하다는 입장인 것이다(오석홍, 2005: 816-817).

2) 신공공서비스론의 기본 원칙

신공공서비스론에서 주창하는 가치를 실현하기 위해 유념해야 할 일곱 가지 기본 원칙을 덴하트 외(Denhardt & Denhardt, 2009: 410)는 다음과 같이 제시하고 있다.

첫째, 행정관료의 가장 기본적인 역할은 사회를 새로운 방향으로 이끌고 통제하는 것이 아니라는 것이다. 오히려 시민들로 하여금 그들의 공유된 가치를 표명하고 그것을 충족시킬 수 있도록 도와주는 데 있다.

둘째, 행정관료는 공익이라는 집합적이며 공유된 가치를 실현하는 데 기여해야 한다.

셋째, 공공의 욕구를 충족시키기 위한 정책은 집합적 노력과 협력적 과정을 통해 가장 효과적으로 확실하게 달성할 수 있다.

넷째, 공익은 단순한 개별적 이익의 합계가 아니다. 오히려 공유된 가치에 대한 담론의 결과이다.

다섯째, 행정관료는 시장에만 주의를 기울여서는 안 된다. 헌법과 법령, 지역사회의 가치, 정치적 규범, 전문직업적 기준, 시민의 이익에도 관심을 가져야 한다.

여섯째, 행정조직과 그 네트워크는 인간 존중에 기반을 둔 협력과 공유된 리더십을 통해 운용될 때 장기적 차원에서 성공할 수 있다.

일곱째, 공익은 공공재원을 자신들의 것처럼 행동하는 기업가적 관료에 의해 확보되는 것이 아니라 사회에 대한 의미 있는 기여를 하는 행정관료와 시민들에 의해 더욱 향상될 수 있다.

2. 신공공서비스론과 신공공관리론의 비교

덴하트 등은 신공공관리의 주창자들이 신공공관리와 전통적 관리를 비교함으로써 신공공관리가 우월한 것처럼 보일 수 있다고 주장하면서 신공공관리론과 신공공서비스론의 비교를 시도했다(이종수, 2010: 173). 신공공서비스와 앞에서 살펴본 신공공관리와의 차이점을 표로 요약하면 다음과 같다.

이러한 신공공서비스론은 참여행정과 민주행정의 실현에 기여할 수 있는 이론으로 보이나 다음과 같은 점에서 비판을 받는다(김태룡, 2010: 322-323). 즉, 신공공서비스론이 지향하는 행정의 규범적 특성과 가치가 지나치게 강조되면서, 행정에서 요구하는 전문성 · 능률성 · 효과성 등의 수단적 가치와의 균형에 관한 논의가 부족하다는 것이다. 행정관리는 형평성, 민주성 등의 가치 못지않게 공익을 효과적 · 능률적으로 실현할 수 있는 전문성도 동시에 요구되기 때문이다(오석홍 외, 2005: 826).

표 2-3 신공공관리와 신공공 서비스의 비교

관점	신공공관리	신공공서비스
이론적 인식 기반	경제이론	민주주의 이론
행태모형	기술적 · 경제적 합리성	전략적 · 공식적 합리성
공익에 대한 입장	개인 이익의 결합	공유 가치에 대한 담론의 결과
반응 대상	고객	시민
정부의 역할	방향잡기	봉사하기
정책 목표 달성 기제	개인 및 비영리기구를 활용하여 정책 목표를 달성할 기구와 유인 체제를 창조	상호간에 동의한 욕구를 충족시킬 행정기구, 비영리기구 및 민간기구의 연합을 구축
책임에 대한 입장	시장 지향적: 개인 이익의 단순 총화는 다양한 시민 혹은 고객집단에게 바람직한 결과를 가져옴.	다국면적: 공무원은 법률 제정, 공동체 가치 창출, 정치 규범, 전문가적 기준 및 시민의 이익에 참여해야 함.
행정재량	기업적 목적 달성을 위해 넓은 재량이 인정됨.	재량이 필요하지만 제약과 책임이 따름.
기대하는 조직구조	분권적	협동적
행정인에 대한 동기부여	기업가 정신: 정부 규모 축소 추구	공공서비스: 사회 기여 추구

자료: Denhardt(2000), 오세윤 · 노시평 · 박기서(2002)의 내용을 요약.

그러나 신공공서비스론은 전통적 행정과 관리주의 모형 양자에 대해 중요하고 실용적인 대안을 제시하고 있다. 행정이 추구하는 것이 개인의 이익을 촉진하는 것이 아니라 시민정신, 공공 담론, 공익을 촉진하는 것이라고 행정관료가 가정할 때 행정관리의 내용은 달라질 수밖에 없다. 이와 같이 신공공서비스론은 민주사회의 가치에 기반을 두고 전통적 행정과 신공공관리론에서 주창하는 기법과 가치가 작동될 수 있는 규범적 틀을 제시했다는 점에서 그 의의를 찾을 수 있다(이종수, 2010: 175).

PART 2

운용과정관리

CHAPTER

03 목표관리(MBO)

제 1 절 목표관리(MBO)의 의의

1. MBO의 개념

목표에 의한 관리(management by objectives: MBO), 즉 목표관리란 장래의 일정 기간에 대한 조직의 각 부서·직원의 목표를 설정하고 이에 따라 직무를 수행하게 하는 것을 말한다. MBO에 대한 체계적인 논의를 전개한 초기의 대표적인 학자로는 드러커(Peter Drucker)와 맥그리거(Douglas M. McGregor)가 있다. 드러커(Drucker, 1954: 63)는 1954년 MBO에 관한 최초의 저서에서 기업의 계획 행태를 개선하는 데 역점을 두고 MBO를 관리계획의 한 접근법으로 소개했으며, 그 후 맥그리거(McGregor, 1957: 89-94)는 이를 조직관리에서의 업적평가 절차로 간주했다. 이러한 MBO를 오디온(Odiorne, 1965: 55-56)은 "상급관리자와 하급관리자가 조직의 공통된 목표를 명확히 하고 예상되는 결과의 측면에서 책임의 한계를 규정하고, 이를 조직의 운영지침으로 활용하며 그에 따라 구성원의 업적을 평가하는 과정"이라고 정의하고 있다.

요컨대 MBO는 ① 조직의 관리자와 직원이 함께 참여해 조직의 공동 목표를 명확히 하고, ② 기대되는 결과와 관련시켜 각자의 개별 목표와 책임 범위를 상호 협의해 설정하며, ③ 이를 각 부서의 운영지침으로서 활용해 직무를 수행하게 하고, ④

구성원 각자의 기여도를 측정 · 평가하며, ⑤ 이를 환류해서 궁극적으로는 조직의 효율성을 증진시키려는 관리 방법이다.

따라서 MBO는 목표 달성을 위한 관리의 체계적 접근(systematic approach)으로서, 직원 각자를 위한 목표의 체계적 설정(systematic setting of targets)을 중심으로 전개된다. MBO는 이를 한 체계로 보았을 때 ① 목표(goals and objectives), ② 운영계획(action plan), ③ 관리지침(managerial direction), ④ 통제 또는 권고(control, monitoring), ⑤ 환류(feedback) 과정을 통해 궁극적으로 조직의 효율성과 쇄신성을 도모하고자 하는 관리 체계라고 할 수 있다(McConkey, 1975: 11; 박문옥, 1982: 741). 또 전략기획과 운영기획을 연계시키는 가장 효과적인 기법이라는 평가를 받고 있으며(Mercer. 1991: 10), 여러 공공조직에서 다양한 방식으로 채용하고 있다(Denhardt & Denhardt, 2009: 384).

2. MBO의 기본 구성 요소

MBO의 기본틀을 이루는 목표 설정, 참여, 환류의 세 가지 구성 요소가 어떻게 연결되는가는 뒤에 설명하는 MBO의 절차에서 자세히 설명하기로 하고, 여기에서는 개괄적인 내용만을 소개하기로 하겠다(오세덕 · 여윤환, 2000: 97-99).

1) 목표 설정

MBO는 집단과 개인이 무엇을 해야 하는가를 잘 알면 알수록 그것을 해낼 수 있는 가능성이 크다는 것을 전제로 한다. 그러므로 목표를 명확하게 설정한다는 것은 MBO의 불가결한 요소가 된다. MBO를 적용할 때 유용한 목표의 유형은 다음과 같다(Mercer, 1991: 102; Denhardt & Denhardt, 2009: 383-384).

첫째, 명확하고 상세한 목표가 요구된다. 목표는 무엇이 수행되어야 할 것인가를 모호하고 주관적으로 표현되어서는 안 되고 정확하게 서술되어야 한다.

둘째, 현실적 목표이다. 목표는 각 조직 단위(unit)와 개인이 그들의 능력 범위 내에서 해결할 수 있는 수준이어야 한다.

셋째, 측정 가능한 목표여야 한다. 관리자와 조직구성원이 목표를 언제, 얼마만큼 달성될 것인지를 알게 하는 방법이 있어야 한다.

넷째, 우선순위가 정해진 목표라야 한다. 관리자와 조직구성원 양자 모두 어떤 목표가 중요하고 어떤 것이 다음으로 중요한가에 대한 합의가 있어야 한다.

2) 참여

MBO는 참여 과정을 통한 목표 설정을 강조하기 때문에(Robbins & Judge, 2015: 227; Griffin & Moorhead, 2014: 153) 참여관리라고도 한다. 조직에서의 참여관리(participative management)란 주로 의사결정에의 참여를 의미하며, 의사결정에서의 참여란 조직의 목표 설정에서의 참여를 의미한다. 여기에서 보통 하급자에게 상위관리자의 의사결정에 대해 어느 정도의 영향력을 허용하느냐 하는 정도가 문제된다.

의사결정에의 참여란 그 성질상 양자택일의 과정이 아니고 관리자가 사용하는 결정 방식 및 결정 절차에의 참여를 의미하며, 거기에는 다양한 참여 방식이 존재하는데, 크게 다음과 같은 네 가지 유형을 나누어 볼 수 있다(Yukl, 2013: 115).

첫째, 독단적 의사결정(autocratic decision)이 있다. 이는 관리자가 부하 직원의 의견이나 제안은 들어보지도 않고 독단적으로 의사결정을 함으로써 부하는 상사에 대해 전혀 영향력이 없는 의사결정이다.

둘째, 협의적 의사결정(consultation)이 있다. 관리자가 부하 직원의 의견이나 제안을 청하지만 의사결정은 관리자가 하는 경우로, 부하의 영향력은 제한적으로나마 존재한다.

셋째, 공동적 의사결정(joint decision)이 있다. 관리자가 부하 직원과 집단으로 만나서 문제에 대한 해결 방안을 토의하고 함께 의사결정을 내리는 경우로서, 관리자는 최종 결정에 대해 부하들보다 영향력이 더 많은 것이 아니다.

넷째, 위임적 의사결정(delegation)이 있다. 이는 관리자가 부하에게 의사결정에 관한 권한과 책임을 넘겨주는 경우로서, 일반적으로 위임의 정도는 구체화되어 있다.

참여에 의해 목표를 설정할 때 그 목표는 더욱 실현성 있고 현실적인 것이 된다. 또 목표 설정에 참여한 조직구성원은 이러한 목표를 용이하게 수용한다. 아울러 참여의 정도가 높을수록 그 목표 수행에서 자발성과 책임성이 제고되고 따라서 생산성에 긍정적인 영향을 미치게 되는 것이다. MBO가 조직의 업적 향상을 의도함과 동시에 이러한 참여를 통해 조직의 민주화에도 크게 기여할 수 있다는 점에서 단순한 관리 기법이라기보다 하나의 관리철학으로 인지되고 있기도 하다.

3) 환류

MBO에서는 활동의 과정과 결과를 평가하고 이를 환류(feedback)시킨다. MBO에서 환류를 중요시하는 까닭은 명확한 환류가 집단의 문제 해결 능력을 증진시키고 개인의 직무 수행 능력을 향상시킨다고 보기 때문이다. 부하들이 환류를 객관적이고 지원적이라고 인식할 때 적극적인 행동을 취할 가능성이 증대된다. 객관적인 기준에 입각해 역할 수행을 평가하는 환류가 이루어지면 상관의 감독에 대해 조직구성원이 긍정적인 반응을 보이게 된다.

3. MBO의 성격

MBO의 구체적 특징과 성격을 살펴보면 다음과 같다(양창삼, 1994: 110-113).

1) 목표 설정 과정에서 부하의 참여

MBO에서는 전통적인 지시적 통제관리 방식을 지양하고 목표 설정 과정에서부터 부하를 참여시킴으로써 조직의 목표를 조직구성원 전체의 목표가 되도록 만든다. 이렇게 함으로써 부하의 능력과 존재를 긍정적으로 인식하도록 하여 동기부여 및 부하의 사기 앙양에 크게 도움을 주게 된다. 이러한 성격 때문에 부하는 목표를 자기 목표인 양 적극적으로 수행하게 되고 조직의 일원으로서 자부심을 갖게 된다.

2) 조직 전체 목표와 개인 목표의 일치 모색

MBO는 조직 전체의 목표와 하급자 개인의 목표를 민주적 · 효율적인 방식으로 일치시키게 된다. 이러한 의미에서 목표관리는 목표 설정 과정(goal-setting process)에서 개인과 집단을 조직화하는 것이 된다. 조직에서 각 개인은 서로 다른 측면에서 공헌을 하게 되지만 조직 전체의 목표를 실현하기 위해서는 모든 사람의 노력을 조정·통제할 필요가 있게 된다. 특히 각 개인이나 집단의 과업 수행은 목표-수단 체계를 고려해 조직의 목적·목표·전략과 연결되어야 한다. 이 과정에서 모든 관리자는 회합을 통해서 하위 수준의 목표를 상위 수준의 목표와 연결시키게 된다. 목표를 일치시키지 못할 때 통합적 계획 수립과 통제 체제로서 MBO는 불가능하게 된다(Drucker, 1973: 380-381).

3) 장기적 · 전략적 성격

MBO는 좀 더 장기적이고 전략적인 성격을 가지고 있다. MBO를 단기적인 것에 머물게 할 경우 관리자나 종업원 모두 목전의 이익만을 생각해 조직의 장래 목표나 고객 관계에 문제가 발생하게 되는 것이다(박연호 · 오세덕, 2001: 1995). 이렇게 바람직하지 못한 결과는 조직 및 구성원 모두에게 오히려 나쁜 영향을 주게 되므로 좀 더 거시적인 차원에서 수정이 불가피하다.

4) 집권화와 분권화의 조화

MBO는 관리 체제 면에서 볼 경우 집권화와 분권화를 잘 조화시킨 관리 방법이라 할 수 있다. MBO가 업무 수행 시에 권한위임을 하고 자유재량을 허용하는 것은 부하로 하여금 자기통제(self-control)를 하도록 기회를 제공한다는 점에서 매우 획기적이다. 그러나 MBO를 극단적인 분권적 형태로 받아들이는 것은 잘못이다. 즉, MBO는 그 과정에서 계획을 효과적으로 수립하고 부문 목표 및 개인 목표를 조직 전체의 목표와 연관시켜 조정하며, 목표 수행 및 기간 성과에 대해 상관 및 부하 사이에 환류를 하도록 구조화되어 있다. 이것은 MBO가 분권적 성격과 함께 집권적 성격을 아울러 가지고 있으며, 이것의 조화를 관리 과정상의 목표로 삼고 있음을 보여준다.

5) 통합적 · 종합적 관리 방법

MBO는 부수적인 것이 아니라 통합적 체계 아래 이루어지는 종합적 접근법(integrated to total management)이다. MBO는 본래 조직의 목표를 효율적으로 수행하기 위해 통합과 조정이 필요한 관리 방법이었음에도 불구하고 구성원의 단순한 동기부여 방법이나 업적평가 방법의 일환으로만 받아들여지는 경향이 있다. 그러나 MBO는 계획 · 조직화 · 지휘 · 통제 등 주요 관리 기능을 포괄하면서 조직구조의 설계, 관리 능력의 개발, 경력 개발, 보수 및 예산 수립 등 다양한 관리활동이 하나의 시스템으로 통합되도록 하는 종합적인 접근법이다.

6) 성과와 능률의 중시

MBO는 기본적으로 주먹구구식 관리나 비능률적 관리행위를 배격하고 성과와 능률을 중시한다. MBO가 조직 목표와 개인 목표의 통합을 강조하는 것은 그것이 합치되었을 때 생산성을 높일 수 있다고 보기 때문이다. 한마디로 MBO의 성공 여부는 목표의 능률적 수행과 그 성과에 따라 좌우된다고 할 수 있다. 이처럼 구체적 결과를 중시하고 더 좋은 결과의 성취를 위해 노력하기 때문에 MBO를 결과관리(management by results: MBR)로 인식하는 학자들도 있는 이유는 이 때문이다.

7) 의도적인 관리 방법

MBO는 조직의 목표를 능률적 · 효과적으로 수행하는 데 목표의 체계화와 더불어 구성원 내지 하위 부서의 협조 및 업무의 능동적 수행이 절대적으로 필요하다는 것을 인식하고 이것을 조직 내에서 의도적으로 제도화시킨 관리 방법이다. 이러한 의미에서 볼 때 MBO는 상사와 부하의 태도 및 의식에서의 변화 노력이 매우 요청되는 관리 방법이라 할 수 있다.

8) 자아 실현적 인간관리

MBO의 조직이론사적 성향을 보면 자아실현적 인간관을 중심으로 한 성장이론

(growth theory)의 영향을 강하게 반영하는 것이라고 할 수 있다. 아울러 조직 속의 인도주의 또는 조직의 인간화를 지향하는 조직발전(OD) 연구와도 긴밀히 연관되어 있다. 합리적인 절차와 기계적 직무설계 및 관리간을 강조하는 전통적 관리 방식에 반발하고 인간의 자율성을 중시하는 연구 경향을 반영하는 것이다. 참여 · 사기 · 직무만족도 · 동기 유발을 강조하는 것도 바로 이 때문이다.

이러한 전통적 관리와 목표관리의 차이점을 정리하면 〈표 3-1〉과 같다.

표 3-1 전통적 관리 방법과 MBO의 비교

	전통적 관리	MBO
기본 사고	자연과학적 사고 X이론	사회과학적 사고 Y이론
목표 설정	계획과 실시의 분리 계획을 타인이 함.	계획과 실시의 통합 계획을 자신이 함.
목표 체계	목표 체계의 기계성	목표 체계의 유기성
조직	세분화 · 분업화 · 전문화	통합화 · 직무확대 · 직무충실
지휘 · 지도	표준계획 규칙 · 규정 정비 엄격한 지휘 · 감독	자기에게 알맞은 방법 선택 규칙 · 규정의 최소화 자유재량의 최대화
동기부여	부하의 참가 배제 고차원 욕구 충족 불가능	부하의 적극적 참가 고차원 욕구 충족 가능
통제	상사에 의한 통제	자율통제 · 자기통제
업적평가	상사에 의한 평가	직두 목표와 실적 간의 정기적 평가, 자기와 상사의 공동평가, 성패 원인 규명, 업적에 대한 구성원에의 학습 효과와 확신
인재 육성	독창력 발휘 여지 없음. 부하의 시야 협소	독창성 발휘 여지 많음. 목표 체계를 통해 시야 확대
관리 체계	고정적 관리 체계	신축적 관리 체계
책임감	결과에 대한 낮은 책임감	결과에 대한 강한 책임감
직무 태도	낮은 도전감 낮은 성취감	높은 도전감 높은 성취감
만족도	조직의 만족만을 중시	조직과 개인의 동시 만족 중시

자료: 양창삼(1994: 113) 참조.

제 2 절 목표관리(MBO)의 절차

MBO는 관리에서 총체적 관리 체제로서 MBO의 절차는 조직 전체의 모든 하위 체제와 결부되기 때문에 매우 복잡하며, 어떤 정형화된 절차는 없으나 대체로 다음과 같은 단계로 이루어진다.

1) 목표 설정 단계

MBO의 절차는 조직의 생존 · 성장 · 개선을 위해 조직이 달성하고자 하는 구체적인 목표를 설정하는 데서부터 시작되는데 이때 부하의 참여가 필수적이다. 최고관리자가 일방적으로 결정한 목표를 부하에게 강요하게 되면 설득력이 없을 뿐만 아니라 자발적인 동기를 유발시킬 수 없다. MBO에서는 참여의 과정을 통한 목표 설정을 매우 강조하기 때문에 참여관리라고 함은 앞에서 말한 바와 같다. 목표를 설정할 때에는 부하와의 상의와 협의를 거쳐야 좀 더 실현성이 있고 조직에 긍정적인 영향을 미치게 된다.

부하 직원의 참여를 통한 목표 설정은 최고관리자의 문제 인식의 범위를 확장시킬 수 있고 조직의 의사소통을 촉진시키며 조직구성원의 자발적인 동기를 유발해 목표를 좀 더 효율적으로 달성할 수 있도록 해 준다. 이렇게 설정된 목표는 부하의 업적을 평가 · 환류시키는 기준이 될 뿐만 아니라 개인별 및 조직 단위별 활동을 조직 전반의 계획에 통합시킬 때의 기준이 된다.

2) 목표 실행 단계 및 중간평가 단계

목표가 설정되면 이를 달성하기 위한 업무계획 · 활동계획 등의 지표를 작성하고 이를 실제 행동에 옮긴다. 이 단계에서는 최종 목표에 이르는 각 중간 목표가 마련되고, 그 진척 상황을 최고관리자의 기본 목표와 밀접한 관련 하에 분석 · 평가하게 된다. 이때 각 관리자들은 만족(satisfactory), 부차적인 문제점(minor problem), 주요 문제점(major problem) 등 세 가지 기준 척도에 따라 중간 평가를 하고 순조롭지 않은 경우에는 자원을 추가로 공급하거나 목표 수정을 한다. 중간평가의 주된 목적은 임무를 맡은 부하가 만족스러운 진척을 보이고 있는지를 확인하고 그렇지 못한 경우에는 수정·보완 조치를 취하려는 데 있다. 그러나 목표를 너무 빈번하게 수정하면 MBO의 효용을 감소시킬 우려가 있음을 유의해야 한다.

3) 최종 평가 단계

목표 달성의 예정 기간이 끝나면 부하의 목적달성도와 업적을 최종 평가한다. 최종 평가의 결과는 목표 성취 여부에 대한 판단으로 나타내며, 이것이 다음에 진행되는 MBO의 과정에 환류되는 동시에 동기 유발, MBO에 대한 태도, 상관과 부하의 상호 관계 및 태도에 영향을 미치게 된다.

4) 환류 단계

최종 평가의 결과를 환류시켜 다음의 목표 설정에 도움을 주고 장래의 MBO의 개선에 기여하도록 해야 한다. MBO의 과정에서 환류가 없으면 MBO의 의의를 살릴 수 없다. 왜냐하면 명확한 환류가 집단의 문제 해결 능력을 증진시키고 개인의 업무 수행 능력을 향상시키기 때문이다. 즉, 부하들이 환류를 객관적이고 지원적이라고 이해할 때 그들은 적극적인 행동을 취하게 되며 상관의 감독에 대해 긍정적인 반응을 보이게 되는 것이다.

제 3 절 목표관리(MBO)의 장점과 한계점

1. MBO의 장점

MBO는 조직의 의사소통, 구성원의 인간관계 및 계획활동을 개선하고 좀 더 적극적인 평가제도와 관리활동을 통해 조직이 쇄신을 촉진하는 데 그 효용이 있으며, 다음과 같은 구체적인 장점이 있다(Caroll, Jr. & Tosi, Jr., 1973: 130-140; Mercer, 1991: 113-114).

첫째, 조직 목표를 명확히 하여 조직활동을 목표 달성에 집중시킴으로써 조직의 효율성을 높인다. 목표가 명확하기 때문에 조직 및 개인의 책임이 명확해지고 업무의 성취도를 쉽게 판별할 수 있으며(Sherwood & Page, 1976: 11), 추구하는 목표 자체가 결과를 예측하고 수립한 것이기 때문에 평가 과정에서 오해의 여지가 없어진다.

둘째, 조직구성원으로 하여금 업무계획을 체계적으로 수립하게 하고 이를 돕는 역할을 한다.

셋째, MBO에서는 조직의 목표 달성이 어느 한 개인의 노력으로써 이루어진다고 생각하지 않기 때문에 구성원들의 유기적 활동의 기반이 되는 팀워크(teamwork)를 강조한다. 즉, 조직구성원은 자율성과 개성을 지니고 있지만 이는 유기적으로 통합되어야 한다는 것이다. 이러한 측면에서 인적 자원의 효율적 활용과 능력 발전에 기여한다고 볼 수 있다.

넷째, 목표에 대한 상호 협의를 활성화해서 결과적으로 조직구성원 간의 목표 및 역할의 갈등과 대립을 감소시킨다.

다섯째, 조직의 민주적 운영을 추구한다. 조직의 목표를 수립할 때 조직구성원의 참여를 필수적으로 하기 때문에 집단 토의나 운영의 민주화가 정착화될 수 있는 토대를 제공한다.

여섯째, 조직의 취약점과 목표 달성을 저해하는 문제를 신속히 발견할 수 있게 해준다. MBO는 관리 과정이 명확하기 때문에 목표 달성이 이루어지지 않았을 때 용이하게 그 원인을 파악할 수 있다. 또한 취약점이 명확하게 발견되면 그 보완 조치도 더 쉽게 행할 수 있다.

2. MBO의 한계점

MBO는 여러 가지 장점이 있는 반면 운용상 다음과 같은 한계점이 있다고 지적된다.

첫째, 목표 달성의 성과를 측정하는 것이 용이하지 않다. 또 행정 부문에 MBO를 적용하는 경우, 사익을 추구하는 기업체와 달리 공익을 추구하기 때문에 모든 활동이나 결과를 계량화해 나타내기가 곤란하다는 취약점이 있다. 이와 함께 행정계층제에서 권력 분담이나 참여관리가 쉽지 않다는 점도 지적할 수 있다.

둘째, MBO를 운영하는 데에는 많은 시간이 소비되고 관리자는 서류 작성의 부담이 크다(Denhardt & Denhardt, 2009: 384). 조직구성원의 참여를 유도해 합의를 이루기 위해서는 많은 시간과 이에 따르는 비용이 소모된다. 또 활동 성과를 보고하기 위해서는 많은 서류작업이 따르게 된다.

셋째, 관리 상황이 유동적인 곳에서는 목표 설정을 위한 미래 예측의 곤란성으로 인해 MBO가 소기의 성과를 거둘 수 없는 경우가 많다.

넷째, 장기적 · 질적 목표보다 단기적 · 양적 목표에 치중하게 된다. MBO에서는 가시적이고 달성과 측정이 용이한 목표에 관심을 기울일 가능성이 크다.

다섯째, 인간 중심주의적 관리 방식에 대한 경험이 없는 조직에 MBO를 도입할 경우 강한 저항에 부딪치게 된다.

여섯째, MBO는 조직계층 상하 간의 상호 신뢰가 구축되어 있어야 효용성이 있는데, 실제 조직생활에서는 상하 계층이 서로 신뢰하기보다는 불신하고 경계하는 경향이 강하다(McCaffey, 1976: 37). 또 이렇게 상하 간의 상호 신뢰가 없을 경우 표면적으로만 합의된 비현실적인 목표를 수립하고 이를 달성하지 못한 데 따른 억압적 관리 행태를 보일 수도 있다(Boleman & Deal, 1991: 231).

CHAPTER

04 기획과 관리통제 및 조정

제 1 절 기획

1. 기획의 개념과 효용성

행정관리에서 기획(planning)이란 최적의 수단으로 행정이 추구하는 목표를 달성할 수 있도록 장래에 취할 행동을 위한 일련의 결정을 준비하는 계속적 과정이라고 정의할 수 있다(Dror, 1963: 46-58). 행정의 수행 과정에서 행정 목표가 설정되고 이의 효율적인 달성을 위한 정책이 결정되면 정책의 능률적 집행을 위한 사전적 준비 활동을 하게 되는데 이것이 바로 기획인 것이다. 따라서 기획은 어떤 목표를 달성하기 위해 장래를 예측하고 사전에 모든 수단을 준비하는 동태적 과정(dynamic process)으로서 현대 행정관리의 필수 요소가 되고 있다.[1)]

이러한 기획과 관련된 용어로서 계획, 정책, 예산이 있다. 우선 기획과 계획의 관계를 보면, 기획은 계획을 수립하는 계속적인 과정을 의미하는 포괄적 개념인데 비해 계획은 기획 과정을 통해 산출되는 최종 결과를 의미하므로 더 구체적인 개념이다.[2)]

---

1) 여기에서 기획이라 할 때는 주로 관리기획을 의미하며 거시적인 국가기획 제도와는 약간 다른 개념이다. 그러나 국가기획도 행정관리기획의 토대 위에서 이루어지기 때문에 양자는 서로 밀접한 관계를 맺고 있다고 볼 수 있다.

2) 기획과 계획을 구분하는 것은 불필요한 혼란만 초래하므로 planning을 기획으로 번역하고, planning의 최종 산물인 plan은 기획서로 지칭하자고 하는 주장도 있다(김봉식, 1986: 50).

그리고 기획과 정책을 비교해 보면, 기획은 정책을 집행하기 위한 수단으로서 이해할 수 있으며, 행정의 수행 과정에서 정책이 기획보다 선행하는 과정이라고 볼 수 있다.

한편, 기획과 예산과의 관계를 살펴보면, 기획은 장래에 대한 준비 과정인 데 비해 예산은 금전적 단위로 표시한 장래의 계획이다. 그러므로 기획은 목표 달성을 위한 지침을 제공하는 데 반해 예산은 목표 달성을 효율적으로 수행하기 위한 금전적 계획으로서 구체적이고 현실적인 개념이다.[3)]

기획의 개념이 지니고 있는 공통적 특징을 살펴보면 다음과 같다(김규정, 1986: 234; 안해균, 1987: 442-443; 이종수 · 윤영진, 2005: 320).

첫째, 기획은 임기응변의 방편적인 대응책과 구별되는 조직화된 예측 장치(organized foresight)의 성격을 띤다.

둘째, 기획은 대안의 선택을 내용으로 하는 일련의 의사결정 과정이다. 요컨대 기획은 조직의 행동 노선을 설계하는 것이라고 할 수 있다. 즉, 기획은 체제나 그 체제가 처해진 환경에 대한 설계를 하는 행위를 포함하는 것이다. 이는 기획이 문제 해결을 위한 체제의 변혁을 지향하는 활동으로서 체제의 환경이나 체제에 대해 어떤 설계를 한다는 개념을 포함한다는 것을 의미한다.

셋째, 기획은 전문화된 기능으로서 목표와 수단에 대한 체계적 분석과 타당성 검토를 할 수 있는 전문화된 지식 및 기술을 요구하는 관리 과정의 일부이다.

넷째, 기획은 집권성과 포괄성을 띠며, 행정 목적의 실현을 위한 중립성을 띤 도구적 성격을 가지고 있다.[4)]

다섯째, 기획은 제도적 이성을 필요로 하는 관리 제도이다. 여기서 제도적 이성이란 목적을 설정하고 이를 일관성 있게 추구하면서도 수시로 변하는 상황에 적응할 수 있는 융통성을 확보하는 능력이라고 할 수 있다.

여섯째, 기획은 설계를 통해 문제 상황에 대해 목적 창출적인 간섭 또는 개입(purposeful intervention)을 하는 것을 의미한다.

---

3) 기획과 예산의 관계가 분명하게 나타나는 제도가 성과주의예산, 계획예산, 영기준예산 등의 예산제도이다(김규정, 1986: 234).

4) 여기에서 중립이란 정치적 및 윤리적 의미에서의 중립을 의미한다.

일곱째, 기획은 어떤 체제에서 그 체제의 구성원이나 또는 체제 자체가 인지하게 된 문제를 갖고 있다는 것을 전제로 한다. 이는 다른 말로 '인식된 문제 상황'이라 할 수 있다.

이러한 기획 과정을 통해 기대할 수 있는 효용성을 열거하면 다음과 같다(오세덕 · 여윤환, 2000: 64).

(1) 미래 진단

기획을 통해 미래에 발생할지도 모르는 잠재적인 제반 문제를 인지하고 진단할 수 있다.

(2) 최적 수단의 선택

기획 과정을 이용해 조직 내의 의사결정 과정을 합리적 · 체계적으로 개선함으로써 문제를 해결할 수 있는 최적 수단을 선택할 수 있다.

(3) 미래 지향적 · 목표 지향적 과정

조직의 장래 진로 · 가치 및 목표 등에 각별한 주의를 기울일 수 있게 해 준다.

(4) 변화에의 적응

기획은 조직 또는 개인으로 하여금 환경의 변화에 적응하도록 도움을 줄 수 있다. 즉, 조직의 생존을 유지하고, 조직의 발전을 도모하는 데 확신을 가지고 행동하도록 만들어 준다.

2. 기획의 필요성

행정에서 기획이 필요한 이유는 여러 가지가 있겠으나 다음과 같이 네 가지로 요약할 수 있다(박연호 · 오세덕, 2001: 520-521).

첫째, 국가 목표의 구체적 실현을 위해 기획이 필요하다. 행정의 행동 목적으로서 국가 목표는 일반적으로 개괄적 · 추상적인 표현 방식을 취한다. 따라서 그것을 달성하기 위해서는 구체적 목표화를 필요로 하며, 또 그러한 목표를 성취할 수 있는 행동 방안이 강구되지 않으면 안 된다. 행정기획은 사회 목적의 구체화를 위한 수단으로서 행동의 출발점이 된다.

둘째, 행정 기능 그 자체가 기획을 필요로 한다. 행정 기능의 본질을 살펴본다면 그것은 대단히 다원적이고 복잡한 행정 목적을 종합적으로, 또한 조화 균형을 유지하면서 능률적으로 실현하지 않으면 안 될 기능이다. 그런데 기획에 의해 행동지침이 확립되지 않는다면 필요불가결한 제반 행정활동 간에 유기적인 조화를 유지할 수 없는 것이다.

셋째, 변동관리의 수단으로서 기획이 필요하다. 미래에 닥칠지도 모를 사회의 낙후성을 방지하기 위해서는 정치·경제·사회·문화 등 여러 국면에서 많은 변화가 요구되며, 이러한 변화는 어떤 형태로든지 간에 이루어지고 있다. 그런데 이러한 변화가 뜻있는 변화로 되기 위해서는 행정이 사전에 사회의 변혁 과정을 기획화할 필요가 있다. 이것이 적극적 변동관리 기능이며, 이러한 기능을 통해 행정은 공공복지를 향상시키지 않으면 안 된다. 오늘날 국가의 행정은 어떤 사회 문제가 발생했을 때 비로소 이에 대처한다는 소극적 변동관리에 만족해서는 안 된다. 물론 새로운 문제가 야기되었을 때 그것에 적시적으로 대처한다는 것도 중요하지만 그것을 사전에 예견하고 그러한 변동을 국가 발전의 종합적 견지에서 소망스러운 방향과 수준으로 유도한다는 것은 더욱 중요하다. 이러한 변동관리는 필연적으로 행정기획을 요구하는 것이다.

넷째, 합리적 협동행위는 기획을 필요로 한다. 행정관리를 넓은 의미에서 합리적 협동행위의 한 방식으로 본다면 그것은 필연적으로 집단의 행동규범을 전제로 하는 것이다. 조직 각 구성원에 의해 분담된 업무는 통일적 목적 실현을 위한 목적과 수단의 연쇄 관계 속에서 이루어지지 않으면 안 된다. 그런데 목적·수단의 연쇄 관계의 형성은 적절한 기획을 통해 가능한 것이다.

3. 기획 과정

기획이 수립되는 과정의 구체적 단계 구분은 학자들에 따라 여러 가지로 구분된다. 여기에서는 여러 이론의 공통적 내용을 중심으로 기획 단계를 설명하고자 한다. 그리고 이러한 단계는 상호 연관되어 있는 계속적 과정이다.

1) 목표의 설정 단계

기획에서 첫 번째 단계는 행정활동의 목적 또는 목표를 설정하는 일이다. 목표는 정책의 테두리 안에서 설정되며 정책은 의회나 행정수반의 기본 정책으로 나타난다. 이때 목표는 가능한 한 추상적이 아니라 구체적이고 양적으로 제시되어야 한다. 행정활동의 목표를 설정하는 과정은 일반적으로 다음과 같은 세 가지 국면으로 구분해서 생각할 수 있다(Millett, 1947: 34).

첫째, 목표는 통상적으로 정부의 중요한 기본 정책(basic policy)으로부터 도출된다.

둘째, 주요 목표가 설정되면 그로부터 행정활동에 의해 구현될 부차적 목표(secondary objectives)가 순차적으로 도출된다.

셋째, 광범하게 설정된 목표(broadly defined objectives)는 다만 기획의 시발점에 불과하므로 행정 목적 달성의 방향에서 실질적으로 사용되기 위해서는 좀 더 각별하게 구체화되지 않으면 안 된다.

지금까지 목표 설정 단계에서의 주요 국면을 살펴보았는데, 바로 이 단계에서 정책결정(policy-making)과 운용기획(operational planning)은 불가분적으로 접합되는 것이다.

각별하고 구체적인 행정활동을 위해서는 광범한 목표를 순차적으로 좀 더 세분해서 가다듬어야 하는데, 실용성 있는 목표가 되기 위해서는 다음과 같은 요건을 구비해야 한다.

첫째, 그 목표는 행정 수요와 직접적 연관성이 있어야 한다.

둘째, 그 목표는 노력 · 자료 · 예산 면에서 달성 가능하고 실행의 기술적 가능성(technical feasibility)이 있는 것이어야 한다.

셋째, 그 목표는 다른 목표와 상충되지 않고 상호 보완적이어야 하며, 상하 목표 간에 합리적 연쇄 관계(rational chain)를 형성할 수 있는 것이어야 한다.

넷째, 그 목표는 측정 가능(measurable)하고 구체적이어야 한다.

다섯째, 그 목표는 하나의 대안이 아니고 어떠한 결정(decision)을 나타내는 것이어야 한다.

2) 정보의 수집 · 분석 단계

일단 달성하고자 하는 목표가 설정되면 그 목표를 달성하기 위한 정보나 자료를 수집하고 분석해 현황을 정확히 판단해야 한다. 이때 특히 계획 수립자는 계획화된 행동을 요구하는 문제점을 과거 · 현재 · 미래의 시간적 계열 속에서 올바로 파악해야 하며, 목표로 가는 길에 가로놓인 각종 난관이나 애로점을 미리 예견하고 이를 극복할 수 있는 복안이나 그와 관련된 지식을 습득해 놓아야 한다.

이때 자료 수집 시에 유의해야 할 점은 문제에 대해 정확하게 초점을 맞춤으로써 과거와 현상에 관한 올바른 파악에 도움이 되는 자료뿐만 아니라 후술하는 기획 전제 설정에 도움이 되는 자료를 깊이 있고 폭넓게 거두어들여야 한다는 점이다. 그리고 이러한 과정에서 특히 고려해야 할 것은 각종 조사기관의 협조를 광범하게 획득해야 한다는 점이다.

3) 기획 전제의 설정 단계

현황이 파악되면 실천 목표를 설정하고 기획의 주요 가정이나 미래 예측(forecasting)을 해야 한다. 수집된 정보나 자료는 완전할 수 없고 장래 상황은 유동적이고 가변적이므로 기획 전제(planning premises)의 설정이 필요해진다. 기획 전제란 장차 어느 시점에서 야기될 조건 또는 장래 환경(future setting)을 의미하며, 그것은 수집된 사실적 정보의 정확한 분석에 입각한 예측인 것이다.

기획 전제에는 여러 가지 종류가 있을 수 있으나 대체로 그것은 기획 주체가 기획에 미칠 수 있는 영향력의 정도에 따라서 다음과 같이 세 종류로 구분할 수 있다(Koontz & O'Donnell, 1955: 449).

(1) 통제 불가능한 기획 전제

이는 기획 주체가 통제할 수 없는 전제를 말한다. 사기업체가 기획 주체인 경우 인구 증가, 장래의 물가 수준, 정치 정체의 변화, 경기 변동 등이 이에 해당한다.

(2) 반통제 가능한 기획 전제

이것은 기획 주체가 완전히 통제할 수는 없으나 어느 정도 영향력을 미칠 수 있는 기획 전제를 말한다. 예컨대 사기업의 경우 장래의 상품 또는 서비스의 판매고, 노동 이직률 등이 이에 해당한다.

(3) 통제 가능한 기획 전제

이는 기획 주체에 의한 통제가 가능한 기획 전제를 말한다. 이를테면 새로운 시장 개척 정책, 연구 발전 계획의 채택 등이 이에 속한다.

한편 기획 과정에서 활용할 수 있는 미래 예측 방법으로는 ① 델파이 기법, ② 시계열분석, ③ 교차영향 분석법(cross-impact matrix), ④ 역사적 유추법(historical analogy), ⑤ 기술예측법(technology forecasting), ⑥ 위원회(committee) 토의법 등이 있다.

첫째, 델파이 기법은 '사이버네틱 조정(cybernetic arbitration)'이라고 부르는 과정·절차를 이용해 예측하려는 장래 현상에 대한 전문지식을 가진 전문가에게 서면으로 자문을 의뢰하는 방법이다. 이 기법은 설문지를 통해 전문가들의 의견을 체계적으로 집약해 통계적으로 분석·정리함으로써 미래 예측을 하게 된다.

둘째, 시계열분석은 과거와 현재에 걸친 시계열상의 자료를 분석해 어떤 현상의 변동 추세를 파악함으로써 미래의 어느 시점에서의 변동 양태를 예측하는 기법이다.

셋째, 교차영향 분석법은 두 가지 이상의 예측 결과 간의 상호작용 관계를 체계적으로 분석·평가함으로써 장래를 예측하는 방법이다.

넷째, 역사적 유추법은 귀납적 추리와 유사한 형태로서 과거의 유사한 사례를 돌아봄으로써 미래에 일어날 사건을 예측하려는 방법이다.

다섯째, 기술예측법은 과학기술의 발달에 따라 일어날 문제점이나 초래될 영향을 미리 예측하는 기법이다.

여섯째, 위원회토의법은 예측하려는 문제에 대해 깊은 지식과 많은 정보를 가지고 있는 전문가로 구성된 위원회에서 토의를 통해 미래를 전망하는 방법으로서, 패널

(panel) · 신디케이트(syndicate) 등이 그 구체적인 예이다.

4) 대안의 탐색 · 평가 단계

어느 한 가지 목표를 달성하는 데는 여러 가지 행동 대안이 도출될 수 있다. 따라서 목표 달성을 위해 구체적인 행동노선인 대안을 찾아내고 각 대안 간의 장단점에 대한 비교 · 평가가 이루어져야 한다. 대안의 비교 · 평가는 일반적으로 각 대안의 결과 예측에 의해 행해진다. 다시 말하면, 그러한 대안이 만일 실행에 옮겨진다면 어떤 결과가 나타날 것인가 하는 것을 미리 예측할 수 있어야 한다. 이러한 대안의 비교 · 평가의 구체적 기법으로는 비용편익분석 · 비용효과분석 등의 기법이 활용된다.

5) 최종 대안의 선택 단계

대안의 평가가 끝나면 각 대안 중에서 최선의 대안 하나를 선택함으로써 기획이 수립되는 것이다. 그리고 경우에 따라서는 상호 보완적인 역할을 할 수 있는 복수안이 있을 수도 있다. 그런데 여기서 한 가지 유의할 것은 최종안이 확정되었다고 해서 이에 관한 재검토를 할 필요가 없다는 것은 아니라는 점이다. 그것은 제한된 범위 내에서나마 부분적인 시험적 적용을 통해서 타당성 여부가 검증되어야 하며, 필요한 경우에는 수정이나 재조정이 이루어져야 한다.

6) 파생기획의 수립

계획안이 일단 채택되면 이의 실효성을 기하기 위해 필요한 제반 부수적 파생기획을 수립해야 한다. 즉, 계획안을 풀이하여 제반 활동 사항과 적절한 관련성을 맺어주어야 하며, 기획화된 행동이 언제, 어디서, 누구에 의해 수행될 것인가를 적절한 순서로 배열해야 한다.[5] 이처럼 기획 과정은 기본계획의 완성으로 끝나는 것이 아니라 그것을 실현시킬 수 있는 제반 보조 계획이 수립될 때 비로소 실효성을 기할 수

5) 또한 필요한 새로운 방침이나 절차의 준비라든가 소요되는 예산이나 자금 조치 등이 뒤따라야 하는 경우도 있다.

있는 것이다.

4. 기획의 수정 전략

합리적 기획의 한계와 문제점을 감안해 이를 극복하고 합리적인 기획을 하려는 노력의 결과 다음과 같은 수정 전략이 나오고 있다(김신복, 2001: 118-122).

1) 점진주의 전략

이는 합리적 기획에 가장 상반되는 접근 방법으로서, 현재 추진되고 있는 정책대안과 근본적으로 다르지 않고 현상을 약간 개선할 수 있는 제한된 수의 대안을 검토하고 선택하는 것이 가장 타당하다는 처방이다. 이 전략은 합리적 기획의 전제 조건이 갖는 비현실성에 대한 비판으로부터 형성된 것이다. 이러한 점진주의 전략은 기획의 실제에서 많이 활용되고 있는데, 가장 대표적인 것이 앞에서 설명한 연동계획 제도이다.

2) 연계적 결정 또는 부분 적정화

이 전략은 제한된 범위 내에서 계속적인 분석을 수행한다는 점에서 점진주의 전략과 비슷하다. 그러나 점진주의 전략에서는 목표가 사전에 명료하게 설정되어야 한다는 전제마저 부인하는데 연계적 결정(sequential decision making)에서는 목표 설정의 전제는 받아들인다는 점에서 차이가 있다. 연계적 결정은 정보의 수집 · 분석 능력이 제한된 문제점을 해소하려는 데 주목적이 있다. 즉, 엄청난 분석 단위를 가진 많은 정보를 동시에 수집 · 처리해 결정을 내리는 데 활용하는 것은 사실상 불가능하기 때문에 일정한 범위 내의 부분적인 정보만 가지고 단계별로 결정을 내려가는 것이 현실적이다. 즉, 각 단계에서 최적의 대안을 순차적으로 모색해 가는 이른바 부분 적정화(sub-optimization)가 바람직하다는 것이다.

3) 절충 탐색 전략

합리적 기획이 지나치게 이상적이라면 그 반동으로 제기된 점증주의 전략은 너무 보수적이고 근시안적이라 할 수 있다. 따라서 이 두 가지를 통합한 제3의 접근법이 바로 절충 탐색 전략이다.[6)]

4) 만족화 전략

이는 제한된 합리성(bounded rationality)에 기준을 두려는 전략이다. 즉, 최적의 대안이 아니라 주관적으로 만족스러운 대안을 선택하려는 것이다. 이 전략은 사이먼의 주관적 합리성 철학에 기초를 두고 있다(March & Simon, 1976: 140).[7)]

5) 관례화 전략

관례화(routinization) 전략은 소규모의 기획 과정을 몇 개의 유형으로 구분해 기계적·관례적 과정으로 만드는 방법이다. 어떤 형태의 문제는 그것을 인지해 관련 요인을 분석하고 대안을 추출하는 일련의 과정이 거의 동일하다. 이 경우에 의사결정을 자동적인 프로그램화해서 투입되는 시간과 노력을 절감할 수 있다는 것이다. 그러나 이와 같은 관례화 전략이 적용될 수 있는 범위는 극히 한정되어 있다. 일상적으로 반복되는 업무나 문제 상황이라 하더라도 완전히 동일한 경우는 거의 없으며, 설령 동일하다고 하더라도 대책이나 해결 방안은 끊임없이 개선되어야 하기 때문이다.

5. 계획집행의 접근법

계획집행의 접근법은 수립된 계획이 집행 과정에서 어느 정도 구속력을 갖느냐에 따라 다음과 같이 세 가지 유형으로 나누어 볼 수 있다(Bornstein, 1975: 9; 김신복, 2001: 158-161).

---

6) 이 전략은 의사결정모형의 혼합관조모형과 관련이 있으므로 제6장 의사결정을 참조.
7) 이 전략은 의사결정모형의 만족모형과 관련이 있으므로 제6장 의사결정을 참조.

1) 제한적 접근법

수립된 계획에 행위의 규범으로서의 공식적인 지위(status)를 부여해 그 실현을 강력하게 뒷받침하는 방식이다. 계획에는 아주 구체적이고 세부적인 목표, 수단, 일정까지를 제시함으로써 그 자체가 집행 단계에서 엄격한 지침이 된다. 계획은 집행담당자 및 대상자를 규제하고 관리하는 지시 사항이며 또 평가 기준이 된다. 이와 같이 계획집행이 직접 규제적인 방식을 취하게 되면 실현가능성은 높아지지만 상황 변동에 따른 융통성이 거의 없어지는 단점이 있다.

2) 조종적 접근법

이 접근법은 계획 목표의 실현을 지향하는 것은 분명하지만 직접적인 규제에 의해서가 아니라 유인 체제(incentive system)의 조종을 통해 간접적으로 유도하는 방식이다. 계획이 의도하는 방향이나 계획 내용과 합치되는 행위에 대해 적절한 보상을 제공하고 상반되는 경우에는 불이익을 받도록 함으로써, 관계되는 개인이나 집단이 계획의 실현에 스스로 기여하도록 조종(steering)하는 접근법이다. 자유경제 체제 또는 민주주의 사회에서는 직접적인 규제가 어려우므로 조종적 접근법이 가장 강력하고 일반적인 수단이라 하겠다.

3) 정보 제공식 접근법

정보 제공식 접근법은 수립된 계획에 대해 아무런 구속력을 부여하지 않고 다만 장래에 관한 최선의 예측(the best forecast) 자료로서 제시하는 데 그치는 방식이다. 여기에 숨어 있는 가정은 계획이 가장 정확한 예측이라면 스스로 실현(selfvalidating) 되리라는 것이다. 따라서 이 경우에 계획의 기능은 집행의 지침으로서가 아니라 장래의 바람직한 방향을 예고하는 효과(announcement effect)가 가장 큰 비중을 차지한다. 이러한 정보 제공식 접근법에서는 기획 과정에의 광범한 참여가 중요한 의의를 갖는다. 이는 상호간에 정보를 교환하고 토의를 거치는 동안에 소망스러운 방향에 관한 합의를 형성할 수 있게 해 주고, 실천을 원활하게 하는 효과를 갖는다. 또한 참여 시에는 정부 당국자나 전문가의 참여는 물론 기획 대상집단의 참여가 필수적으로 요구된다.

제 2 절 관리통제

1. 관리통제의 개념

관리통제란 집행이 당초 기획한 바대로 행해지고 있는가의 여부를 확인하고 기획과 실시간의 차이를 시정하는 관리 활동을 의미한다. 이러한 의미의 통제는 기획에 대응하는 것으로서 실시 단계에서 기준 계획과의 부합성을 검증하는 기능이라고 말할 수 있다. 따라서 통제의 기초에는 기획이 있으며 또 기획은 통제에 의해 뒷받침된다는 유기적 관계를 갖고 있다.

사실 통제의 관리적 의의는 행정에서 기획이 목적 가치의 형성과 그것을 달성하기 위한 수단의 일관된 체계로서 확립된 연후에야 비로소 중요시되는 것이다. 그러나 그러한 인식이 오늘날 우리나라 행정에 널리 보급되어 있는 것은 아니다. 사실 아직도 우리나라의 행정관리에서는 관리통제의 개념을 부하 직원의 감시・감독으로 인식하는 나머지 기록의 검토나 부정・과실의 발견 및 방지에 한정시키게 되는 경향을 널리 볼 수 있다(박연호, 2004: 571).

그러나 그것은 소극적 통제에 지나지 않는 것이며 현재 및 장래의 통제활동은 적극적이고도 광범한 분야에 걸친 관리 활동으로서 행해져야 한다. 앞으로의 관리통제의 중점은 수단적 절차의 적부의 문제로부터 목적 달성의 적합성을 판정하는 적극적 통제의 방향으로 집중시키지 않으면 안 된다.

이러한 통제활동은 관리활동의 한 가지 성격인 연속성 또는 계속성에서 엿볼 수 있듯이 관리의 기본적 순환 과정에서의 최종 단계인 동시에 잇따라 일어나는 순환 과정의 선행 단계이기도 하다. 즉, 그것은 통제 단계에서 이미 경과된 모든 단계의 과정을 반성하고 차이를 측정하고 그 결과를 토대로 해서 새로 개선된 기획을 수립하게 하는 환류 기능으로서 이해되지 않으면 안 된다. 기획과 통제와의 상호 관계를 이와 같이 파악할 때 비로소 전반적 관리 과정에서의 양자 상호간의 기능적 위치가 명확해지는 것이다.

또한 기획이 빈곤한 경우에는 통제의 폭이 넓어지고 결과적으로 통제에 소요되는 노력이 많아지는 데 반해 치밀한 기획이 수반된 활동에서는 통제의 폭이 좁아지며 결과적으로 약간의 노력만 가지고도 통제에 성과를 올릴 수 있다. 그러나 여기서 한 가지 주의해야 할 것은 관리의 효과적 전개가 단순히 통제의 강화에 있다는 것을 의미하는 것이 아니라 관리의 순환 과정을 유효하게 매듭짓는 것이 통제의 기능이라는 점이다. 이러한 의미에서, 기획과 통제의 문제는 표리일체적인 관계에 있다고 말할 수 있다.

2. 진행 과정상의 통제

대부분의 사람은 통제란 사후에 행해지는 것으로 생각하는 경향이 강한데 관리에서의 통제, 즉 관리통제는 사후통제가 아니라 일을 진행 과정에서 행해지는 진행통제라는 점을 유의해야 한다.[8] 통제가 사후에만 이루어진다면 소기의 성과를 달성할 수 없으며, 따라서 관리자는 일의 진행 과정에서 그 상황에 부응한 통제를 행하지 않으면 안 된다. 통제는 실시 활동에 수반되어 행해짐으로써 시정에 의한 효과를 높일 수 있는데, 이는 [그림 4-1]을 살펴보면 잘 알 수 있다.

〈통제삼각도 1〉은 사후통제를 나타낸 것이다. 즉, A를 향해 C로부터 진행되기 시작한 활동은 A에 도달할 때까지 방치되어 최후의 단계에서 비로소 평가된다. 그러므로 일이 기대한 바대로 진행되면 다행이지만 만일 A의 목표가 O에 낙착된 경우에도 최후의 단계가 아니면 그것을 알 수가 없게 된다. 즉, AB라는 기획에 대해 AO라

8) 통제의 종류에 이러한 진행통제와 사후통제 외에도 사전통제(pre-control)를 포함시키기도 하는데, 사전통제란 관리 과정에 대한 투입에 초점을 둔 통제전략을 말한다. 예컨대 대학입학시험의 커트라인, 자격시험의 기준 점수 같은 것들이 사전통제의 통제 기준인 것이다. 이러한 사전통제는 높은 질의 투입이 높은 질의 성과를 보장한다는 것에 전제를 두고 있다(Gerloff, 1985: 321-322).

그림 4-1 통제삼각도

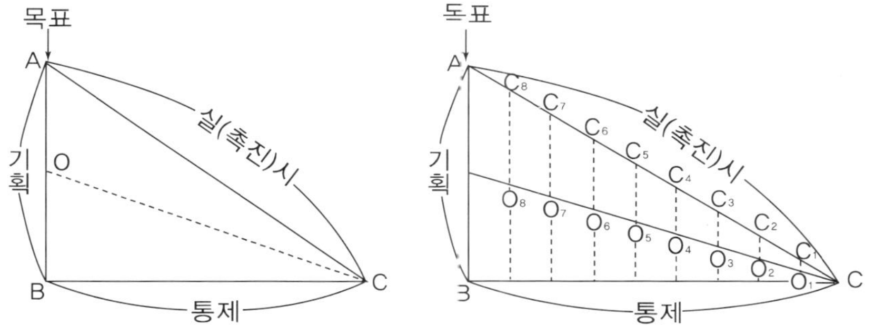

〈통제삼각도 1〉 〈통제삼각도 2〉

는 차이가 생긴 경우에도 도중에서 그것을 시정할 수가 없다.

한편 〈통제삼각도 2〉는 위에서 설명한 진행 통제를 나타낸 것이다. 이는 A를 향해 C에서 개시된 활동이 C1에서 C8에 이르기까지 각 단계에서 항상 AB의 기획과 대비되면서 진행되어 나가는 과정을 묘사한 것이다. 이러한 일련의 과정에서 만일 일의 진행이 C3에 도달되지 않고 O3에 머물게 되었다면 거기에서 즉시 원인을 확인하게 된다. 즉, 처음부터 무리한 계획을 세우지는 않았는가, 수속 절차나 일정 계획이 잘못된 것은 아닌가, 충분한 인원의 배치가 이루어지지 않은 것은 아닌가, 그 밖의 예상할 수 없었던 어떤 불확정 요인이 작용하지는 않았는가 등을 검토하면서 이에 대한 시정 조치를 강구한다. 그리하여 각 단계에서 각각 필요한 시정을 행하면서 목표 A에 도달하게 된다.

이렇게 정확한 통제를 행하기 위해서는 일의 진행 상태를 항상 명백히 파악하면서 발견된 사실에 입각해 기획과 실시간의 차이를 분석해 나가야 한다. 이러한 사실에 의한 통제 과정은 마치 탄광에서 갱도에 갱목을 세우면서 목표 지점을 향하는 것과 흡사한 방식으로 통제주(統制柱)를 세우면서 진행해 나가게 된다(박연호 · 오세덕, 2001: 548).

3. 관리통제의 단계

1) 통제 기준 설정의 단계

이 단계는 엄밀하게 말하자면 기획 단계의 문제이다. 또한 그 내용도 권한적 기준 · 지적 기준 · 사회적 기준 · 주관적 기준 등으로 구분된다. 그러나 여기서는 통상 계획적 또는 비계획적으로 정해지는 목표의 구체적 분할 선정을 통제 기준으로 고려하고자 한다. 기준 설정의 착안점으로서는 다음과 같은 세 가지가 중요하다(박연호, 2004: 453-455).

(1) 통제점의 설정

행정활동 가운데 존재하는 개별 목표는 너무나 많기 때문에 그것을 전면적으로 통제한다는 것은 지극히 어려울 뿐만 아니라 또한 그 필요성도 그다지 높지 않다. 그러므로 관리통제에서는 통제를 집중시킬 중점을 결정할 필요성이 있다. 그것은 기획과 실시를 대조하면서 조절할 수 있는 중요한 점을 구하면 된다.

이러한 통제점을 구하려면 우선 선정된 부분이 일의 전체를 반영하는 것이어야 하고, 또한 책임 소재를 명백히 하는 것이어야 한다. 이에 대한 착안점으로서 몇 가지를 살펴보면 다음과 같다.

첫째, 집행 과정의 특정 단계를 통제점으로 한다. 예컨대 과정 가운데서 어느 부분과 다른 부분이 결합되는 결합점을 포착한다거나, 중간적인 작업이 완료되는 시간적 단계를 포착한다거나, 또는 일이 수행되는 특정한 장소 면에서 포착한다거나 하는 착안이다.

둘째, 완료의 시기를 통제점으로 한다. 중간적인 과정이 절차 · 방법 면에서 표준화되어 있는 일은 최후 완료 시에 검증 · 평가하도록 한다.

셋째, 표본(sample)을 뽑아서 통제점으로 한다. 품질관리에서 사용되는 표본검사법과 같이 집단을 대표하는 표본을 검증해 평가한다.

넷째, 책임의 소재점을 통제점으로 한다. 상례적인 일에서는 이례적인 것이 나타났을 때 통제점으로 본다는 착안이다.

다섯째, 이례의 상황을 통제점으로 한다. 상례적인 일에서는 이례적인 것이 나타났을 때 통제점으로 본다는 착안이다.

여섯째, 중점 사업을 통제점으로 한다. 예컨대 여러 사업 가운데서 가장 중점적인 중요 사업만을 선택해 통제의 대상으로 한다는 착안이다.

(2) 양적 설정

통제 기준은 가능한 한 구체적 표현성을 가질 것이 요망된다. 그러므로 가능한 한 계량적으로 설정해야 한다. 즉 산출된 물량, 예산, 활동 시간 수, 기간 목표로서의 소요 시간 수 등으로 표시해야 한다. 그러나 질적인 것은 계량화하기가 대단히 어려운 것이므로 별도의 고려가 필요하지만 품질 기준 등은 계량화가 가능하다.

(3) 적정 수준의 기준 설정

기준이 너무 높아서도 안 되고 또한 너무 낮아서도 안 된다. 일반적으로 이상적 기준은 실시를 담당하는 자가 그의 노력에 의해 달성가능성이 있는 것이어야 하며, 성취감을 느낄 수 있는 정도로 진보적 수준에서 설정될 것이 요망된다. 이것은 과거의 실적을 참고함과 동시에 과학적 조사에 의해 인정되지 않으면 안 된다. 기준을 설정할 때는 다음과 같은 점에 유의해야 한다.

첫째, 기준을 정할 필요가 있는 일을 선정한다. 예로서 공평성을 요하는 일, 정확성이 요구되는 일, 사회적으로 영향이 큰 일, 흔히 사고나 장애 요인이 야기되는 일, 수단이나 방법이 변경되기 쉬운 일 등이다.

둘째, 선정된 일을 분석・검토해 적정 수준의 잠정적 기준을 설정한다.

셋째, 이러한 잠정적 기준에 관해 관계자의 의견을 듣는다.

넷째, 현행의 기준과의 비교는 물론 더욱 소급해서 목표・방침・목적과의 관련성을 명백히 한다.

다섯째, 결정된 기준은 문서로써 표시하고 규정화해야 한다.

2) 현상 파악의 단계

통제의 둘째 단계는 실시의 현상을 명백히 파악하는 단계이다. 기준의 설정과 현상의 파악은 '사실에 의한 통제'라는 통제 형태의 근간을 이루는 것이다. '사람에 의한 통제'는 관리자의 주관적 입장과 판단에 토대를 두는 것이 많기 때문에 객관적 현실을 파악하는 데에는 정확성이 빈약하다.

물론 경험과 지식이 풍부하고 재능도 있고 또한 인간적으로 원만 · 고결 · 비범한 사람의 경우라면 사람에 의한 통제도 충분한 효과를 발휘할 수 있다. 그러나 관리의 성과는 비범한 사람에게만 의존할 수는 없다. 왜냐하면 비범한 사람의 수는 요구되는 정도로 존재하지 않기 때문이다. 평범한 관리자가 효과적 관리를 행하기 위해서는 역시 사실에 의한 객관적 통제에 의존하는 수밖에는 없다. 이러한 의미에서 현상의 파악은 통제의 중요한 기초가 된다. 현상 파악의 방법으로서는 주로 다음과 같은 세 가지 방법이 활용된다.

(1) 직접적 관찰

관리자에 의한 직접적 관찰과 개인적 접촉은 다음과 같은 이점을 제공한다.

첫째, 업무 운영 상태에 대한 무형의 식견을 얻을 수 있다. 서면보고를 통해서는 내다볼 수 없는 관계자의 협력 태도 등을 감득할 수 있다.

둘째, 개인적 접촉에 의한 친근감이나 질문 · 응답에 의한 의욕의 판정에도 도움이 된다.

셋째, 실정을 이해함으로써 실제에 부응하는 지도가 가능하다.

넷째, 현장의 사기를 고무하는 데 도움이 된다.

직접적 관찰은 이러한 이점이 있는 반면에 다음과 같이 불리한 점도 있다. 즉, 다른 수단에 비해 시간이 상대적으로 많이 걸리며, 부분적 관찰을 가지고 전반적 판단을 할 우려가 있다는 것이다. 그러므로 직접적 관찰을 행할 때에는 통합적 시야를 상실하지 않도록 주의하지 않으며, 또한 현장에서 일하는 사람들에게 귀찮다는 반감을 일으키지 않도록 각별히 유의하지 않으면 안 된다.

(2) 보고서의 제출

첫째, 보고는 정례적인 것 이외에 이례적인 경우에도 제출하게 한다. 이러한 인식이 결여되는 경우도 적지 않으나 전술한 통제점에서도 명백히 한 바와 같이 예외 사항은 통제 중점의 하나이다. 정례보고 제도에 의존한다면 이러한 점이 흔히 등한시 되어 예외적인 사태의 보고가 행해지지 않기 때문에 상급관리자의 판단을 그릇되게 하는 수가 많다.

둘째, 보고 내용은 통제점에 중점을 두되 관계되는 여러 조건의 추이, 즉 인력과 자재의 부족, 예산 배정의 지연 등에 관해서도 제출케 한다.

셋째, 보고는 일람에서 이해하기 쉬운 형식으로 설계한다. 이를 위해서는 장표(帳票) 설계전문가의 도움을 받을 필요가 있다.

(3) 보고의 청취

보고 청취는 개인적 접촉에 의해 듣는 경우와 회의 또는 보고회 형식을 통해 듣는 경우로 구분할 수 있는데, 어느 경우를 막론하고 세부 사항에 치우치지 말고 전체를 파악해야 한다는 것을 망각해서는 안 된다.

회의에서 보고를 듣는 경우에는 특히 다음과 같은 두 가지 점에 유의해야 한다.

첫째, 책임자로 하여금 보고하게 한다. 통제 장면에서의 보고는 단순한 정보 제공에 그치는 것이 아니라 필요에 따른 시정의 과정이 뒤따르게 된다. 그러므로 부득이한 경우를 제외하고는 반드시 책임을 가진 사람의 보고를 듣지 않으면 안 된다.

둘째, 다른 관계 업무의 책임자도 동석시킴으로써 동시에 정보를 얻고 또한 조정점을 발견하다는 것도 필요하다. 현상을 파악하고자 할 때 특히 유의해야 할 통제자에게 편리한 사실만을 수집해서는 안 된다는 점이다. 이 때문에 편협한 판단을 내린다는 것은 평가의 객관성을 해치게 되기 때문이다.

3) 비교 검토와 평가 단계

통제에서 셋째 단계는 파악된 현상과 기준을 비교 검토하고 그 결과를 평가하는 일이다. 다시 말하자면 기준과 실시간의 차이를 분석하는 것이다. 실시와의 사이에 차이가 발생하는 것은 기준에 대해서뿐만 아니라 활동에 필요한 각 조건의 불합치 때문에도 나타난다(박연호 · 임영제, 2000: 50-51).

(1) 기준과의 차이점 확인

기준과의 관계에서 발생하는 실시의 결과는 다음과 같은 세 가지이다. 즉, ① 기준대로의 달성, ② 기준보다 초과 달성, ③ 기준 미달이 그것이다.

즉, 결과는 필연적으로 이 세 가지 중의 어느 하나가 된다. 기준 작성 시에 기준을 계량적으로 설정할 수 없는 경우도 있다. 그러나 그러한 경우에도 어느 정도의 목표를 만든다는 것이 불가능하지는 않다. 즉, 거기에서 얻어지는 좋은 결과란 어떤 것인가를 대체적으로 예상해 볼 수 있는 것이다. 따라서 예상대로 달성되었는가, 예상보다 불만족스러웠는가, 또는 예상보다 더욱 만족스러웠던가 하는 판단은 계량적이 아니라 하더라도 가능하다.

(2) 조건과의 불합치 분석

본래 일정한 목적의 실현은 이용 가능한 자원과 기회 및 능력의 활용을 통해 이루어진다. 다시 말하면 어떠한 목적을 막론하고 그것을 일정한 여건 하에서 이루어지는 것이므로 기획의 작용은 실현되어야 할 목적과 여건과의 균등을 구하는 것이라고 말할 수 있다. 그런데 설정된 기준 달성을 위한 조건은 항구불변의 것이 아니라 변동되기 쉬운 것이며, 그러한 변동은 필연코 기준 달성에 여러 가지 영향을 미치게 된다. 사실상 이러한 각 조건 간의 불합치는 실시와 관리의 전 과정에 걸쳐서 발생될 수 있다. 기획 수립의 단계에서 조건의 설정을 좀 어수룩하게 한 경우라든가, 또는 촉진 단계에서 지도가 적절치 못한 경우가 발생하는 불합치는 관리 과정에서 발생하는 것이다.

여하간 평가는 이러한 비교 검토를 통해 이루어진다. 통제는 기본적으로 일의 수행 과정에서의 각 단계에서 행정관리자의 평정이라는 의사결정이 중심이 된다. 그러므로 현상의 파악이나 비교 검토도 그것을 위한 한 가지 수속 절차라고 볼 수 있다. 따라서 실적에 대한 평가는 넓은 시야를 가지고 행정의 전체적 상황으로부터 이루어져야 할 것인지 결코 부분 목적에 비춰서 아무리 높게 평가된다 하더라도 종국적인 전체 목적을 위한 성과가 빈곤한 경우라면 진실한 의미에서의 통제라고는 말할 수 없다.

4) 시정조치의 단계

통제의 마지막 절차는 시정조치이다. 즉, 앞에서 설명한 여러 가지 단계가 아무리 훌륭하게 이루어졌다 하더라도 요망되는 시정조치가 이루어지지 않는다면 통제의 기능은 발휘되지 않는다. 따라서 시정조치에 선행되는 각 절차는 통제에서 예비적 절차라고 말할 수 있다.

시정조치를 행할 때에는 설정된 기준에 도달하지 못하게 한 원인을 확인해서 그것을 제거시키는 데 노력해야 한다. 일찍이 앨런(L. Allen)은 "통제란 기준에 미치지 못하고 있는 점을 가능한 한 완전하고 신속하게 시정하는 능력"이라고 말한 바 있다.

사실상 인간의 기획은 근본적으로 예견 능력의 제한성 때문에 앞으로 전개될 활동과 꼭 동일할 수는 없다. 만일 활동이 기획한 대로 행해진다면 통제를 위해 신경을 쓸 필요는 없는 것이다. 그러나 기획은 장래를 예측하고 그 가능성 및 개연성을 토대로 하여 행동의 목표와 양태를 결정하는 것이므로 현실의 행동과 완전 일치되는 것은 아니다. 여기에 필연적으로 기획과 현실 간의 간격이 생기게 마련이다. 우리들이 기획을 해서 일을 추진시켜 나가는 한 항상 결과를 보고 원인을 조절하는 환류 과정에 의해 결과를 원인에 귀속시키는 태도를 갖는다면 차이분석에 토대를 둔 개선은 필연적으로 존재하게 마련이다. 개선은 항상 시정활동에 초점이 있는 것이므로 통제 기능의 일부인 것이며, 따라서 관리의 기본적 성질에 뿌리를 둔 것이라는 사실을 인식하는 것이 중요하다. 시정조치를 하는 데는 일반적으로 다음과 같은 방법을 고려해 볼 수 있다(박연호 · 임영제, 2000: 50-51).

(1) 기획안의 필요적 수정

외적 환경의 대부분의 사람이 임의로 좌우할 수 없는 경우가 많은 것이므로 이러한 외적 환경이 많이 변경되면 이에 따라서 계획안도 변경되어야 한다. 또한 정책이 변경된 경우라든가 또는 설정된 기준이 너무 높았던 경우 등에도 계획안의 수정이 필요하다. 따라서 이러한 경우에는 기획 · 집행 · 통제라는 새로운 관리 과정의 순환이 이루어지게 된다.

(2) 인적 · 물적 조건의 적정화

비교 검토를 통해서 밝혀진 인적 · 물적 조건의 차질에 대해 적절한 시정책을 강구한다. 여기서 물적 조건이란 시설 · 환경 · 기구 · 기계 등의 용구 및 원재료 등을 말하며, 인적 조건이란 직원의 선발 · 배치 · 지도훈련 등의 요소를 말한다.

대체적으로 어느 활동이 기준 미달로 끝나는 요인으로서는 작업 능력의 부족, 작업 능력의 감퇴, 감독의 부적절성 등을 들 수가 있다. 여기에서 첫 번째 요인인 작업 능력의 부족은 교육훈련으로 해결할 수 있는 것이지만 나머지는 비공식적인 성질을 갖는 것이며, 모든 관리감독 계층의 리더십에 관련된 문제이므로 신중한 검토가 필요하다.

(3) 방법의 개선

실시 과정에서의 방법을 작업기술 · 작업 동작 · 수속절차 · 일의 흐름 등 여러 가지 국면에서 분석 검토하고 정확 신속한 처리를 저해하고 있는 각 요인을 색출해 적절한 개선안을 강구한다.

지금까지 시정의 방법을 간략히 살펴보았으나 시정 단계에서 특히 유의해야 할 점은 시정은 가급적으로 각 계층에서 자율적으로 해 나가도록 권장해야 한다는 점이다. 물론 시정의 국면이 큰 경우에는 참모활동에 의존하는 것이 좋지만 그렇지 않은 경우라면 자율적 시정조치를 강구하게 함으로써 다음과 같은 효과를 얻을 수가 있다.

첫째, 수행해야 할 책임과 범위를 구체적으로 이해시킬 수 있다.

둘째, 기준 설정에 대한 자발성을 증대할 수도 있고 부여된 기준에 대한 이해와 동의를 쉽사리 얻을 수 있다.

셋째, 단위 작업의 완전 파악에 대해 관심을 기울이게 할 수 있다.

넷째, 모든 조건 정비에 대한 배려가 주도면밀하게 되며 예측의 확실성을 증대시킨다.

제 3 절 조정

1. 조정의 의의와 기능

조직 목표를 달성하기 위해 기획하고 기획한 의도대로 집행이 이루어지고 필요에 따라 적절한 통제를 한다면 조직의 목표 달성은 그리 어렵지 않게 이루어질 것이다. 그러나 오늘날 행정조직은 전문화·복잡화되어 있으므로 기획·집행·통제를 하는 과정에서 균등과 조화를 위한 통합을 필요로 하게 되었고, 조직의 각 하위 체제 간의 관계에서 역시 조화를 위한 통합 활동이 요구되고 있다. 바로 이와 같은 통합활동이 조정(coordination)인 것이다(박연호·이종호·임영제, 2018: 238).

조정이란 조직의 분화된 여러 활동을 특정 목적의 달성을 위해 동시화(synchronization)시키는 행위라고 할 수 있다. 조정은 동일 목적을 향해 행해지는 모든 부문 활동을 통합·조화시키는 작용이므로 그것은 시간적으로 관리 과정의 어느 한 단계를 차지하는 것이 아니라 관리의 모든 국면에 침투되고 있는 전(全)과정적 작용으로 보아야 한다. 이와 같이 조정은 어느 독립된 활동 또는 작용이 아니라 모든 관리 작용 속에 내포하고 있는 중요한 요소로서 이것 없이는 효율적 목적 달성이 불가능한 것이다. 사실상 조정은 최고관리층·중간관리층·하급관리층 등의 수직적 단계에서뿐만 아니라 수평적인 조직 단위 및 직위 간에도 그들이 상호 부문 활동을 구성하고 있는 한 필수적으로 수행해야 할 기능이다. 이러한 조정의 주요 기능을 들면 다음과 같다(박연호, 2004: 477).

첫째, 균형과 적시성의 부여 기능이다. 조정은 조직의 각 하위 체제가 전체 체제의 목표에 대해 유기적 관계를 유지하도록 함으로써 조직의 각 체제 간에 조화와 커뮤니케이션을 원활하게 함으로써 조직활동의 균등과 적시성을 부여한다.

둘째, 조직활동의 강화 기능이다. 조정은 조직 하위 체제 간의 관계를 유기적으로 집합·배열해 조직의 집단적 노력에 일관성을 부여함으로써 조직활동의 추진력을 강화·증대시키는 기능을 한다.

셋째, 협동력의 강화 기능이다. 조정은 조직의 목표를 추구할 때 균형과 일관성 있는 노력을 기하게 함으로써 협동력(synergy)을 강화한다.

2. 조정의 과정

1) 예측 단계

예측이란 전체 상황의 관점에서 서로 관련되는 부문 활동을 판단하는 것을 말한다. 조정의 제1단계가 예측으로부터 시작되어야 한다는 주장의 근거는 본래 조정에는 사전 조정의 필요성이 내재하기 때문이다. 요컨대 이러한 '사태의 발견'은 일종의 진단인 것이며, 이러한 진단을 통해 마치 의사가 신체 각부의 관계 가운데에서 치료를 필요로 하는 사실을 발견하는 것과 흡사하다(박연호 · 이상국, 2001: 533-534).

다음으로는 사태의 분석을 필요로 한다. 즉, 그러한 사태에 영향을 미치는 여러 조건, 예컨대 권한 관계라든가 소속집단의 위치 등의 공식적 관계 조건이나 개인적 성향, 자생적 집단의 유무 또는 집단이 갖는 사회적 실습 등의 비공식적 관계도 명백히 분석할 필요가 있다. 또한 조정에서 예상되는 난점이라든가 또는 발생될지도 모를 위험성 등도 분석해 두어야 한다.

2) 대책 단계

예측의 단계를 진단으로 본다면 대책의 단계는 진단을 토대로 하여 처방을 내리는 단계라고 말할 수 있다. 즉, 전 단계의 분석자료에 따라 이미 설정되어 있는 관계를 부분적으로 수정하든가 또는 새로운 관계를 설정함으로써 부분 상호간의 관계를 명확히 해야 한다. 그 다음에는 검사를 행해야 한다. 즉, 새로운 관계 설정이 과연 기대되는 조정 효과를 올릴 수 있으며, 또한 바람직한 관계로서 행위자의 동의를 얻을 수 있는가를 검사해야 한다. 이 두 가지 단계에서는 가능한 한 관계자가 참여함으로써 새로운 관계의 형성을 촉진하는 것이 바람직하다.

3) 실시 단계

앞의 단계에서 이루어진 결정을 실천에 옮기는 단계이다. 그러나 여기서 한 가지 특별히 유의해야 할 것은 조정이 효과적으로 행해지기 위해서는 관계자의 주체적 입장을 존중하고 그들의 심리적 요인을 중요시해야 한다는 것이다.

3. 조정의 방법

1) 조직화에 의한 조정

(1) 조정기구의 설치

조정에 의한 조정 방법은 분화된 활동을 구조적 장치에 의해 통합하는 행위로서 조정의 주된 수단이다. 조정을 전달하는 기구를 설치하거나 참모기관이나 보조기관을 활용해 조정을 원활히 할 수 있다.

(2) 회의 및 위원회제의 활용

회의 및 위원회제를 활용해 부서 간의 이견과 이해관계의 조정을 도모할 수 있다.

(3) 계층제에 의한 방법

조직 내의 계층제적 구조를 통해 조정이 효율적으로 이루어질 수 있다. 계층제에서 명령 계통의 확립, 통솔 범위의 적정화, 책임 한계의 확립 등을 통해 전체 조직의 공식적 조정을 실현시키는 방법이다.

(4) 연락관의 임명

자기의 소속 부서 또는 기관의 요구와 운영 실태를 숙지하는 이러한 연락관은 그와 밀접한 접촉을 유지하는 타부서 또는 기관의 관계관에게 자기 부서 또는 기관의 의견을 전달하고 또 반대로 다른 의견을 가지고 오는 역할을 수행하게 된다.

2) 운영계획 방침의 통일

(1) 기획 상호간의 조화

개별적 기획이 서로 모순되지 않고 적절한 조화와 일관성을 유지하고 있는가를 철저하게 검토해야 한다.

(2) 적절한 시간 책정

전체적으로 조정의 각 활동은 상호 일관성을 유지하고 있을 뿐만 아니라 적절한 시기에 수행되지 않으면 안 된다.

3) 의사전달 방법의 적정화

(1) 일상 업무 서류의 원활한 유통

조정에서 필요한 구체적 정보는 일상 업무서류(working papers)에 의해 제공된다. 그러므로 확립된 통로에 따라 오가는 일상 업무 서류의 원활한 유통이 이루어져야 한다.

(2) 보고문서 전달의 신속화

각종 보고서는 원활한 조정을 기하기 위한 한 가지 방편이다. 그러므로 이러한 각종 보고문서의 신속한 전달이 도모되어야 한다. 추가 설명이 필요로 할 때 개인적 접촉이 불가능하다면 개인적 서신 · 메모 또는 특별한 보고서류를 첨부하는 것도 좋은 방법이다.

4) 조직구성원의 자발적 조정 의식의 조성

(1) 조직체의 지배적인 목적 고취

조정이 요구되는 활동을 수행하는 조직구성원이 조직의 지배적인 목적을 속으로 수용하는 경우에는 자발적인 협조 의식이 움트게 되며, 그것은 상호 조정을 용이하게 한다.

(2) 일반적으로 수용된 관습과 용어의 조장

업무 수행상 원활한 인간관계가 조성된 경우에는 자발적 조정이 수월하게 이루어진다. 이러한 분위기는 어느 정도 조직구성원에 의해 널리 수용되고 있는 업무상의 관습 및 용어를 조장함으로써 이루어질 수 있다.

(3) 개인적 · 비공식적 접촉의 조장

본래 조직구성원의 자발적 · 비공식적 접촉은 공식적 커뮤니케이션을 보완하는 역할을 한다. 이러한 인간적 접촉을 통해 구성원 상호간의 우정이 싹트게 되며 업무상 필요한 조정을 수월하게 한다.

5) 관리계층에 의한 조정

위에서 살펴본 여러 가지 조정 수단이 원활하게 활용되는 경우에도 각급 관리계층에는 어느 정도의 조정상의 문제가 항상 남게 된다. 물론 상술한 조정 수단이 훌륭한 성과를 얻으면 그만큼 각급 관리부서의 조정 노력은 경감될 것이지만, 각급 관리자는 자기 소관 하에 이루어지는 모든 활동의 조화 있는 진행을 돌보아야 할 책임으로부터 완전히 자신을 해방시킬 수는 없는 것이다. 즉, 그는 전체적인 통일과 균형을 유지하기 위해 어느 곳은 독려하고 어느 곳에 대해서는 억제 조치를 취하며, 또 어느 곳은 보충적 조력을 하며, 어느 경우에는 긴급사태에 대처하기 위해 작업예정표를 수정하며, 또한 때로는 부하 직원의 진지한 견해의 차이를 중재하는 역할을 수행하지 않으면 안 된다.

6) 리더십에 의한 조정

리더십에 의한 조정 방법(coordination by leadership)은 행정책임자의 훌륭한 리더십을 통해 조직구성원이 조직의 목적에 대한 공통적 인식과 일에 대한 의욕을 갖게 함으로써 조정하는 방법이며, 조정에서 보완적 성격을 갖는다.

(1) 동기부여를 통한 방법

지도자는 제재라는 소극적인 방법에서 탈피해 교육훈련, 동기부여(motivation)를 통한 능동적·자발적인 충성심과 도덕적 책임감을 진작케 함으로써 조정을 도모하는 데 기여할 수 있다.

(2) 아이디어에 의한 조정

귤릭이 제시한 아이디어(idea)에 의한 조정 방법은 이념·정책과 계획에 의한 조정 방법이다. 계획이 실시 단계에서 조정을 곤란하게 하지 않도록 이념과 정책의 확립이 필요하다.

(3) 일체성을 통한 조정

조직구성원에 대한 일체감(consensus)의 주입은 조정에 큰 도움이 된다. 따라서 내부 집단 의식의 앙양을 통한 협조 정신과 귀속감을 불러일으키는 것은 중요한 의미를 갖는다. 하부 집단의 협조 정신과 호응도는 조정의 필수 요건이기 때문이다.

PART 3

행태관리

CHAPTER

05 리더십

제 1 절 리더십의 의의

1. 리더십의 개념

행정에서의 리더십(leadership)이란 광의로는 희구되는 목표를 달성하기 위해 개인 및 집단을 조정하며 동작하게 하는 기술이라고 정의할 수 있다(Pfiffner & Presthus, 1960: 92). 리더십을 이와 같이 정의할 때에는 그 근거나 행사 형태가 어떻든 막론하게 되므로 헤드십(headship, 직권력)을 포함하는 광범위한 개념이다. 또한 협의로는 조직 목표의 달성을 위해 구성원이 자발적으로 적극적 행동을 하도록 동기를 부여하고 영향력을 미치는 창의적인 능력이라고 정의할 수 있다(Dimock & Dimock, 1969: 296). 협의의 리더십은 헤드십과 구분되는 것으로서, 추종자의 자발적인 헌신(commitment)을 얻어내는 영향력을 의미하므로 민주적인 성격을 가진다.[1] 위의 두 가지 정의에서 나타난 공통점은 첫째 목표 달성을 위한 2인 이상의 집단 현상이고, 둘째 지도자가 추종자에게 영향력을 행사한다는 것이다.

---

1) 리더십과 헤드십은 모두 권위(authority)를 근거로 하나 그 권위가 어디에서 나오느냐에 차이가 있다. 즉, 리더십은 직위와 관계없이 일정한 사람 자체의 권위를 근거로 하는 데 비해, 헤드십은 과장 · 국장이라는 공식적인 직위의 권위를 근거로 한다는 데 차이가 있다. 따라서 리더십은 지도자와 추종자 사이에 심리적 공감이 있으며 상호성 · 자발성이 있는데, 헤드십은 심리적 공감이 없으며 일방성 · 강제성을 본질로 한다.

그런데, 대부분의 조직은 비교적 명확한 권위 계통, 명시적인 목적 그리고 목적 달성을 위한 추진력 등을 구비한 채 고도로 구조화되어 있다. 이런 상황에서 관리자가 과연 별도의 리더십 기술을 갖출 필요가 있겠는가라는 의문이 생긴다. 여기서 리더십의 존재 이유와 기능을 살펴보면 다음과 같다(오세덕 · 이명재 · 임영제, 2004: 302).

첫째, 조직설계의 불완전성 때문에 리더십이 요구된다. 오늘날 대부분의 조직에서 완전한 조직설계와 모든 구성원의 활동을 설명한다는 것은 거의 불가능한 일이기 때문에, 과업 달성을 위해 조직구성원의 행태를 조정하고 지도할 필요성이 발생한다. 이러한 이유로 인해 리더십이 필요하게 되는 것이다.

둘째, 급속한 환경 변화 때문이다. 리더십은 격동적인 환경 변화 상황에 처해 있는 현대 조직에서 환경 변화에 대한 적응력을 배양함으로써 조직의 안정성 유지에 기여한다.

셋째, 조직의 내부 동태성이다. 리더십은 다원적인 조직 단위의 내부 조정에 도움을 줄 수 있고, 특히 조직 성장과 변화의 기간에는 갈등 당사자 간의 완충 역할을 수행할 수 있다.

넷째, 조직구성원의 본질에 대한 인식 때문이다. 조직은 다양한 수요와 욕구를 추구하는 개인으로 구성되어 있다. 리더십은 개인적인 욕구 만족과 개인적 목표 달성을 촉진함으로써 안정된 조직 인력을 유지하는 데 중요한 역할을 수행한다.

요컨대 리더십은 조직의 동태성에 중요한 역할을 수행하며, 전통적 조직설계의 결함을 보충하고, 환경 변화에 대한 조직의 융통성과 대응성을 확보할 수 있게 한다. 또한 조직 내 다원적인 집단의 노력을 조정하고, 조직구성원의 일체감과 욕구 충족에 기여한다. 흔히 말하는 효과적인 조직과 비효과적인 조직을 구분하는 기준이 바로 그 조직이 이러한 리더십의 역할을 충실히 수행하고 있느냐에 달려 있다.

2. 리더십이론의 변천과 평가

리더십에 관한 이론적 접근 방법은 특성론 · 행태론 · 상황론으로 변천되어 왔다(Robbins, 2010: 320-330). 1940년대와 1950년대 초창기에 리더십 연구는 개인이 선천적으로 특별한 자질·특성을 가지고 있으면 리더십을 발휘한다고 보는 특성론에 입각한 것이었다. 그 후 1950년대와 1960년대에 와서 학자들은 리더십을 지도자의 개인적 자질·특성에서 지도자가 행하는 행태에 관한 관심으로 옮겨졌다. 그러나 1970년대에 들어오면서 자질론이나 행태론은 리더십의 이해에 만족스러운 해답을 제공해 주지 못함으로써 리더십에 영향을 미치는 상황에 중점을 둔 상황론이 대두하게 되었다.

1) 리더십의 특성론과 평가

리더십 연구는 위인(偉人)들에 관한 연구에서 시작되었다고 볼 수 있다. 예로부터 사람들은 역사란 소수의 뛰어난 위인들에 의해 만들어지며, 그러한 위인들은 평범한 사람들과는 다른 뛰어난 자질이나 특성을 타고난다고 생각했다. 그래서 20세기 초반부터 시작된 리더십의 특성이론(trait theory)은 1920년대부터 1950년대 간의 급속한 심리학의 발달, 특히 태도나 성격 특성을 측정하는 기법의 발전과 더불어 활발히 추진되어 왔다. 초기 리더십 연구에서 가장 많이 연구되었던 리더의 특성들은 신체적 특성(예: 키, 용모), 성격 특성(예: 자존심, 지배성, 정서 안정성), 능력(예: 일반 지능, 언어 유창성, 사회적 통찰력) 등이었다.

그러나 초창기 리더십 연구자들의 넘치는 의욕과 수많은 연구 결과에도 불구하고 성공적인 리더가 갖추어야 할 자질이나 특성이 무엇인가에 관한 명확한 결론은 나지 않았다. 스톡딜(Ralph M. Stogdill)은 초기의 리더십 연구에 관한 개관 논문에서, 많은 연구자에 의해 수많은 리더 특성이 확인되었지만 리더와 비(非)리더를 구분짓게 해 주는 특성에 관해서는 연구자들마다 다른 결과를 얻었다는 점, 그리고 리더 특성의 효과는 상황에 따라 다르게 나온다는 것을 보여 준다는 점을 지적했다(Stogdill, 1974).

하지만 리더십의 특성이론의 성과가 전혀 없었던 것은 아니다. 리더의 특성을 통해 리더십 유효성을 예견한 관리자의 동기나 관리 기술에 관한 연구들은 신뢰할 만한 것들이었다. 이를테면 맥클랜드(David C. McClelland)의 성취동기이론이나 마이너(John B. Miner)의 역할이론, 캐츠(Daniel Katz)나 칸(Robert L. Kahn)이 제안한 관리자의 세 가지 기술유형론 등이 그것이다. 대규모 계층조직에서 일하는 관리자 중 유효한 관리를 하는 사람들은 권력과 성취에 대한 강한 욕구를 갖고 있는 반면, 친교 욕구는 비교적 약한 경향이 있다. 효과적인 리더들은 자부심이 크고 정력적이며, 정신적으로 성숙도가 높고 스트레스를 참아내는 능력도 뛰어날 뿐만 아니라 권력층에 우호적인 태도를 갖는다. 또한 그들은 자기반성적, 철학적 또는 이상주의적이기보다는 현실적이고 결과 지향적이다.

세 가지 관리기술, 즉 전문적 기술, 대인 관계 기술, 개념적 기술은 모든 리더십 역할에 중요한 것이기는 하지만, 이러한 기술의 상대적 중요성은 상황에 따라 다르다. 나아가 리더에게 필요한 세 가지 기술 간의 최적 조합도 조직의 유형에 따라 다르게 나타난다.

2) 리더십의 행태론과 평가

20세기 중반을 전후한 시기는 학문 분야 전반에 걸쳐 행태주의의 바람이 거세게 몰아친 시기였다. 리더십 연구에서도 특성이란 객관적 관찰이 불가능한 것이며, 심리검사 등을 통해 간접적으로 측정을 한다고 하더라도 측정 결과의 타당성을 확신할 수 없으므로, 객관적 관찰이 가능한 리더의 행태를 연구 대상으로 삼아야 한다는 주장이 나오게 된다.

행태적 접근 방법은 리더들이 수행하는 활동을 알아내고 그러한 활동들을 통해 효과적인 리더와 비효과적인 리더들 간의 차이점을 파악하려는 것이었다. 그러나 리더십 행태를 개념화하고 측정하기가 어려우므로 연구의 진전이 별로 이루어지지 못했으며, 연구 결과들도 상반되게 나타났다. 리더 행태 범주의 분류에 관해서는 초기의 단순한 2분법적 분류(과업 지향적 행동과 관계 지향적 행동)에서부터 최근의 유클(Yukl, 2006)에 의한 14가지 범주(계획/조직, 문제 해결, 명시화, 정보 제공, 정보 수집, 동기화, 자문, 인정, 지지, 갈등관리/팀 조성, 대인관계망 형성, 위임, 개발/ 지도, 보상)에 이르기까지 학자들에 따라 다양한 견해가 제시되어 왔다. 따라서 동일한 용어가 학자에 따라 다른 행동을 지칭하는 경우도 있고, 학자에 따라 상이한 용어를 사용하고 있지만 사실은 동일한 행동을 가리키는 경우도 있다.

이러한 행동 범주 분류 방식에서의 차이는 분류의 목적, 행동 범주의 추상성의 정도, 행동 분류를 도출하는 데 사용된 방법 등에서의 차이에 기인한다. 따라서 어떠한 리더십 행동 범주들이 중요한지에 대해서나, 구체적인 리더 행동의 포괄적인 유형론(typology)에 대해 학자들 간의 합의는 아직 이루어지지 못한 실정이다.

3) 리더십의 상황론과 평가

1970년대 이후 리더십이론은 언제 어디서나 유용한 효과적인 리더십 행동을 발견코자 하는 만유적(萬有的) 관점은 퇴조하고, 대신 상황에 따라 효과적인 리더 행동이 달라진다는 상황론이 등장하게 되었다. 리더십 연구의 상황론은 각 이론이 포함하고 있는 상황(조절) 변수의 종류와 숫자에서 서로 다르다. 이론 속에 관련되는 상황 변수를 많이 포함시킬수록 바람직하겠지만, 반면 그만큼 그 이론에 대한 검증은 더욱 어려워진다. 상황론은 어떤 행동의 효과가 왜 상황에 따라 변하는지를 설명해 줄 수 있는 매개 변수를 포함시킬 때 더욱 완벽한 이론이 되겠지만 실제 매개 변수를 명시적으로 제시하고 있는 이론은 많지 않다.

대부분의 상황론은 명제가 명확하게 진술되어 있지 않기 때문에 거기서 구체적이고 검증 가능한 명제를 도출하기는 어렵다. 그리고 연구 결과도 이론들을 간접적 또는 부분적으로만 지지하고 있다. 전반적으로 상황론은 측정의 정확성과 연구설계의 신뢰성에서 취약점을 안고 있다고 할 수 있다.

만유적 이론이 일반 원칙을 상황에 따라 어떻게 변용해야 하는가에 대한 지침이 결여되어 있다면, 상황론은 그와는 정반대의 문제점을 갖는다. 즉, 수많은 파편적인 활동과 문제점의 저변에 깔려 있는 일반적인 원리를 찾아낼 수 있게 해 주는 통합적인 틀이 없다는 것이다. 따라서 앞으로의 이론은 이 두 가지, 즉 만유적 요소와 상황 특정적 요소를 모두 포괄하는 것이 요구된다.

제 2 절 리더십의 차원 분류

1. 리더십의 일차원적 유형

일차원적 유형론의 대표적인 이론은 화이트(Ralph K. White)와 리피트(Ronald Lippitt)가 제시한 권위형, 자유방임형, 민주형의 세 가지 유형이론인데, 이들의 특징을 요약하면 다음과 같다.

1) 권위형

리더 자신의 판단이 최고라고 보기 때문에 부하의 의견이나 충고를 받아들이지 않고 항상 자신의 욕망과 신념에 의해 부하들의 복종만을 강요하는 유형이다.

2) 자유방임형

리더 자신은 의사결정 등에 전적으로 관여하지 않고 수동적이며 국외자로 행동하고, 부하의 자의적 활동이 만연하게 만드는 유형이다.

3) 민주형

의사결정 내지 업무 활동에서 집단 참여 및 집단 중심적이며, 리더는 이에 적극적인 토의나 적절한 조언의 역할을 하는 유형이다. 이들 유형의 실험적 연구를 통해 고찰된 내용을 정리해 보면 〈표 5-1〉과 같다.

그런데 지금까지는 이들 유형이 어느 한 극단에 고착되는 것으로 판단하기 쉬웠으나 실은 권위형의 극으로부터 민주형의 극으로 연속성을 띠고 있다고 보아야 하며, 그 농도에 따라 무수한 유형이 있을 수 있고, 나아가 그 범주를 넘어서는(우극 쪽으로) 자유방임형이 있다고 볼 수 있다(Tannenbaum & Schmidt, 1958: 96).

표 5-1 일차원 유형의 비교

	민주형	권위형	방임형
리더와 구성원과의 관계	호의적	수동적	리더에 무관심
집단행위의 특성	응집력이 크다. 안정적이다.	노동 이동이 많다. 냉담 · 공격적이다.	냉담하거나 초조하다.
리더의 부재 시 구성원의 태도	계속 작업을 유지한다.	좌절감을 갖는다.	불만족이다.
성과(생산성)	가장 생산적	중간 수준	가장 비생산적

자료: Lippitt & White(1958: 406-511).

2. 리더십의 이차원적 유형

리더십의 초기 연구에 기초를 두고 1960년대부터는 리더십의 이차원적 유형의 연구가 활발히 전개되었는데, 이러한 연구 중에는 두 개의 연구가 특히 주목할 만하다. 하나는 스톡딜(Ralph M. Stogdill), 플레이시맨(Edwin Fleishman), 헴필(John Hemphill) 등의 지도 하에 오하이오 주립대학교에서 행한 연구이고, 다른 하나는 블레이크(Robert R. Blake)와 모튼(Jane S. Mouton)이 행한 연구이다.

1) 오하이오 주립대학교의 리더십 연구

리더십의 이차원 유형은 오하이오 주립대학교의 리더십 연구에서 확실하게 나타나는데, 여기에서는 아홉 개의 리더 행태를 확인했으나, 이 아홉 개의 행태를 면밀히 검토한 후, 다시 다음과 같은 두 개의 비교적 명확한 구분으로 형태화했다.

(1) 배려형

배려(consideration)형이란 부하에게 호의를 베풀며, 그들의 복리 증진에 힘쓰고 일에 대한 친절한 설명과 부하 직원을 도와주는 리더의 행태를 의미한다.

(2) 구조 주도형

구조 주도(initiating structure)형이란 부하 직원으로 하여금 조직의 규칙이나 절차를 따르게 하고, 성과 기준을 유지하며, 리더와 부하 직원의 역할을 명확히 하는 것과 같은 리더의 행태를 의미한다.

오하이오 주립대학교의 리더 행태에 관한 연구에서는 배려와 구조 주도 양자가 집단효과성에 필요하다고 결론짓는다. 즉, 가장 효과적인 리더는 높은 구조 주도와 높은 배려 행동을 동시에 보이는 리더라는 것이다.

그림 5-1 오하이오 주립대학교의 리더십 유형

2) 블레이크와 모튼의 관리망모형

블레이크(Robert B. Blake)와 모튼(Jane S. Mouton)은 리더가 갖는 두 개의 관심, 즉 생산과 인간에 대한 관심을 각각 X축, Y축으로 하고 그 정도를 1에서부터 9까지로 한 관리망(managerial grid) 모형을 개발해 다섯 가지의 리더십 유형을 제시했는데, 이들의 특징은 다음과 같다(Blake & Mouton, 1964: 10).

(1) 1 + 1(무기력형)

작업의 진행이나 구성원의 사기를 유지하는 데 최소한의 노력과 최저의 관심만을 보이는 무책임한 방임적 리더십 유형이다.

(2) 1 + 9(컨트리클럽형)

인간의 욕구에 사려 깊은 주의만 기울이고 있으면 온화하고 친근한 조직의 분위기가 조성되고 일이 잘될 것이라고 생각하는, 말하자면 작업장을 골프장으로 착각할 정도의 인간 중심적 리더십 유형이다.

(3) 9 + 1(과업형)

일의 능률을 올리기 위해서는 인간적 요소에 의해 지나친 간섭이 되지 않도록 작업 조건을 정비해 놓아야 한다고 보는 과업 중심적 리더십 유형이다.

(4) 5 + 5(중도형)

작업의 조건과 원만한 사기 유지의 적절한 조정, 말하자면 타협과 균형을 특징으

그림 5-2 관리망모형에 따른 리더십 유형

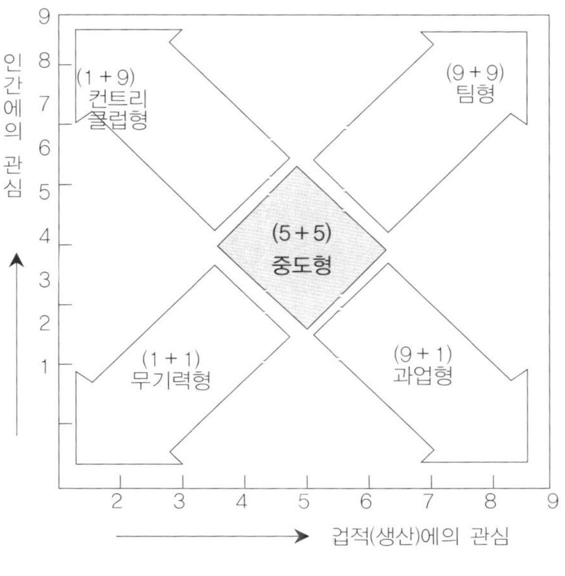

로 하는 리더십 유형이다.

(5) 9+9(팀형)

일의 달성이란 일을 하고자 하는 사람들의 의욕과 공동 이익을 낳을 수 있는 작업에 의해 가능하므로 상호 신뢰와 존경의 인간관계의 조성 및 작업 조건에 대한 지대한 관심을 기울이는 적극적·이상적 리더십 유형이다.

이 관리망 모형에서는 다섯 가지의 리더십 유형 중 팀형 리더를 가장 바람직한 유형으로 보고 이를 리더십 개발의 목표로 제시한다.

3) PM이론

일본의 미스미 쥬지(三隅二不二, 1966: 184-199)는 리더십의 기능을 성과 기능(performance: P)과 유지 기능(maintenance: M)으로 구성된 것으로 보는 PM이론을 개발했다. 여기서 P 기능이란 목표 달성이나 과제 해결을 지향하는 기능이고, M 기능은 집단의 자기 보존 내지 집단의 과정 그 자체를 유지하려는 기능이다. 또한 P 기능을 촉진하고 강화하는 행위를 리더십 P 행동, M 기능을 강화하는 행위를 리더십 M 행동이라 한다.

그림 5-3 PM이론에 의한 리더십 유형

조직에서의 P 행동은 목표 달성을 위한 노력이나 계획 등을 말하며, M 행동은 신뢰, 존경 등이라고 말할 수 있다. 그리고 이 두 행동에 따라 리더십의 유형을 [그림 5-3]과 같이 분류할 수 있다. 이들 각 유형별 지도자의 유효성을 살펴보면, 사기, 팀워크, 정신위생, 커뮤니케이션 성과 등의 면에서 PM형의 지도자가 속한 집단이 가장 높고, 그 다음 pM형과 Pm형, pm형의 순으로 나타났다.

리더십에 대한 이차원 유형 연구들의 주된 단점은 조직이 처한 상황에 대한 관심이 제한적이라는 데 있다. 즉, 조직 동태성에서 상황적 변수(contingency factor)의 역할이 거의 무시되고 있다는 점이다. 따라서 1960년대 이후부터는 리더십 연구에서 상황 변수 혹은 상황적 차이에 대한 연구가 활발하게 전개되고 있다.

제 3 절 리더십의 상황이론

1. 피들러의 상황이론

피들러(Fred E. Fiedler)의 상황이론(contingency theory of leadership)에서는 리더십 스타일과 감독자가 상황에 부여하는 통제 정도 간의 상호작용에 따라 집단의 성과 혹은 유효성이 달라진다고 본다. 여기에서는 먼저 이들 각각에 대해 살펴보고 이 양자를 결합해 고찰하고자 한다(Fiedler & Garcia, 1987).

1) 상황통제 변수

피들러의 모형에서는 상황통제(situational control) 변수로서 리더가 수행하는 상황을 다음의 세 가지 요인에 의해 구분할 수 있다고 보고 있다.

(1) 리더와 구성원의 관계

리더와 구성원의 관계(leader-member relations)는 집단의 분위기를 의미하는 요소로서 리더와 부하 사이의 신뢰성 · 친밀감 · 신용과 존경 등을 포함한다. 따라서 리더와 부하 간에 신뢰감과 친밀감 그리고 상호 존경 관계가 존재할수록 리더십 상황은 유리하다고 할 수 있다.

(2) 과업구조

과업의 일상성 또는 복잡성을 뜻하는 바, 과업 내용이 명백하고 목표가 뚜렷하며 업무 수행 방법과 절차도 간단하고 구체적인 의사결정을 항상 반복하는 경우에, 그 과업은 일상적인 과업구조(task structure)를 형성하고 리더십 발휘에 유리한 상황이 된다고 볼 수 있다.

(3) 리더의 지위 권력

리더가 집단구성원의 행동에 영향을 줄 수 있는 능력으로서 공식적 · 합법적 · 강압적 권력 등이 포함된다. 여기서 승진 · 승급 · 보상 · 감독 · 평가 · 해임 등의 상벌에 대한 권력이 매우 중요하며, 이러한 영향력이 많을수록 리더의 지위 권력(leader's position power)은 강하다고 할 수 있다.

2) 리더십 지향성

피들러 모형의 두 번째 변수는 리더십 지향성(leadership orientation)으로서, 그는 기본적인 두 개의 리더 지향성이 유용하다고 주장한다. 그 중 하나는 좀 더 관대하고 인간 지향적 유형인 관계 지향적(relationship-oriented) 리더이고, 다른 하나는 과업달성을 최우선 과제로 인식하는 과업 지향적(task-oriented) 리더이다. 이 지향성은 '가장 싫어하는 동료(Least Preferred Co-worker: LPC)' 척도에 의해 측정된다. 이 척도에서는 각 개인에게 지금껏 같이 일해 본 동료 중에서, 같이 작업하는 데 가장 어려움을 느꼈던 사람 또는 협력이 거의 불가능한 사람을 가상해서 각 항목에 응답하게 한다. 여기에서 높은 LPC 점수를 받은 사람은 관계 지향적 리더이고, 낮은 LPC 점수를 받은 사람은 과업 지향적 리더로 평가된다.

피들러는 이와 같이 측정된 LPC 점수를 상황의 호의성과 결합해 연구한 결과, 각

표 5-2 피들러의 상황 적합 모형								
리더와 부하의 관계	좋음				나쁨			
과업구조	구조화		비구조화		구조화		비구조화	
직위 권력	많음	적음	많음	적음	많음	적음	많음	적음
상황적 유리성	매우 유리함			적당히 유리함			매우 불리함	
효과적 리더십 스타일	과업 지향적 리더			관계 지향적 리더			과업 지향적 리더	

자료: Fiedler(1967).

상황에 따라 LPC 점수와 집단성과 간의 통계적 상관 관계를 조사했다. 〈표 5-2〉에서 보는 바와 같이, 상황을 의미하는 연속선상의 양 극단에서는 LPC 점수와 집단성과 간의 부의 상관관계가 있고, 연속선상의 중간지역에서는 정의 상관관계가 나타났다. 즉, 높은 LPC 점수를 받은 리더(관계 지향형)는 상황의 호의성이나 비호의성이 중간 정도일 때 집단성과를 촉진하는 데 더욱 효과적이었다. 반면, 상황이 극도로 호의적이거나 비호의적인 경우에는 낮은 LPC 점수를 받은 리더가 집단성과를 확보하는 데 더욱 효과적이었다(Steer & Black, 1994: 410-411).

3) 리더 효과성의 향상

피들러는 사람의 인성이나 리더십 스타일, 즉 LPC 점수를 바꾸는 것은 불가능하지는 않다 하더라도 상당히 어렵다는 점에 주목해, 리더십의 효과성을 향상시키기 위해 사람이 아닌 상황을 변화시키는 데 초점을 두어야 한다는 점을 강조한다. 그리고 이는 리더의 LPC와 상황통제 정도를 결합하기 위해, 상황통제의 정도를 변화시키는 방법을 고안함으로써 가능하다고 한다. 즉, 리더-성원 관계, 과업구조와 직위에 따른 권력을 변경함으로써 리더십의 효과성을 증진시킬 수 있다는 것이다.

리더의 행태와 효과성에 대한 피들러 등의 연구는 상황의 호의성에 따라 리더의 LPC 점수와 집단성과 간의 상관 관계를 보여 줌으로써 관리자가 조직 내 리더십 과정을 이해하는 데 도움을 준다는 데 그 우용성이 있다. 그러나 이 모형은 다음의 몇 가지 점에서 비판을 받고 있다. 우선 리더의 지향성을 측정하는 데 LPC 척도의 사용에 관해 의문이 제기되고 있다. 또한 상황에 대한 피들러의 분류가 지나치게 단순화되어 있으며, 상황의 호의성을 결정하기 위해서는 좀 더 포괄적인 부가적 요인이 포함되어야 한다는 점이다. 이런 비판에도 불구하고, 피들러의 모형은 조직 내 리더십의 효과성에 영향을 주기 위해 결합된 변수를 이해할 수 있는 하나의 도구로서 그 유용성이 있다고 평가된다.

2. 경로-목표이론

1) 경로-목표이론의 개념

하우스(Robert J. House)에 의해 발전된 경로-목표이론(path-goal theory)은 오하이오 주립대학교의 리더십 연구 결과인 구조 주도(initiating structure)형과 배려(consideration)형, 그리고 동기 부여에 관한 기대이론에 기초를 두고 개발된 상황이론이다(House, 1971: 321-328).

그림 5-4 하우스의 경로-목표모형

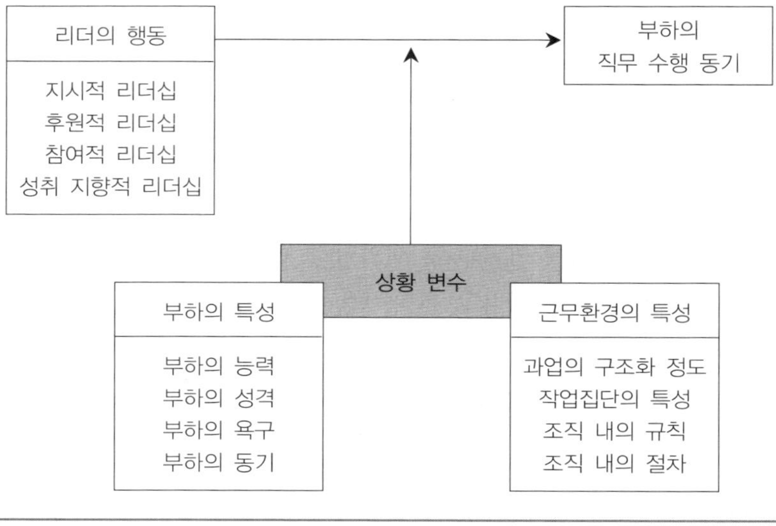

경로-목표이론에서는 부하의 성과가 그들이 바라는 보상을 성취하기 위한 도구적 수단이 된다는 것을 부하들에게 인식시킴으로써 리더가 과업 달성을 촉진할 수 있다는 점에 초점을 둔다. 즉, 상황에 부합되는 리더십 스타일이 부하 직원의 만족과 성과를 유발한다는 상황이론의 기본적 골격은 여기서도 그대로 적용된다. 다만, 다른 이론과의 차이점은 상황에 부합되는 리더십이 어떻게 만족과 성과를 내는가 하는 과정에 대한 설명이 있다는 것이다.

이 이론에서는 리더의 임무를 부하 직원으로 하여금 그들의 목표를 달성할 수 있도록 도움을 주고, 부하 직원의 개인적 목표가 조직이나 집단의 전체 목표와 양립할 수 있도록 필요한 지시와 후원을 제공하는 것이다. 여기서 경로-목표라는 용어는 효과적인 지도자는 부하들이 현재의 위치에서 직무 목표를 달성할 수 있기까지의 경로를 명확히 해 주고, 그 경로에 이르는 과정을 용이하게 해야 한다는 믿음에서 유래한 것이다.

경로-목표이론에 따르면, 리더의 행태는 부하들이 그것을 만족의 직접적인 근거로 혹은 장래의 만족에 이르는 수단으로 인식할 때 부하들에 의해 수용된다는 것이다. 따라서 리더의 행태가 부하들에게 동기부여를 시키기 위해서는 부하들이 효과적인 직무 수행에 따른 욕구 만족을 체험하고, 효과적인 직무 수행을 위해 필요한 조언 및 보상 등을 제공해야 한다.

2) 경로-목표이론의 기본적 가정

경로-목표이론에서는 다음과 같은 두 가지 기본적 가정에 기초를 둔다.

첫째, 부하 직원들이 리더의 행동을 만족을 위한 직접적인 근원이 되거나 장래의 만족을 위한 도구적 성격을 지니고 있다고 인식할 때, 리더의 행동은 부하 직원에 의해 수용되고 만족을 준다.

둘째, 리더의 행동이 효과적인 성과에 다른 부하 직원의 만족을 주고, 효과적인 성과 달성을 위해 필요한 지도, 명확한 지시와 보상을 제공함으로써 부하 직원의 과업환경을 유리하게 하는 정도에 따라 리더의 행동이 동기를 부여하는 정도가 달라진다.

3) 모형과 리더십 스타일

경로-목표이론에 따르면 리더가 취할 수 있는 행동, 즉 리더십 스타일에는 다음의 네 가지가 있다(House & Mitchell, 1974: 81-97).

(1) 지시적 리더십

지시적 리더십(directive leadership) 유형은 도구적 리더십(instrumental leadership)이라고도 하며, 계획 · 조직 · 통제와 같은 공식적 활동을 강조하는 스타일로서, 리피트와 화이트의 권위주의적 지도자와 오하이오 주립대학교 연구의 구조 주도형과 유사하다. 즉, 이 유형은 종업원에게 그들이 기대하는 것을 정확히 알게 해 주고, 종업원에게 구체적인 지침과 작업 스케줄을 제공한다. 그러나 종업원의 참여는 이루어지지 않는다.

(2) 후원적 리더십

후원적 리더십(supportive leadership) 유형은 종업원에게 다정하며, 종업원의 복지에 진실한 관심을 보인다. 그리고 구성원 간에 상호 만족스러운 인간관계 발전을 강조하는 유형으로서 오하이오 주립대학교 연구의 배려형과 유사하다.

(3) 참여적 리더십

참여적 리더십(participative leadership) 유형은 종업원에게 자문을 구하고 문제에 대한 제안을 유도하며 이를 진지하게 고려하고, 종업원과 정보를 공유하지만 최종적인 결정은 여전히 지도자 자신이 행하는 유형이다.

(4) 성취 지향적 리더십

성취 지향적 리더십(achivement-oriented leadership) 유형은 종업원에게 도전적인 작업 목표를 설정하고 성과 개선을 강조하며, 이러한 목표를 능히 달성할 것이라는 확신을 심어 준다.

경로-목표이론에서는 리더가 이 네 가지 유형 중에서 상황 변수에 따라 어느 하나를 선택할 수 있다고 본다. 즉, 부하의 특성과 환경의 특성에 따라 효과적인 리더십 유형은 달라질 수 있다는 것이다. 이러한 경로-목표이론의 주요 주장은 그 타당성을 어느 정도 인정받고 있지만, 이론 전체의 타당성은 아직 입증되지 못했다(Moorhead & Griffin, 2004: 354).

3. 허시와 블랜차드의 상황이론

허시와 블랜차드(Hersey & Blanchard, 1982)의 상황이론은 오하이오 주립대학교의 리더십 연구와 레딘(William J. Reddin)의 3차원적 리더십 유형론을 종합하고, 여기에 부하들의 성숙도(maturity)를 상황 변수로 사용해 전개한 이론이다.[2] 이들은

그림 5-5 허시와 블랜차드의 리더십의 상황모형

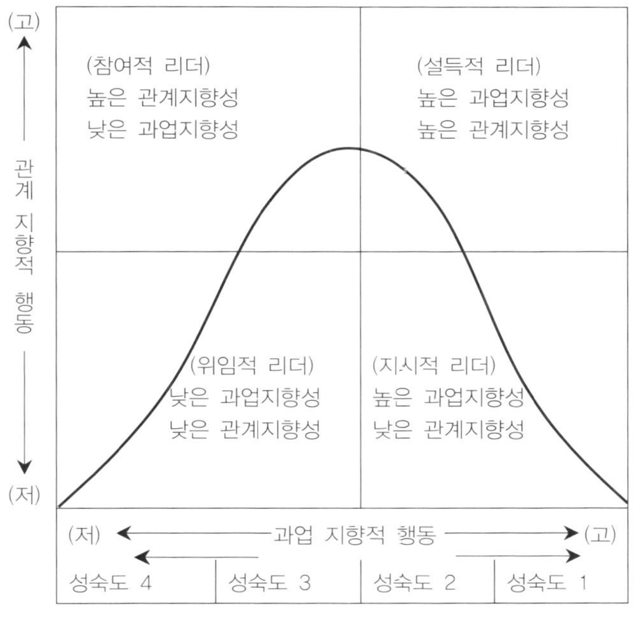

2) 후에 이들은 부하의 성숙도 대신 준비성(readiness)이라는 용어를 사용했으나 구체적 내용은 거의 대동소이하므로 여기에서는 원래의 성숙도의 개념을 사용해 설명하기로 하겠다. 참고로 이들은 준비성의 개념을 "부하들이 특정한 업무를 수행할 능력과 의지를 발휘하는 정도"로 정의하고 있다.

[그림 5-5]에서 보는 바와 같이 배려와 구조를 각각 관계성(relationship)과 과업성(task)으로 용어를 바꾸고 네 개의 상한에서 ∩자형으로 리더십 유형이 변화해 가는 과정을 설명하고 있다.

부하들의 성숙도가 상황의 효과성을 결정짓는 가장 중요한 환경적 요인으로 보고 부하들의 성숙도에 따라 리더십도 적응해야 한다고 본다. 그리고 부하들의 성숙도는 시간의 경과와 더불어 점차 증가한다는 것이다. 여기에서 성숙도라는 것은 부하의 상대적 독립성을 말한다. 이러한 성숙도에서 ① 성취 동기 수준, ② 책임 있는 일에 대한 의욕과 능력, ③ 교육과 경력이 중요 변수가 된다. 즉, 책임을 기꺼이 질 수 있고 성취욕이 강하고 교육과 경험이 증가할수록 성숙도도 증가한다고 본다. 물론 이것은 부하의 육체적 연령과 반드시 비례하는 것은 아니다.

그러므로 [그림 5-5]에서 보는 것처럼 처음에는 미성숙한 부하를 거느린 제1의 수준에서는 과업 지향적인 지시적(telling) 리더십을 행사하다가 제2의 수준에서는 높은 관계성과 높은 과업성을 갖는 설득적(selling) 리더십으로, 제3의 수준에서는 높은 관계성과 낮은 과업 지향성을 갖는 참여적(participating) 리더십으로, 그리고 마지막 제4의 수준에서는 낮은 관계성과 낮은 과업 지향성을 갖는 위임적(delegating) 리더십으로 이동하는 것이 적절하다는 것이다. 물론 이러한 이동은 부하들이 미성숙 상태에서 점차 성숙 상태로 성장해 가고 있다는 것을 전제로, 거기에 따라 구조성이나 과업 지향성뿐만 아니라 배려나 관계성까지도 감소시켜 나가는 것이 옳다는 이론이다.[3)]

허시와 블랜차드의 이론은 일반 조직관리자들의 관심을 많이 끌었지만, 과학적 타당성은 아직 입증받지 못했다. 따라서 이 이론을 조직관리에 기계적으로 적용하는 것은 아직 무리가 따른다고 평가할 수 있다(이창원 · 최창현, 2005: 279).

4. 리더십의 규범이론

조직에서 리더가 상황에 따라 하급자를 의사결정 과정에 참여시키는 것이 필요하

3) 마치 부모가 자식의 성장순기에 따라서 점차 독립성을 부여하는 것과 같은 유추 방법을 사용하고 있다고 볼 수 있다(박연호 · 오세덕, 2001: 451).

다는 것을 인식할 때 리더십의 효과성은 높아진다. 이러한 흐름을 대표해 주는 리더십 상황이론이 바로 브룸과 예튼(Vroom & Yetton, 1973)이 제시한 리더십의 규범이론(normative model)이다(Steer & Black, 1994: 489-492). 그리고 이 이론은 이후 브룸이 1988년 야고(Arthur G. Yago)와 공동 작업으로 수정·보완한다.

이 이론은 리더가 의사결정을 할 때 하급자들을 어느 정도까지 참여시켜야 할 것인가를 상황에 따라 구명한 이론이다. 따라서 이를 의사결정의 이론으로 보아야 할지 아니면 리더십이론으로 간주해야 할지는 결정하기가 곤란하다. 그러나 리더가 해야 할 일 중에 중요한 것이 의사결정이고 또 이 이론이 리더가 의사결정 과정에서 어떻게 해야 할 것인가를 설명한 이론이므로 리더십이론이라고 보아도 무방할 것이다.

브룸(Victor H. Vroom)과 예튼(P. W. Yetton)은 리더가 하급자들을 의사결정에 어느 정도 참여시켜야 할 것인가에 관해 규범적인 해답을 제시하고자 했다. 그러나 규범적이라고 해서 모든 상황에 일률적으로 적용 가능한 하나의 최적 전략을 주장한 것이 아니라 상황에 따라 참여의 정도가 다른 전략이 적합하다는 입장을 택하고 있다. 그리하여 이 이론은 리더가 최적 전략을 택하려 할 때 어떤 상황 요인이 중요하며, 이러한 상황 요인을 어떻게 이용해 적절한 전략을 선택할 것인가를 중점적으로 해명하고 있다. 그리고 리더는 이러한 선택된 전략에 맞춰 그에 맞는 의사결정 방식, 즉 리더십 스타일을 사용해야 한다.

1) 의사결정의 효과성

피들러(Fred E. Fiedler)는 리더의 의사결정과 리더십이 효과적이냐의 여부를 평가하는 기준으로 집단 성과를 채택한 반면, 브룸과 예튼(Vroom & Yetton, 1973)은 의사결정의 효과성(decision effectiveness)을 평가 기준으로 이용하고 있다. 의사결정의 효과성은 다음의 세 요소로 구성된다.

(1) 결정의 질

결정의 질(decision quality)은 고려 대상이 되고 있는 결정이 집단 성과를 촉진하는 데 중요한 정도를 가리킨다. 예컨대 공장에 식수대를 어디에 설치하느냐 하는 결정은 질이 낮아도 상관없지만 작업 할당이나 성과 목표에 대한 결정은 질이 높아야 할 것이다.

(2) 결정의 수용도

결정의 수용도(decision acceptance)는 하급자들이 결정 사항을 자기 것으로 받아들이는 정도를 가리킨다.

(3) 결정의 적시성

결정의 적시성(timeliness)은 의사결정이 지연 없이 적시(適時)에 이루어져야 하는 것을 가리킨다.

2) 리더의 의사결정 스타일

다음은 리더가 택할 수 있는 의사결정의 스타일에 대해 살펴보면, 이 이론에서는 〈표 5-3〉에서 볼 수 있는 것처럼 다섯 가지 스타일을 제시하고 있다. 이는 리더가 혼자서 결정을 하는 전제적(A: autocratic) 스타일에서부터 상담(C: consultation)

표 5-3 의사결정의 스타일

의사결정 유형	주요 내용
AI	관리자 단독으로 문제를 해결하고 의사결정을 행한다.
AII	관리자는 부하들에게 정보를 요청하지만 의사결정은 단독으로 행한다. 부하들에게 문제의 내용을 알려 주기도 하고 알려 주지 않기도 한다.
CI	관리자는 부하들과 문제를 공유하며 부하에게 정보와 평가를 요청한다. 회합은 집단으로서가 아니라 대면적으로 이루어지나 의사결정은 관리자 혼자서 행한다.
CII	관리자와 부하들은 문제를 토론하기 위해 집단을 구성한다. 그러나 최종적인 의사결정은 관리자가 행한다.
GII	관리자와 부하들이 문제를 해결하기 위해 집단을 구성하고 문제에 대한 토론을 하고 관리자 단독이 아닌 집단적 차원에서 의사결정이 이루어진다.

자료: Steer & Black(1994: 490).

을 거쳐 완전 참여(G: group)에 이르는 다섯 등급으로 구성되어 있다.

유형은 각각 나름대로 장·단점을 지니고 있다. 참여적인 방법은 하급자의 수용과 지지를 얻을 수 있는 반면, 리더가 혼자서 내리는 결정은 좀 더 신속하고 효율적으로 이루어질 수 있다.

3) 전략 선택을 위한 진단 절차

브룸과 예튼은 적절한 전략 선택은 상황, 즉 의사결정 문제의 성격에 좌우되는 것이므로 이를 위해 리더는 문제의 성격에 대한 진단을 먼저 실시해야 한다고 한다. 그리고 상황을 진단하는 데 이용될 수 있는 일곱 가지 규칙을 제시하고 있다(이학종·박헌준, 2005: 361-362). 이러한 규칙들은 특정 상황에서 적절한 전략을 결정하는 데 도움을 준다. 다음의 일곱 가지 규칙 중 앞의 세 가지는 결정의 질을 확보하려는 규칙이고, 나머지 네 가지는 결정의 수용도를 보호하려는 규칙이다.

(1) 리더-정보 규칙(leader information rule)

만일 의사결정의 질이 중요한데 리더가 혼자 문제를 해결할 수 있을 정도의 충분한 정보를 가지고 있지 못하면 가능한 전략 중에서 AI을 제외시켜야 한다. 왜냐하면 AI을 사용할 경우 질 낮은 결정이 이루어질 위험이 있기 때문이다.

(2) 목표합치 규칙(goal congruence rule)

만일 의사결정의 질이 중요한데 하급자들이 조직 목표에 합치되게 문제를 해결할 것을 확신하지 못한다면 GII 스타일을 고려에서 제외해야 한다. 즉, 집단에 의사결정을 전적으로 맡길 수는 없다.

(3) 비구조화된 문제 규칙(unstructured problem rule)

만일 의사결정의 질이 중요하고 리더가 충분한 정보를 갖고 있지 못하고 문제도 구조화되어 있지 않다면 고려 대상에서 AI, AII, CI을 제외해야 한다. 이런 상황에서는 리더와 하급자 간에 문제와 해결안을 찾으려는 상호작용이 필요하다.

(4) 수용 규칙(acceptance rule)

하급자들이 결정을 받아들이는 것이 효과적인 시행에 필수적인 경우 리더에 의한 전제적인 결정이 하급자들의 수용을 확보할 확신이 없다면 AI과 AII를 고려 대상에서 제외시켜야 한다.

(5) 갈등 규칙(conflict rule)

의사결정에 대한 수용이 중요하고 전제적인 결정이 수용될는지가 불분명한데 하급자 간에 적절한 해결안에 대해 갈등 가능성이 있는 경우에는 가능한 전략 중에서 AI, AII 그리고 CI을 제외시켜야 한다. 구성원 간의 상호 교환과 좀 더 큰 참여를 통해 갈등이 해결될 수 있다.

(6) 공평성 규칙(fairness rule)

의사결정의 질은 중요하지 않고 수용이 중요한데 전제적 결정을 하면 이것이 보장되지 않을 때는 AI, AII, CI, CII를 제외시켜야 한다. 여기서는 집단의 수용만 고려하면 되므로 GII 스타일이 가장 효과적이 될 것이다.

(7) 수용 우선 규칙(acceptance priority rule)

만일 수용이 절대적으로 중요한데 전제적 결정으로는 이것의 확보가 안 되고 하급자들이 조직 목표를 추구하도록 동기부여되고 있을 때는 결정 과정에 모든 하급자를 동등하게 참여시키는 방법이 결정의 질을 훼손하지 않으면서 더 큰 수용을 낳게 할 수 있다. 이 때문에 고려 대상에서 AI, AII, CI 그리고 CII를 제거해야 한다.

브룸과 예튼에 따르면 부하들이 의사결정 과정에 어느 정도로 참여해야 하는가 하는 문제는 상황의 특성에 좌우된다고 했다. 즉, 모든 상황에 적합한 의사결정 과정이란 없으며, 따라서 리더는 의사결정 문제의 특성을 분석한 후, 적당한 의사결정 유형을 선택해야 한다는 것이다(이창원・최창현, 2005: 273-274). 이 이론은 상황에 적합한 의사결정 유형을 설명하기 위해 의사결정수(意思決定樹, decision tree)를 제시했다. 리더가 여러 가지 변수를 이용해 상황을 분석한 후 그 변수를 기초로 해서 의사결정수의 가지들을 따라가면 적절한 의사결정 유형에 도달하게 된다는 것이다.

그림 5-6 브룸과 예튼의 의사결정 모형

A. 의사결정 문제가 의사결정의 질을 요구하고 있는가?
B. 합리적이고 우수한 의사결정을 위해 충분한 정보를 가지고 있는가?
C. 해결해야 할 문제가 구조화되어 있는가?
D. 의사결정의 결과에 대한 부하들의 수용 여부가 그 의사결정의 효과적인 실행에 중요한 역할을 하고 있는가?
E. 만약 혼자서 단독적으로 의사결정을 한다면, 그 결정이 부하들에 의해 수용되리라고 확신할 수 있는가?
F. 이 같은 문제 해결을 통해 달성될 수 있는 조직 목표가 무엇이라는 것을 부하들도 알고 있는가?
G. 무엇이 더 나은 해결책인가에 대해 부하들 간에 갈등이나 의견의 불일치가 있을 가능성이 있는가?
ⓨ = 예, ⓝ = 아니오

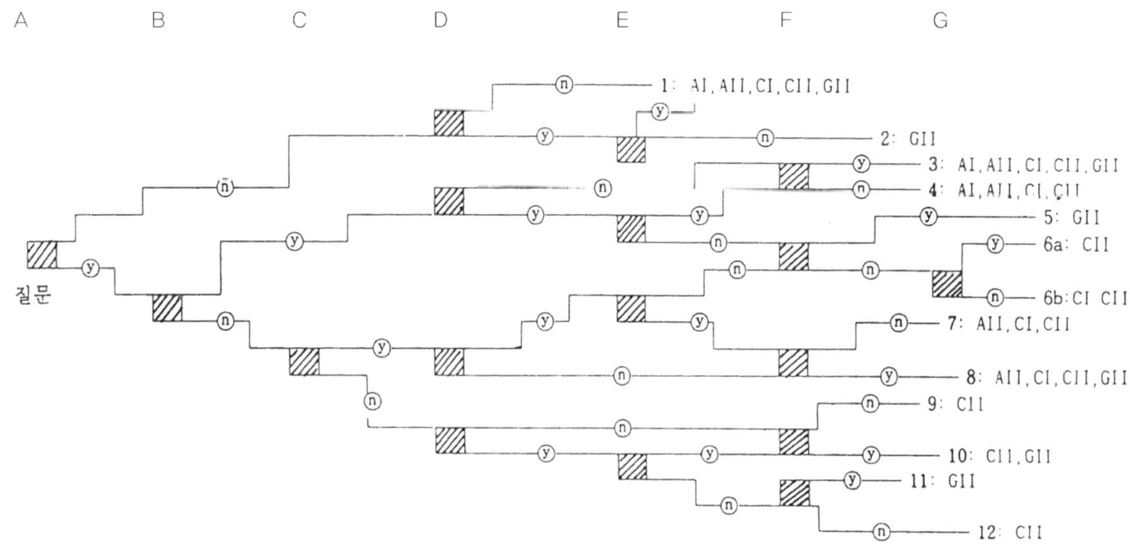

[그림 5-6]에 제시된 의사결정수에는 의사결정의 상황 요인으로 의사결정 문제의 속성들이 질문의 형태로 A부터 G까지 일곱 개가 나열되어 있다. 이 의사결정수를 사용하려는 의사결정자는 그림의 가장 왼쪽부터 출발해 각 마디(▨표한 곳)에서 A부터 G까지의 질문에 차례로 "예" 또는 "아니오"로 응답하면서 의사결정수의 가지들을 따라가면 적절한 의사결정 유형에 도달하게 된다. 의사결정수의 가지들을 따라가면 가지의 끝 부분에 각 상황별로 여러 가지 의사결정 유형(AI, AII, CI, CII, GII)을 제시하고 있음을 알 수 있다.

4) 기존 모형의 수정 · 보완

브룸과 야고는 기존의 모형을 이후 수정 · 보완해서 제시하는데, 이는 기존 브룸과 예튼 모형의 한계를 극복하고자 시도한 것이었으며, 다음과 같은 특성을 가지고 있다(백기복, 2007: 456-457).

첫째, 상황 변수를 추가했다. 과거의 모형이 일곱 가지의 상황 변수로 구성되었던 반면에 새로운 모형은 여기에 다섯 가지 상황 변수를 추가해서 모두 12개의 상황 변수를 제시하고 있다. 새로 추가된 상황 변수는 부하의 정보 수준, 시간 제약, 지리적 분산, 시간 절약 동기, 개발 동기 등이다.

둘째, 상황 변수가 늘어남에 따라 이전의 브룸과 예튼 모형에서와 같은 방법으로 처방을 제시하기 어려워진 탓에 수학의 함수 개념을 도입해서 그 문제를 해결했다. 아울러 모형을 간소화시켜 변형된 '의사결정수'의 사용도 가능하도록 하고 있다.

셋째, 이전의 브룸과 예튼 모형의 경우 하나 이상의 의사결정 과정을 제시했던 것이 많았는데 비해, 분석된 상황 각각에 대해 한 가지의 의사결정 과정만을 제시한다.

넷째, 모형을 이용한 교육훈련이 가능하도록 PC 프로그램과 사례 과정이 개발되었다.

결론적으로 규범이론은 관리자가 실제 의사결정을 어떻게 하는가를 이해하게 해 주었다는 점과 적시에 질 높은 의사결정을 하기 위해서는 관리자들을 어떻게 훈련시켜야 할 것인가 하는 방향을 제시했다는 점에서 의의가 있는 이론이라 할 수 있다.

5. 수직쌍 연결모형과 리더-구성원 교환모형

1) 수직쌍 연결모형

기존의 리더십 이론은 감독자와 부하 간의 대인 관계적 차이의 가능성에는 거의 관심을 두지 않고 있다. 즉, 리더와 특정한 부하들과의 관계에서 나타나는 각기 다른 상황의 가능성은 고려하지 않고 있다. 바로 이런 측면에 착안한 이론이 그랜(Graen, 1975) 등이 개발한 수직쌍 연결(vertical dyad linkage: VDL)모형이다.

수직쌍 연결모형의 가장 큰 특징은 리더나 감득자가 부하 직원을 모든 동일한 방식대로 다루지는 않는다고 가정하고 있다는 점이다(Moorhead & Griffin, 2004: 358). 리더는 두 부류의 부하 직원 집단을 발전시키는데, 한 부류는 리더가 어떤 특정 부하 직원과 더 밀접한 대인 관계를 유지하는 것으로 이를 내집단(in-group)이라 부른다. 또 다른 집단은 리더가 부하 직원과 어느 정도의 거리를 두고 있는 경우로서 이를 외집단(out-group)이라 부른다. 따라서 이 모형에서는 리더와 부하 직원 간의 쌍관계 혹은 이원적 관계에 초점을 둔다. 여기서 수직적이라는 용어를 사용하는 이유는 리더와 부하 직원 간의 관계가 계층제의 상하 관계에 기초를 두고 있기 때문이다(Steer & Black, 1994: 418-419).

[그림 5-7]에서 보듯이 리더는 모든 부하 직원을 동일하게 취급하는 것이 아니라, 집단의 일부 구성원 간에는 밀접한 연결을 발전시킨다. 이러한 내집단 구성원은

그림 5-7 수직쌍 연결 모형

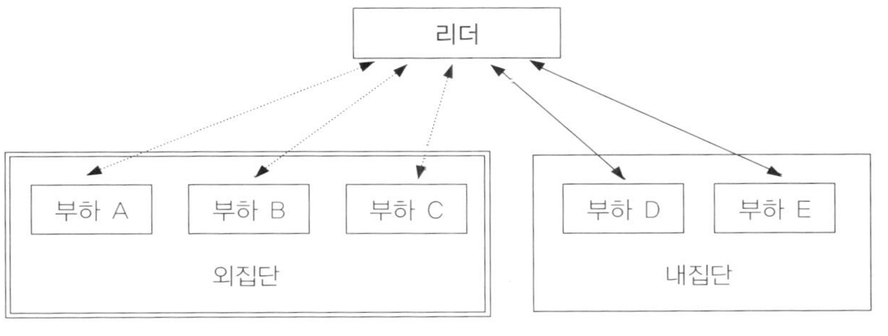

은 리더와의 관계에서 상호 신뢰・애정・상호 영향・목표의 공유와 공동 운명체로서의 인식 등과 같은 관계를 발전시켜 나간다. 반면에 외집단 구성원은 리더와 이런 특성을 공유하지 않으며, 대개 중요한 결정이나 활동에서 제외된다.

이와 같은 내집단 혹은 외집단 관계가 어떤 이유로 나타나는지에 대해서는 명확하지 않지만, 대개 개인적인 조화나 적합성(compatibility) 및 부하 직원의 능력에 기인할 수도 있다. 그 이유와는 상관없이 이 모형에서는 집단이 리더와의 관계에서 내집단/외집단 관계를 갖고 있으며, 내집단 구성원이 그들의 리더 혹은 감독자에 대해 더 많은 만족을 하고 더 많은 영향력을 갖고 있다는 점을 보여 준다. 게다가 내집단에 속한 구성원의 규모가 클수록, 즉 감독자나 리더에 대해 친밀하다고 느끼는 구성원의 비율이 크면 클수록, 집단 전체의 생산성이 높아진다. 따라서 리더의 역할은 이러한 쌍관계의 존재를 명확히 인식하고, 외집단에 속한 성원과의 관계에 따른 부정적인 영향을 극소화시키는 일이다.

그러나 이 모형은 동기부여에 관한 공정성이론과는 다소 모순되는 문제를 갖고 있다. 즉, 리더가 부하 직원들에 따라 상대적으로 그들의 행태를 달리할 경우에, 부하 직원들은 상황을 불공정하다고 인식할 가능성이 높기 때문에 동기부여에 문제가 발생할 소지가 있다는 점이다. 이런 측면을 고려할 때 리더는 부하 직원과 적절한 쌍관계를 결합시키는 것이 바람직하지만 어디까지나 부하 직원이 이를 공정하다고 인식할 수 있는 방향으로 행동해야 할 것이다.

2) 리더-구성원 교환모형

수직쌍 연결모형의 관점은 리더와 구성원 각자의 관계의 질에 대해 더 관심을 가지는 리더-구성원 교환(leader member exchange: LMX)모형으로 발전하게 된다. 즉, 리더가 단지 몇 사람 부하보다는 모든 부하와 양질의 교환 관계를 구축해야 한다는 것을 강조한다. 그래서 모든 구성원이 자신들을 내집단의 구성원으로 느끼도록 해야 한다는 것이다. 이렇게 함으로써 공정성으로 인한 문제를 피할 수 있고 구성원이 외집단에 있는 데서 오는 부정적 관계를 없앨 수 있다고 주장한다.

결국 LMX의 수준이 높을수록 직무와 관련해 리더와 구성원 간에 상대를 존중하는 정도가 높고, 교환 관계에 대한 신뢰도가 높으며, 구성원 헌신에 대한 리더의 보상과 지원이 확고하다고 할 수 있다(강정애 외, 2010: 177-178). 리더와 구성원 간의 관계 발전 과정은 다음과 같은 세 단계로 나누어 제시할 수 있다(Graen & Uhl-Bien, 1991; Northouse, 2013: 166-168)).

첫째 단계는 이방인(stranger) 단계로서, 리더-구성원 간의 교류가 정해진 규칙이나 공식적인 역할의 한계를 넘지 않는다. 구성원은 계약이나 규칙으로 정해진 일만 수행하며, 리더에 대해 상급자에 대한 기본적인 대우만을 한다. 또 집단보다는 자신의 이익을 앞세운다.

둘째 단계는 면식(acquaintance) 단계로서, 리더-구성원 간에 더 많은 자원, 직무, 개인적 정보의 공유로 좀 더 친숙한 관계를 형성하게 된다. 구성원은 팀이나 집단의 문제에 대해서도 주의를 기울이게 된다.

셋째 단계는 파트너십(mature partnership) 단계로서, 리더-구성원은 서로 광범한 측면에서의 영향을 교환하며 상호 신뢰와 존경, 의무감을 갖게 된다. 개인과 조직 양자에 긍정적인 결과를 가져올 수 있는 긴밀한 유대감과 일체감을 형성하며, 개인보다는 집단의 이해를 더 중시하는 태도를 보인다.

리더와 구성원 간의 관계 발전 과정은 일종의 '리더십 만들기' 과정으로서 리더십에 대한 처방적 접근법이라 할 수 있다. 이를 통해 리더는 조직 전체에 걸쳐 파트너 관계의 연결망을 만들 수 있고, 이는 궁극적으로 조직 목표 달성에 기여할 수 있다. 즉, 리더-구성원 교환 관계가 바람직한 형태를 보일 때 리더, 구성원, 조직의 목표 달성이 모두 촉진된다는 것이다(Northouse, 2013: 166-168).

6. 리더십 대체물 접근법

커와 저미어(Kerr & Jermier, 1978)의 리더십 대체물 접근법(leadership substitutes approach)은 리더십의 중요성을 감소시키는 상황적 요인을 대체물(substitutes)과 중화물(neutralizers)로 나누어 설명하고 있다. 대체물이란 리더의 행동을 필요 없게 하는 부하의 특성, 과업 및 조직의 특성 같은 상황 요인이다. 즉, 어떤 상황 요인이 존재하는 경우 부하는 리더의 지시 없이도 자신의 직무를 성공적으로 수행할 수 있다는 것이다. 중화물이란 리더가 취한 행동의 효과를 약화시키는 상황 요인이다.

상사와 부하 간의 계급제적인 리더십(hierarchical leadership)이 항상 중요하다고 주장하는 전통적 리더십이론과는 다르게, 이 이론은 많은 상황에서 리더의 행동이 그다지 중요하지 않다고 주장한다. 리더가 취하는 행동을 필요 없게 하거나 행동의 효과를 약화시키는 부하의 특성으로는 부하의 능력, 경험, 훈련, 지식, 독립에 대한 욕구, 전문가 지향 성향(professional orientation), 조직이 제공하는 보상에 대한 무관심 등이 있다. 예를 들어 자신의 직무를 수행할 능력과 기술을 가지고 있으면서 독립에 대한 욕구가 강한 부하는 리더의 지시가 거의 필요 없고, 나아가 그러한 지시를 싫어할 수도 있다는 것이다(이창원 · 최창현, 2005: 279).

수행하는 과업이 일상적이면서 구조화되어 있고, 결과에 대한 환류(feedback)가 빈번하게 되며, 과업 그 자체로 만족감을 느끼는 경우도 리더의 행동을 중요하지 않게 만든다. 예를 들어 과업 그 자체를 통해 부하들이 어느 정도 만족을 느낀다면, 리더의 지원적 행동이 불필요할 수도 있다는 것이다(이창원 · 최창현, 2005: 280; 정우일, 2006: 326).

리더의 행동을 대체하거나 그 효과를 약화시키는 조직의 특성으로는 조직 내의 명확한 계획과 목표, 규칙과 규정, 응집력이 높은 업무집단, 리더가 통제할 수 없는 조직의 보상 체계, 리더와 부하 간의 공간적 거리 등을 들 수 있다. 예를 들어 과업의 목표가 명확하고 업무 수행에 필요한 규칙과 규정이 많이 있다면, 리더의 지시가 불필요할 수도 있다는 것이다. 또한 리더가 직위 권력(position power)이 부족해서 부하들에게 제공하는 보상(rewards)에 대해 통제권을 행사하지 못하는 상황은 리더가 부하들의 효과적 작업 성과에 대해 보상을 약속함으로써 동기를 유발하고자 하는 행동의 효과를 약화시킨다고 한다. 〈표 5-4〉는 리더십의 대체 요인과 약화 요인의 예시이다(박내회, 2004: 245).

지금까지 수행된 연구들은 대체로 리더십 대체물과 중화물의 존재를 어느 정도 인정하고 있지만, 다른 잠재적 대체물과 중화물들을 파악하고 그것들이 리더십 효과성에 미치는 영향을 제시하기 위해서는 더 많은 연구가 필요하다(이창원 · 최창현, 2005: 280; Howell, Bowen, Dorfman, Kerr, & Podsakoff, 1990). 아직까지는 이와 관련된 연구들이 일관된 결과를 보여 주지 못하고 있어 리더십 대체물 이론의 타당성과 유

표 5-4 리더십 대체 요인과 약화(중화) 요인

상황적 조절 변수		리더십 행동	
대체 요인 또는 약화 요인		지원적 리더십	수단적 리더십
부하의 특성	경험 · 능력 · 훈련		대체 요인
	전문가적 성향	대체 요인	대체 요인
	보상에 대한 무관심	약화 요인	약화 요인
과업 특성	구조화된 일상 업무		대체 요인
	업무 자체로부터의 환류		대체 요인
	내재적 만족 제공 업무	대체 요인	
조직 특성	응집성 강한 작업집단	대체 요인	대체 요인
	약한 직위 권력	약화 요인	약화 요인
	공식화		대체 요인
	조직의 비융통성		약화 요인
	리더와 부하 간의 물리적 거리	약화 요인	약화 요인

용성에 대해 정확한 평가를 내리기 곤란하다는 것이다. 그러나 기존의 리더십 이론들은 공식적 리더의 역할에만 초점을 두고 있지만, 리더십 대체물 이론은 리더십의 효과를 대체할 수 있는 대안적 방법에 대해서도 생각해 볼 수 있는 틀을 제시해 준다는 평가를 받고 있다(박내회, 2004: 249).

제 4 절 리더십이론의 새로운 경향

1. 카리스마적 리더십

1920년대에 베버(Max Weber)가 카리스마 개념을 제시한 이후로 많은 정치학자와 사회학자의 연구가 뒤따랐으나 행동과학자들의 관심이 카리스마에 모아지기 시작한 것은 그리 오래된 일이 아니다. 1980년대에 외국 기업, 특히 일본 기업의 진출에 당황한 미국 기업들에는 외부 환경에 적응하기 위한 새로운 변화가 절실히 요구되었다. 기존의 리더십이론들은 변화하는 조직환경에 대한 적응 과정보다는 어떤 고정된 상황에 대해 효율적인 리더십 형태를 찾는 데 주로 관심을 두어 왔었다. 그러나 새로운 조직환경 변화의 추세에 따라 리더십 연구에서 다시금 카리스마이론이 주목받게 되었다(이창원 · 명승환 · 임영제, 2004: 521).

베버가 처음으로 사용한 카리스마(charisma)의 개념은 원래 '신이 부여한 은총의 선물'이라는 신학적 개념이었다. 그는 카리스마적 리더란 위기 시에 사람들을 구원할 수 있는 해결책을 지니고 출현하는 신비스럽고, 자아도취적이며, 사람들을 끌어들이는 흡인력을 지닌 사람이라고 보았다. 베버는 조직에서 한 사람의 특출한 능력이 신대신 동료나 하위자들에 의해 부여됨으로써, 조직이 형성되고 발전되어 나가는 것을 이해하기 위해 카리스마의 개념을 적용시켰던 것이다(Trice & Beyer, 1986: 113-164).

베버는 사람들이 특정한 인물이 지니고 있는 마치 마법과도 같은 초월적 속성을 목격하고, 그 사람에게는 초자연적 또는 초인적 능력이 있다고 인정할 때 카리스마가 발생한다고 보았다. 카리스마적 인물은 일상적인 경험과 지식을 초월해 기존의 관행에 도전하고 사람들에게 흥분을 일으키며, 이상적인 미래상(비전)을 보여 주는 획기적인 혁신책을 지니고 있다는 것이다(오세덕 · 여윤환, 2000: 212).

카리스마적 리더와 추종자와의 관계는 표현적이고 감정적인 측면에 초점을 맞추고 있기 때문에 근본적으로 불안정하다. 따라서 안정성을 확보하고 카리스마적 리더의 영향을 지속적으로 유지시켜 주기 위해서는 조직의 규칙과 제도에 의해서 관례화(routinization)되어야 한다고 베버(Weber, 1947)는 생각했던 것이다. 즉, 카리스마적 권위는 그 성격상 안정성을 띨 수 없으므로 전통적 권위의 형태나 합법적 권위의 형태로 변형되어야만 한다.

트라이스와 베이어(Trice & Beyer, 1986: 134)는 다음과 같은 네 가지 방식에 의해 조직 내에서 카리스마가 관례화된다는 사실을 밝혀냈다.

첫째, 카리스마적 리더를 직접적으로 개입시키지 않고서도 그의 계시를 실행에 옮길 수 있는 행정구조(administrative apparatus)를 개발한다.

둘째, 의례(rites)와 의식(rituals) 그리고 상징(symbols) 등을 통해 조직 내의 다른 사람들에게 카리스마를 확산시킨다.

셋째, 카리스마적 리더의 메시지와 사명을 조직의 구전 전통 또는 성문화(成文化)

된 전통으로 융합시킨다.

넷째, 카리스마적 리더와 흡사해 마치 그의 화신(化身)과도 같은 사람에게 리더의 지위를 승계시킨다.

지금까지 제시된 카리스마적 리더십 관련 연구들 중에서 베버의 이론을 제외하고 일반이론이라고 평가되는 것으로는 하우스(Robert J. House)의 이론과 배스(Bernard M. Bass)의 이론, 그리고 콩거(Jay A. Conger)와 카눙고(Robindra N. Kanungo)의 이론 등이 있다.[4)]

먼저, 하우스(House, 1977)는 사회과학 문헌들을 고찰해 카리스마적 리더가 어떻게 행동하고, 다른 사람들과는 어떻게 구별되며, 또 그들이 가장 효과적인 경우는 언제인가 하는 상당히 포괄적인 이론 구축을 시도하고 있다. 그는 카리스마를 "개인적인 능력에 의해 부하들에게 특별한 영향을 미칠 수 있는 리더"로 기술하면서, 어떤 리더가 카리스마적 리더로 인정되는 여부는 다음 여덟 가지의 요인들에 의해 결정된다고 보았다.

즉, ① 리더의 신념이 옳다는 부하들의 신뢰, ② 리더 신념과 부하 신념과의 유사성, ③ 리더에 대한 부하들의 무조건적인 수용, ④ 리더에 대한 부하들의 애착, ⑤ 리더에 대한 부하들의 자발적인 복종, ⑥ 조직의 사명에 대한 부하들의 감정적인 몰입, ⑦ 부하들의 높은 성과 목표, ⑧ 조직 임무의 성공에 기여할 수 있다는 부하들의 신념이 그것이다.

나아가 하우스는 기존의 정치학 및 사회학 문헌들을 검토해 카리스마적 리더의 특징적 행동으로서 효과적인 역할 모범, 능력과 성공을 나타내는 인상 형성과 행동, 이념적 목표의 명확한 표현, 추종자들의 높은 기대감과 확신의 전달, 동기 유발적 행동 등 다섯 가지를 제시했다.

하우스의 이론에 추가하여, 배스(Bass, 1985)는 카리스마적 리더의 행동 패턴에

---

4) 카리스마적 리더십이론의 종류로는 하우스의 '카리스마적 리더십이론', 배스의 '카리스마 리더십 이론', 콩고와 카눙고의 '행동 중심의 카리스마론', 샤미르(Shamir)의 '카리스마의 자아 개념 모형', 사쉬킨(Sashkin)의 '비전추구형 모형', 베니스와 나누스(Bennis & Nanus)의 '비전을 통한 임파워먼트', 쿠제스와 포스너(Kouzes & Posner)의 '리더십 5요소', 티히와 디바나(Tichy & Devanna)의 '혁신 3장론', 내들러와 터시맨(Nadler & Tushman)의 '매직 리더십' 등 많은 유형이 있다. 여기에서는 이들 중 하우스, 번스, 배스, 콩고와 카눙고 등의 이론을 중심으로 설명한다.

대한 여러 설문 조사 결과를 종합한 후 다음과 같은 사실을 발견했다. 즉, 카리스마적 리더는 ① 모든 사람에게 자신들이 맡은 바에 열(熱)과 성(誠)을 다하도록 만들며, ② 조직에 대한 충성심을 고취하며, ③ 모든 사람으로부터 존경을 받고, ④ 무엇이 진정으로 중요한지를 알아내는 특출한 능력을 지니고 있을 뿐 아니라, ⑤ 사명감을 갖고 있으며 부하들에게 흥분을 불러일으킨다는 것이다.

카리스마적 리더의 행동 특성을 다시 요약한다면 ① 뛰어난 비전, ② 개인적 위험의 감수, ③ 관습에 얽매이지 않는 전략의 구사, ④ 상황에 대한 정확한 평가, ⑤ 부하들에 대한 계몽, ⑥ 자신감의 전달, ⑦ 개인적 권력의 활용 등이 그것이다(Conger & Kanungo, 1987: 637-647).

지금까지 카리스마적 리더십에 대한 연구에서 가장 논란이 많은 부분은 카리스마가 리더의 속성에 의해 발현되는 것인지, 상황 조건에 의해 발현되는 것인지, 아니면 리더와 추종자들 간의 영향력 행사 과정에서 발현되는 것인지 여부이다. 이것은 마치 기존의 리더십 연구의 주요 조류인 특성이론, 행동이론, 상황이론에서 발생되는 논란과 비슷하다 하겠다. 최근의 연구 조류를 살펴보면 초창기에 강조되던 카리스마적 리더의 특성과 행동보다는, 그러한 리더의 특성과 행동에 대한 추종자들의 지각이 카리스마적 리더십의 핵심 변수라는 쪽으로 비중이 모아지고 있다. 그러한 지각은 리더십이 발휘되는 상황적 맥락과 추종자의 개인적·집단적 욕구에 의해 영향을 받는 것으로 판단되고 있다. 어쨌든 카리스마적 리더십 연구는 그 개념적 확장을 거듭해 왔다고 볼 수 있으며, 기존의 리더십 연구들을 종합할 수 있는 통합적 모형 구축의 가능성을 시사할 수도 있을 것 같다.

2. 변혁적 리더십

번스(James M. Burns)는 리더십을 "리더와 추종자가 점점 더 높은 수준의 도덕성과 동기 수준으로 서로를 이끌어 가는 상호 관계를 포함하는 과정"이라고 보았다. 변혁적 리더(transformational leader)는 인본주의·평등·평화·정의·자유와 같은 포괄적이고도 높은 수준의 도덕적인 가치와 이상에 호소해 부하들의 의식을 더 높은 단계로 끌어올리려 한다. 머슬로(Abraham H. Maslow)의 이론에 따르면, 변혁적 리더는 부하들의 고급 욕구를 활성화시키며, 부하들은 '일상적인 자아'에서 '더 나은 자아'로 상승하게 되는 것이다. 변혁적 리더십은 개인 간의 미시적인 영향력 과정이거나, 혹은 사회 체제나 관습의 변화를 위한 권력의 이동이라는 거시적인 과정으로 볼 수도 있다. 번스(Burns, 1978)에 따르면, 변혁적 리더십은 하나의 과정이기 때문에 반드시 리더와 부하와의 관계만이 아닌 동료 간이나 혹은 하위 리더 간의 영향력 과정도 포함된다. 즉, 변혁적 리더십은 조직 내의 어느 위치에 있는 사람에게도 발휘될 수 있는 것이다.

배스는 변혁적 리더십을 부하에 대한 리더의 영향력의 측면에서 정의한다. 리더는 부하들에게 과제의 결과에 대한 가치나 중요성을 상기시키거나, 부하들의 고차원적인 욕구를 자극하거나, 부하들이 조직을 위해 개인적인 관심을 초월하도록 유도함으로써 부하들을 변환시킨다. 이러한 영향력의 결과로 부하들은 리더에 대한 신뢰와 존경을 느끼게 되고, 이전보다 훨씬 더 동기화된다(오세덕 · 여윤환, 2000: 215).

배스는 변혁적 리더십을 카리스마와는 다른 그 이상의 것으로 보았다. 그에게 카리스마란 리더가 부하들에게 강한 감정과 동일시를 유발해서 영향력을 미치는 과정으로 정의된다. 배스는 카리스마를 변혁적 리더십에 필요조건이기는 하지만 충분조건은 아니라고 보았다. 영화배우나 유명한 운동선수와 같은 카리스마적인 사람들은 추종자들에 대해 어떤 체계적이고 변혁적인 영향력을 가지고 있지는 않다.

배스와 아볼리오(Bass & Avolio, 1990)에 따르면, 변혁적 리더십은 〈표 5-5〉에서 보는 바와 같이 크게 네 가지 요인으로 구성되어 있다.

표 5-5 변혁적 리더십의 네 가지 구성 요인

요인	내용
카리스마적 리더십 (charismatic leadership)	리더가 난관을 극복하고 현재 상태(status quo)에 대한 각성(disenchantment)을 확고하게 표명함으로써 부하들에게 자긍심과 신념을 부여
영감적 리더십 (inspirational leadership)	리더가 부하로 하여금 도전적 목표와 임무, 미래에 대한 비전을 열정적으로 받아들이고 계속 추구하도록 격려
개별적 배려 (individualized consideration)	리더가 부하에게 특별한 관심을 보이고 각 부하의 특정한 요구를 이해해 줌으로써 부하에 대하 개인적으로 존중한다는 것을 전달
지적 자극 (intellectual stimulation)	리더가 부하로 하여금 형식적 관례(conventional practice)와 사고(thinking)를 다시 한번 생각하게 함으로써 새로운 관념을 촉발

변혁적 리더는 부하들이 발전하고 고양되는 것을 추구하는 반면에 카리스마적 리더는 때로는 그 반대인 경우도 많다. 즉, 많은 카리스마적 리더는 부하들을 약하고 의존적으로 만듦으로써 이상에 대한 몰입(commitment)보다는 개인적인 충성을 얻으려 한다.

사실 카리스마적 리더십과 변혁적 리더십 간의 구분은 아직 불분명하다. 카리스마적인 지도자는 극단적으로 존경을 받고 부하들로 하여금 무조건적으로 복종하고 신뢰하게 하는 지도자인 반면에 변혁적 지도자는 부하로 하여금 더욱 자율적 · 자기 지시적 · 자아실현적이고 이타적이 되도록 하는 지도자라고 할 수 있으며, 이러한 차이로 인해 두 가지 형태의 지도자는 요구되는 상황이 각기 달라진다. 예컨대 비정상적인 육체적 · 감정적 노력을 요구하는 상황이나 위기가 항상 존재하는 전투 상황 같은 경우에는 카리스마적 지도자가 적합한 반면, 급변하고 불확실한 환경에 대한 적응력과 업무에 대한 창의력이 요구되거나 부하들의 자발성과 책임성이 요구되는 상황에서는 변혁적 지도자가 적합할 수 있을 것이다.[5)]

3. 서번트 리더십

서번트 리더십(servant leadership)은 리더의 주요한 역할을 부하가 원하는 바를 해결해 주며, 부하를 지배하기보다는 섬기는 리더십이다. 보이어(G. B. Boyer)는 서번트 리더십을 섬세하고 경청하는 리더, 부하와 동료의 발전을 장려하고 권한 부여를 중시하는 리더로 정의하고 있다. 이 개념을 최초로 제시한 그린리프(Robert K. Greenleaf)에 따르면, 서번트 리더십은 리더가 "타인을 위한 봉사에 초점을 두고 구성원, 고객, 지역사회를 우선으로 여기고 그들의 욕구를 만족시키기 위해 헌신하는 역할"을 해야 한다(Greenleaf, 1970). 따라서 섬기는 리더가 되기 위한 덕목으로 봉사, 약자에 대한 관심, 불평등과 불공정의 해소, 통제력 행사의 최소화, 구성원의 참여 유도 등이 중요하다.

---

5) 하우스는 부하들의 노력이 이념적 목표와 가치의 실현을 지향하고 있거나 어떠한 사회적 선을 창조하거나 전파하는 데 있을 때에는 개인적 가치보다는 집단적 가치에 호소하는 카리스마적 리더십이 부하들을 더 동기화시킬 것이라고 지적한 바 있다.

이러한 서번트 관점을 리더십에 포함하는 것은 부하를 지휘하고 통솔하는 것을 기본으로 보아왔던 기존의 리더십 패러다임을 반박하고 부하 중심으로 리더와 부하의 관계 형성이 이루어질 때 진정한 리더십이 작동될 수 있다고 보기 때문이다. 즉, 리더는 부하들에 대한 배려, 봉사와 희생을 통해 부하로부터 신뢰를 얻음으로써 부하들을 목표 지향적 행위로 유도할 수 있다고 본다(강정애 외, 2010: 218-219).

조직 운영에 적용시킬 수 있는 서번트 리더십의 기본 원칙은 다음과 같이 네 가지로 제시할 수 있다(Daft, 2011: 158).

첫째, 자기 관심사를 초월해 봉사한다. 서번트 리더는 자신에게 크게 도움이 되지 않는다 하더라도 다른 사람에게 의미가 있는 일이라면 봉사하는 모범을 보인다.

둘째, 타인의 말을 경청한다. 서번트 리더는 다른 사람이 직면한 문제에 대해 경청하고 그들이 의도하는 바를 파악하려고 노력하며 구성원에게 최선의 결과를 가져올 수 있는 방법을 모색한다.

셋째, 신뢰감을 형성한다. 리더 자신이 할 수 있는 일을 최선을 다해 정직하게 했을 때 신뢰적 관계가 형성된다. 정보를 공유하고 자신의 이익보다 집단의 이익을 먼저 생각하며, 자신의 권한을 강압적으로 행사하지 않을 때 신뢰가 형성된다.

넷째, 상대방을 육성시키고 발전시킨다. 서번트 리더는 구성원을 아끼고 배려해야 하며, 나아가 구성원이 발전적인 방향으로 나아갈 수 있도록 그들의 잠재력을 길러주고 고통을 공유할 수 있어야 한다.

4. 셀프 리더십과 수퍼 리더십

만즈(Charles C. Manz)와 심스(Henry P. Sims, Jr.)는 자율적 경영팀 체계에서 강화 요인을 통제하던 상사의 행동이 부하에 의한 자율통제로 대체된다는 셀프 매니지먼트(self management)이론을 제시했다(이성호, 2001). 즉, 셀프 매니지먼트이론은 리더십을 조직의 통제 수단으로 보는 리더십 대체이론적 관점에 기초해 리더십을 부하의 행동을 관리하는 강화 요인의 외적 통제 메커니즘으로 정의하고 있다. 따라서 그러한 리더십 행동은 다른 것에 의해 대체될 수 있는데, 그것이 바로 부하에 의한 자율통제라는 것이다. 여기서 자율통제란 단순히 직무 수행이나 내용과 관련된 책임을 담당하는 것만이 아니라 자신의 직무에 관한 관리적 측면에 대해서도 책임을 지는 것을 의미한다. 특히 자율통제의 핵심적인 사항은 보상에 대한 자기관리(self-administration of rewards)이다.

그러나 관리자 통제가 항상 자율통제로 대체될 수는 없다. 관리자 통제와 자율통제는 기술이나 조직구조의 특성에 따라 변화한다. 즉, 불확실한 기술이나 유기적 조직구조의 상황에서는 부하에 의한 자율적 관리가 관리자 통제, 특히 상사의 지시적 행동을 대체할 수 있으나 확실한 기술이나 기계적 조직구조의 상황에서는 계속해서 상사의 행동이 부하를 통제하는 데 중요한 역할을 한다. 따라서 상사가 부하를 통제하는 데 사용하는 지시적 리더십 행동이 부하에 의한 자율통제로 대체되는 상황이 존재하며, 이 경우 상사는 부하의 셀프 매니지먼트를 촉진시키는 새로운 역할을 수행해야 한다.

셀프 리더십(self leadership)이 작용하는 상황에서 상사는 부하의 셀프 리더십을 촉진시키는 역할을 수행해야 한다. 즉, 상사는 자아 목표 설정과 생산적인 사고 패턴의 촉진, 셀프 리더십의 강화, 건설적인 질책, 셀프 리더십을 육성하는 문화의 촉진, 사회 기술적 시스템 및 팀의 설계를 통해 부하가 셀프 리더가 되도록 장려해야 하는데 이를 수퍼 리더십(super leadership)이라 한다.

5. 팔로어십 이론

리더와 추종자의 관계에서 전통적인 견해는 리더의 역할에 비해 추종자를 수동적이라고 보는데 반해, 현대적 견해는 그것을 능동적으로 본다. 팔로어십(followership)은 리더와 효과적인 추종자 간의 상호작용을 하는 것을 강조한다. 효과적인 추종자(effective followers)는 그들의 행태 면에서 적극적이고 책임적이며, 자율적이고 비판적인 사고를 한다는 것이다(Kelly, 1992).

켈리(Kelley, 1992)에 따르면, 추종자는 효과적 추종자, 소외적 추종자, 양(羊) 그리고 예스 맨의 넷으로 분류된다. 그는 추종자를 분류하면서 제1 차원으로 적극성과 소극성을 제시했고, 제2 차원으로 독립적·비판적 사고 대 의존적·비비판적 사고를 제시했다(민진, 2012: 221-222).

그림 5-8 추종자의 유형

'소외적 추종자(alienated followers)'는 독립적 · 비판적으로 생각하나 아직 그들의 행동은 매우 수동적이며, 리더와 심리적 · 정서적으로 거리를 둔다. 이들은 잠재적으로 조직의 건강을 해치고 위협이 된다. '양(sheep)'은 독립적 · 비판적어로 생각하지 않으며, 행동은 수동적이고 리더가 말하는 대로 따를 뿐이다. 어느 의미에서는 그들은 시스템의 노예들이다. '예스 맨(Yes people)'은 독립적 · 비판적으로 생각하지 않으며, 행동은 매우 적극적이다. 그들은 열정에 차 있는 리더의 생각과 아이디어를 강화하며, 리더의 생각과 제안에 의문을 제기하지 않으며 도전하지 않는다. 예스 맨은 가장 위험하다. 그들은 잘못된 긍정적인 반응을 하기 쉽기 때문이다.

'효과적 추종자(effective followers)'는 지도자나 조직에 가장 유익한 존재이다. 효과적 추종자는 네 가지 필수적인 자질을 갖는다. 첫째, 그들은 자기 관리와 자기 책임을 실천한다. 리더는 효과적 추종자에게 산출에 관해 걱정 없이 위임할 수 있다. 둘째, 그들은 자기 중심적이거나 자기 세력 강화에 열중한다. 셋째, 효과적 추종자는 그들 자신의 능력과 전문성에 투자를 하며 최대한 효과를 내기 위해 에너지를 집중한다. 넷째, 그들은 용감하고 정직하며 신뢰할 만하다.

CHAPTER

06 의사결정

제 1 절 의사결정의 의의

1. 의사결정의 개념

의사결정(decision making)은 바람직한 목표를 달성하기 위해 이용 가능한 여러 대안(alternatives) 중에서 최선의 대안을 선택하는 과정이다. 다시 말해서, 모든 개인이나 조직체의 운영상 목표 달성을 위한 최선의 대안을 선택하는 일련의 과정이라고 할 수 있다. 그러므로 의사결정은 조직을 관리하는 데 가장 핵심적인 위치를 차지한다 해도 과언이 아니다(Odgers & Keeling, 2000: 124).

이러한 의사결정의 개념 속에는 다음과 같은 세 가지 핵심 내용이 내포되어 있다(박연호 · 오세덕, 2001: 460).

첫째, 의사결정은 선택 행위를 포함한다는 것이다. 만약 가능한 행동대안이 한 가지밖에 없다고 한다면 의사결정이란 존재할 수 없는 것이다.

둘째, 의사결정은 의식적인 수준에서 행해지는 정신적 과정(mental processes)을 내포하고 있다는 점이다. 의사결정에는 논리성이 강조된다. 그러나 그 과정에는 논리적인 측면 이외에도 감정적 · 비합리적 및 보수주의적 요소가 작용하고 있음을 간과해서는 안 된다.

셋째, 의사결정은 목표 지향적이라는 점이다. 즉, 그것은 어떤 구체적인 목표를 달성하기 위해 이루어지는 행동 내지 과정인 것이다.

2. 의사결정의 구성 변수

의사결정 과정을 구성하고 있는 주요한 변수와 영향 요소를 살펴보면 다음과 같은 요소를 들 수 있다(여운환 · 오세덕, 2000: 43-44).

첫째, 의사결정자의 가치관 · 성격 · 사회적 배경 등은 대안의 선택에 상당한 영향을 미친다.

둘째, 조직의 특성이다. 조직의 구조적 특성 · 절차 · 관례 · 관습 등은 의사결정에 영향을 미치며, 조직의 규모 및 계층구조도 영향을 미치는 요소이다.

셋째, 상황의 변화 및 환경의 변화는 의사결정자가 당면 문제를 해결하려는 노력에 도움을 주기도 하고 방해를 하기도 함으로써 의사결정에 막대한 영향을 미친다.

넷째, 조직 목표는 의사결정의 기준이 된다. 따라서 조직 목표의 성격에 따라 의사결정의 내용이 상이해진다.

다섯째, 관련 정보를 들 수 있다. 정보란 정책 과정에 유용하도록 구성된 자료이며, 모든 목표 지향적인 조직의 생존을 위해서는 필수적인 것이다(Rappaport, 1975: ix). 그러므로 필요하고 유용한 관련 정보의 입수 여부는 의사결정에 큰 영향을 준다.

3. 의사결정의 과정

의사결정 과정이란 행정 목표를 달성하기 위해 모든 대안을 비교 · 검토함으로써 최적의 대안을 선택하는 과정을 말한다. 일반적으로 합리적인 의사결정의 과정은 다음과 같은 다섯 단계를 거치게 된다.

이러한 의사결정 과정은 이른바 합리적 선택 과정을 주로 의식한 것이기는 하지만 이것은 의사결정의 준거틀(framework)로서 어떤 의사결정모형에도 적용할 수 있는 과정이라고 생각된다.

1) 문제의 인지와 분석 단계

문제란 바람직한 상태와 현실의 상태 사이의 차이를 의미한다(강근복, 1996: 93). 즉, 의사결정을 하려면 우선 결정자가 문제의 성질을 명백히 인식하고 목표를 설정해야 한다. 그리고 인지된 문제를 해결하기 위해서는 그 문제에 대한 구체적인 분석이 뒤따라야 한다(Halloran & Benton, 1987: 266-267).

2) 목표 설정 단계

목표란 달성하고자 하는 미래의 바람직한 상태를 의미한다. 다시 말해서, 현재의 문제를 해결해 조직구성원의 심리적 긴장 상태를 없애고 만족스러운 상태를 이끌어 낼 수 있는 구체화된 미래의 상태를 말하는 것이다. 이때 목표는 구체적으로 기술해야 한다.

3) 정보의 수집·분석 단계

문제가 명확해지고 목표가 설정되고나면 이에 대한 대책을 강구하기 위해 정보와 자료(data)를 수집해서 과학적으로 분석한다. 이때 관리정보 체제(MIS)와 같은 정보 시스템을 활용하게 된다.

4) 대안의 탐색 및 평가 단계

목표의 달성을 위해 모든 대체적인 방안을 탐색하고 평가한다. 대안을 탐색할 때에는 수집한 정보와 지식 및 경험도 중요하지만 이 일을 담당하는 사람의 창의성에 크게 의존하게 된다. 의사결정자는 가장 불리한 상황에서도 모든 가능한 대안을 개발하기 위해 전력을 기울여야 한다(박연호, 1996: 273).

대안이 탐색된 후에는 이들의 장단점과 대안들이 초래할 결과를 가급적 계량적으로 평가해야 한다. 이때 운영연구(operations research: OR), 체제분석(system analysis: SA) 등 관리과학(management science: MS)의 기법과 정책분석(policy analysis) 등이 활용된다.

5) 대안의 선택과 실행 단계

대안의 선택은 여러 대안 중에서 최선의 대안을 하나 선택하는 과정이다. 최선의 대안을 선택한다는 것은 최대의 이익과 최소의 불이익을 가져올 것을 목표에 비추어 선택한다는 것을 의미한다. 이러한 대안의 선택이 곧 의사결정이다. 대안이 선택되고 나면 이는 실행에 옮겨져야 한다. 이 단계에서는 실행 담당자의 실행 의지가 무엇보다 중요하다. 특히 성공 확률이 낮은 대안이 선택된 경우, 성공 가능성을 높일 수 있는 유일한 단계가 실행 단계이다(백기복, 1994: 397).

4. 합리적 의사결정의 제약 요인

의사결정은 합리적으로 이루어져야 한다. 합리적이란 주어진 상황에서 얻을 수 있는 모든 정보를 최대로 활용해서 최선의 결정에 이르고자 하는 노력을 의미한다. 그런데 실제는 이러한 합리성의 확보를 어렵게 하는 요인이 널리 존재한다. 의사결정에서 이와 같은 합리성을 제약하는 요인을 인간적 요인, 구조적 요인, 환경적 요인으로 나누어 고찰하기로 한다(김규정, 1986: 165-169).

1) 인간적 요인

의사결정자의 ① 성격과 가치관, ② 형식주의나 변동에 대한 저항과 같은 병리적 행태, ③ 과거의 경력, ④ 자기 경험에의 지나친 의존, ⑤ 선입관, ⑥ 인지의 차이 등은 합리적 결정을 어렵게 한다.

2) 구조적 요인

의사결정이 이루어지는 구조 자체의 특성, 즉 ① 표준운영절차(SOP)는 정책의 쇄신을 저해하고 선례에 따르게 되며, ② 의사결정 구조가 집권화되어 있을 경우 참여가 어려워 정책의 질이 저하되고, ③ 행정조직의 상하 계층 간이나 횡적으로 의사소통이 원활하지 않으면 정보가 신속히 전달되지 않으며, ④ 지나친 분화나 전문화는 전체적인 협력을 방해하여 합리적인 의사결정을 저해하게 된다.

3) 환경적 요인

의사결정을 제약하는 환경적 요인으로는 ① 문제와 목표의 다양성, ② 문화적 생태와 사회 관습의 영향, ③ 이미 투입된 경비·노력·시간을 의미하는 매몰비용(sunk cost), ④ 의사결정자가 사회에서 일체 의식을 느끼고 있는 외부 준거집단의 영향 등을 들 수 있다.

제 2 절 의사결정의 유형

1. 가치 결정과 사실 결정

사이먼(Simon, 1997: 55-71)은 의사결정의 대상을 가치(values)와 사실(facts)로 구분한다. 사실상 인간이 행하는 판단에는 가치 중심적인 것과 사실 중심적인 것이 있다. 가치 중심적인 판단은 주로 당위(Sollen)에 관한 것이고, 사실 중심적인 판단은 주로 존재(Sein)에 관한 것이다.

가치 결정(value decision)이란, 즉 어떤 목표를 얼마나 중요시할 것인가에 관한 판단이라고 할 수 있다. 이러한 판단은 목표에 대한 욕구나 요구 또는 중요성과 필요성에 따라서 이루어지는데 이것을 가치 전제(value premises)라 한다. 그런데 이 가치 전제는 어디까지나 인간의 선호에 관한 문제로서 그것이 옳은 것이냐 그릇된 것이냐 하는 것을 과학적으로 검증할 수는 없는 일이다.

한편 선택된 목표가 어느 정도 달성될 것인가의 예측은 사실 결정(facts decision)의 문제로서, 여기에서는 자료·정보·지식 등을 토대로 한 사실 중심적인 결정을 하게 되는데 이것을 사실 전제(factual premises)라 한다. 사실 전제는 가치 전제와 함께 결정 전제(decision premises)를 이룬다.[1)]

사이먼(Herbert A. Simon)은 이와 같이 가치 결정과 사실 결정을 구별하고 행정관리에서 과학의 적용을 위해서는 사실 결정에 한정해야 한다고 주장했다. 그러나 현대 행정관리의 문제가 단순한 수단의 선택 그 자체만을 다루는 것이 아니란 점에서 그의 주장은 많은 학자로부터 비판을 받고 있다.

2. 정형적 의사결정과 비정형적 의사결정

사이먼(Simonm, 1960: 5-8)은 또한 의사결정의 유형을 정형적인 것과 비정형적인 것으로 나누어 설명한다. 정형적 의사결정(programmed decision)이란 이미 확립된 선례, 계획, 절차에 따라 결정을 하는 것을 말하며, 비정형적 의사결정(non-programmed decision)이란 확립된 선례나 계획 및 절차가 없는 전혀 새로운 결정을 의미한다.

대체로 확실성(certainty)을 다루는 경우 정형적 의사결정과 관계가 있으며, 불확실성(uncertainty)을 다루는 경우에는 비정형적 결정과 관계가 있다(March & Simon, 1958). 그리고 일상적(routine)인 일과 관계되는 결정은 정형적 결정과 관련되며, 비일상적 일과 관계되는 결정은 비정형적 결정과 관련되는 것이다. 그뿐만 아니라 구조적인 업무와 비구조적인 업무도 위와 같은 관계를 갖는다.

3. 개인적 의사결정과 집단적 의사결정

개인적 의사결정(individual decision-making)은 조직을 관리하는 개인의 판단에 따라 선택 행위를 행하는 것을 말한다. 개인적 결정이 이루어지는 조건은 대체로 ① 조직의 규모가 작은 경우, ② 논쟁의 문제가 없는 경우, ③ 관리자가 타인을 믿지 않으며 자신이 유능하고 우수하다고 생각하는 경우, ④ 의사결정에 소요되는 시간과

1) 이러한 결정 전제는 의사결정을 위한 필요 조건이라고 할 수 있으며, 이것이 있음으로써 의사결정이 시작된다고도 볼 수 있다.

비용을 절약하고자 하는 경우, ⑤ 관리자 자신이 위신과 권력욕 등을 추구하는 경우 등을 지적할 수 있다.

집단적 의사결정(group decision-making)은 의사결정에 관련된 사람이나 전문가의 의견을 종합해서 대안의 선택 행위를 행하는 것으로, 조직이 당면한 문제 해결을 협동해 결정하는 데 의의가 있다. 조직구성원에게 의사결정에 참여할 수 있는 기회를 부여해 그들의 사기를 앙양하고 각자의 창의성 향상과 능력 발전에 기여하게 된다. 참여 의식을 고취할 필요가 있는 문제, 결정 능력의 향상을 도모할 필요성이 있는 문제, 고도의 전문성과 기술성이 요구되는 문제의 결정에 적합한 방법이다.[2)]

제 3 절 의사결정의 이론모형

의사결정의 이론모형이란 의사결정을 하는 데 길잡이가 되는 개념적 틀을 의미한다. 의사결정의 이론모형을 연구하는 데에는 다음과 같은 다양한 접근 방법이 있다(안해균, 1983: 243-244).

첫째, 규범적·이상적 접근법(normative-idealistic approach)이 있다. 이 접근법은 모든 인간의 행동이 합리적이라고 전제하고 목표의 극대화를 위해 의사결정자가 해야 할 일은 '마땅히 이러해야 한다'는 식의 당위(Sollen)를 분석·추구하는 방법이다. 고전적 의사결정이론은 이러한 규범적·이상적 접근법이었으며, 여기에 속하는 이론모형으로는 합리모형, 미시적 경제이론, 통계적 결정이론, 운영연구(OR) 등이 있다.

둘째, 현실적·실증적 접근법(realistic-empirical approach)이 있다. 이 접근법은 최근에 들어서면서 '현실에서 일어나고 있는 의사결정은 이러이러한 것이다'라고 하는 존재(Sein)에 기초해서 연구하는 방법이다. 이 접근법에 속하는 모형은 인간의 합리성 추구 능력에는 한계가 있다는 전제하에서 이론을 전개하는 만족모형, 점증모형, 연합모형(회사모형) 등이 있다.

---

2) 이러한 집단 의사결정의 구체적 장단점 및 기법은 제4절에서 자세히 설명하기로 한다.

한편 이들 모형 외에도 위의 어느 한쪽에 속한다고 단정하기 어려운 의사결정모형들이 있다. 예를 들어 합리모형과 점증모형을 혼합한 혼합주사모형, 인간의 초합리적 성격을 반영하고 있는 최적모형, 예측이 불가능한 상황 속에서의 집단적 의사결정의 문제를 다루고 있는 쓰레기통모형, 그리고 거시적 차원에서 민주주의라는 이념의 문제와 관련해 국민과 정부와의 역학적 관계를 다루는 공공선택모형 등이 이러한 예에 속하는 주요 의사결정모형이다.

1. 합리모형

합리모형(rational model)은 의사결정에서 최대한의 합리성을 추구하는 의사결정모형이다. 이 모형에 따르면 의사결정자는 이성과 고도의 합리성에 근거해서 결정하고 행동한다. 즉, 합리모형은 인간이 의사결정에 필요한 모든 지식과 정보를 파악·동원할 수 있다는 전지(全知)의 가정(assumption of omniscience) 하에서 목표 달성을 위한 합리적 대안의 탐색·선택을 추구하는 규범적·이상적 접근 방법이다. 합리적 모형은 종합성을 강조하는 모형이기 때문에 총괄적 방법(synoptic method)이라고도 한다. 이 모형의 특징을 들면 다음과 같다(Lindblom, 1959: 79-88).

첫째, 목표나 가치를 명확히 정의한다.

둘째, 목표와 수단, 가치와 사실을 구분한다.

셋째, 설정한 목표에 가장 부합되는 결과를 가져올 대안을 선택한다.

넷째, 모든 요소를 종합적으로 고려한다.

그러나 합리모형은 인간의 능력·정보·시간 및 비용의 제한성으로 인해 현실적으로 적용할 수 있는 가능성이 희박한 모형이며, 수량화할 수 있는 것만을 강조함으로써 제한된 부분에만 적용이 가능하다는 비판을 받고 있다.

2. 만족모형

만족모형(satisfying model)은 합리모형의 한계점을 극복하기 위해 제시된 의사결정모형으로 합리모형에서와 같은 완전한 합리성이 아닌 제한된 합리성(bounded rationality)에 기초한다. 이와 관련해 사이먼과 마치(Simon & March, 1958: 138-139)는 인간은 지식 · 학습 능력 · 기억 능력 · 계산 능력 등 각종 능력에서 제한을 받고 있기 때문에 최적의 대안을 선택할 수 없으며, 어느 정도 만족스러운 대안이 나오면 그 수준에서 결정을 하게 된다고 주장한다. 이러한 만족모형은 현실적인 의사결정의 세계를 설명하려 하기 때문에 현실적 · 실증적 접근법에 속한다.

그러나 만족모형은 다음과 같은 비판을 받고 있다(정정길, 1991: 399-400).

첫째, 최선의 대안이 아니라 만족할 만한 대안을 찾은 후에 대안 탐색을 중단하게 되면 검토되지 않은 대안 중에 훨씬 더 중요한 대안이 있을지 모름에도 불구하고 이를 간과하게 된다.

둘째, 만족 여부는 의사결정자의 기대 수준에 달려 있는데, 이 기대 수준 자체가 극히 유동적이므로 어느 것이 만족할 만한 대안인지를 객관적으로 판단하기 어렵다.

셋째, 일상적이고 중요성이 떨어지는 의사결정에서는 무작위적으로 대안을 고려하고 만족할 만한 대안이 있으면 대안의 탐색이 중단된다는 주장이 일리가 있지만, 예외적이고 중대한 의사결정에는 좀 더 분석적 결정이 이루어질 가능성이 크다.

이와 같은 비판 외에도 만족모형은 개인적 의사결정을 설명하려는 의도에서 나온 것이기 때문에 이것을 그대로 조직의 의사결정에 적용하기에는 조직이 개인의 단순한 합계가 아니라는 점에서 무리가 따른다는 지적이 있다(안해균, 1983: 248).

3. 연합모형

연합모형(coalition model)은 회사모형(firm model)이라고도 하며, 사이어트(Richard M. Cyert)와 마치(James G. March)가 개발한 모형이다. 이 모형은 개인적 차원의 만족모형을 한층 더 발전시켜 그것을 조직의 의사결정 과정에 적용시킴으로써 만족모형으로 설명할 수 있는 현상의 범위를 넓혔다는 데 가장 큰 의의가 있다(조석준, 1977: 266-268).

종래의 미시경제이론에서는 사기업의 목표는 이윤극대화에 있으며, 사기업의 시장은 유기체의 두뇌와 같고 밑의 사람은 손발과 같이 움직이고, 완전경쟁 시장 하에서 기업의 구성원은 경제인과 같다는 가정을 하고 있었다. 그러나 이러한 가정에 대해 사이어트와 마치가 실제로 검토해 보니 전혀 다른 사실이 발견되었다. 즉, 실제로는 기업조직도 정치 체제와 유사한 속성을 지니고 있으며, 조직구성원들이 일사불란하게 움직이지도 않을 뿐만 아니라 협상 · 타협 · 정략 등이 조직 과정에서 난무하고 있다는 것이다. 이처럼 기업이라는 조직의 행태를 경제적 · 시장 중심적 시각을 벗어나 조직의 구조 · 목표의 변동이나 기대의 형성과 선택의 관점에서 파악하려고 하는 것이 바로 연합모형이다.

연합모형에서는 목표가 서로 충돌해 상호 갈등적 관계에 놓여 있는 단위 조직들 간의 갈등 해결이 의사결정이라고 본다. 그러한 갈등 해결 방법에서 유기체론적 입장에서는 최고관리층이 조정 · 통제함으로써 해결할 수 있다고 보았지만, 연합모형에서는 그와 달리 갈등 당사자로서의 단위 조직들은 각자 다른 단위 조직과 연합해 상호협상(bargaining)이라는 수단을 통해 의사결정을 해나간다고 본다. 그러므로 각 단위 조직 간에 발생하는 갈등은 전체 목표라는 단일 기준에 따라 완전히 해결된다기보다는 상호 양보 내지 상호 손해를 내용으로 하는 협상을 통해 잠정적으로 해결되는 준(準)해결 상태로 머물게 된다고 설명한다.

이와 같은 연합모형의 특징을 살펴보면 다음과 같다(김규정, 1986: 183).

첫째, 불확실성을 회피하려는 경향이 있다. 조직환경은 유동적이므로 대안이 가져올 결과를 불확실한 것으로 보고, 조직은 단기적 전략과 환경과 타협함으로써 불확실성을 회피하려는 경향을 갖는다고 본다.

둘째, 문제 중심적 탐색이다. 조직은 문제가 등장했을 때에만 탐색을 시작해 적절한 해결 방안을 찾는다.

셋째, 표준운영절차(standard operating procedure: SOP)를 중시한다. 조직의 의사결정은 조직이 존속해 오는 동안 경험적으로 터득한 학습된 행동 규칙인 표준운영절차를 대개 따르고 있다.

이러한 연합모형은 다음과 같은 비판을 받고 있다(안해균, 1983: 254-255).

첫째, 이 모형은 이윤 추구를 목표로 하는 기업조직을 대상으로 하고 있기 때문에 공공 부문의 의사결정에 적용하는 데는 한계가 있다.

둘째, 이 모형은 표준운영절차에 따르는 결정 방식을 채택하고 있다. 이는 상황이 안정적이라는 것을 전제하고 있으므로 급격한 변동 상황에 직면한 경우에는 적합하지 않다.

셋째, 이 모형은 권한이 광범위하게 위임되어 있고 자율성이 강한 조직을 전제로 하고 있으므로 권위주의적 조직의 의사결정에 적용하기에는 제한이 있다.

4. 점증모형

점증모형(incremental model)에서는 인간의 지적 능력의 한계와 의사결정 수단의 기술적 제약을 인정하고 의사결정에서의 대안 선택이 종래의 정책이나 결정의 점진적・부분적・순차적 수정 내지 약간의 향상으로 이루어진다고 보고 있다. 따라서 정책 수립 과정을 '그럭저럭 헤쳐 나가는(muddling through) 과정'으로 보고 있다(Lindblom, 1959: 79-88).

이 모형은 린드블럼(Charles E. Lindblom)과 윌다브스키(Aron B. Wildavsky) 등이 제창했으며 의사결정의 현실적・실증적 접근 방법의 범주에 포함된다. 점증모형에 따르면, 합리모형은 달성하기가 불가능하기 때문에 포기될 수밖에 없으며, 대신에 연속적 제한적 비교 또는 세부적 점증주의의 전략에 의해 의사결정이 이루어진다고 한다. 이러한 점증모형은 그것이 단순히 정책분석의 기법으로서만 그 적합성을 갖는 것이 아니라 민주정치의 제도를 설명하는 데도 타당하다고 하여 주의(ism)라는 말을 붙여 세부적 점증주의(disjointed incrementalism)로 명명하게도 되었다(Lindblom, 1968).

점증모형은 주로 다원성을 가진 정치적・사회적 구조와 사회적 안정성과 같은 여건 속에서 실효성을 거둘 수 있으나, 근본적으로 보수주의에 기반을 두고 있으므로 쇄신・혁신을 요하는 사회에는 적용하기 곤란하다. 또한 정치적 다원주의가 지배하는 선진국에는 적용이 가능하나 결정자의 판단이 주요 정책에 크게 영향을 미치는 후진국에는 적용 가능성에 한계가 있다는 점을 지적받고 있다.

5. 혼합주사모형

혼합주사모형(mixed-scanning model)은 합리모형과 점증모형을 절충해서 상호 보완적으로 혼용함으로써 현실적이면서도 합리적 결정을 할 수 있다고 주장하는 모형이다. 이 모형은 에치오니(Amitai W. Etzioni)가 최초로 제시했는데, 그는 기본적인 결정과 부분적인 결정을 구별하고 기본적인 결정에 대해서는 합리모형, 부분적 결정에 대해서는 점증모형에 의해 결정하는 것이 바람직하다고 주장했다. 즉, 의사결정자는 목표 달성을 위한 주요한 대안을 탐색함으로써 기본적 결정을 행하지만 고도의 합리성을 추구함으로 초래되는 비현실성을 감소시키기 위해 전체적 · 개괄적 고찰을 할 수 있도록 세부적 사항은 제외한다는 것이다. 이러한 방법을 채택함으로써 부분적 결정에서의 점증주의는 합리모형의 비현실적 측면을 극복하며, 기본적 결정에서의 합리주의는 점증모형의 보수적 편견을 시정하는 역할을 담당하게 된다(Etzioni, 1967: 385-392).

이와 같은 혼합주사모형에 대해 합리적 모형과 점증모형을 결합했다고 하나, 사실상 이 두 모형에서 제시된 것 이상의 특별히 새로운 것이 없어 독립된 모형으로 보기 어렵다는 비판이 있다. 또한, 이 모형의 내용이 되고 있는 기본적 결정과 부분적 결정에 대해 검토해 볼 때 이 두 가지 결정을 구분해 줄 수 있는 명확한 기준을 제시하지 못한다는 비판도 제기된다.

6. 최적모형

최적모형(optimal model)이란 경제적 합리성과 아울러 직관 · 판단력 · 창의력과 같은 초합리적 요인을 고려하는 의사결정 모형으로 드로(Yehezkel Dror)가 처음 제시했다. 그는 점증모형에 불만을 표시하면서 특히 과거에 선례가 없는 문제이거나 매우 중요한 문제의 해결을 위한 비정형적 결정에서는 경제적 합리성 이외에 이러한 초합리성을 중요시해야 한다는 입장을 취하고 있다. 즉, 의사결정자가 자원의 제약, 불확실한 상황, 지식과 정보의 부족 등으로 합리성의 정도를 높이는 데 제약이 따르므로 초합리적 요소가 개입되는데, 점증모형이나 행태이론이 이를 경시하는 것은 잘못이라는 것이다(Dror, 1968: 154-196).

그리고 그는 단순히 현실적으로 이루어지는 결정만을 연구할 것이 아니라 언제나 이상을 갖고 가능성의 영역을 개척하기 위해 의사결정 방법은 물론 결정이 이루어진

후의 집행에 대한 평가 및 환류를 계속하게 되면 결정 능력이 최적 수준까지 향상될 수 있다고 주장한다(박동서, 1993: 253).

이러한 최적모형의 특징은 다음과 같다.

첫째, 최적모형은 양적 모형이 아니라 질적 모형이다.

둘째, 합리적 및 초합리적인 요소를 모두 포함하고 있다.

셋째, 여기서 합리성이라 함은 경제적 합리성을 주로 의미한다.

넷째, 정책지침(metapolicy)을 포함한다.

다섯째, 환류 과정을 중시한다.

최적모형은 의사결정 과정의 쇄신과 가치관, 창의성 등의 초합리성을 강조한 이론모형으로서 관심을 받고 있으나, 다음과 같은 비판도 있다.

첫째, 초합리성의 본질과 합리성과의 관계가 불분명하다.

둘째, 초합리성이라는 것의 구체적인 달성 방법이 명확치 않으며 오히려 지나치게 이상에만 치우친 모형이라는 것이다.

셋째, 의사결정 시에 경제적 합리성을 지향하고 있으므로 사회적 과정에 대한 고찰이 미흡하다.

7. 쓰레기통모형

쓰레기통모형(garbage can model)은 사회 내의 신념 체계, 가치 체계가 바뀌거나 정치 체제가 바뀌는 등의 더욱 복잡하고 혼란한 상황, 즉 '조직화된 무정부 상태(organized anarchies)' 속에서 조직이 어떠한 결정 행태를 나타내는가를 설명하기 위한 모형이다(Cohen, March, & Olsen, 1972: 1-25). 쓰레기통모형은 올슨(Johan P. Olsen), 코헨(Michael D. Cohen), 마치(James G. March) 등이 공동으로 발표한 논문에서 제시한 의사결정모형으로서, 이들은 의사결정은 어떤 일정한 규칙에 따라 이루어지는 것이 아니라 혼란 상황 속에서는 마치 쓰레기통에 던져 넣은 쓰레기들이 뒤죽박죽 엉켜 있는 것과 같이 우연히 결정이 이루어진다고 주장했다.

쓰레기통모형은 극도로 불합리한 집단 결정에 대한 대표적인 이론모형이며, 복잡하고 급격한 변화가 일어나는 상황을 설명하는 데 적합한 모형이라고 볼 수 있다.

즉, 행정기관 · 법원 · 대학 · 기업 등 대부분의 주요 조직에서 조직의 목표와 선호에서 일관성이 결여되어 있으며, 결정 체계상의 혼란과 조직화된 무정부 상태에 놓여 있는 경우가 많은데, 이때 목표를 달성하기 위해서 사용하는 기술은 분명하지 않으며 오히려 시행착오에 의존하거나 과거의 경험에서 우연히 얻은 교훈에 따라 정책을 결정하게 된다는 것이다.

쓰레기통 모형의 전제가 되는 조직화된 무정부 상태의 구체적 특성을 살펴보면 다음과 같다(Cohen, March, & Olsen, 1972: 16).

첫째, 문제성 있는 선호로서, 결정에 참여하는 사람들 간에 무엇을 선택하는 것이 바람직한지에 대해 합의가 없다는 점과 참여자 중에서 어느 개인 한 사람을 두고 보더라도 스스로 자신이 무엇을 좋아하는지조차 모르면서 결정에 참여하는 경우가 있음을 말한다.

둘째, 불명확한 기술로서, 의사결정에서 달성하려는 목표와 이를 달성하기 위한 수단 사이에 존재하는 인과 관계인 기술이 불명확하다는 것이다. 즉, 결정에 참여하는 사람이 목표를 명확히 알아도 무엇을 수단으로 선택해야 하는지 잘 모르는 경우가 많으며, 이 경우에는 시행착오를 거쳐 운영되는 것이 보통이라는 것이다.

셋째, 일시적 참여자로서, 모든 결정 과정에 참여하는 사람들은 그 자신의 시간적 제약 때문에 어떤 경우에는 결정에 참여하기도 하고 어떤 경우에는 참여하지 않기도 한다는 것이다.

쓰레기통모형은 이와 같은 전제에서 마치 여러 가지 쓰레기가 우연히 한 쓰레기통 속에 모여지듯이 의사결정이 이루어진다고 보는 것이다. 그러나 이 모형은 대부분의 조직은 쓰레기통모형에서 전제로 하는 조직보다 훨씬 더 체계적인 것이며, 여러 가지 의사결정과 관련된 요소가 무질서하게 쓰레기통 속에 들어가 있으면 언젠가는 의사결정으로 전환된다는 것은 가능성이 희박하다는 비판을 받는다.

8. 공공선택모형

공공선택모형(public choice model)은 정부 재정 부문의 의사결정 시에 바람직한 민주적 의사결정이 어떻게 이루어져야 하는가를 설명하려는 모형이다. 공공선택

(public choice)이라는 용어가 행정학 분야에 등장하게 되고 주목받게 된 것은 1963년 뷰캐넌(James M. Buchanan)과 털럭(Gordon Tullock)이 중심이 되어 행한 학술회의에서 집단적 · 정치적 · 사회적 의사결정 행위에 경제학적 논리를 적용시키자는 의견이 모아지고, 그 후 1967년 공공선택학회가 창립되어 그 학회가 『공공선택(*Public Choice*)』이라는 학술잡지를 창간하면서부터이다(Ostrom & Ostrom, 1971: 203). 그러나 공공선택이론의 전체적인 맥락을 명료하고 체계적으로 정리한 것은 오스트롬 부부(Vincent Ostrom & Elinor Ostrom)에 의해서이다.

공공선택이론은 전통적인 윌슨식 행정관을 부정하고 경제학적 시각이라는 새로운 각도에서 의사결정의 행태를 이해함으로써 의사결정 현상의 이해와 규범적 차원의 연구에 크게 기여했다. 이 모형은 비시장적 의사결정에 경제학적 분석 도구를 적용해 제도적 상호작용을 연구하는 일련의 시도라고 볼 수 있다. 즉, 공공선택이론에서는 정부를 공공재를 생산하는 생산자로 규정하고 시민을 공공재의 소비자라고 규정한다. 이러한 관점에서 소비자인 시민 개개인의 편익을 향상시킬 수 있는 행정봉사의 비전통적 방법을 제시하려는 것이다(오석홍, 1984: 140-141). 따라서 모든 사회가치에 손실을 주는 일 없이 특정 가치를 더 많이 성취하는 이른바 '파레토 최적점(Pareto optimum)'에서 시민 개개인의 선호와 선택을 존중하는 공공재의 가장 합리적인 결정이 이루어진다고 본다.

그러나 공공선택모형은 민주행정의 실현과 자원 배분상의 효율성을 달성할 수 있는 유용성이 있으나, 공공선택이론을 행정 분야에 적용할 경우 현실적인 의사결정 행태를 완전하게 설명해 주지는 못한다는 비판을 받고 있다.

제 4 절 집단적 의사결정의 기법

1. 집단적 의사결정의 기법

여기에서는 집단적 의사결정의 다양한 기법 중 비교적 많이 이용되는 대표적 기법을 소개하고자 한다(여윤환 · 오세덕, 2000: 58-61, 백기복, 2007: 348-351, 최신융 · 임영제 외, 2010: 361-363).

1) 명목집단 기법

명목집단 기법(normal group technique: NGT)이란 명칭은 문자 그대로 집단구성원 상호간의 대화에 의한 의사소통이 이루어지지 않는다는 특징에서 비롯된 것이다. 이 기법은 다음과 같은 절차를 거쳐 이루어진다(강근복, 1996: 128).

첫째, 집단의 각 개인은 개발하고자 하는 정책대안에 대한 자신의 아이디어를 서면으로 제출한다.

둘째, 각자가 제시한 아이디어를 칠판이나 플립 차트(flip chart)에 나열해서 적는다. 이때 모든 아이디어가 기록될 때까지 토의를 벌이지 않는다.

셋째, 모든 아이디어가 기록되고 난 후에 각각의 아이디어의 장단점에 대한 토의를 진행한다.

넷째, 토의가 종료된 후, 각각의 아이디어에 대한 투표를 실시해 가장 점수가 많이 나온 것을 집단의 결정 대안으로 한다.

2) 델파이 기법

델파이 기법(Delphi method)은 불확실한 미래를 예측하고 이에 따른 의사결정을 효과적으로 하기 위해 고안된 집단적 의사결정 기법이다. 이 방법은 전문가의 의견을 반복된 설문을 통해 취합하는 형식을 취한다. 델파이 기법의 특징을 요약하면 다음과 같다(김봉식, 1985: 67).

첫째, 델파이 집단은 전문가집단으로 구성되어 있다. 어떤 문제나 쟁점에 관해 전문적인 지식이나 경험을 소유하고 있는 일단의 전문가의 도움을 받아서 미래를 예측하고 대응해 나가자는 것이 이 기법의 요지이다.

둘째, 이 집단은 익명의 명목상 집단이다. 즉, 집단은 한 곳에 모이는 법이 없고 누가 이 집단의 성원인지를 서로가 알지 못하도록 익명성을 유지함으로써 단지 명목상으로만 집단 구실을 하게 되는 것이다.

표 6-1 델파이 기법의 절차

단계	주요 실시 내용
제1 단계	미래에 발생할 것으로 예견되는 사건(event)을 수집 - 문제 설정
제2 단계	각 사건별로 시간과 확률을 가미한 설문 문항 작성
제3 단계	설문 문항 발송
제4 단계	수집된 델파이 설문지를 통계 처리
제5 단계	제4 단계에서 구한 통계치를 전문가집단에게 다시 발송. 이때 자신의 전 단계에서 응답 내용을 수정할 사람은 수정을 하도록 권고
제6 단계	제5 단계에서 수집된 자료를 가지고 제5 단계의 작업을 반복
제7 단계	최종적으로 수집된 예측/해결안을 중심으로 시나리오 작성
제8 단계	제7 단계에서 작성된 시나리오를 전문가집단의 전체회의에 회부하여 종합 토론 실시

자료: 안문석(1995: 84-86)의 내용을 수정해서 표로 요약함.

셋째, 이 집단의 의사소통 과정은 구조화되어 있다. 즉, 각 집단 성원에게 전달되는 커뮤니케이션의 내용은 설문화(questionaire)되어 있고, 설문의 전달이나 회수는 반복적으로 통제된 상태에서 이루어진다.

넷째, 이 방법은 집단 성원 간의 의견 일치(concensus)를 추구한다. 즉, 설문이라고 하는 매개체를 통해 익명의 성원 간의 의견 교환이 간접적으로 이루어지고, 이러한 과정이 반복되면서 전문가집단의 의견 일치를 유도하는 것이다.

3) 브레인스토밍

브레인스토밍(brainstorming)은 다수의 구성원이 한 가지 주제를 놓고 아이디어를 무작위로 개진해 그중 가장 좋은 해결안을 모색하는 기법이다. 일반적으로 브레인스토밍을 실시할 때 지켜야 할 사항으로는 다음과 같은 것이 있다(박내회, 2004: 474).

첫째, 최대한 많은 아이디어를 얻기 위해 노력해야 한다. 따라서 될 수 있는 한 많은 아이디어를 얻을 수 있도록 분위기를 조성해야 한다. 비록 실현성이 희박하고 심지어 웃음거리가 될 아이디어라도 잘 이용함으로써 활용 가능한 아이디어로 발전하도록 노력해야 한다.

둘째, 판단을 마지막 단계까지 유보해야 한다. 브레인스토밍이 진행되는 동안 비판이나 평가를 해서는 안 된다. 많은 아이디어가 나온 다음에 가장 좋은 것을 선택해야 한다.

셋째, 앞에서 제시된 아이디어의 수정이나 개선안이 제시되었을 경우 이를 쾌히 받아들여야 한다.

4) 지명반론자 기법

지명반론자 기법(devil's advocate method)은 '악마의 주장법'이라고도 지칭하는데, 집단을 둘로 나누어 한 집단이 제시한 의견에 대해 반론자로 지명된 집단의 반론을 듣고 토론을 벌여 원래의 안을 수정하고 보완하는 일련의 과정을 거친 후 최종 대안을 도출하는 기법이다(백기복, 2007: 322). 지명반론자는 반드시 집단일 필요는 없고 집단 내 2~3명 정도가 반론자의 역할을 담당해도 된다. 여기서 '악마의 주장법'이라고도 하는 이유는 원래 천주교 성인 추대 심사에서 추천된 후보의 성인 추대 불가 이유를 주장하도록 공식적으로 역할을 부여받은 사람을 '악마'라고 부른 데서 기인한다(박원우, 1992: 78-85).

이 기법에서 중요한 것은 지명된 반론자들이 고의적으로 본래 대안의 단점과 약점을 지적해야 한다는 것이다. 이런 과정을 거치면서 선택된 최종 대안은 고려할 수 있는 다양한 상황에 대한 대응 방안까지를 포함하고 약점을 보완하게 되므로 더욱 효과성과 현실적용성이 높아진다고 평가할 수 있다.

2. 집단적 의사결정의 장단점

의사결정을 개인 중심으로 하느냐 아니면 집단 중심으로 하느냐에 따라 개인적 의사결정과 집단적 의사결정으로 나눌 수 있다. 현대 조직에서는 점차 집단적 의사결정의 비중이 높아지고 있는데, 위원회, 각종 팀, 회의 등이 모두 이러한 집단적 의사결정의 예에 속한다. 이렇게 집단적 의사결정이 증가하는 이유는 현대 조직의 의사결정이 포괄하는 범위가 넓고 문제가 복잡해지고 있기 때문이다(신유근, 1990: 372).

그러나 집단적 의사결정은 장점 못지않게 여러 문제점을 포함하고 있는데, 그중 가장 대표적인 것이 재니스(Irving Janis)가 제시한 '집단사고(group think)'이다(Bowditch & Buono, 1985: 109-116). 재니스는 미국의 피그만 침공의 실패에 대한 연구를 통해 케네디 행정부 내에서 발생한 집단사고에 관한 연구를 행했다. 즉, 지나치게 응집적인 집단에는 ① 집단 성원을 지나치게 낙관주의로 이끌고 고도의 위험성을 쉽게 받아들이도록 하는 '무결점의 환상(illusion of invulnerability)', ② 소속 집단은 가장 이상적인 목표를 가지고 있기 때문에 비판받아서는 안 된다는 감정인 '도덕성의 환상(illusion of morality)', ③ 대다수 집단구성원의 판단과 의견에 관한 공유된 '만장 일치의 환상(illusion of unanimity)' 등이 나타나 집단 의사결정 시에 이성적인 사고를 마비시킨다는 것이다. 또한 재니스(Jannis, 1982: 35-47)는 이 밖에도 집단 내에서 집단사고가 팽배할 때 다음과 같은 행태가 나타난다고 지적했다.

첫째, 부정적 환류는 회피하게 되고 경고적인 암시(warning signals)는 무시된다.

둘째, 비판자는 고립되거나 축출된다.

셋째, 만장일치가 중심적인 집단 규범이 된다.

넷째, 지도자에게 해가 된다고 여겨지는 외부 환경으로부터의 투입 요소로부터 지도자를 보호하기 위한 '심적 경호 역할'이 나타난다.

다섯째, 자체 검열이 발생한다.

여섯째, 자신들의 견해에 호의적이 아닌 정보는 합리화 과정을 통해 변형된다.

일곱째, 집단 외부의 의견을 고려해 보기 위한 어떠한 시도도 행해지지 않는다.

그러나 물론 집단적 의사결정은 많은 장점도 아울러 갖고 있다. 집단 의사결정의 장점과 단점을 요약하면 〈표 6-2〉과 같다(박연호, 2000: 257-258; 백기복, 2014: 357).

표 6-2 집단적 의사결정의 장단점

장점	단점
① 다양한 지식 · 정보 · 아이디어를 활용	① 많은 시간과 에너지 소비
② 구성원 간의 상호 자극	② 집단사고(group think)의 위험
③ 결정에 대한 수용도와 응집력 제고	③ 차선책 선택의 오류 가능성
④ 문제 분담에 의한 전문화 가능	④ 결정이 특정인에 좌지우지될 가능성
⑤ 커뮤니케이션의 원활화	⑤ 의견 불일치 시 갈등 발생 우려
	⑥ 신속하고 결단력 있는 행동 방해

CHAPTER

07 동기부여

제 1 절 동기부여의 의의

1. 동기부여의 개념

개인이 조직 내에서 일을 하도록 만드는 의욕과 일을 하는 동기에 관한 문제는 조직의 목표 달성, 개인의 욕구 및 추구하는 가치의 실현과 관련해 매우 중요한 의미를 지닌다. 동기란 사람들이 어떤 방향으로 행동하도록 원인을 제공하는 동력의 집합이다(Steer & Porter, 1991: 5-6). 이를 조직구성원에게 부여하는 동기부여(motivation)는 조직구성원의 행동의 에너지, 방향 및 지속성을 설명해 주는 중요한 개념이다.

이러한 동기부여의 개념에 대한 학자들의 정의를 먼저 살펴보면 다음과 같다. 머레이(Murray, 1965)는 동기부여를 "타인의 행동을 유발하고 방향을 제시해 주며, 통합을 도모해 주는 내적인 요인"이라고 정의하고 있으며, 쿤츠와 오도넬(Koontz & O'Donnell, 1972: 525)은 동기부여란 "인간을 소망스러운 방법으로 행동하도록 유도하는 것"이라고 정의한다. 이와 같이 동기부여의 의미는 학자에 따라 다소의 뉘앙스 차가 있으나 욕구(needs), 충동(drives), 목표 (goals) 및 자극(stimulus), 보상(rewards) 등과 관련된 용어를 포괄하는 관점에서 이해해야 한다. 말하자면 동기부여란 "인간의 행동을 유발하고 그 행동을 유지시키며, 나아가 그 행동을 목표 지향적인 방향으로 유도해 나가는 과정"이라고 정의할 수 있다.

정지하고 있는 물체는 일정한 힘이 작용하지 않는 한 운동하지 않는 것과 마찬가지로, 인간에게도 어떠한 힘이 작용하지 않는 한 행동이 일어나지 않는다. 인간의 경우 그 힘의 원천은 욕구이므로 인간의 행동은 욕구가 발생되어 그것을 충족시킬 수 있는 유인 또는 목표 – 동기부여 – 를 향해 일어나게 되는 것이다. 다시 말하면, 인간의 욕구가 곧 행동을 가져오는 것이 아니라 동기부여가 있어야 행동을 유발할 수 있다는 것이다.

2. 조직의 동기부여 과정

동기부여는 개인의 내적 심리 상태를 자극하는 요인으로서 개인의 행동 결정에 매우 중요한 역할을 한다. 개인의 행동 결정이란 관점에서 볼 때, 동기는 개인의 욕구에 의해 발생되고, 그 강도는 욕구의 충족도에 좌우된다. 그리고 발생된 동기는 욕구를 충족시키기 위한 목표 지향적 행동으로 전환되는데, 여기에는 직무구조나 리더십 등의 조직체 내의 여러 가지 환경적 변수가 개입됨으로써 동기 자체와 목표 지향적 행동에 자극을 준다.

동기부여와 목표지향성에 따라서 개인의 노력 수준이 정해지고 그 노력은 개인의 능력과 결합되어 성과를 가져오는데, 개인은 성과 자체로부터 직접적으로 자신의 욕구를 충족시키든지, 성과의 결과로서 보상이나 인정 등을 받게 됨으로써 자신의 욕구를 충족시킨다. 이러한 욕구 충족의 여하에 따라서 개인의 만족감이 영향을 받게 된다.

이때 획득된 만족감은 하나의 학습 효과로서 다음번의 동기부여 과정에서 결과에 대한 기대감으로 작용해 개인의 동기 자체와 목표지향성 및 노력 수준에 영향을 미치게 된다. 또 이 동기부여 과정에서 관리자와 조직은 리더십과 직무구조, 유인 등 조직의 환경적 변수를 조정해 개인의 욕구를 자극하고 동기를 부여해 조직 목표를 달성하기 위한 성과 지향적 행동을 유도하게 된다. 그리고 이룩한 성과에 대한 칭찬 · 보상 등에 의해 개인의 동기부여적 행동을 조성해 나간다.

제 2 절 동기부여의 내용이론

동기부여이론은 내용이론(content theory)과 과정이론(process theory)으로 대별해 볼 수 있다. 내용이론은 개인의 행동을 작동시키고 에너지를 일정한 방향으로 조정하고 유지시키는 내적 요인에 초점을 두는 욕구와 동기 자체에 관한 이론으로서, 인간의 욕구와 욕구에서 비롯되는 충동, 욕구의 배열, 유인(incentive) 또는 달성하려는 목표 등을 설명한다(오석홍, 2003: 151). 즉, 인간이 어떤 자극을 선택하고 변경하도록 행동을 일으키고 활성화시키는 인간 내부적 실체(substance)가 무엇인가를 밝히고자 하는 동기이론이다.

이에 비해 과정이론은 동기가 유발되는 과정을 분석하는 이론이며, 인간과 외부 환경의 상호작용을 밝히려 하는 동기 발생 과정에 관한 이론으로서 외부 환경적 요소가 인간의 자극 선택 과정(동기)에 어떻게 영향을 주는가를 밝히고자 하는 이론이다.

동기부여의 내용이론은 행동을 에너지화하고 유발하는 것이 무엇인가 하는 문제에 초점을 두고 있으며, 이 문제에 대한 해답은 인간의 욕구와 동기 및 특정한 형태의 행동을 야기하는 유인의 개념을 통한 다양한 동기부여이론에 의해 제시되어 왔다. 여기서 욕구나 동기는 개인의 내적 속성(internal quality)인데, 예를 들면 식욕이나 안전한 직업을 추구하는 요인들이 인간을 자극하고 특정한 행동을 유발하는 동기라고 볼 수 있다. 또한 유인(誘因)이란 인간이 자신의 행동을 통해 성취하고자 하는 목적과 관련된 양상(aspect)이다. 즉, 인간은 하루 종일 일한 대가로서 얻은 소득에 가치를 두게 되는데, 이러한 가치나 매력이 유인인 것이다(Szilargyi & Wallace, 1980: 105-106). 이러한 외재적 보상에 의한 동기부여를 외재적 동기부여(extrinsic motivation)라고 부르며, 이에 대해서 성취감 같은 내재적 보상에 의한 동기부여를 내재적 동기부여(intrinsic motivation)라고 부른다.

이와 같이 동기부여의 내용이론이란 어떠한 요인들이 인간에게 동기부여시키는데 크게 작용하는가를 다루는 것인데, 인간들은 욕구를 충족시키기 위해 동기부여가 되기 때문에 내용이론을 욕구이론(need theory)이라고도 한다. 이러한 욕구 중심의 (정태적) 내용이론으로는 머슬로의 욕구 5단계이론, 허즈버그의 2요인이론, 앨더퍼

의 ERG이론, 맥클랜드의 성취욕구이론 등이 있다.[1)]

1. 머슬로의 욕구 5단계이론

머슬로(Abraham H. Maslow)는 동기부여를 개인으로 하여금 어떤 종류의 행동을 하게 하고, 내적인 동기를 가지게 하는 상태라고 보고 있다. 인간은 태어나서 죽을 때까지 목표를 추구하는 목표 지향인인 것이다. 그리하여 그 목표를 달성하기 위해 인간 내부에서는 끊임없는 충동(drive)이 일어나며, 이것이 동기가 되어 일정한 형태의 행동을 유발하게 된다.

이 경우 그 충동의 근원인 욕구는 다섯 단계의 욕구계층제(needs hierachy)를 형성하는데, 개인의 어떤 시점에서의 행동은 그의 강한 욕구 또는 가장 중요한 욕구에 의해 결정된다는 것이다(Wahba & Bridwell, 1973: 514-520). 즉, 인간의 동기는 하위 욕구로부터 상위 욕구로 성장·발달한다는 우성의 원리(principle of relative potency)를 주장한다. 머슬로가 제시한 동기부여에 관련된 욕구이론은 다음과 같은 주요 명제로 구성되어 있다(Maslow, 1954).

첫째, 인간은 무엇인가 부족한 존재라는 것이다. 그러므로 인간은 항상 무엇인가를 필요로 하며, 이를 원하게 된다. 또한 어떤 욕구가 충족되면 새로운 욕구가 나타나 이를 추구하게 된다.

둘째, 충족된 욕구는 더 이상 인간의 동기를 유발하는 요인으로 작용하지 않는다. 즉, 충족되지 못한 욕구만이 인간 행동의 동기로 작용한다.

셋째, 인간의 욕구는 계층적인 일련의 단계로 구성되어 있다. 인간의 욕구는 계단과 같은 구조로 되어 있으며, 하위의 욕구에서 좀 더 상위의 욕구로 그 욕구 단계가 상승하게 된다.

머슬로의 욕구의 단계는 [그림 7-1]과 같이 생리적 욕구, 안전 욕구, 사회적 욕구, 존경 욕구, 자아실현 욕구의 5단계로 구성되어 있다.

---

1) 정태적 내용이론은 어떤 한 시점의 동기 요인에 관심을 갖는 과거 지향적 또는 현재 지향적 이론이다. 여기에 해당하는 욕구이론이 많지 않지만 넓은 의미의 내용이론에는 대부분의 욕구이론이 포함될 수 있다. 이 책에서는 성장이론에 속하는 또 다른 욕구이론을 제4절 인간관과 관리전략에서 다루고자 한다.

그림 7-1 머슬로의 5단계 욕구모형

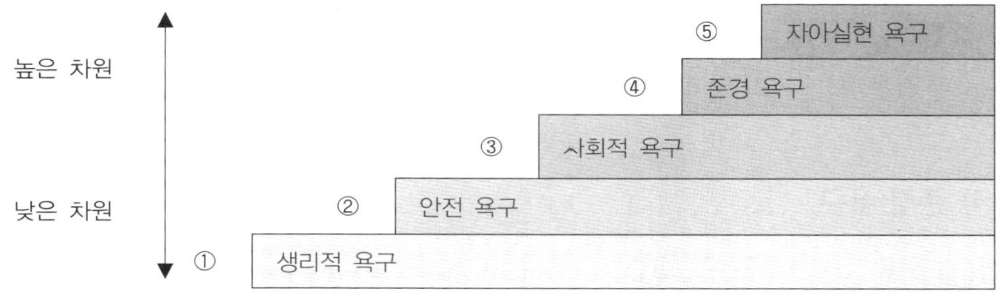

1) 생리적 욕구

생리적 욕구(psychological needs)는 인간의 기초적인 삶을 유지하기 위한 욕구이다. 다시 말해서, 식욕 · 의복 · 성욕 · 수면 등의 욕구를 말한다. 생리적 욕구는 모든 욕구 중 가장 기본적이고 강력한 욕구로서, 이와 같은 생리적 욕구가 요구되는 만큼 충족되지 않았을 경우 인간의 기본적 삶을 유지시킬 수 없을 것이다. 또 사람들은 오로지 이의 만족을 위해서만 행동하게 될 것이다. 일단 이러한 욕구가 만족되면 사람들은 좀 더 상위의 욕구를 추구하게 된다.

2) 안전 욕구

안전 욕구(safety needs)란 신체의 위험과 기초적인 생리적 욕구를 박탈당하는 상황으로부터 회피하려는 욕구이다. 일단 생리적 욕구가 충족되면 사람들은 이러한 안전 욕구를 추구하게 된다. 건강하고 정상적인 성인은 대부분 안전 욕구에 만족을 느끼는 것이 일반적이며, 따라서 실생활에서는 이 욕구가 적극적인 동기 요인이 되지 않는 경우가 많다.

3) 사회적 욕구

사회적 욕구(social needs)는 사람들과의 관계를 통해 서로 친교를 가지고, 집단에 소속되기를 바라는 욕구라고 할 수 있다. 이 욕구는 생리적 욕구와 안전 욕구가 만족되면 나타나는 것이 보통이다. 머슬로에 따르면 현대 문명사회에서는 정상적인 성인의 경우 이 욕구가 적절히 충족될 수 있기 때문에 이러한 욕구가 충족되지 못한 경우는 부적응 사례이거나 정신병리학적 사례에서나 볼 수 있다고 한다.

4) 존경 욕구

대부분의 사람은 남들로부터 인정과 나아가 존경을 받기를 원하는 존경 욕구(esteem needs)를 가지고 있다. 이것은 자존심의 충족과도 관계가 있다. 자존심이란 실제적인 역량이나 성취를 나타내기도 하고, 타인으로부터의 존경을 의미하기도 한다. 이러한 자존심이 충족되지 못하면 열등감과 무력감이 발생한다.

5) 자아실현 욕구

인간 욕구의 마지막 단계는 자아실현 욕구(self-actualization needs)이다. 일단 존경 욕구가 만족되면 이러한 자아실현의 욕구가 강력하게 나타나게 된다. 자아실현의 욕구라 함은 개인이 가진 자신의 능력과 가치를 최대한으로 발휘해서 이를 실현하려고 하는 욕구를 말하는데 이는 인간의 각자 개성에 따라 매우 다양하게 나타나게 된다. 이 욕구가 다른 욕구와 구별되는 점은 한번 자아실현의 욕구에 지배되면 이 욕구가 충족되는 경우가 있더라도 그 뒤에도 계속해서 이 욕구의 지배를 받는다는 점이다.

지금까지 살펴본 바와 같이 인간의 욕구는 욕구 체계의 낮은 차원에서부터 높은 차원으로 상승·이동하게 된다는 것이 머슬로 이론의 요점이다. 그러므로 더 높은 차원에 의한 동기 유발이 바람직하다고 할 수 있으나, 좀 더 현명한 방법은 개개인이 현재 희구하는 열망 수준(level of aspiration)이 무엇인가를 알아서 그에 따른 유인을 제공하는 것이 타당하다. 왜냐하면 모든 욕구는 서로 연관되어 있으며, 인간의 행동에는 몇 개의 욕구가 복합적으로 작용하는 것이 보통이나 충족된 욕구는 만족되고 일단 충족된 욕구는 약화되고 동기 유발 요인으로서의 의미를 상실하기 때문이다.

그림 7-2 욕구체계이론의 도식

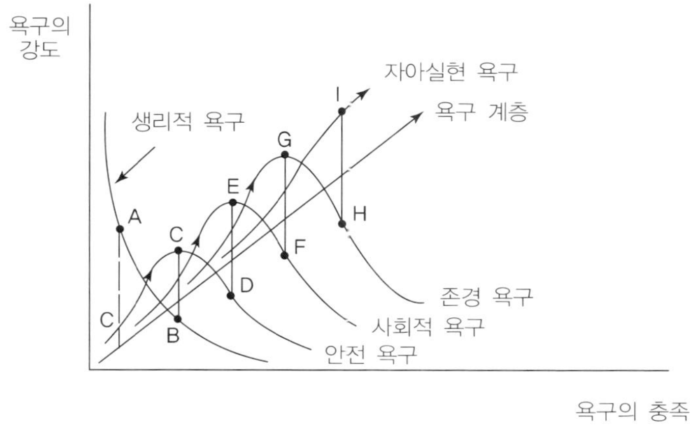

따라서 인간의 욕구는 A → B → C → D → E → F → G → H → I와 같은 궤적을 따라 변화·발전되어 간다.

이와 같은 머슬로의 이론은 복합적인 인간의 욕구를 체계적으로 분석했다는 점에서는 높이 평가받고 있으나, 지나친 획일성으로 개인의 차이 내지 상황의 특징을 경시하고 있다는 비판을 받고 있다. 또한 그의 이론은 실증적 연구에 의한 뒷받침이 미비하고 욕구의 측정 수단의 적절성 여부에 대한 의문이 제기되고 있다. 이론 구성의 측면에서도 형이상학적이고 검증될 수 없는 이론상의 약점 역시 지적된다. 특히 자아실현의 욕구는 개념적인 정의가 불명확해서 과학적인 검증이 불가능할 뿐 아니라 모든 인간이 지니고 있다고 보기 어려우므로 보편적 욕구라고 보기 어렵다는 비판이 제기되고 있다. 또한 낮은 계층의 욕구가 충족되면 그 욕구는 동기 요인으로 작용하지 않는다는 명제를 부정하는 주장이나 연구 결과도 다수 존재하며, 다섯 단계로 분류된 욕구 체계가 지나치게 세분화되었다는 비판도 있다. 그러나 이러한 여러 비판에도 불구하고 머슬로의 이론은 조직의 동기를 설명하는 데 가장 중요한 영향을 미친 이론 중의 하나로 평가받고 있다.

2. 앨더퍼의 ERG이론

앨더퍼(Clayton R. Alderfer)는 머슬로의 욕구 5단계이론을 수정해 개인의 기본 욕구를 존재 욕구, 관계 욕구, 성장 욕구의 3단계로 구분해 설명한다(Alderfer, 1972).[2)]

첫째, 존재 욕구(existence needs: E)는 허기 · 갈증 · 거처 등과 같은 모든 형태의 생리적 · 물질적 욕구들이다. 조직에서는 임금, 작업 조건 등에 관한 욕구가 이 범주에 속한다. 이는 머슬로의 생리적 욕구 및 안전 욕구와 일치된다.

둘째, 관계 욕구(relatedness needs: R)는 타인과의 대인 관계와 관련된 모든 욕구, 즉 개인 간의 사교 · 소속감 · 자존심 등을 포함한다. 개인의 이러한 유형의 충족은 타인과의 상호 교류를 통해 자신의 감정과 생각을 교환함으로써 이루어진다. 이는 머슬로의 대인 관계 측면의 안전 욕구, 사회적 욕구 중 애정 욕구 및 소속감과 일부 존경 욕구와 유사하다.

셋째, 성장 욕구(growth needs: G)는 창조적 · 개인적 성장을 위한 개인적 노력과 관련된 욕구를 의미한다. 이러한 성장 욕구의 충족은 자신의 능력을 최대한 발휘할 수 있을 뿐만 아니라 새로운 능력 개발을 필요로 하는 업무에 종사함으로써 획득할 수 있다. 머슬로의 자아실현 욕구나 일부 존경 욕구가 이 범주에 속한다.

앨더퍼의 ERG이론은 개인 욕구의 계층적 구조와 욕구 단계 간의 만족-진행의 단계 등 머슬로의 이론과 유사한 면이 많다. 그러나 머슬로의 욕구체계이론은 한 하위 욕구의 충족 시 다음의 상위 욕구로 진행된다는 만족-진행접근법(satisfaction-progression approach)에 근거를 두는 반면, ERG이론은 이러한 접근법에 더해 상위 욕구가 충족되지 않거나 좌절될 때 그보다 낮은 하위 욕구의 중요성이 커진다는 좌절-퇴행접근법(frustration-regression approach)에 기초하고 있다. 또한 ERG이론은 욕구 분류를 존재 · 관계 · 성장의 세 단계로 분류함으로써 머슬로의 경우보다 더 복합적이며 종합적인 욕구 개념을 수립해 개인의 행동을 설명하고 있다는 점에서 차이가 있다.

대체로 ERG이론이 오늘날에는 욕구이론으로서 가장 주목할 만한 이론이라고 지

---

2) 앨더퍼의 이론은 머슬로의 욕구체계이론에 대한 수정 제안이라고 볼 수 있지만, 그 이론의 기반을 조직의 실체를 다룬 현장 연구에 두었다는 점에서 그 의의를 지닌다.

그림 7-3 ERG이론의 만족-진행과 좌절-퇴행

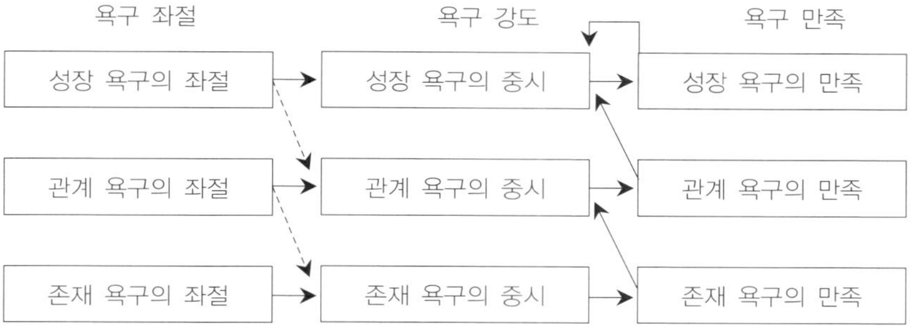

주: 만족 — 진행: —, 좌절 — 퇴행: …

적하는 학자들이 많다(McComick & Illigen, 1980: 267). 그러나 충분한 경험적 검증을 거치지 못했기 때문에 아직은 각 명제의 적절성 여부를 판단하기는 이른 것으로 평가받는다.

3. 허즈버그의 2요인이론

허즈버그(Frederick Herzberg)는 인간에게는 상호 독립된 두 가지의 상이한 욕구가 있으며, 이에 따라 인간 행동에 미치는 영향이 다르다고 전제하면서, 그 두 가지를 각각 위생 요인과 동기 요인으로 구분한다(Herzberg, 1964; Luthans, 1977: 287).

허즈버그는 피츠버그 심리학연구소의 동료들과 함께 피츠버그의 11개 산업체에서 선정한 약 200명의 기술자와 공인회계사들에 대한 포괄적인 면접을 실시했다(Herzberg, Manusner, & Synderman, 1959; Herzberg, 1966). 그는 이 면접에서 얻은 자료를 분석하고 다음과 같은 결론을 내렸다.

즉, 조직 내 개인이 불만을 느낄 때는 그들이 일하고 있는 조직 내 환경과 연관되어 있으며, 반면 그들이 직무에 관해 만족감을 갖게 될 때 이것은 주로 업무 그 자체와 관련이 되어 있다는 것이다. 불만과 관련이 있는 요인은 물리적·사회적 박탈을 회피하려는 인간의 지배적 욕구로부터 발생하는 요인이고, 반면 직무 만족과 관계가

있는 요인은 자아실현을 위해 인간적 잠재력을 개발하는 완성 욕구로부터 생긴다는 것이다. 그는 사람들이 불만을 느끼는 것과 관련된 욕구를 직무 불만족을 예방하는 기능을 갖고 있다고 하여 이를 위생 요인(hygiene factor)이라 부르고, 직무 만족과 관련이 있는 욕구를 사람들이 그들의 업무에 몰입하도록 하는 동기를 부여하고 있다고 해서 동기 요인(motivator)이라고 부른다.

위생 요인이란 회사의 정책과 관리, 감독, 작업 조건, 대인 관계, 임금, 지위나 신분, 안전 등이라고 생각할 수 있다. 이들은 모두 업무의 본질적인 면, 즉 일 그 자체가 아니고 작업환경 및 작업 조건과 관계되는 것이다. 그는 위생이라는 용어를 의학상의 예방이라는 의미와 환경적이라는 의미와 관련지어 사용하고 있다. 위생 요인은 종업원의 생산 능력에 직접적으로 영향을 미친다기보다는 단지 작업 제약 조건에 의한 작업상의 손실을 예방할 뿐이므로 이와 같은 요인을 불만족 요인(dissatisfier) 또는 유지 요인(maintenance factors)이라고 부르기도 한다.

그런데 이러한 위생이론은 사람이 직무를 수행하는 상황 또는 환경과 사람 사이의 관계에 관한 것으로 이것을 개선하면 불만을 줄이는 데 도움이 되지만 반드시 만족감을 느끼게 하는 것은 아니다. 다만 불만족이 없거나 조직이나 직무에 대해 중립적인 태도를 가지게 될 뿐이다. 즉, 이러한 요인은 만족감을 위한 필요조건이긴 하지만 그것이 곧 충분조건은 되지 않는다는 점을 유의해야 한다.

동기 요인이란 보람이 있고 자기가 자신을 가진 지식과 능력을 활용할 여지가 있는 일을 할 때에 경험하게 되는 성취감, 전문직업인으로서의 성장, 인정을 받는 등 사람에게 만족감을 주는 요인을 말한다. 이들은 직무 만족에 정의 영향을 미칠 수 있고 그럼으로써 생산 능력의 증대를 직접적으로 가져올 수 있기 때문에 이와 같은 요인을 동기 요인이라고 한 것이다. 동기 요인 혹은 만족 요인(satisfier)은 사람이 하는 직무와 사람 간의 관계에 관한 것으로서 더 나은 직무 수행과 노력을 위한 동기부여의 요인이 된다. 따라서 구성원의 만족감을 향상시키고 더 높은 동기를 부여하기 위해서는 업무 자체에서 자기 능력을 발전시키고 자기 통제를 할 수 있도록 책임과 기회를 더 많이 부여해야 한다는 것이다. 이와 같은 다양한 요인이 직무와 관련된 만족과 불만족에 영향을 미치는 상대적 영향은 [그림 7-4]와 같다.

이와 같이 허그버즈는 개인 행동을 자극하는 동기 요소를 두 가지 요인으로 구분하고, 이들이 개인의 불만족 행동과 동기부여 행동에 미치는 영향을 분석했는데, 이 이론의 기본 내용인 만족 요인과 불만족 요인의 구분이 타당하지 못하다는 비판이 다음과 같이 제기되고 있다.

첫째, 어떤 요인을 전적으로 불만에만 작용하는, 혹은 만족에만 작용하는 요인으로 구분할 수 없다.

그림 7-4 2요인이론의 동기부여 요인과 위생 요인

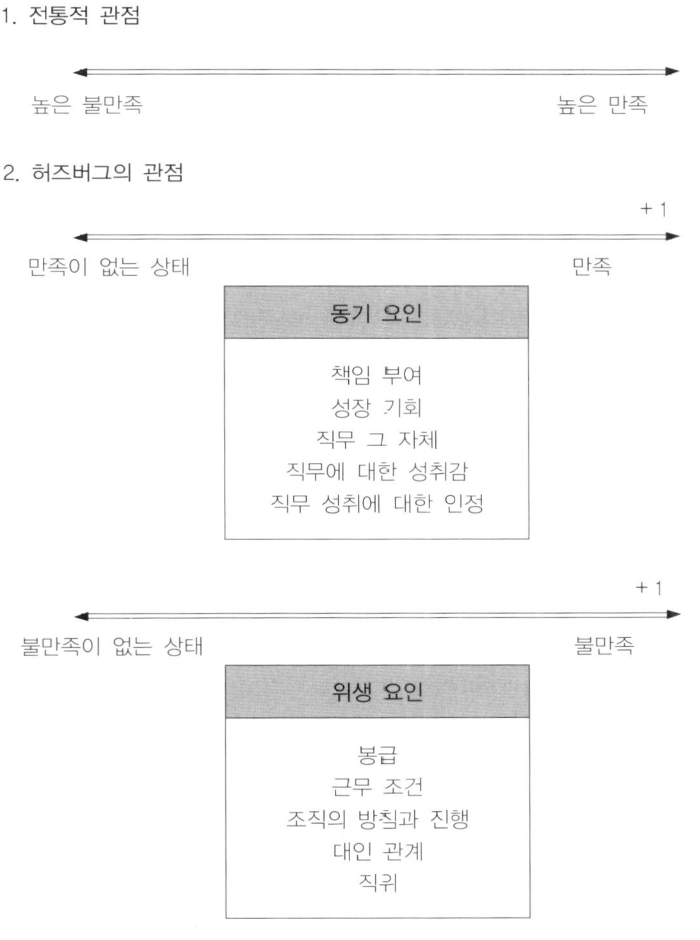

자료: Moorhead & Griffin(2004: 126).

둘째, 개별 종업원의 작업환경에 대한 반응이 기본적으로 유사할 것이라는 가정 하에서 이론을 전개하므로 2요인이론은 개인차를 무시하고 있다.

셋째, 2요인이론의 논리적 오류로서 만족과 동기부여를 동일한 것으로 취급하고 있다. 예컨대 만족한 근로자가 반드시 열심히 일하고 성과를 올린다는 보장은 없다는 점에서 만족이 동기부여를 유도한다는 허즈버그의 주장은 비판을 받게 된다는 것이다.

4. 맥클랜드의 성취동기이론

맥클랜드(David C. McClelland)는 한 개인의 퍼스낼리티(personality)는 사람의 행위를 동기부여시킬 수 있는 잠재력을 가진 요소들, 즉 성취 욕구(need for achievement), 권력 욕구(need for power), 친교 욕구(need for affiliation) 등으로 구성되어 있다고 보았다(McClelland, 1962: 99-112). 그는 특히 성취 욕구의 중요성을 주시해 이를 통해 인간의 행동을 설명하려고 했다(McClelland, 1961).

성취 욕구는 무엇인가를 이루려하는 욕구인데, 맥클랜드(McClelland, 1961: 99-112)에 따르면, 사람에 따라서 이러한 성취 욕구가 강한 사람과 약한 사람으로 분류할 수 있는데 성취 욕구가 강한 사람은 소수에 속한다는 것이다. 이와 같은 성취 욕구가 강한 사람은 다음과 같은 특징을 지닌다.

첫째, 성취 욕구가 높은 사람은 자기 스스로 성취할 목표를 정하기를 좋아한다.

둘째, 성취 욕구가 높은 사람은 아주 쉽거나 어려운 목표를 회피하고 중간 수준인 적절한 위험(moderate risk)이 있는, 즉 노력하면 충분히 달성할 수 있는 목표를 선호한다.

셋째, 성취 욕구가 높은 사람은 문제의 해결에 대한 책임을 회피하려고 하지 않는다.

넷째, 성취 욕구가 높은 사람은 업무 수행에 관한 즉시적이며 효율적인 환류를 선호한다(Tannehill, 1970: 46).

맥클랜드는 조직이 성과를 올리기 위해서는 성취 욕구가 높은 구성원을 선발하거나 기존 조직구성원의 성취 욕구를 향상시켜야 한다고 주장하면서, 구성원들의 성취 욕구를 개발할 수 있는 구체적 지침을 다음과 같이 제시한다.

첫째, 업무를 재배정해 주기적으로 성과에 대한 환류를 받게 한다.

둘째, 훌륭한 성과모형을 찾고 그 모범을 따르도록 한다.

셋째, 자신의 이미지를 수정하도록 한다. 즉, 성취 욕구가 큰 사람은 자신에 대해 애정을 갖고 적절한 도전과 책임을 추구한다.

넷째, 상상력을 통제한다. 현실적인 시각으로 생각하고 목표의 달성 방법을 적극적으로 생각하게 한다.

맥클랜드의 이론은 창업적 행동이 강하게 요구되고 있는 창업 초기의 조직체나 변화무쌍한 환경 속에서 신규 사업활동을 전개하는 조직체에서 특히 많은 관심을 보이며, 실제로 성취 욕구적 행동이 이들 조직체에 많이 적용된다. 또한 현대 조직에서는 개인의 성취적 행동을 매우 중시하고 있으므로, 이에 대한 이해와 개발에 많은 관심을 보여 개인의 성취 행동의 개발이나 종업원의 선발과 적재적소 배치 등 인사관리에 직접적인 도움을 주고 있다.

제 3 절 동기부여의 과정이론

앞에서 살펴본 동기부여의 내용이론(content theory)은 인간이 행위를 하게 만드는 욕구를 확인하고 이를 설명하는 데 그 초점이 집중되어 있다. 그러나 인간의 행위에 관한 동기는 이들 욕구만으로는 완전히 설명할 수 없으며 욕구가 충족되는 과정에 대한 설명이 수반되어야 한다. 그래서 과정이론(process theory)에서는 개인의 동기를 부여하는 요소를 규명하고, 이들 변수들 상호간의 관계를 설명하려고 한다. 이러한 동기부여의 과정이론으로 대표적인 것은 브룸(Victor H. Vroom)의 기대이론, 포터(Lyman W. Poter)와 롤러(Edward E. Lawler, Ⅲ)의 기대이론, 애덤스(J. Stacy Adams)의 공정성이론 등을 들 수 있다.[3]

3) 기대이론은 공정성이론보다 복잡하고 포괄적인 이론으로, 브룸의 이론이 발표된 이후에도 여러 해에 걸쳐 이론의 범위가 계속 확대되어 왔다(Robbins, 2003: 173-175; Moorhead & Griffin, 2004: 143-148).

1. 브룸의 기대이론

브룸의 기대이론(expectation theory)은 동기부여를 설명할 때 개인의 선택 행태(choice behavior)를 주요 설명 변수로 삼고 있다. 다시 말해서, 개인은 행동을 할 때 다수의 선택 가능한 대안을 평가해, 자신에게 가장 득이 될 것으로 평가되는 행동 전략을 선택한다고 설명한다. 브룸(Vroom, 1964)의 이론을 구성하고 있는 주요 개념을 먼저 살펴보면 다음과 같다.

> ① 기대감(expectancy): 행동이 자기 자신에게 가져오게 될 결과의 확률에 대한 기대감
> ② 유의성(valence): 개인이 어떤 결과에 대해 갖게 되는 선호의 강도
> ③ 결과(outcome): 생산성, 직무 성과 등을 포함하는 1차 수준의 결과(성과)와 이러한 1차 수준의 결과가 가져오는 결과인 2차 수준의 결과(보상)
> ④ 수단성(instrumentality): 1차 수준의 결과가 2차 수준의 결과를 가져오게 되리라는 주관적인 확률치
> ⑤ 능력(ability): 어떤 업무를 성취할 수 있는 잠재력
> ⑥ 힘(force): 개인 행동의 방향을 정하는 역할을 하는 동기부여의 강도

이와 같은 주요 개념과 함께 다음과 같은 두 가지 전제에 기초를 두고 브룸은 그의 이론을 전개해 나가고 있다(Filley & House, 1969: 360-363).

첫째, 사람들은 기대되는 결과에 대해 어떤 선호도를 갖는다.

둘째, 동기를 유발하는 행동에는 그들이 달성하기를 희망하는 결과뿐만 아니라 그들이 소망하는 결과를 가져오는데 그들의 행동이 어떤 행동이 수단적이라고 믿는 정도를 고려해야 한다.

이러한 주요 개념과 전제를 바탕으로 브룸의 이론은 아래와 같은 공식으로 설명할 수 있다.

$$\text{동기부여의 강도} = f\,[\Sigma\ (\text{유의성} \times \text{수단성} \times \text{기대감})\ ]$$

즉, 개인의 동기부여는 그들이 보상에 대한 선호도인 유의성(V: valence)과 행동의 1차 결과(성과)에 대한 2차 결과(보상) 주어질 것이라고 믿는 수단성(I: instrumentality)과 자신들이 어떤 행동을 하면 어떤 성과가 수반될 것이라고 믿는 주관적 확률치인 기대감(E: expectancy)을 곱한 것을 의미한다. 따라서 개인의 동기는 결과에 대한 욕구의 강도(유의성)와 성과에 대한 보상을 받을 것이라는 믿음과 자신의 행동이 원하는 결과를 가져오리라는 기대감의 복합적 함수 관계에 따라 좌우된다고 본다. 즉, 기대이론은 결과에 대한 가치는 물론, 노력→성과에 대한 기대감과 성과→보상에 대한 기대감(수단성) 등 개인의 인지 여하에 따라 행동 방향과 동기의 강도가 정해진다고 본다.

이와 같은 브룸의 기대이론은 조직 내 개인의 동기를 부여할 때 기대감과 유의성의 개념을 기반으로 공식화함으로써 그들의 행위를 이해하는 데 도움을 주었으나, 동기부여의 구체적인 해결 방안을 제공하지는 못했다는 제약점을 가진다고 평가할 수 있다.

2. 포터와 롤러의 기대이론

포터와 롤러(Porter & Lawler, 1968)는 노력·보상·성과·만족 등의 변수들 간의 상호작용을 전제로 하여 기대이론의 일종인 업적-만족이론(performance-satisfaction theory)을 전개한다. 이들은 만족이 성과를 직접적으로 가져오는 것이 아니라 성과의 수준이 업무 만족의 원인이 된다고 보고 있다. 또한 성과와 여기에 결부된 보상에 개인이 부여하는 가치와 노력이 보상을 수반하게 될 것이라는 기대감이 업무수행 능력을 좌우할 것이라고 주장하고 있다. 이와 같은 변수 간의 관계를 간단히 나타내면 [그림 7-5]와 같다.

그림에서 사용된 주요 개념인 노력, 성과, 보상, 만족의 개념을 먼저 살펴보기로 하겠다.

① 노력(effort): 노력이란 일정한 성과에 대해서 개인이 기울이는 에너지의 양을 의미한다. 그러나 노력은 성과와 동일한 개념이 아니며, 이보다는 동기부여와 더욱 관련이 되는 것이다.

② 성과(performance): 성과는 조직이 객관적으로 측정할 수 있는 실질적 결과를 의미한다. 노력은 업적을 전제로 하나 이것이 일치되는 것은 아니다. 만일 조직구성원이 업무 수행에 요구되는 능력과 특성을 갖지 못하거나 자신의 임무에 대한 정확

그림 7-5 포터와 롤러의 기대이론모형

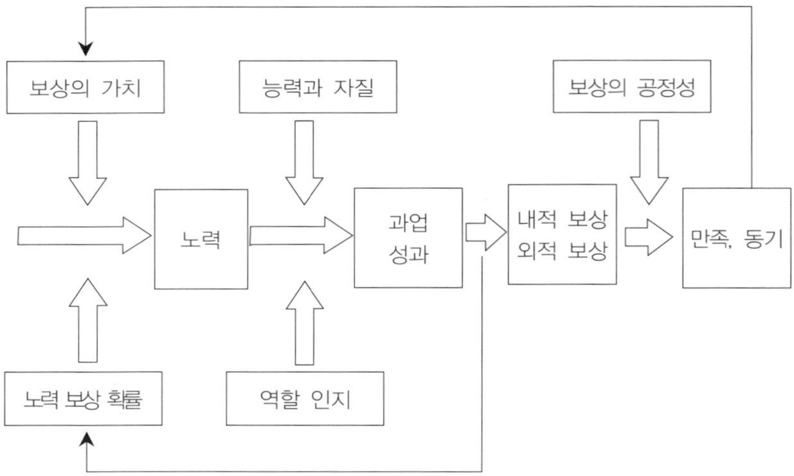

자료: Porter & Lawler, III(1968: 165).

한 이해가 결여되어 있다면 노력은 성과를 가져오지 못한다.

③ 보상(rewards): 보상은 내재적 보상(intrinsic rewards)과 외재적 보상(extrinsic rewards)으로 나눌 수 있다. 외재적 보상은 조직의 통제 하에 있는 것으로 승진 · 보수 · 지위 등을 말하며, 내재적 보상이라 함은 개인 스스로가 얻게 되는 성취감 등을 의미한다.

④ 만족(satisfaction): 실질적인 보상이 공정한 보상이라고 인지하게 되는 수준을 충족시키거나 그 이상의 수준이 되는 경우를 의미한다. 만약 실제의 보상이 공정하다고 생각되는 수준 이하일 경우 불만이 발생하게 된다.

이러한 이론이 함축하는 바는 크게 다음과 같은 네 가지로 요약할 수 있다(Steers, 1984: 182-183).

첫째, 조직의 관리자는 조직구성원의 기대치, 즉 노력만 하면 성과를 획득할 수 있다는 믿음을 주어야 한다.

둘째, 성과와 보상의 연계 정도를 명확히 하고 이를 증진시켜야 한다.

셋째, 조직구성원이 생각하는 보상에 대한 매력의 정도를 증대시켜야 한다.

넷째, 조직구성원의 역할을 명확히 해 주어 그들이 초기부터 업무에 관련된 행위를 할 수 있도록 역할기대를 분명히 해 주어야 한다.

포터와 롤러의 기대이론은 동기부여이론에 대한 많은 기여에도 불구하고 이론의 내용이 복잡해 검증이 곤란하다는 점, 인간의 행동이 실제로 복잡한 계산 과정을 거치는지가 불확실하다는 점 등이 문제점으로 지적된다(Staw, 1984: 647; Moorhead & Griffin, 2004: 146-148).

3. 애덤스의 공정성이론

애덤스(Adams, 1963)는 개인의 행위는 타인과의 관계에서 공정성을 유지하는 방향으로 동기부여가 된다는 공정성이론(equity theory)을 주장한다. 공정성이론에서의 공정성이란 개인의 투입과 산출과의 비율을 타인의 투입과 산출의 비율과를 비교하는 것과 관련된 개념이다. 즉, 개인이 인지하는 자신의 투입-산출의 비율이 타인의 투입-산출의 비율과 비교해 두 비율 간의 대등함이 인지되면 공정성을 느끼고, 그 반대의 경우일 때 불공정성을 느끼게 된다는 것이다(Moorhead & Griffin, 2004: 139). 이때 불공정성이 인지되면 개인은 이를 감소시키려는 노력을 하게 되고 그 노력의 강도는 불공정성의 인지의 정도에 따라 결정된다고 한다.

[그림 7-6]에서, 개인이 인지하는 자신의 투입을 IA, 산출을 OA라 하고 타인의 투입을 IB, 산출을 OB라 할 경우, OA/IA=OB/IB가 이루어져야 공정성을 인지하게 되고 OA/IA < OB/IB이거나 OA/IA > OB/IB일 경우 불공정성을 인지하게 된다는 것이다. OA/IA < OB/IB인 경우는 대등한 투입에 대해 타인보다 상대적으로 적은 보상을 받는 과소 보상의 상황이며, OA/IA > OB/IB의 경우는 대등한 투입에 대해 타인의 경우보다 상대적으로 많은 보상을 받는 과다 보상의 상황이다.

이때 과소 보상과 과다 보상 양자 모두 개인으로 하여금 불공정성을 느끼게 만든다고 애덤스는 보고 있다(Berkman & Neider, 1987: 129). 즉, 전자의 경우 개인은 부당한 대우를 받는다고 생각할 것이며, 후자의 경우 일종의 죄책감을 느낀다는 것이다.

공정성이론에 따르면, 조직구성원 간의 불공정성이 인지되었을 경우, 예를 들어 A가 B에 비해 과다 보상을 받는다고 양자가 인지했을 경우 이들은 다음과 같이 행

그림 7-6 애덤스의 공정성이론 모형

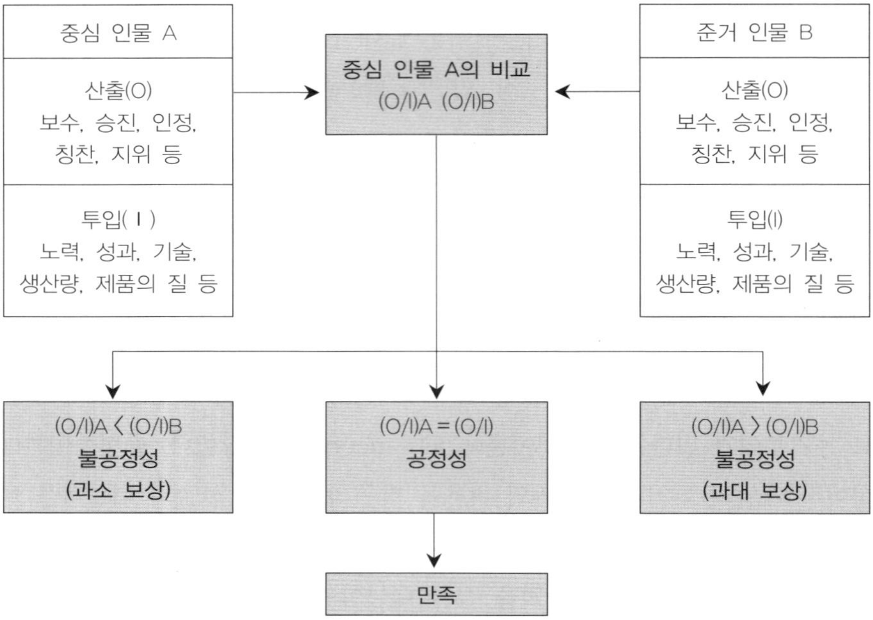

동하게 된다(Hellriegel, Slocum Jr., & Woodman, 1989: 165-166; Robbins, 2003: 171).

첫째, A와 B 양자 모두 그들의 투입과 산출을 조정하려고 할 것이다.

둘째, A와 B는 그들이 받는 대우를 심리적으로 왜곡(distort)하거나 합리화할 것이다.

셋째, B는 직장을 옮김으로써 그가 받는 불공정함을 없앨 수 있을 것이다.

넷째, A는 그와 대등한 대우를 받는 사람으로 비교 대상 인물을 교체함으로써 그의 죄책감을 감소시키거나 없앨 수 있을 것이다.

조직 내에서 불공정성의 인지는 동일한 업무를 수행하는 개인들이 상이한 대우를 받을 때 전형적으로 발생하는 현상이다. 이러한 상황에서는 불공정성은 높은 결근율과 이직률로 직결된다. 따라서 관리자는 부하 직원의 행태와 성과에 따라서 보상과 처벌을 명확히 할 것이 요구된다.

4. 로크의 목표설정이론

로크(Edwin A. Locke)가 제시한 목표설정이론(goal setting theory)은 개인의 성과가 의식적인 목표와 성취의도에 의해 결정된다는 이론으로, 기본모형으로 목표의 난이도(goal difficulty)와 목표의 구체성(goal specificity)에 의해 개인의 성과가 결정된다는 것이다. 목표의 난이도는 목표가 도전적이고 노력을 요구하는 정도를 말하는데, 목표의 난이도가 성과에 긍정적인 영향을 미친다는 것이다. 그러나 목표의 난이도가 지나치게 높아 불가능한 정도가 된다면 성과는 떨어지게 된다. 목표의 구체성은 목표의 명확화와 정확성을 의미하는데 목표의 계량화와 관계가 있다. 즉, 막연히 성과를 올리라는 지시보다는 구체적인 수치를 제시해서 목표를 구체화했을 때 개인의 성과 향상을 기대할 수 있다는 것이다.

로크는 기본모형을 바탕으로 이후 확장된 이론을 제시하는데, 난이도와 구체성 외에 목표수용성(goal acceptance)과 목표몰입(goal commitment)이 개인의 목표 지향적 노력에 영향을 미친다고 주장한다(Moorhead & Griffin, 2014: 153). 목표수용성은 개인이 목표를 자신의 것으로 받아들이는 정도를 의미하며, 목표몰입은 개인이 목표달성에 관심을 가지는 정도를 말한다. 목표수용성과 몰입을 강화할 수 있는 구체적 방안으로는 목표 설정 과정에 대한 참여, 도전적이며 현실적인 목표 설정, 보상에 대한 믿음 등을 들 수 있다.

그림 7-7 목표설정이론 체계

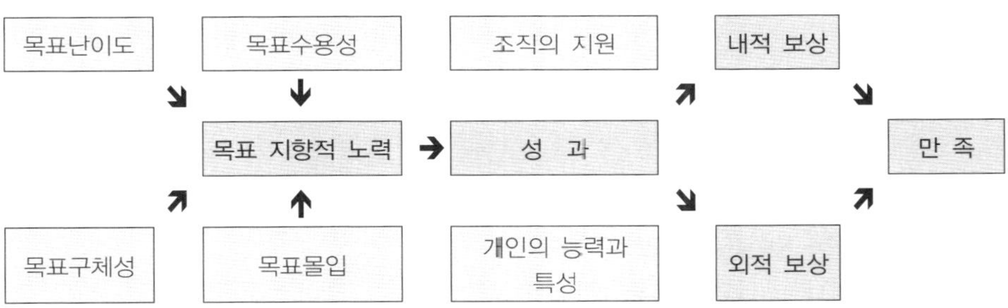

자료: Moorhead & Griffin(2014: 153).

조직의 지원(organizational support)은 필요한 자원의 제공과 같은 긍정적 측면뿐만 아니라 예산 감축, 인력 축소와 같은 부정적 측면도 포함하는 개념이다. 개인의 능력(abilities)과 특성(traits)은 업무 수행에 필요한 기술을 포함한 개인적 특성들이다. 목표 지향적 노력, 조직의 지원, 개인의 능력과 특성이 상호작용해서 실제 성과를 결정하며, 이에 따른 보상을 받고 해당 구성원은 만족을 하게 된다는 것이 이 이론의 요지이다.

제 4 절 인간관과 관리전략

1. 맥그리거의 X·Y이론

맥그리거(Douglas McGregor)는 조직의 구조나 리더십의 수립에 기반이 되는 것은 인간의 본성과 행위에 관한 기본적인 가정이라고 주장한다. 그는 조직의 관리자가 지니는 기본적 가정을 두 가지의 유형으로 나누어 설명하고 있다. 그는 권위적 통제 · 명령구조 · 계층제적 조직구조에 기초한 전통적 관리 체제는 인간의 본성과 행위에 대한 잘못된 가정에 기반을 두고 있다고 한다. 또한 이러한 연유로 조직구성원의 잠재 능력이 제대로 발휘되지 못한다는 것이다.

따라서 맥그리거는 조직의 관리 체제의 향상을 위해서는 조직 관리자의 리더십에 기본이 되는 인간의 본성과 행위에 대한 시각을 수정해야 할 것으로 보았다.

1) X이론

맥그리거(McGregor, 1960)는 전통적 관리 체제는 다음과 같은 가정에 입각하고 있다고 보고, 이를 X이론이라고 부른다.

첫째, 인간은 일하기를 싫어하며 이를 회피하려고 한다.

둘째, 일을 싫어하는 인간의 특성 때문에 이를 엄격히 통제해야 한다. 아울러 처벌의 위협을 가해야 하고 조직의 목표를 달성하도록 강제해야 한다.

셋째, 대부분의 사람은 지시받기를 선호하고 책임을 회피하려 한다. 또한 안전을 무엇보다 중요시한다.

넷째, 보통 사람들은 조직 문제를 해결할 만한 창의력이 결핍되어 있다.

다섯째, 동기부여는 생리적·안전적 수준에서만 가능하다.

이러한 X이론에 입각한 관리를 하는 조직의 리더는 조직구성원을 통제하고 억압하려는 경향을 보이게 된다. 이들은 조직 내 개인을 무책임하며 신뢰할 수 없는 사람으로 가정하고 있으므로 강압적 리더십 스타일을 가장 적합한 방법으로 판단한다. 그러나 맥그리거는 사회적 환경의 변화와 조직구성원의 교육 수준과 생활 수준의 향상이 이루어진 시점에서 그러한 전통적 관점과 관리 스타일이 현실적합성이 있는가에 대한 의구심을 표명하고, 다음과 같이 결론짓는다.

즉, X이론에서의 인간에 대한 가정은 전통적 관리전략의 행태적 결과를 설명해 줄지는 몰라도 인간의 본성에 관해 보편적으로 적용하기에는 적절치 않다는 것이다. 따라서 이러한 가설에 입각한 위협적이며 강압적인 관리전략은 조직구성원으로 하여금 조직의 목표 달성을 위한 동기부여를 적절히 할 수 없으며, 명령과 통제에 의한 관리 역시 효율적이지 못하다는 것이다. 왜냐하면 좀 더 고차원의 욕구, 즉 존경 욕구, 자아실현 욕구를 가지고 있는 개인에게 그러한 강압적인 유형의 관리전략은 적절치 않기 때문이다.

2) Y이론

맥그리거는 X이론에 대비되는 Y이론을 제시했는데, 그 내용은 다음과 같다.

첫째, 인간이 작업에 신체적·정신적 노력을 기울이는 것은 극히 자연스러운 일이다.

둘째, 대부분의 사람은 문제 해결에 필요한 창의성과 상상력을 갖고 있다.

셋째, 외부적 통제와 처벌만이 조직구성원이 조직을 위해 일하게 만드는 유일한 수단이 아니다.

넷째, 조직의 목표에 대한 헌신은 목표의 성취와 결부된 적절한 보상으로부터 도출된다.

다섯째, 적절한 조건이 갖추어지면 사람들은 기꺼이 책임을 받아들이고, 적극적으로 그것을 소망한다.

맥그리거의 Y이론에 따르면, 인간은 천성적으로 게으른 것도 아니며 신뢰할 수 없는 존재도 아니다. 인간은 적절한 동기부여만 되면 창의적이며 자율성을 가진 신뢰할 수 있는 존재인 동시에 수많은 잠재력을 가진 존재인 것이다. 그러므로 조직의 관리자는 조직구성원의 좀 더 고차원의 욕구를 충족시켜 줌으로써 그들의 잠재력을 개발하고, 이들의 자발성을 이끌어 내는 것이 요구된다.

3) 적응적 관리

X이론과 Y이론의 전제가 되는 인간성에 대한 가설을 좀 더 구체적으로 정리하면 〈표 7-1〉과 같은데, 이들 가설을 보면 다음과 같은 속단을 하기 쉽다. 즉, X이론의 가설을 받아들인 관리자는 일반적으로 종업원의 작업환경을 엄하게 규제하거나 통제하고 감독할 것이며, Y이론의 가설을 받아들인 관리자는 구성원을 후원하고 작업환경을 용이하게 함으로써 목표 달성을 촉진할 것이라는 것이다.

그러나 여기에서 주의해야 하는 점은 무조건 X이론을 경시하고 Y이론적 관점만을 절대시하는 잘못을 저질러서는 안 된다는 점이다. 왜냐하면 첫째, X이론은 나쁜 것이고 Y이론은 좋은 것이라는 식의 생각을 하도록 오도할 위험성이 있고, 둘째는 대

표 7-1 맥그리거의 인간성에 대한 가설

X이론	Y이론
1. 대부분의 사람에게 일은 싫은 것이다. 2. 대부분의 사람은 야망이 없고 책임감도 없으며 지시받기를 좋아한다. 3. 대개의 사람은 조직의 문제를 해결하는 데 창의력을 발휘할 만한 능력을 갖고 있지 못하다. 4. 동기부여는 물질적 · 경제적 수준에서 이루어진다. 5. 대개의 사람은 엄격히 통제되어 조직의 목표를 달성하게끔 강제해야 한다.	1. 조건만 알맞다면 일은 노는 것처럼 자연스러운 것이다. 2. 사람들은 자신이 책임을 느끼는 목표를 달성하기 위해 자기 지시와 자기 통제를 한다. 3. 조직의 문제를 해결하는 데 필요한 창조적 능력은 인간에게 광범하게 분산되어 있다. 4. 동기부여는 물질적 · 경제적 수준에서뿐만 아니라 심리적 · 사회적인 수준에서도 이루어진다. 5. 사람들은 적절히 동기가 부여되면 일에서 자기 통제적일 수 있고 창조적일 수도 있다.

다수의 사람에게서 성숙할 수 있는 '잠재력'이나 자발적으로 동기화될 수 있는 '잠재력'을 배제할 위험성이 있기 때문이다.

실제로 관리자가 인간성에 대한 Y이론적인 가설을 받아들인다 하더라도 지시 · 명령적이고 통제적으로 관리해야 할 경우가 있으며, 또 Y이론의 가설을 받아들임으로써 완전한 구성원 관리가 불가능할 경우가 있다. 그러므로 인간성에 대해서 X이론적인 사고를 하는 관리자는 엄격한 감독이나 통제를 하지 말고, 외부로부터의 통제를 서서히 약화시켜 구성원 자신이 자기를 통제할 수 있게 함으로써 구성원이 성숙하도록 도와주어야 한다. 구성원은 이와 같은 환경 속에서는 종전의 일에서 얻을 수 없었던 사회적 욕구, 존경의 욕구, 자아실현의 욕구 등의 만족을 얻을 수 있게 될 것이다. 또 인간성에 대해 X이론적인 사고를 하는 관리자는 구성원이 일을 필요악으로 보지 않고 즐겁게 일할 수 있도록 조직의 응집력을 높게 하거나 조직 목표와 개인의 목표가 일치하도록 도와주어야 한다.

2. 아지리스의 미성숙 · 성숙이론

아지리스(Chris Argyris)는 인간의 퍼스낼리티와 조직이 구조화되고 관리되는 방식 간에는 근본적인 갈등이 있다고 보았다. 즉, 맥그리거의 X이론적 가설에 입각한 관리 방식이 아직까지 널리 채택됨으로써 현대 미국의 대다수 사람이 미성숙한 인간으로 취급당하고 있다고 보았다. 그리고 이러한 상황을 설명하기 위해 조직의 가치체계를 관료적 · 피라미드형 가치 체계(bureaucratic-pyramidal value system)와 인간중심주의적 · 민주적 가치 체계(humanistic-democratic value system)로 분류 · 비교했다(Argyris 1962; Bennis, 1969: 13).

아지리스에 따르면, 관료적 · 피라미드형 가치 체계에서는 자연스럽고 자유로운 감정의 표현이 허용되지 않기 때문에 인간관계가 진실하지 못하고 불신 관계를 낳게 되고 결과적으로 조직의 대인 능력이 감소된다는 것이다. 대인 능력이 낮고 심리적으로 불안정한 환경이 이루어지면 조직은 불신과 갈등 속에 빠지며 비융통적이어서 문제의 해결은 마침내 실패하게 된다고 한다(Bennis, 1969: 13).

반면 인간중심주의적 · 민주적 가치 체계가 형성된 조직에서는 신뢰 관계가 이루어져 대인 능력이나 집단 간의 협동과 융통성 등이 증가하게 되고, 결과적으로 조직 효과가 증가한다. 이와 같은 가치 체계 하에서는 조직구성원에게나 조직에 각기 잠재 능력을 최대 한도로 개발할 기회가 주어지고, 모든 개인은 복잡한 욕구를 가진 존재로 인정되며, 조직구성원이 일이나 조직 및 환경 등과의 관계를 유지하는 방식에 스스로 영향력을 행사할 수 있는 기회도 주어진다.

아지리스(Argyris, 1957)의 가치체계이론은 그의 미성숙・성숙이론(immaturity-maturity theory)과도 관련이 있는데, 이 이론은 개인이 성숙해 가는 과정에서 미성숙 상태에서 성숙 상태로 퍼스낼리티가 변화・성장해 가는 과정을 〈표 7-2〉와 같이 보았다.

한편 아지리스는 전통적인 조직관리 방법이 개인의 행동과 성장에 어떤 영향을 미치는가를 알아보기 위해 산업조직을 검토했는데, 그 결과 구성원 간에 무관심이 팽배했고 노력이 결여되어 있음을 발견했다. 그는 그것이 단순히 개인의 태만의 결과라고만 할 수 없고, 개인이 조직에 들어가면 그 조직에서 활용되고 있는 관리 방식에 따라 개인적 성숙이 방해받기 때문이라고 한다. 이와 같은 조직에서는 구성원이 자기의 환경에 대해 최소한의 영향력밖에는 행사할 수 없어 수동적・의존적이며 종속적인 행동이 조장된다. 그 결과 미성숙한 행동을 하게 된다는 것이다. 이러한 현상은 많은 규칙과 제약 하에 있는 조직에서는 흔히 볼 수 있는 현상이라는 것이다.

그러므로 자아실현을 추구하는 성숙인의 욕구에 대응하기 위해서는 조직구조를 변경할 수밖에 없다. 따라서 아지리스는 관리자는 구성원이 조직 목표의 달성을

표 7-2 미성숙-성숙이론

미성숙성(유아형)		성숙성(성인형)
수동성(passive)	→	능동성(active)
의존성(dependence)	→	독립성(independence)
제한된 행동(limited behavior)	→	다양한 행동(diverse behavior)
얕은 관심도(shallow interest)	→	깊은 관심도(deep interest)
단기적 시안(short-time perspective)	→	장기적 시야(long-time perspective)
종속적 지위(subordinate position)	→	우월적 지위(superordinate position)
자아 의식의 결여(lack of self-awareness)	→	자아 의식과 자기 통제(self-awareness & control)

자료: Argyris(1975: 50).

위해 일하면서 자신의 목표도 달성함으로써 개인으로서는 물론 그 구성원으로서 성장하고 성숙하는 기회가 주어질 수 있는 조직풍토를 마련해야 한다고 촉구하면서 ① 직무 확대(job enlargement), ② 참여적 리더십(participation leadership), ③ 현실중심적 리더십(reality-centered leadership)을 강조한다. 요컨대 조직과 개인의 목적달성이 상호 모순되지 않고 조화와 통합을 이루기 위해서는 개인의 퍼스낼리티를 성숙·실현시킬 수 있는 방향에서 조직구조와 관리 방법이 확립되어야 한다는 것이다.

3. 셰인의 인간관과 관리전략

인간의 본질에 대한 관리자의 관심은 주로 인간의 행동을 조직이 추구하는 목적에 적응시키는 전략의 탐색에 관련된다. 따라서 인간을 어떠한 존재로 보느냐 하는 인간에 대한 가정은 인간관리의 전략을 결정짓는 가장 근본적인 요인이 될 것이다. 조직심리학자 셰인(Edgar H. Schein)은 조직 내에서의 인간에 대한 가정을 ① 합리적·경제적 인간(rational-economic man), ② 사회적 인간(social man), ③ 자아실현적 인간(self-actualizing man), ④ 복잡한 인간(compex man)으로 구분했는데, 이와 관련된 관리전략을 살펴보면 다음과 같다(Schein, 1965: 47-63).

1) 합리적·경제적 인간관과 관리전략

인간을 합리적이고 경제적인 존재라고 보는 견해에 따르면, 인간은 자기 이익을 최대화하는 행동을 계산하고 그에 따라 행동하는 존재라고 본다. 따라서 합리적·경제적 인간관의 전제가 되는 중요한 가설을 보면 대체로 다음과 같다.

첫째, 인간은 주로 경제적 유인(economic incentive)에 따라 움직이며, 최대의 경제적 소득을 얻을 수 있는 행동을 하게 된다.

둘째, 조직에 참여하는 사람은 수동적인 존재이며, 경제적 유인을 보유하고 있는 조직은 조직 참여자를 조종하고 통제해야 한다.

셋째, 인간의 감정은 근본적으로 비합리적인 것이므로 자기 이익의 합리적 타산을 방해하지 않도록 배제해야 한다.

넷째, 조직은 인간의 감정이나 예측할 수 없는 특성을 중화시키고 통제할 수 있어야 한다.

다섯째, 인간은 본래적으로 게으른 존재이다. 그러므로 외적 유인에 의해 동기가 부여되는 것이다.

여섯째, 인간의 자연적인 목적과 조직의 목적은 상충된다.

따라서 이러한 인간관의 전제 하에서의 인간관리전략은 조직의 운영 책임이 관리자에게만 있는 것으로 생각하며, 조직의 합리적인 배열에 치중한 운영전략을 펴게 된다. 즉, 공식적인 권위의 구조를 통해서 운영의 능률화를 기하는 것이 인간관리의 목표이며, 인간관리의 수단에서는 공식구조와 경제적인 자극 유인 및 통제 등이 중요시된다.

2) 사회적 인간관과 관리전략

사회적 인간관에서는, 인간이 합리적·경제적이라기보다는 오히려 인간이 사회적 관계 속에서 생활의 의미를 발견하는 존재라는 점을 강조한다. 이 점에서 전술한 합리적·경제적 인간관과 대조된다. 그러나 인간을 수동적인 존재라고 보는 가정과 동기가 외재적으로 부여되어야 한다고 보는 가정은 양자에 공통되는 것이다. 사회적 인간관에 전제가 되는 중요한 가설은 대체로 다음과 같다.

첫째, 인간은 주로 사회적 욕구의 충족에 따라 동기가 부여되는 존재이며, 다른 사람과의 관계 속에서 자기 존재를 확인하게 된다.

둘째, 현대 조직의 비인격화와 합리화로 말미암아 사람들은 업무 자체로부터 의미를 찾지 못하게 되었으며, 업무 수행 과정에서 생겨나는 사회적 관계 속에서 어떤 의미를 찾지 않을 수 없게 되었다.

셋째, 조직에 참여하는 인간은 관리층의 통제와 유인 부여보다는 동료집단의 사회적 세력에 더 민감한 반응을 보인다.

넷째, 조직에 참여하는 사람들은 자기들의 사회적 욕구를 충족시켜 주는 한도에서 관리층의 요구에 반응한다.

따라서 이러한 인간관에 기초를 둔 인간관리는 대체로 다음과 같은 전략에 중점을 두게 된다.

첫째, 관리자는 수행해야 할 일 자체에만 주의를 한정하지 말고 부하들의 필요와 요구에 더 많은 주의를 기울이도록 해야 한다.

둘째, 경제적 유인에 의한 조종이나 통제보다는 부하들의 감정, 특히 그들의 인정감 · 귀속감 등에 깊은 관심을 보여야 한다.

셋째, 관리자는 조직 참여자들을 교호작용에 의해 성립하는 집단의 존재를 현실로 받아들이고 개인적 유인보다는 집단적 유인을 활용해야 한다.

넷째, 계획 · 조직 · 통제를 주임무로 하던 관리자의 역할은 상부 관리층과 부하들 사이의 중개자로서 부하들의 감정과 필요를 이해하고 그에 대해 배려해야 한다. 따라서 사기관리 제도에 역점을 두어야 한다.

3) 자아실현적 인간관과 관리전략

조직 내의 인간 행태와 인간의 욕구 체계를 연구하는 심리학의 영향을 받아 성립된 자아실현적 인간관에 따르면, 인간은 자기의 자질 또는 역량을 생산적으로 활용하려는 욕구를 지닌 존재라고 본다. 자아실현적 인간관의 전제가 되는 가설들을 보면 다음과 같다.

첫째, 인간의 욕구 체계에 대해서는 전술한 머슬로의 욕구계층설을 받아들이고 있다. 즉, 기본적인 생리적 욕구 등 하위의 욕구 체계가 어느 정도 충족되면 점차 상위의 욕구가 부각되며, 궁극적으로는 가장 상위적 욕구인 자아실현적 욕구에 이르게 된다.

둘째, 인간은 자기가 맡은 일에 숙달되려 하고 또 그렇게 될 수 있는 능력을 가지고 있다.

셋째, 인간은 원칙적으로 자기 규제를 할 수 있으며, 스스로 동기를 부여하는 존재이다. 외재적인 동기부여와 통제는 오히려 자아실현을 방해할 우려가 있다.

넷째, 개인의 자아실현과 효율적인 조직활동이 본래적으로 상충되는 것은 아니다. 적절한 기회만 주어진다면, 조직 참여자는 자발적으로 개인의 목적을 조직의 목적에 조화시킬 것이다.

이와 같은 인간관을 가질 때 인간관리 내지 운영전략은 동기부여의 기초가 외재적인 것에서 내재적인 것으로 전환되기 때문에 사회적 인간관과는 구별된다. 즉, 사람들의 사회적 욕구 충족보다는 사람들이 스스로 일의 의미를 발견할 수 있도록 여건을 조성하는 일에 관심을 갖게 된다. 이런 상황에서는 권위는 직위나 직위 점유자에게 있는 것이 아니라 어떤 보람 있는 일을 하는가 하는 일 자체에서 발생한다.

4) 복잡한 인간관과 관리전략

인간은 전술한 바와 같이 그렇게 단순한 것이 아니라 매우 복잡한 존재이다. 따라서 인간의 본질에 관한 연구도 단순하고 획일적으로 규정하던 관점에서 탈피해 점차 복잡한 인간의 실상에 좀 더 접근하는 관점에서, 인간의 욕구 체계는 복잡하며 사람마다 상이한 욕구를 가지며, 그 발현의 양태와 동기부여의 과정이 사람에 따라 상이할 수 있다는 사실을 직시하고 인간 본질의 복잡성을 의식적으로 확인하는 인간관이 복잡한 인간관이다.

이러한 인간관에 전제가 되는 중요한 가설은 다음과 같다.

첫째, 인간의 욕구는 복잡한 동시에 고도의 변이성을 가진다. 인간의 욕구는 중요성에 따라 계층적으로 배열되어 있다고 볼 수 있지만, 욕구의 계층적 배열은 시간과 장소에 따라 상이할 수 있다. 그리고 욕구는 상호 보완적 관계에 있다.

둘째, 인간은 조직생활을 통해 기존의 욕구를 약화시키기도 하고 새로운 욕구를 학습하기도 한다.

셋째, 조직・직무 여건・역할 등이 다르면 인간 욕구의 발로도 달라진다.

넷째, 인간은 여러 가지의 상이한 욕구 때문에 조직에 생산적으로 참여하게 된다.

다섯째, 인간은 자신의 욕구나 능력 및 과업의 성격에 따라 여러 가지로 다른 관리전략에 반응을 보일 수 있는 존재이기 때문에 모든 사람에게 적용할 수 있는 단일 최선의 인간관리 방법을 발전시키기는 어렵다.

이와 같은 복잡한 인간관에 입각한 관리전략을 보면 다음과 같다.

첫째, 관리자는 조직구성원의 변전성과 개인차를 감지하도록 힘써야 한다.

둘째, 관리자는 개인차를 배제하려 하거나 무시해서는 안 되고, 오히려 개인차를 존중할 줄 알아야 한다. 개인차의 발견을 위한 진단 과정을 중요시해야 한다.

셋째, 관리자는 부하들의 욕구와 동기가 서로 다른 만큼 그들을 각각 다르게 취급해야 한다. 그리고 상대방의 여하에 따라 스스로의 행태를 바꿀 수 있는 융통성을 가져야 한다.

그러나 이러한 관리전략은 합리적 · 경제적 · 사회적 및 자아실현적 인간관에 입각한 관리전략의 유용성을 전면적으로 부정하는 것이 아니다. 다만 그러한 관리전략이 인간 본질을 지나치게 단순화하고 획일화하고 있는 점을 비판하고 보완하려는 것이다.

CHAPTER

08 커뮤니케이션관리

제 1 절 커뮤니케이션의 개념적 접근

1. 커뮤니케이션의 개념과 중요성

개방 체제로서의 조직은 재화와 용역을 산출하기 위해 환경으로부터 끊임없이 투입이 이루어져야 존속·발전할 수 있다. 조직이 필요로 하는 투입으로는 자원(인적·물적)과 정보가 있는데, 관리자는 이러한 자원을 효과적으로 배분하고 필요한 정보를 이용함으로써 관리 기능을 수행한다(오세덕·여윤환, 2000: 245).

자원의 분배 과정으로서 의사결정과 정보의 배분 과정으로서 커뮤니케이션은 조직을 하나의 단일체로서 작용할 수 있도록 전체를 통합하는 역할을 한다. 즉, 커뮤니케이션에 의해 모든 관리적 기능과 기능, 조직의 단위와 단위가 통합·연결되므로 인체에서의 신경세포와 마찬가지로 조직에서 불가결한 요소라 하겠다. 관리자의 의사결정도 커뮤니케이션에 의해서 조직 전체로 확산될 수 있다. 물론 의사결정 기능을 확산시키는 가장 손쉬운 방법은 그 목적에 적합한 정보를 가진 조직원에게 그 결정권을 주는 것이겠으나, 특정의 결정에 적합한 모든 정보를 특정 개인이 보유하고 있는 경우는 현실적으로 불가능하기 때문에 커뮤니케이션이 필요한 것이다.

원래 communication이란 말은 공통성을 뜻하는 라틴어 communis를 어원으로 하고 있는 바, 일방적인 의사 전달이 아니라 의사의 상호 소통까지 포함한다고 볼 수 있다.[1] 따라서 커뮤니케이션을 정의한다면, “2인 이상의 사람들 사이에 의견・정보・감정 등의 교환을 통해서 공통적 이해를 이룩하고 수신자 측의 의식・태도・행동 등에 변화를 일으키게 하는 일련의 행동”이라 할 수 있다(박연호, 2000: 283). 즉, 커뮤니케이션에는 의미의 전달과 이해가 모두 포함된다고 하겠다.

바너드(Barnard, 1938: 8)는 조직의 3대 요소로서 공통의 목표와 구성원의 협력의지 및 커뮤니케이션을 들고 있는데, 이 중에서 커뮤니케이션이 가장 중심적인 위치를 차지하고 있다고 보았다. 그 후 캐츠와 칸(Katz & Kahn, 1966: 224)도 “커뮤니케이션은 어떠한 집단, 조직 혹은 사회의 기능에 가장 광범한 관련을 맺고 있는 사회적 과정”이라고 언급했다. 커뮤니케이션은 조직구조에 활력을 주고 조직구조는 커뮤니케이션에 안정성(stability)과 예측성(predictability)을 주어 과업 성취를 촉진하는 상호 영향 관계에 있을 뿐 아니라, 나아가 조직이 환경에 적응하는 도구로서 작용한다(Guetzkow, 1965: 534). 따라서 커뮤니케이션이 멈추게 되면 조직화된 행위는 존재하지 않으며, 조직에서 커뮤니케이션의 중요성은 아무리 강조해도 지나치지 않다(Luftman, 2004: 329).

2. 커뮤니케이션의 기능

전술한 바와 같이 조직이 효과적인 목적을 달성하는 데 합리적인 커뮤니케이션은 필수적이다. 조직 내에서 커뮤니케이션은 다음의 기능을 수행한다(이창원・명승환・임영제, 2004: 462; Scott & Mitchell, 1976).

첫째, 조정(통제)을 위한 기능이다. 커뮤니케이션은 조직구성원의 행동을 통제하는 기능을 한다. 조직에는 구성원이 따라야 하는 권한 계층과 공식적인 지침인 규범이 존재한다. 이러한 것은 커뮤니케이션을 통해 조직구성원에게 전달되며 구성원의 행동을 통제하게 된다.

둘째, 조직구성원의 동기 유발을 촉진하는 기능이다. 커뮤니케이션은 구성원이 해야 할 일은 무엇이며, 자신이 일을 잘하고 있는지를 알려 줄 뿐만 아니라 자신의 직

1) communication은 의사 전달 또는 의사소통으로 번역, 사용되기도 하지만 여기에서는 원어 그대로 사용하고자 한다.

무 성과를 개선하기 위해서는 어떻게 해야 하는지를 알려 준다. 즉, 구체적 목표를 설정해 주고 진전 상황을 환류시켜 줌으로써 바람직한 행동을 강화하는 것은 동기부여의 기본 과정이라고 볼 수 있는데, 이러한 과정에서 커뮤니케이션은 촉매제 역할을 수행한다.

셋째, 사회적 욕구의 충족 기능이다. 조직구성원은 커뮤니케이션을 통해 자신의 감정을 표출하고 다른 사람과의 교류를 넓혀 나가며 사회적 욕구를 충족시킨다.

넷째, 정보 전달의 기능이다. 커뮤니케이션은 개인과 집단에 정보를 전달함으로써 의사결정에 촉매제 역할을 한다. 즉, 커뮤니케이션은 가치가 있는 여러 가지 대안에 필요한 정보를 제공해 줌으로써 의사결정이 원활하게 이루어지도록 한다.

다섯째, 조직체의 유지 기능이다. 조직은 조직을 구성하는 구성원이나 조직 내에서 활동하는 여러 가지 하부집단의 상호작용과 협동을 통해 유지된다. 이러한 유지가 지속되기 위해서는 하부 집단의 의사와 정보를 전달하는 기능이 원활하게 이루어져야 한다. 즉, 커뮤니케이션은 조직을 유지하는 데에 필수적인 요소라 할 수 있다.

여섯째, 효과적인 리더십 발휘의 기능이다. 효과적인 리더십은 적절한 권위 유지와 부하들의 수용에 의해 이루어진다. 부하들의 수용은 커뮤니케이션의 활성화에 의해 가능해진다. 즉, 아무리 훌륭한 리더로서의 자질을 겸비한 사람이라도 그를 따르는 부하들이 리더의 의견이나 지도력을 잘 수용하지 못한다면 효과적인 리더십은 발휘될 수 없는 것이다.

3. 커뮤니케이션의 과정모형

커뮤니케이션의 실세계를 표현하려는 모형은 아리스토텔레스(Aristoteles)의 구성요소별 구분(연설자 → 연설 → 청중)에서 비롯해 학자들에 따라서 다양하게 제시되어 왔다. 1940년대 말 라스웰(Harold D. Lasswell)은 누가, 어떠한 채널을 통해, 누구에게, 어떤 정도의 효과로 말하는가를 커뮤니케이션에서 중요한 요소로 지적했고, 정보이론의 선구자로서 수학자인 섀넌(Claude Elwood Shannon)과 전자공학자인 위버(Warren Weaver)는 ① 정보원, ② 전달자, ③ 신호, ④ 수신자, ⑤ 목적 등의 다섯 가지 구성 요소에 의해 인간 커뮤니케이션을 분석했다.

종전 모형들의 통합을 시도한 벌로(Berlo, 1960: 24)는 커뮤니케이션 과정을 S-M-C-R모형으로 단순화하고 있다. 즉, 그는 커뮤니케이션 과정을 "전달자가 메시지를 특정의 경로를 통해 수신자에게 전달하는 것"으로 설명하고 있다. 그러나 시스템 이론에 입각할 때 과정이라는 개념은 정보를 단순히 전달하고 수신한다는 선형적 · 정태적 개념이 아니라 과정 내의 구성 요소가 상호작용해 서로 영향을 주고받는다는 동태적 개념으로 이해해야 한다. 이렇게 볼 때 환류(feedback)까지 고려한다면 [그림 8-1]과 같은 모형으로 나타낼 수 있다.

그림 8-1 커뮤니케이션의 과정모형

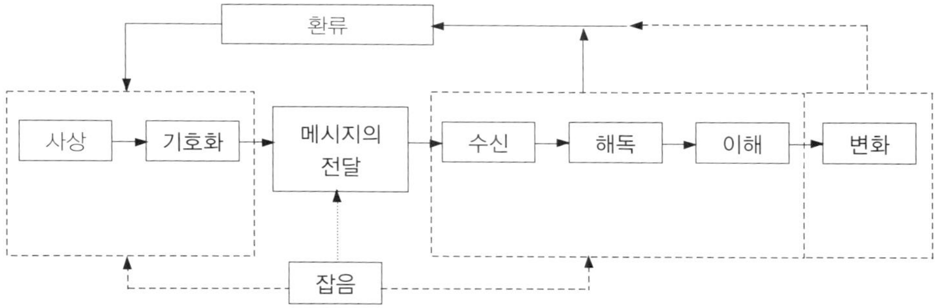

[그림 8-1]의 과정모형을 그 구성 요소별로 구분해 자세히 살펴보면 다음과 같다(오세덕 · 여윤환, 2000: 247-248).

1) 전달자

커뮤니케이션은 전달자(sender or source), 즉 사상이나 정보를 가지고 있는 전달자의 의도에 의해 비롯되며, 이는 한 사람일 수도 있고 여러 명의 개인일 수도 있으며 혹은 제도나 조직일 수도 있다. 전달자의 의도는 송신을 위해 적당한 메시지(message)로 전환하는 기호화(記號化, encoding) 과정을 거치게 되는데, 메시지란 전달자가 수신자에게 송신하는 자극으로서 어떤 의미를 가지고 있는 상징(symbol)

으로 구성된다. 기호화의 방법으로는 주로 언어 상징(구두 및 문서를 포함)을 이용하지만, 비언어 상징(예컨대, 교통 신호 · 사이렌 · 컴퓨터 언어 등)과 같은 물리적 언어와 각종 보디 랭귀지(body language)도 이용한다.

2) 경로

경로(channel)는 메시지가 전달자에게서 수신자에게로 물리적으로 전송되는 통로 혹은 수단으로서, 매스미디어 채널과 대인 채널로 구분될 수 있는데 조직에서 공식적 채널은 곧 그 조직의 구조라 할 수 있다. 이때 끼어들어 말썽을 일으키는 것이 잡음(noise)이다. 잡음은 커뮤니케이션의 모든 과정에 걸쳐서 발생할 수 있지만 특히 채널을 거칠 때 빈번히 발생함으로써 커뮤니케이션의 정확도를 감소시키는 방해 요소로 작용한다.

3) 수신자

수신자에게 도착된 메시지는 다시금 상징을 의미로 전환시키는 해독화(解讀化, decoding) 과정을 거쳐서 자기 사상으로 전환된다. 정확한 커뮤니케이션이 이루어지자면 전달자와 수신자가 다 같이 기호에 대해 동일한 또는 적어도 유사한 의미를 부여할 경우에 가능하며, 여기에는 최소한의 사전 공동 경험을 필요로 한다. 전달자나 수신자 모두 기술 · 태도 · 지식 · 사회문화적 시스템에 의해 영향을 받기 때문에 메시지의 의미가 때로는 달리 전달될 가능성이 상존한다.

4) 효과

커뮤니케이션 효과(effect)란 메시지 송신의 결과로서 수신자의 지식(knowledge), 태도(attitude) 및 행동(behavior)에서의 변화를 말한다. [그림 8-1]에 표시된 것처럼 변화라는 변수는 기본적인 커뮤니케이션 과정 속에 포함되는 것은 아니나, 조직 커뮤니케이션의 목적 자체가 행태적 변화를 의도하고 있다는 데에 중요성이 있다. 물론 이러한 변화는 메시지의 이해를 통해서만 이루어지는 것은 아니며 그것은 동기부여나 리더십 등에도 달려 있다.

5) 환류

환류(feedback)는 전달자의 메시지에 대한 수신자의 반응으로서 커뮤니케이션의 효과성을 평가하는 데 필수적 요소가 된다. 환류에 의해서만이 메시지가 효과적으로 기호화・전달・독해・이해되었는가 또는 커뮤니케이션의 결과 어떤 변화를 가져왔는가를 확인할 수 있으며, 송신자는 후속 메시지를 수정하는 데 이 결과를 고려할 수 있다. 그러므로 환류는 커뮤니케이션을 역동적이고 쌍방향적 과정으로 만드는 중요성을 갖는다.

4. 비언어적 커뮤니케이션

1) 비언어적 커뮤니케이션의 의의

비언어적 커뮤니케이션(nonverval cmmunication)이란 언어를 사용하지 않는 방법으로 이루어지는 커뮤니케이션이라 할 수 있다(Reece, Brandt, & Howie, 2011: 33). 비언어의 개념 속에 포함될 수 있는 것으로는 목소리의 크기와 강약, 음색, 얼굴 표정과 눈의 움직임, 보디 랭귀지(body language) 혹은 키네틱스(kinetics)라고 불리는 신체의 움직임과 다른 사람과의 거리 및 접촉, 의복의 선택, 장신구의 선택, 습관적이고 문화적인 제스처 등을 꼽을 수 있다(Wilson, Hantz, & Hanna, 1992: 239). 일반적으로 우리는 일상생활 속에서 말에 의한 커뮤니케이션보다 비언어적 커뮤니케이션을 더 많이 하고 있다. 수신자는 이러한 비언어적 의사소통에 대해 주의해야 한다. 전달자의 말에서 문자적인 의미를 들을 뿐만 아니라 비언어적인 단서도 찾지 않으면 안 된다(Robbins & Judge, 2015: 341).

비언어적 커뮤니케이션은 다음과 같은 특성을 갖는다(설기문, 2002: 188-198).

첫째, 비언어적 커뮤니케이션은 계속적으로 존재하는 현상이다. 즉, 우리가 타인과 함께 있는 동안에 설사 그가 아무 말도 하지 않는다고 하더라도 그의 기분이나 상태를 표정이나 몸짓을 통해 알 수 있다.

둘째, 우리는 비언어적 메시지를 사용해 커뮤니케이션을 하지 않을 수 없다. 언어의 사용 여부와 관계 없이 비언어적 커뮤니케이션이 존재한다면 우리는 항상 비언어적 커뮤니케이션을 하고 있다고 해야 할 것이다.

셋째, 비언어적 커뮤니케이션은 문화에 따라 달리 해석된다.

넷째, 비언어적 커뮤니케이션은 모호하다. 경우에 따라 언어적 메시지가 모호하며 오해가 생길 수 있듯이 비언어적 메시지도 상황에 따라 잘못 이해될 수도 있으며, 이로 인해 갈등이나 다툼이 유발될 가능성도 존재한다.

이와 같은 특성을 갖고 있는 비언어적 커뮤니케이션은 일반적으로 다음과 같은 기능을 한다(설기문, 2002: 189-191).

(1) 반복

사람들은 어떤 물음에 대한 답으로 "예"라고 말을 해놓고 고개를 끄덕인다. 이는 언어적 커뮤니케이션을 비언어적 의사소통으로 다시 반복하는 경우이다.

(2) 대체

경우에 따라 말로 "예"라고 대답하는 대신 고개를 끄덕인다. 이러한 경우는 비언어적 커뮤니케이션을 이용해 언어를 대신해서 사용하는 경우이다.

(3) 보완

우리는 흔히 남에게 미안함을 느끼거나 쑥스러울 때 언어적 표현과 함께 머리를 긁적이는 경우가 있다. 이러한 경우는 언어적 커뮤니케이션을 보완하는 기능을 하는 것이다.

(4) 강조

우리는 이야기를 하면서 특정 부분을 강조할 때 그 부분을 힘주어 강하게 또는 크게, 천천히 말하는 경향이 있다. 이는 바로 비언어적 커뮤니케이션이 강조의 기능이 있음을 보여 주는 것이다.

(5) 모순

때때로 커뮤니케이션 상황에서 언어적 메시지와 비언어적 메시지가 서로 모순될 때가 있다. 예를 들어 수험생이 "긴장되지 않는다'고 말하면서 두 손을 자꾸 비빈다든지 목소리가 떨린다면 그 말을 믿을 수 없을 것이다. 이렇듯 상호 모순되는 언어-비언어적 메시지가 동시에 전달될 때 비언어적 메시지의 힘이 더욱 크게 작용하며, 또 비언어적 메시지는 무의식적으로 진실을 표시한다는 점을 알 수 있다. 그러므로 이러한 비언어적 커뮤니케이션이 인간관계에 미치는 영향이 매우 큼을 알 수 있다.

2) 허용 거리

홀(Edward T. Hall)은 사람의 개인 공간을 연구하면서 그의 이론과 공간 활용에 대한 관찰을 기술하기 위해 1960년대 초기에 프록시믹스(proxemics)라는 용어를 만들어 냈다. 이 분야에 대한 그의 연구는 대인 관계에 대한 새로운 이해를 가능케 했다. 인간의 공간 이용은 타인과 관계를 맺고 그들과의 거리를 감지해 내는 능력에 의존한다고 가정하고 모든 개인은 모두 자기 나름의 영역을 필요로 한다고 주장하면서 홀은 이러한 공간을 네 가지로 구분한다(McKay, Davis, & Fanning, 1995: 58-61).

(1) 근접 공간

근접 공간(intimate distance; 15~45cm)은 사람이 자신의 소유물처럼 보호하는 지역이므로, 모든 거리 중에서 가장 중요하다. 오로지 그 사람에게 정서적으로 가까운 사람만이 그 안으로 들어가는 것이 허용된다. 연인, 부모, 배우자, 자식, 친한 친구, 친척 등이 여기에 해당된다. 육체적인 접촉 시에만 발을 들여놓을 수 있는 거리이다.

(2) 개인 공간

개인 공간(personal distance; 46cm~1.2m)은 칵테일 파티나 사무실 파티, 각종 사교모임, 친구 모임 등에서 다른 사람과 유지하는 거리이다.

(3) 사회 공간

사회 공간(social distance; 1.2m~3.6m)은 낯선 사람이나 배관공 혹은 집 수리하는 목수, 우편배달부, 가게 주인, 새로 고용한 고용인, 잘 모르는 사람들과는 이 정도 거리만큼 떨어져 있길 원한다.

(4) 공중 공간

공중 공간(public distance; 3.6m 이상)은 우리가 많은 사람에게 연설하려고 할 때 서 있고 싶어하는 편리한 거리이다.

영역이란 한 개인이 그것이 마치 신체의 연장인 것처럼 자기 자신의 것이라고 주장하는 구역 혹은 공간이다. 지금까지 살펴본 것처럼 이러한 공간은 단순히 우리가 움직여 가는 지역을 나타내며 지역이 넓어짐에 따라 친밀도는 감소된다고 할 수 있다. 그런데 여기서 한 가지 주의해야 할 점은 위에서 소개된 허용 거리가 문화권에 따라 다르게 변화할 수 있다는 사실이다(Reece, Brandt, & Howie, 2011: 35-36).

5. 메타커뮤니케이션

메타커뮤니케이션(meta-communication)이란 커뮤니케이션 자체에 대한 커뮤니케이션(communication about communication)으로서 인간관계를 맺고 있는 두 사람의 관계에 대한 메시지를 주고받는 것으로 "한층 높은 차원의 커뮤니케이션"이라고 할 수 있다(Adler & Proctor II, 2011: 296-297).

메타커뮤니케이션은 우리가 타인의 관계 자체를 주제로 할 때 나타나는 커뮤니케이션이다. 따라서 메타커뮤니케이션은 갈등을 건설적인 방법으로 해결할 수 있는 중요한 수단이 된다. 왜냐하면 그것은 흔히 문제의 근원이 되는 메시지의 내용 차원에서 왈가왈부하는 대신에 관계 차원에서 커뮤니케이션의 초점을 전환시키기 때문이다. 다음은 메타커뮤니케이션의 한 예이다(Knapp & Vangelisti, 2009: 5-6).

아내 : 당신은 TV를 너무 많이 봐요.
남편 : 내가?…… 언제……?
아내 : 그렇잖아요. 솔직히 인정할 것은 인정해야죠.
남편 : 그래……? 그럼 이제부터 내 다시는 TV를 보지 않겠어, 이제 됐어?
아내 : 아휴! 그만두세요. 하고 싶은 대로 하세요!
남편 : 그만두라고? 당신이 시비를 걸기에 뜻대로 해 주겠다는데 그만두라니, 도대체 날 보고 어쩌란 말이야!!

이 대화는 겉으로는 TV 시청 문제가 주제인 것 같지만 그것은 내용 차원에 불과하다. 즉, 관계 차원에서 자신에게 소홀히 하고 무관심한 남편에 대한 불만의 표시를 아내가 나타낸 것으로 보아야 하는 것이다. 요컨대 우리는 커뮤니케이션에서 단순히 내용 차원뿐만 아니라 그와 함께 관계 차원의 메시지를 동시에 읽을 수 있어야 인간관계에서의 갈등관리를 효과적으로 할 수 있는 것이다(오세덕 외, 2018: 237).

제 2 절 조직 커뮤니케이션의 유형과 효율화

이제 앞에서 논의된 연구 관점들이 모두 나름대로의 유용성이 있다는 전제 하에서 구체적으로 조직 커뮤니케이션을 분석해 보고자 한다. 조직 커뮤니케이션은 그 기본 과정이 개인 커뮤니케이션과 다를 바 없으나, 다만 조직에서는 조직구조라는 사전에 결정된 커뮤니케이션 통로가 있다는 점이다. 즉, 조직구조란 누가 누구와 커뮤니케이션을 할 것인가를 구체화해 놓은 것이라고 할 수 있다. 커뮤니케이션을 유형화하자면 전달의 경로, 흐름의 방향, 전달의 대상, 목적, 수단 등의 기준에 따라 여러 가지로 분류할 수 있으나, 통상 조직 커뮤니케이션은 그 경로를 기준으로 공식적 커뮤니케이션(formal communication) 및 비공식적 커뮤니케이션(informal communication)으로 2대분하고, 다시 공식적 커뮤니케이션을 방향성을 기준으로 하향적, 상향적 및 수평적 커뮤니케이션으로 3대분하는 절충식 분류법을 사용한다.

1. 조직 커뮤니케이션의 유형

1) 공식적 커뮤니케이션

(1) 하향적 커뮤니케이션

하향적 커뮤니케이션(downward communication)은 조직의 계층구조를 따라 상급자로부터 하급자에게로 명령이나 지시·방침·성과 표준 등이 전달되는 커뮤니케이션을 말하며, 다른 유형에 비해 가장 빈도가 높다. 공식조직의 모든 계층은 여러 가지 긍정적인 면을 가지지만 동시에 지위나 권한의 차이 때문에 부정적인 면, 이를테면, 상급자의 잘못을 하급자가 말하지 못하는 경향도 많다(Wilensky, 1967: 42-48).

(2) 상향적 커뮤니케이션

상향적 커뮤니케이션(upward communication)은 하급자의 성과 보고로부터 의견이나 제안·태도·고충 등의 상향적 전달에 이르기까지 매우 광범하다. 상향적 커뮤니케이션은 조직에서 상하급자 간에 쌍방적 커뮤니케이션을 가능케 하고 상의하달의 오류를 시정하는 장점이 있는 반면 여과 효과(filtering effect)로 인해 그 정확성이 훼손될 가능성이 있다. 즉, 하급자는 상급자의 질책을 우려해서, 또는 상사의 귀를 즐겁게 하기 위해 중요한 부정적 정보 중 상당량이 걸러지게 된다(Thompson, 1967: 125). 품의(稟議) 결정은 집권적 체제를 취하는 경우 필연적으로 거치게 되는 하의상달의 한 형태이나, 실제로는 아랫사람에게로의 책임 전가 내지는 부하의 통제 수단으로 전락할 가능성이 많다.

(3) 수평적 커뮤니케이션

수평적 커뮤니케이션(horizontal communication)은 조직에서 위계 수준이 같은 구성원이나 부서 간의 커뮤니케이션을 의미하는 것으로 상호작용적 커뮤니케이션이라고도 한다. 하향적인 메시지의 흐름이 대개 권위적인데 비해 수평 흐름에 의한 메시지의 내용은 주로 협력적인 성격을 띠며 그 왜곡의 정도도 덜하다. 근래에 와서 수평적 커뮤니케이션의 중요성이 크게 인식되어 왔는데, 그 이유는 각 구성원 간 및 부서 간의 갈등을 관리하고 조정 활동을 강화함으로써만이 조직 목표 달성이 보장되기 때문이다. 특히 계층이 많은 대조직의 경우 서로를 경쟁 관계 또는 적대 관계로 인식하거나 이른바 할거주의(sectionalism) 경향으로 인해 수평적 커뮤니케이션이 원활히 이루어지지 못하는 수가 많다. 따라서 이런 경우 부서 간의 연결 역할을 전담하는 개인이나 부서를 공식적으로 설정하기도 한다.

2) 비공식적 커뮤니케이션

커뮤니케이션은 인간 욕구의 발로라는 측면이 있고 동시에 자연스러운 물의 흐름과 같은 속성이 있어, 조직도표와 같은 정해진 통로로만 흐르게 할 수는 없다. 조직 성원들은 직종과 계급을 넘어서 인간적 유대, 예컨대 감정적인 친지 관계 · 학연 · 지연 · 입사 동기 등의 유대를 기반으로 자생적 커뮤니케이션을 유지하게 되는데, 이러한 비공식적 커뮤니케이션(informal communication) 체계 혹은 경로를 흔히 소문 혹은 풍문(grapevine)이라고 부른다. 소문 혹은 풍문은 이를 통해 흐르는 정보의 내용이 루머(rumour)의 형태인 데다가 커뮤니케이션 과정에서 왜곡의 소지가 많아 관리자에게는 경원시되어 왔다. 이런 이유로 악성 루머와 같이 비공식 커뮤니케이션의 부정적 측면이 강조되어 이를 조직에서 완전히 제거해야 된다고 주장하는 학자도 있다.

그러나 소문 혹은 풍문은 조직에서 필연적이고 자연적인 현상임을 인정해야 할 것이다. 루머는 우리에게 중요한 관계가 있는 현상에 대한 반응으로서 모호성이 있는 경우에 불안을 일으키는 상태에서 나타나는 현상이다. 한 연구에 따르면 소문 혹은 풍문을 통해 흐르는 소문의 75%가 정확한 사실이었다는 보고도 있다. 조직 내 공식 · 비공식 커뮤니케이션 채널은 보완적이거나 대표성을 띤다(Downs, 1967: 113-114). 따라서 최고관리자는 소문 혹은 풍문의 역기능을 최대로 줄이면서 이것이 정확할 수 있고 신속하며 공식적 커뮤니케이션을 보완해 주는 역할을 할 수 있도록 효율적인 관리 방안을 마련해야 할 것이다.

자생적 커뮤니케이션은 제도적 의사 전달에 비해 매우 전달 속도가 빠르며, 또한 융통성을 겸비하고 있다. 관리 목적에 이바지할 수 있는 자생적 커뮤니케이션의 장점으로는, ① 관리자로 하여금 일반 직원들의 동태 파악을 용이하도록 하며, ② 일반

직원들의 정서적 긴장을 해소하고, ③ 관리층에서 발하는 딱딱한 명령이나 지시를 인간적이고 부드러운 것으로 옮겨놓는 역할을 하며, ④ 제도적 의사 전달 체계가 공급하지 못하는 유익한 정보를 전달하는 역할을 한다.

이에 반해 자생적 커뮤니케이션의 단점으로서는, 첫째, 풍문을 유포할 가능성을 내포하고 있다는 점과, 둘째, 책임성이 없다는 것이다. 즉, 자생적 커뮤니케이션은 정보 전달 시에 오류를 범한다 하더라도 책임 추궁의 대상이 되지 않기 때문에 편의에 따라 마음대로 사실을 왜곡할 수 있다. 그런데 이러한 사실의 왜곡 또는 일종의 풍문이 구성원들의 원망이나 흥미 본위에 기인된 것이라면 일시적으로나마 직장의 명랑한 분위기를 조성하는 데 도움이 될 수도 있겠지만 그러한 풍문이 직원의 불만 내지 불안에서 오는 것이라면 조직에 매우 불리한 영향을 미치게 된다.

피프너(John M. Pfiffner)는 조직 내에서 풍문의 주요 발생 원인으로서, ① 진상에 대한 정보의 결여, ② 억압적 분위기를 들고 있다. 또한 올포트(Gordon W. Allport)와 포스트먼(Leo J. Postman)의 실증적 조사 연구에서도 풍문의 유력한 발생 요인으로서 역시 사태의 진상의 모호성을 들고 있는데, 이러한 모호성은 여러 가지 형태로 분류된다. 그중 가장 중요한 것은 사실적 정보의 결여, 사실적 정보의 부적절성, 상호 배치되는 정보, 정보의 불신임 또는 진상의 수락을 기피하거나, 또는 불가능하게 하는 심리적 긴장을 들 수 있다.

풍문을 야기하는 이러한 여러 요인으로 미루어볼 때 관리층이 일반 구성원에게 필요한 여러 가지 정보 자료의 전달, 즉 하향적 정보 전달을 소홀히 하는 경우에는 풍문의 유포가 조장되는 반면에 그들에게 요구되는 정보 전달을 적시적절하게 행하는 경우에는 풍문이 그다지 발생하지 않는다. 또한 직장의 억압적 분위기를 해소한다는 것도 풍문에 대한 효과적인 방지책이라고 생각할 수 있다.

2. 커뮤니케이션의 장애와 극복

1) 구조적 장애 요인

효과적인 커뮤니케이션을 저해하는 구조적 요인으로는 계층제 · 전문화 · 집권화

등을 들 수 있다(조석준, 1993: 398-402).

(1) 계층제

계층제(hierarchy)는 그 특성상 부하들로 하여금, 어떤 의미에서든지 상부에 잘 보이려는 동기를 갖게 된다. 따라서 많은 사람이 일이 잘 되어가는 것같이 보이게 하고 안전 위주로 행동하려는 욕구를 가지게 된다(Katz & Kahn, 1966: 246). 특히 이와 같은 현상은 상승형의 성격에 많으며, 이들은 자기의 실수를 은폐할 뿐만 아니라 때로는 자기가 당면한 애로 사항인 권한의 불충분, 다른 부서와의 중복, 부족한 시간·경비·인력·장비 등에 관한 것까지도 상부에 보고하지 않는 경향이 있다. 또 많은 사람이 자기들이 당면한 애로점이나, 또는 자기가 알고 있는 문제 해결 방안을 위에 보고하지 않는 이유는 보고함으로써 오히려 자기가 새로운 일에 말려들게 되는 것 등을 귀찮게 생각하기 때문이다.

한편, 상관은 부하가 제공하는 정보를 듣기 싫어하거나 또는 듣지 않을 권리를 가지고 있는 것이 계층제의 특색이다. 예를 들면, 지위가 낮은 정보전문가의 권고는 아무리 그 내용이 옳은 것이라도 심리적으로 무시하려고 하며, 또 사실상 무시할 수도 있다.

상관도 부하처럼 자기가 갖고 있는 정보 가운데 선택적으로 부하에게 주게 된다. 그러나 그 동기는 부하의 그것과 다르다. 한 사람의 부하로서는 자기의 상관에게 가까워지기 위해 자기를 드러내는 정보를 주며, 상관으로서는 부하와의 사이에 거리를 두기 위해 이런 정보를 주지 않는다고 할 수 있다.

이리하여 조직이 많은 계급을 만들고, 계급성을 강조하며, 이에 부수된 상징을 강조할수록 정보의 왜곡과 단절 현상은 심해지며, 이에 대처하기 위해 상부에서는 더욱, 충성심·세뇌 등을 강조하게 되고, 따라서 직원들은 '보수형의 조직인'이 되며, 창의와 이니셔티브는 없어지고, 정보는 그 질이 더욱 낮아진다.

(2) 전문화

조직은 그 내부구조의 분업의 필요에 따라 소관이 다른 각 부서를 설치해 분야별로 전문화시키고 있는데, 이로 인해 각 부서는 경쟁 관계에 놓이게 되고 정보는 왜곡되거나 단절된다. 즉, 외교부 · 국방부 · 정보기관 3자 간의 비협조로 인해 동일 정보활동이 중복되거나 왜곡되는 일이 발생할 수 있는 경우가 그것이다.

전문가는 일반적으로 그 방면의 전문지식에 기초한 선입견이 있으며, 고위 정책적인 견지에 대해서는 무지하면서도 다른 부서와의 경쟁을 하지 않으면 안 되므로 왜곡되고 무관한 정보를 만들어 내게 된다. 전문가는 자기의 부하나 동료 간에는 때로는 의사 전달을 잘하지만, 상관이나 경쟁 부서에 대해서는 정보를 왜곡하고 단절하는 일이 많으므로 이와 같은 경우에 하의상달을 확보하는 것이 어려운 문제라고 할 수 있다.

의사 전달을 종적인 것과 횡적인 것으로 나눈다면 전술한 계층제의 영향은 종적인 것에 대한 것이고, 여기에 전문화(specialization)는 주로 횡적인 의사 전달을 말한다고 할 수 있다. 복수 의사 주체 간의 경쟁과 갈등이론, 참모와 참모 간, 참모와 계선 간의 갈등도 바로 횡적 의사 전달 분야에 속한다.

(3) 집권화

계층제 및 전문화와 관련된 정보 병리의 하나로서 집권화(centralization)를 들 수 있다. 만일, 정보 활동이 조직의 최고위층에 집결되어 있으면 너무 적은 수의 전문가와 인원이 너무 적은 양의 유관한 정보를 갖게 되어 실정에 어둡게 되며, 너무 많은 양의 업무 때문에 제대로 기능할 수 없게 된다. 반면에 정보활동이 많은 하위 부서에 분산되어 있으면, 너무나 많은 수의 전문가와 인원이 너무 많은 전문적인 정보를 가지고 역기능적 경쟁을 하게 되고 상호 협조하는 동안에 적시성(適時性)을 상실하게 되어 하의상달 통로에서 정보를 왜곡시키게 된다.

또 의사 전달 체제가 집권화되면 단순 문제에 대해서는 신속하고 능률적으로 처리하기에 유리하지만 복잡한 문제에 대해서는 분권화된 구조 쪽이 더 효과적이며 직원의 사기도 더 높다. 일반적으로 정치 · 군대 · 기업의 지도자는 집권화적 정보활동이 분권화된 그것보다 더 많은 이익이 있는 것으로 간주하는 경향이 있다. 이들은 전문가가 독립성과 객관성을 보장하는 것보다 후자를 통제하는 데 더 많은 관심을 갖고 있다. 다른 측면으로 전문가도 자기들의 영향력 행사를 위해서는 최고위층으로부터의 지시를 받는 것을 원하는 경향이 있다. 그리하여 이 양편의 태도 때문에 정보활동은 집권화되는 경향이 있다.

2) 과정적 장애 요인

(1) 왜곡

왜곡(distortion)이란 메시지의 의미나 내용을 변화시킬 수 있는 '레벨링(leveling)', '샤프닝(sharpening)', '동화(assimilation)' 등의 현상을 말한다. '레벨링'이란 메시지 내에 포함된 몇 가지 뚜렷한 요점이 흐려지게 되는 것을 말하며, '샤프닝'이란 메시지 내의 특정 부분만이 강조되는 것을 말하고, '동화'란 메시지를 받았을 때 그 메시지 내에 포함되어 있는 내용 이상으로 자기 자신의 생각에 가깝도록 메시지를 표현하려고 메시지 내용을 바꿔 말하려는 사람들의 일반적인 성향을 말한다(이종화, 1987: 203). 왜곡이 발생하는 것은 대개 다음과 같은 이유 때문이다.

첫째, 개인들은 상이한 경험으로 인해 준거 체제가 서로 다르므로 동일한 커뮤니케이션을 다르게 해석할 수 있다(Giibson, Ivancevich, & Donnelly, 1991: 553).

둘째, 어의상의 문제로서 전달자가 모호한 말을 사용하거나 수신자에게 생소한 전문용어를 사용할 경우 언어의 부적절한 사용으로 인한 해석의 오류를 낳는다.

셋째, 감각적 정보를 조직화하는 지각 과정에서 발생하는 지각오류로서, 상동적 태도(stereotyping), 할로 효과(halo effect), 투사(projection), 선택적 지각 등을 들 수 있다.

넷째, 시간에 쫓기다 보면 적시성을 놓치거나 당연히 포함해야 할 사람을 커뮤니케이션 경로에서 제외시키는 등 시간 압박(time pressure)이 요인이 된다.

이 밖에도 매체 수단의 불완전성이나 계층제의 역기능 등도 왜곡의 요인이 된다.

(2) 누락

누락(omission)은 전달자가 의도한 메시지의 일부만이 수신자에게 전달됨을 뜻한다. 누락 현상은 전달자가 고의로 커뮤니케이션의 내용을 여과(filtering)할 때라든가 전달자가 전체 메시지를 파악하지 못함으로써 불충분한 정보를 수신자에게 전달할 때 발생한다. 그리고 고의가 없더라도 조직이 고층구조를 지녀 커뮤니케이션 단계가 길어지게 되면 불가피하게 누락 현상은 발생한다.

(3) 정보의 과부하

과부하(overload)란 메시지의 흐름이 그 체제의 처리 용량을 초과해 유입되는 상황을 나타내는 평가적 용어이다. 정보의 홍수에 휩쓸리다 보면 적절한 조치를 강구해야 할 중요 문제를 가려내지 못하거나 합리적인 의사결정을 못할 때가 많다.

(4) 수용의 거부

앞의 장애들이 극복된다 하더라도 수신자가 메시지를 수용(acceptance)해야만 전달자가 의도했던 반응이 나오게 된다. 수신자가 정보 전달자의 말이나 행동에 대해 신뢰를 하지 않거나, 메시지에 대한 특정의 선입견(preconceived idea)을 갖는 경우 수용 거부 현상이 나타나게 되며, 이때 커뮤니케이션의 원래 의도는 크게 상실된다. 청취는 많은 주의와 자기 훈련을 필요로 한다. 이는 선입견을 가지고 타인의 주장에 대해 시기상조적 평가를 해서는 안 된다는 것을 의미하기도 한다.

3) 커뮤니케이션 장애의 극복

(1) 왜곡과 누락에 대한 대처 방안

왜곡과 누락이라는 커뮤니케이션 장애에 대처하는 방법으로는 전통적으로 다음과 같은 몇 가지가 사용되어 왔다.

첫째, 중복(redundancy)의 방법으로서, 하나의 메시지를 이질의 경로를 통해 서로 다르게 자주 되풀이하는 것이다. 만일 한 공직자가 그의 권한으로 보고되었던 사실들에 대해 그 정확성을 의심한다면 둘 혹은 그 이상의 경로를 설정해(때로는 경쟁을 통해) 같은 사실을 보고하게 할 수 있다. 독점에 대한 전통적인 시정 방법은 바로 경쟁이다(Downs, 1980 : 119).

둘째, 통과(bypassing)의 방법으로서, 커뮤니케이션 흐름에서 중개자(intermediary)를 제거하는 것이다. 통과는 ① 계층 수를 줄여 평면조직화하거나, ② 고위층이 현업부서를 직접 조사하는 방법, ③ 건의함이나 옴부즈만(Ombudsman) 방법 등을 통해 성취될 수 있다.

셋째, 사후검사(follow-up)와 환류(feedback)를 이용해서 메시지의 내용이 실제로 어떻게 해석되고 있는가를 확인하거나, 정기적 회의처럼 구체적인 메시지의 시기를 표준화함으로써 시간 압박을 해소하는 등도 커뮤니케이션의 왜곡과 누락을 극복하는 방안이 될 것이다.

(2) 정보 과부하에 대한 대처 방안

원래 조직구조(특히 관료제 구조) 자체는 수신자의 정보 접근을 효과적으로 제한할 수 있고 그 결과 정보의 과부하를 줄여 준다고 볼 수 있다(Rogers, 1973: 333). 그러나 좀 더 구체적인 방법으로는 ① 시기적 조절에 의해서 정보량을 표준화하는 방법(대기열의 이용), ② 정보에 대해 우선순위를 설정하고 순위가 낮은 것은 타인에게 처리하도록 하는 방법, ③ 조직을 분권화함으로써 상위층에 집중되는 정보를 중간층 이하에 분산시키는 방법, ④ 비서나 참모와 같은 문지기(gatekeeper)를 확충하는 방법 등이 주로 사용된다.

(3) 수용 거부에 대한 대처 방안

커뮤니케이션의 개선을 위해서는 무엇보다도 신뢰적인 조직 분위기의 조성이 중요한데, 이를테면 전달자는 행동으로 메시지를 뒷받침하는 신뢰를 보여야 하며, 수신자는 평가적 판단을 지양하고 전체 의미를 신뢰하는 태도를 지녀야 한다. 조직 생활에서 일어나기 쉬운 혼란을 감소시키고 좀 더 좋은 커뮤니케이션을 가져오기 위해서는 감정이입적 청취(listening with empathy) 내지 역지사지적(易地思之的) 청취(projective listening)가 필요하다(Flippo, 1961: 467).

(4) 제도적 보완책 강구

효과적 커뮤니케이션이 못 되는 요인 중 상향적 커뮤니케이션의 빈도가 적다는 지적이 자주 대두되는 바, 커뮤니케이션의 장애 극복 차원이라기보다는 적극적인 효율화라는 차원에서 다음과 같은 하의상달을 활성화시키는 제도적 장치를 강구할 필요가 있다. 이를테면, 고충처리 절차, 문호개방 정책, 카운슬링, 정기적인 태도 조사설문 및 퇴직면접 제도, 제안 제도, 각종 회의 제도, 참여적 의사결정 제도 등을 적극 강구할 필요가 있다.

제 3 절 조직의 커뮤니케이션 네트워크

1. 네트워크의 중요성과 연관성 개념

커뮤니케이션 네트워크라 함은 “조직구성원 간에 이루어지고 있는 반복적이며 재현적인 상호작용의 패턴”을 말한다. 따라서 네트워크란 개인과 조직 사이의 중간 크기에서 매개하는 묶음(grouping)이라 할 수 있다. 개방체제이론이 도입되면서 조직 커뮤니케이션 연구의 성격은 분석 단위로서의 개인에게 초점을 맞추는 단자론(單子論)적 접근 방법에서 커뮤니케이션 관계를 구성하는 두 개 또는 그 밖의 다른 상관적 단위를 주로 연구하는 쪽으로, 그리고 때로는 커뮤니케이션 네트워크 분석을 포함하는 좀 더 체계적 차원의 관심으로 분석 단위를 이동시켰다. 그러므로 네트워크를 분석하기 위해서는 그 네트워크를 구성하고 있는 성원들의 범위와 그 구성원 간의 연관성을 먼저 검토해야 한다.

네트워크 분석은 일단의 사람들 간에 존재하는 실제적이고 잠재적인 관계 유형을 동시에 검토해야 하기 때문에 분석 대상이 되는 성원의 한계는 명백히 규정되어야 한다. 그리고 네트워크의 연관성(linkage)과 관련해서는 그 연관성의 대칭성(symmetry), 강도(strength), 상호관계(interrelation) 등 세 가지 차원에서 검토할 필요가 있다. 조직 성원은 각기 연관성의 수는 다르다 할지라도 다른 성원과의 잠재적인 커뮤니케이션 연관성을 지니고 있으며 그것은 대칭적이거나 아니면 비대칭적이다. 대칭적 연관성은 두 사람이 서로 상대방에 대해 똑같이 정보를 주고받으며 이를 공유하는 경우와 같이 동등한 바탕 위에서 상호작용할 때 발생한다. 이에 비해 비대칭적 연관성은 한쪽은 정보를 구하고 또 한쪽은 정보를 제공하는 경우와 같이 비동등성이 있는 경우에 나타난다.

두 번째 차원인 연관성의 강도는 상호작용의 빈도가 높거나 상호작용 기간이 긴 커뮤니케이션 연관성을 그렇지 않은 커뮤니케이션 연관성과 구별하기 위해 사용되는 개념이다.

셋째로 상호관계 개념은 두 사람 간에 이루어지고 있는 의견의 합치도 문제를 다루는 연관성의 본질에 관한 특성이다. 가령 상호작용 당사자 중 한쪽은 "그들 서로가 커뮤니케이션하고 있다"고 보고하는데 반해 다른 한쪽은 "그렇지 않다"고 보고하는 수도 있고, 다 같이 인정하고 있는 수도 있다(Farace, 1977: 181-184).

즉, 계층이 낮을수록 사람들은 상위 계층 성원과의 업무 접촉 관계를 과장 보고(over-report)하는 경향이 있고, 반면 상위 계층 성원은 하위 계층 성원과의 연관성을 과소 보고(under-report)하는 경향이 있다(Farace, 1977: 199). 네트워크 분석에서 수백 명이나 수천 명이 네트워크에 관련된 성원으로 포함될 때에는 그들 모든 성원 간에 존재하는 커뮤니케이션 연관성을 다 파악하기란 거의 불가능하다. 그러므로 연구자들은 정보의 손실이나 변질을 최소화한다는 전제 하에서 네트워크 관련 성원을 단순화시키거나 감축시켜 그들의 연관성을 파악하지 않으면 안 되며, 그러기 위해서는 명백한 운영 규칙이 있어야 한다(임영제 외, 2003: 306).

2. 커뮤니케이션 네트워크의 형태

집단의 구조를 반영하는 커뮤니케이션 네트워크가 그 집단구성원의 행태에 어떤 영향을 미치는가 하는 주제에 관해서는 1950년대 이후 사회학자들에 의해 이루어진 소집단 연구가 그 효시를 이룬다. 즉, 베이블라스(Bavelas, 1950: 725-730)와 리비트(Leavitt, 1951: 38-50)는 원탁을 칸막이로 분할해 놓고 다섯 사람을 그 탁자에 둘러앉게 하여 물리적으로 서로 격리시킨 채, 각 칸막이에 뚫어놓은 작은 구멍을 통해 메시지를 서로 주고받도록 실험을 조작했다. 그리고는 다섯 사람 모두가 함께 참여해야 할 공동 과제를 부여한 후 [그림 8-2]와 같은 각 네트워크에 따라 나타나는 조직 행태상의 차이를 밝혀내고 있다(오세덕 · 여윤환, 2000: 263).

특히 이들은 '거리(네트워크 내의 개인의 위치)'와 '중심도(centrality)' 및 '주변도(peripherality)'라는 새로운 개념을 제시하고 있는데, 그 의미와 계량적 측정을 간단

그림 8-2 커뮤니케이션 네트워크의 형태

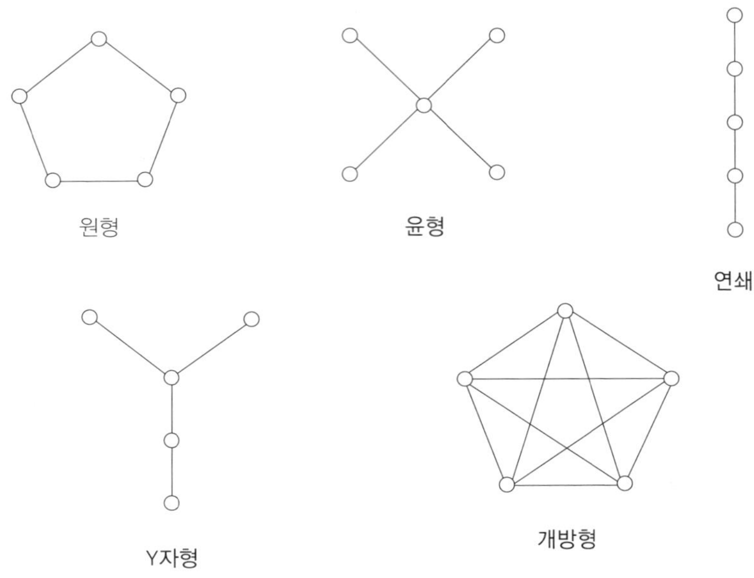

히 살펴보면 다음과 같다.

우선 거리에는 개인 거리와 집단 거리가 있는데, 개인 거리는 한 성원이 집단 내의 다른 성원과 접촉하는 데 거쳐야 할 연결 수(link)를 말하며, 집단 거리는 모든 개인 거리의 합을 말한다. 그리고 가장 긴 개인 거리는 그 집단의 '지름'이라고 불린다. 여기에서 개인 거리가 짧다는 것은 다른 성원과 쉽게 메시지를 주고받을 수 있다는 뜻이고, 집단 거리가 짧다는 것은 성원들 간의 접촉 관계가 원활하다는 것을 나타낸다.

다음으로 중심도란 그 집단 내의 각 성원이 어느 정도 중심적인 위치를 차지하고 있는가를 나타내는 상대적인 평가 개념으로서 집단 거리를 그 성원의 개인 거리로 나누어 얻게 된다.

끝으로 '개인의 주변도'란 각 성원의 개인 중심도와 그 집단의 최대 중심도와의 차이를 말하고, '집단경사도'란 집단 성원 개개인의 중심도를 모두 합한 것으로 그 집단 성원들이 얼마나 균형을 유지하면서 커뮤니케이션에 참여하는가를 나타낸다. 따라서 집단경사도가 클수록 집단구조의 정보망은 특정 개인에게 집중되어 있음을 나타내고, 경사도가 작을수록 집단구조의 정보망은 개방적이어서 집단 구성원이 골고루 커뮤니케이션에 가담하고 있음을 나타낸다.

베이블라스(Alex Bavelas)와 리비트(Harold J. Leavitt)의 초기 연구에 뒤이어 미시적 네트워크에 관한 연구는 계속되었는데, 쇼(M. W. Shaw)는 소집단 커뮤니케이션 관련 독립변수를 세 가지로 확대 분류하고 있다(Shaw, 1964: 111-147). 첫째는 네트워크 관련 변수로서 집단의 크기, 네트워크 자체의 변화, 네트워크를 조직할 기회가 포함되고, 둘째로 정보 투입 관련 변수로서 잡음, 정보의 분배와 보강 효과 등을 포함시키고 있다. 셋째로는 집단 요소 관련 변수로서 권한, 권위주의, 리더십 형태와 신망도 등을 포함시키고 있다.

지금까지의 연구 결과 나타난 미시적 네트워크의 형태에 따른 조직 행태의 여러 측면에 미치는 영향을 요약하면 〈표 8-1〉과 같다.[2)]

그러나 이와 같은 연구 결과는 주로 실험실이라는 인위적 상황에서 이루어진 것이고 사용된 독립 변수의 수가 제한되어 있으므로 이것을 그대로 규모가 큰 조직 현장에 적용해 일반화시킬 수 없다는 비판이 있어 왔다(Burgess, 1968: 324-337).

표 8-1 커뮤니케이션 네트워크와 조직 행위

네트워크 / 조직 행위	연쇄형	윤형(수레바퀴형)	원형	완전 연결형
권한의 집중도	높음	중간	낮음	매우 낮음
커뮤니케이션의 속도	중간	단순 과업: 빠름 복잡 과업: 늦음	근거리: 빠름 원거리: 늦음	빠름
커뮤니케이션의 정확성	문서: 높음 구두: 낮음	단순 과업: 높음 복잡 과업: 낮음	근거리: 높음 원거리: 낮음	중간
집단의 만족도	낮음	낮음	높음	높음
의사결정의 속도	빠름	중간	늦음	-
결정에 대한 집단의 몰입 정도	낮음	중간	높음	-

자료: 신유근(1990: 351).

2) 단, 여기에서 Y형은 명령 통일의 조직 원리에 위배되며 일상 조직에서 흔치 않은 형태이므로 논외로 한다.

그러나 커뮤니케이션 네트워크 내에서 구조의 영향력에 관한 정보를 제공해 줌으로써 대규모 조직 내의 소집단을 분석적으로 연구할 수 있는 정형적 실마리와 통찰력을 제공해 준 공헌은 크다고 하겠다(오세덕 · 여윤환, 2000: 265).

CHAPTER

09 갈등관리와 협상

제 1 절 갈등의 의의

현대 조직에는 다양한 형태의 갈등이 존재한다. 개인별로 복잡한 심리 과정으로 인해 자신의 내부에서 느끼는 갈등, 업무에 관한 의견 차이로 생기는 상사와 부하 간의 갈등, 서로 다른 역할로 인한 계선과 참모 간의 갈등, 자원 확보를 위한 경쟁에서 야기되는 집단 간의 갈등 등 여러 가지 유형의 갈등이 발생하고 있다. 이러한 수많은 형태의 갈등으로 인해 대부분의 관리자는 업무 시간의 상당량을 조직 내의 갈등과 관련된 문제를 해결하는 데 할애하고 있다고 한다(Thomas & Schmidt, 1976). 조직 내 갈등에 관한 문제는 최근에도 다양하게 연구되고 있으며(Bergmann & Volkema, 1989; Mills & Chusmir, 1988; Rahim, Garrett, & Buntzman, 1992), 조직행태론 과목에서 제시하는 약 65개의 논제 중에서 다섯 번째로 자주 언급되는 중요한 논제이다(Rahim, 1981; 이창원, 2002; 이창원 · 전주상, 2003; 이창원 · 명승환 · 임명제, 2004: 427).

갈등관리(conflict management)는 조직의 존립과 발전을 위해 필요한 핵심적 과정이라고 할 수 있다. 앞에서 언급한 것처럼 미국경영자협회가 실시한 최고관리자 및 중간관리자에 관한 한 연구에 따르면, 평균적으로 관리자들은 약 20%의 시간을 갈등을 처리하면서 보낸다고 한다(Thomas & Schmidt, 1976: 315-318). 갈등을 어떻게 관리할 것인가는 우선 갈등 현상을 어떻게 이해해야 할 것인가 하는 관점

(perspective)을 정립하는 데서 출발해야 할 것이다.

갈등(conflict)은 동시에 두 가지 이상의 욕구를 가지고 있으나 한꺼번에 충족할 수 없고 양자택일을 해야 할 경우에 경험하는 현상으로, 갈등에 대한 정의는 관점에 따라 여러 가지로 정의할 수 있다.

심리적 측면에서는 갈등이란 유기체가 두 개 또는 그 이상의 목표에 직면해 그 목표들이 지니는 유인가(valence)가 대체로 비슷하나 그 방향이 상반되는 까닭에 유기체가 어떤 위치에서 움직일 수 없는 상태라고 정의한다(馬場品雄, 1970: 108).

의사결정적 측면에서는 갈등이란 의사결정의 표준 메커니즘에 고장이 생겨 행동방안을 선택할 때 개인이나 집단이 곤란을 겪는 상황이라고 정의한다(March & Simon, 1938: 112).

조직관리적 측면에서는 갈등이란 조직의 한 단위나 단위 자체 구성원의 목표 지향적인 행동이 다른 조직 단위 구성원의 목표 지향적인 행동과 기대로부터 방해를 받을 때 표현되는 조건이라고 정의하고 있다(Miles, 1980: 121-122). 다시 말해서, 일반적으로 조직에서의 갈등이란 "희소자원이나 업무의 불균등한 배분 또는 처지·목표·가치·인지 등에서의 차이와 같은 원인과 조건으로 인해 개인·집단·조직의 심리·행동 또는 그 양면에 일어나는 대립적인 교호작용"이라고 하겠다(오세덕, 1987: 188). 이러한 갈등의 개념 정의는 조직 내의 특정 수준이 아닌 모든 수준에서 발생하는 모든 갈등을 포함한 것으로, 그 구체적 세부 개념을 살펴보면 다음과 같은 특징을 찾아볼 수 있다.

첫째, 갈등은 둘 이상의 갈등 주체 사이에 발생하는 현상이다. 이때의 갈등 주체는 개인이나 집단 및 조직일 수도 있다.

둘째, 갈등은 주체의 심리나 행동 또는 그 양면에 나타난다. 대립적 행동이 노출되지 않더라도 주체가 불안·긴장·적대심 등을 느끼게 되면 이미 갈등이 있는 것이다. 대립적 행동으로 싸움·파괴·이견 표출 등 적극적 행동(작위)뿐 아니라 응당 해야 할 말이나 행동을 하지 않는 등 소극적 행위(부작위)도 포함된다.

셋째, 갈등 관계는 서로 연관된 일련의 진행 단계로 이루어진 동태적 과정(dynamic process)이다. 즉, ① 갈등 원인의 형성, ② 갈등 원인의 지각, ③ 심리적 대립감의 형성, ④ 대립적 행동의 표면화가 그것인데, 이러한 단계가 끝까지 진행하는 것은 아니다.

넷째, 갈등 발생에는 반드시 그 원인과 조건이 수반된다. 사실상 조직의 모든 구성요소는 갈등 발생의 잠재성을 가지고 있다고 할 수 있다. 그러나 그러한 단순한 존재만으로는 갈등이 발생하는 것이 아니며, 여기에 이러한 조건이 부여될 때, 즉 갈등 상황이 조성될 때 비로소 갈등이 발생한다(박연호 · 오세덕, 2001: 288-289).

제 2 절 갈등의 기능

1. 갈등관의 변천

로빈스와 저지(Robbins & Judge, 2007: 447-448)는 조직이론가의 갈등관은 크게 다음과 같이 세 가지가 있다고 주장한다.

첫째, 전통적 견해(traditional view)로서, 갈등은 나쁜 것이고 조직 내에서 역기능(dysfunction)을 나타내기 때문에 조직효과성에 언제나 부정적인 영향을 끼친다고 가정한 것이다. 메이요(George E. Mayo)는 갈등은 본질적으로 해로운 것이며, 원만한 인간관계의 결핍 증상으로 나타나므로 건전한 조직에서는 일종의 질병에 해당하며, 생산성을 저해하는 원인이라고 인식했다. 따라서 관리자의 책임은 조직에서 갈등을 제거하는 일이었다. 이러한 전통적인 주장은 19세기의 조직 및 관리 문헌의 지배적인 내용이었고 이는 1940년대 중반까지 지속되었다.

둘째, 행태적 견해(behavioral view)로서, 갈등이란 조직 내에서 자연적으로 일어나고 있는 현상으로서 당연한 것으로 본다. 갈등은 조직의 성질상 불가피한 것이기 때문에 행태론자들은 갈등의 수용(acceptance of conflict)을 주장한다. 그러나 그들은 능동적으로 갈등을 추구하거나 갈등을 낳게 할 상황적 요인을 만들어 낼 수 있는 아이디어를 제시하지 않고 있다. 즉, 갈등을 불가피한 것으로 받아들이긴 하지만 갈등의 관리 문제를 언급할 때 그들이 의미하는 것은 모두 갈등의 해소(resolution of conflict)를 말하고 있다. 이 행태적 견해는 1940년대 후반부터 1970년대 중반까지 관리 및 조직이론을 지배해 왔다.

셋째, 가장 최근의 갈등관은 상호작용론적 견해(interactional view)이다. 행태적 관점은 갈등을 수용하는 데 그쳤지만 상호작용론적 입장은 한 걸음 더 나아가 갈등을 고무(encourage conflict)한다는 입장이다. 이는 갈등은 새로운 아이디어를 촉진하며 집단 내의 응집성을 향상시키고, 다양한 의견의 투입을 통해서 좀 더 나은 의사결정을 초래하고 욕구 불만의 탈출구를 제공하는 등 조직에 유익한 기능(순기능)도 수행한다는 주장이다. 상호작용론적 견해가 행태적 견해와 차이를 보이고 있는 것은 ① 갈등의 절대적 필요성을 인정하고 있는 점, ② 기능적 대립을 조장하고 있는 점, ③ 갈등의 해결 방법은 물론 갈등의 자극을 포함해 갈등의 관리를 밝히고 있는 점, ④ 갈등의 관리를 모든 관리자의 주된 책임이라고 생각하는 점 등이다. 그러므로 상호작용론적 견해는 갈등이란 전적으로 옳은 것도 전적으로 나쁜 것도 아니라고 생각하기 때문에, 조직의 관리자는 모든 갈등을 억제하거나 제거해서는 안 되고 그 해로운 점을 최소한으로 줄이고 이로운 점을 최대한으로 신장시켜야 한다는 이론이다.

이상과 같이 살펴본 세 가지 갈등관과 관련해 오늘날 대부분의 관리자가 상호작용론적 접근을 시도하고 있다고 간주할지도 모른다. 그러나 그것은 너무 순진한 생각이며 실제로는 갈등을 파괴적인 것으로 간주하는 전통적 견해, 이를테면 반갈등적 가치관이 우리의 조직문화 속에 고착되어 있다. 즉, 갈등은 긍정적 측면이 있는데도 그것이 우리 문화 속에서 억압되고 있다는 것이다. 그러면 관리자가 갈등을 부정적인 것으로 보고 갈등에 대해 불안해 하는 이유는 어디에 있는가? 이것은 인간의 사회화 과정에서 주역할을 담당하는 가정 · 학교 · 사회 등이 지금까지 어릴 때부터 반(反)갈등적 가치관을 조장해 왔기 때문이다. 즉, 부모나 교사나 사회적 지도자 모두가 '의견의 불일치는 불행의 근원이 된다는 신념'을 강화해 왔으며, 그 결과 우리들 대부분은 '반응할 수 없는 권위'를 시인하는 관습과 더불어 성장해 온 데서 기인한다. 그리고 관리자도 자기 직무에서 갈등이 적을수록 더 많은 보상을 받아 왔으며, 갈등해소와 갈등관리를 구별하려고 하지 않아 온 것이 사실이다. 그러나 분명한 것은 조직이 활력을 유지하고 그 존속 가능성을 증대시키며 조직효과성을 제고하려면 조직에서의 갈등은 반드시 필요하다는 사실이다.

2. 갈등의 기능: 양면성적 이해

갈등의 기능과 관련해 보는 두 가지 입장은 갈등을 역기능적인 측면에서 보는 입장과 기능적 측면에서 보는 입장이라고 할 수 있다. 이제 갈등이 조직 및 집단에 미치는 기능과 역기능 혹은 편익(benefits)과 비용(cost)을 균형(equilibrium), 통합(integration), 안정(stability), 창의성(creativity)과 쇄신성(innovation)이라는 측면에서 분석해 보면 다음과 같다(Robbins & Judge, 2007: 456-457; 윤재풍, 1990: 308-309).

1) 균형적 측면

갈등은 개인과 조직 및 집단의 균형을 깨뜨리고 불안과 무질서를 초래할 수 있다. 그러나 반면 갈등에 의해 초래되는 불균형으로 인해 정태적이고 비발전적인 개인과 조직 및 집단의 동태적인 성장·발전의 계기를 맞이할 수도 있다.

2) 통합적 측면

갈등은 개인과 조직 및 집단의 통합과 조화를 파괴할 수도 있다. 그러나 조직이나 집단이 외부집단과 경쟁이나 마찰 등의 갈등을 벌이는 경우 조직의 내적 응집성(cohesiveness)과 조직 성원의 충성심의 향상을 가져올 수 있으며, 또한 조직 내부의 갈등이 있은 연후에 조직의 새로운 조화와 통합력의 향상을 볼 수 있다. 노사 간의 갈등이나 정당 간의 갈등은 흔히 새로운 타협점을 발견해 기존 질서를 보완하는 것이다. 역동적인 새로운 힘이 계기가 되어 조직이 새로운 조건을 형성하고 생존해 갈 수 있는 것이다.

3) 안정적 측면

갈등은 개인이나 조직 및 집단에 불안과 긴장을 조성한다. 그러나 어느 정도의 갈등과 긴장은 발전과 생산성의 향상을 위해 필요한 '개인적 및 사회적 비용(personal and social cost)'이라고 묘사할 수 있다(Boulding, 1952: 305-307). 최적의 불안은 오히려 동태적인 변화 · 발전의 돌파구를 제공해 준다.

4) 창의성 · 쇄신성적 측면

극단적 갈등은 조직 내의 창의성과 쇄신성을 질식시킨다. 그러나 어느 정도의 갈등은 오히려 조직 내에 참신한 아이디어(fresh idea)를 생성케 한다. 갈등이 전혀 없는 집단(conflict-free group)은 정태적인 경우가 많으며, 구성원이 자기 능력 이하의 업적밖에 내지 못하는 경우를 흔히 볼 수 있다.

이상과 같이 갈등은 양면적 기능을 가지고 있는데, 현실적으로 특정한 갈등이 조직에 대해 기능적이냐 역기능적이냐 하는 것을 판단하기 어려운 때가 많다. 따라서 그때는 그 갈등이 조직의 생산성(productivity) · 안정성(stability) · 적응성(adapatability)을 향상시키느냐 저하시키느냐에 따라서 갈등 기능을 판단해야 한다(Pondy, 1967: 307-308).

지금까지 갈등의 역기능적 측면과 순기능적 측면을 살펴보았으나 갈등 그 자체는 역기능적이지도 순기능적이지도 않다는 사실을 고려할 때 하나의 통합된 인식 체계를 가질 필요를 느낀다.

지금까지의 갈등의 기능에 관한 우리의 논의를 요약하면 지금까지의 갈등 연구의 동향은 대체로 갈등을 병리적인 현상으로 보아 제거해야만 할 대상으로 파악하는 관점이 유력했으나 이제는 갈등의 불가피성을 강조하며 그것의 긍정적인 측면도 함께 고려하는 방향으로 나간다는 것이다. 모든 갈등이 부정적인 것이 아니며 일정 수준의 갈등은 개인 및 조직의 성과에 긍정적 효과를 기대할 수 있다. 요컨대 이제는 갈등의 해소와 갈등의 관리를 개념적으로 구별할 필요가 있다. 즉, 갈등의 해소는 갈등의 발생을 막거나 일단 발생한 갈등을 제거하거나 감소시키는 것을 말하는 데 비해, 갈등의 관리란 적극적인 의미에서 조직 체계에 유익한 갈등을 유발하고 발생한 갈등을 조직 체계를 위해 순기능적으로 작용하도록 유도하는 것이다. 물론 연구의 중점은 갈등의 해소가 아닌 갈등의 관리에 놓여져야 할 것이다.

제 3 절 갈등의 유형

갈등의 유형은 매우 다양하게 분류될 수 있다. 조직에 이로운 것인가 아니면 해로운 것인가를 기준으로 순기능적 갈등과 역기능적 갈등이 구별될 수 있음은 기술한 바 있거니와 이 밖에도 갈등 주체, 조직 체제, 갈등의 진행 과정, 갈등 상황, 갈등 관리전략 등을 기준으로 해서도 유형 분류가 가능하다. 폰디(Pondy, 1969: 499)는 조직 체제를 기준으로 하여 세 가지 유형으로 분류하고 있는데, 그는 부족한 자원을 둘러싼 이해 당사자 간의 갈등을 협상적 갈등(bargaining conflict), 계층제의 상하 간에 발생하는 갈등을 관료제적 갈등(bureaucratic conflict), 계층제의 동일 수준에 있는 기관 또는 개인 간의 수평적 갈등을 체제적 갈등(systems conflict)이라고 부른다(오세덕 · 이명재 · 임영제, 2004: 246).

그러나 좀 더 일반적인 것은 갈등의 주체를 기준으로 한 분류로서 마치와 사이먼은 개인적 갈등, 조직상의 갈등, 조직 간 갈등으로 구분하는가 하면, 로빈스는 개인 간의 갈등, 조직 간의 갈등, 조직 내적 갈등으로 구분했다.

1. 개인적 갈등

심리학자들에 따르면, 개인 갈등은 긴장(stress)과 밀접하게 관련되는 것으로 좌절갈등(frustration conflict), 목표갈등(goal conflict), 역할갈등(role conflict), 대안선택으로 인한 갈등 등으로 구분될 수 있다.

1) 좌절갈등

좌절은 어떤 동기화된 충동(motivated drive)이 원하는 목표에 이르기 전에 장애물에 의해서 저지당할 때 일어난다. 이러한 장애는 외형상으로 나타날 수도 있고 잠재적인 것일 수도 있다. 개인이 좌절감을 느끼게 되면 그는 곧 방어기제(defense mechanism)로서 여러 가지 반응 행동을 취하게 된다. 예를 들면 갈증을 느끼고 있는 사람이 우물물을 마시기 위해 나가려고 하는데, 문이 잠겨 있다고 한다면 그는 욕구 좌절을 느끼게 될 것이다. 이 경우 좌절감을 느낀 그는 방어 기제로서 ① 공격(aggression), ② 철회(withdrawal), ③ 집착(fixation), ④ 타협(compromise)의 네 가지 반응을 통해서 좌절된 욕구를 해소하고자 할 것이다.

이 방어기제는 개인에게 나쁜 것이 아니라 개인의 심리적 적응 과정에서 중요한 역할을 수행한다. 때로는 좌절이 성취 의욕이나 신념이 강한 개인에게는 그 극복 노력을 더욱 자극함으로써 조직 성과에 긍정적 영향을 미칠 수도 있다. 단지 그 방어기제가 개인의 퍼스낼리티를 전면적으로 지배하게 될 때 그것은 '건강하지 못한 것'이 되며, 따라서 갈등관리의 목표는 좌절을 초래하게 될 잠재적 · 현재적 장애물을 제거하는 데 두어야 할 것이다(Luthans, 2008: 256-257).

2) 목표갈등

좌절갈등은 단일 동기가 목표에 도달하기 전에 장애물에 직면한 경우인데 비해서, 목표갈등은 둘 이상의 동기들이 서로 간에 장애가 되는 경우를 말한다. 이 목표갈등은 밀러와 돌라드(Miller & Dollard, 1941)가 처음으로 제시한 것으로서, 목표의 성격과 경쟁 여부에 따라 세 가지 유형으로 구분된다.

(1) 접근-접근갈등

접근-접근갈등(approach-approach conflict)은 개인이 두 가지 이상의 긍정적인 목표에 접근(목표 추구)하려 하지만, 그 목표가 상호 배타적인 경우에 발생하는 갈등이다. 즉, 두 개의 긍정적 유인가가 동시에 나타났을 때 어느 것을 선택할지 망설이는 상태의 갈등이다. 예컨대, 두 가지 매력적인 일자리를 놓고 하나를 선택해야 할 때 느끼는 갈등이다. 이러한 갈등 상태를 페스팅거(Leon Festinger)는 인지부조화(cognitive dissonance)의 한 상태로 보려고 했다(이재규, 1998: 111).

(2) 접근-회피갈등

접근-회피갈등(approach-avoidance conflict)은 목표에 접근하려 함과 동시에 피하려는 상태에서 일어나는 갈등이다. 조직 내의 개인이 갖는 하나의 목표가 긍정적 성격과 부정적 성격을 동시에 내포하는 경우로서, 즉 긍정적 유인가와 부정적 유인가가 동시에 나타날 때 겪는 갈등으로서, 예컨대 종업원이 임금은 많이 받고 싶으나 위험한 작업은 담당하기를 꺼리는 경우와 같다.

(3) 회피–회피갈등

회피-회피갈등(avoidance-avoidance conflict)은 두 개 이상의 목표가 부정적이고 상호 배타적인 경우, 이의 접근을 피하는 데서 발생하는 갈등이다. 즉, 부정적 유인가가 동시에 나타날 때 생기는 갈등으로서 예컨대 출근도 하기 싫고 그렇다고 상사로부터 질책을 받는 것도 두려워하는 경우에 생기게 되는 심적 갈등을 들 수 있다.

3) 역할갈등

조직 내의 구성원은 다양한 기능을 수행함으로써 각각 상이한 역할을 맡을 수도 있고, 여러 사람이 같은 종류의 역할을 담당할 수도 있으며, 또한 한 사람이 동시에 여러 가지 역할을 수행할 수도 있다. 이 경우 역할(role)이란 "집단이나 조직 내에서 특정 직위(position)를 가진 자들이 해야 할 것으로 기대되는 행위"로서 직무 수행에 커다란 영향을 미친다(Schermerhorn Jr., Hunt, & Osborn, 2008: 199). 그런데 이 같은 역할이 어느 개인에게 복합적으로 부여될 때, 그 개인은 역할갈등을 느끼게 된다. 예를 들어 제일선 감독자의 경우, 그에 대한 관리집단의 일원으로서 맞이하는 상부의 기대와 자기의 출신 집단인 근로자 집단으로부터의 기대가 서로 다르기 때문에 갈등을 경험할 수 있는 것이다.

이 역할갈등에 대해 개인이 대처하는 간단한 패턴은 없으며, 그것은 개인의 퍼스낼리티와 개인 간 관계의 특성에 따라 영향을 받는다. 예를 들면, 개인의 퍼스낼리티가 내성적이기보다 외향적일수록, 그리고 개인 간 관계가 신뢰적이고 우호적일수록 갈등의 해결도 성공적으로 이루어지기 쉽다. 결국 역할을 회피하는 것은 장기적으로 볼 때 자기 패배적이므로 관리자가 개인의 역할갈등을 해결하기 위해서는 다음과 같은 방법의 이용이 고려될 수 있다. 즉, ① 직무 간의 상호 의존성을 줄일 수 있도록 조직구조를 개편하며, ② 감수성훈련(sensitivity training)과 같은 개인 간 관계를 개선하기 위한 훈련을 실시해서 관용과 상호성을 기르며, ③ 사회적 접촉의 기회를 증대시킴으로써 조직구성원의 개인적 관계를 개선한다는 것 등의 방법이 그것이다.

4) 대안 선택으로 인한 갈등

마치와 사이먼(March & Simon, 1961: 112-121)은 의사결정이란 측면에서 갈등을 다루고 있다. 비정형적 결정 중에서, 결정자가 고민에 빠지게 되고 용이하게 자기의 결심을 내릴 수 없는 경우 이를 가리켜 개인 갈등이라고 한다.

그들은 개인 갈등은 비수락성(unacceptability), 비비교성(incomparability), 불확실성(uncertainty)의 세 가지 원인 중 하나의 원인이 있는 때에 발생한다고 한다. 비수락성이란 결정자가 각 대안의 결과는 물론 더 나은 대안도 쉽게 알 수 있으나 이

표 9-1 대안 간의 조합

A	B	갈등의 종류
1. 좋은 대안	좋은 대안	비비교성
2. 좋은 대안	미지근한 대안	갈등 없음
3. 좋은 대안	혼합 대안	갈등 없음
4. 좋은 대안	나쁜 대안	갈등 없음
5. 좋은 대안	불확실한 대안	갈등 없음
6. 미지근한 대안	미지근한 대안	비수락성과 비비교성
7. 미지근한 대안	혼합 대안	비수락성과 비비교성
8. 미지근한 대안	나쁜 대안	비수락성
9. 미지근한 대안	불확실한 대안	불확실성
10. 혼합 대안	혼합 대안	비수락성과 비비교성
11. 혼합 대안	나쁜 대안	비수락성
12. 혼합 대안	불확실한 대안	불확실성
13. 나쁜 대안	나쁜 대안	비수락성과 비비교성
14. 나쁜 대안	불확실한 대안	불확실성
15. 불확실한 대안	불확실한 대안	불확실성

자료: March & Simon(1961: 114).

대안이 자기가 만족할 만한 정도가 되지 못해 고민하는 것을 말한다. 비비교성의 갈등은 결정자가 각 대안의 결과를 알고 있지만, 어떤 대안이 더 우수한 것인지를 알지 못할 때에 발생한다. 불확실성의 갈등은 결정자가 각 대안이 초래할 결과를 모르는 때에 발생한다. 이러한 개인 갈등은 두 개 대안의 성질이 〈표 9-1〉과 같이 얽힐 때에 발생한다.

2. 개인 간 갈등의 유형

개인 간(대인적) 갈등(interpersonal conflict)이란 개인과 개인 간에 발생하는 갈등을 의미하는데, 이러한 대인적 갈등을 분석하는 대표적인 방법으로는 교류분석과 조하리 창(Johari window) 등의 방법이 있다.

1) 교류분석

교류분석(Transactional Analisis: TA)은 정신분석이론에 기반을 둔 것으로 개인 간의 자아 상태를 분석해 갈등의 원인을 분석하고 대인 간의 관계 증진을 목적으로 한 기법이다. TA에서의 주요 개념은 자아 상태(ego status), 교류(transaction) 그리고 자극과 게임(strokes and games)이다.

자아 상태에는 ① 미성숙한 행동에 의해 특징화되는 어린이 자아 상태(child ego status), ② 합리적인 행동과 냉철한 지성으로 특징화되는 성인 자아 상태(adult ego status), ③ 지나치게 보호적이고 애정적이거나 지나치게 엄격하고 비판적인 부모 자아 상태(parent ego status)로 구분되는데, 이 자아 상태는 프로이트(Sigmund Freud)의 이드(id), 에고(ego), 수퍼에고(superego)의 개념과 상통되는 것이라 할 수 있다.

교류란 개인 간의 의사소통 과정에서 이 세 가지 자아 상태가 어떻게 대응하느냐를 나타내는 것으로 개인 간의 교류 방식에는 상호 보완적 교류, 상호 교차적 교류, 가장된 교류가 있다.

① 상호 보완적 교류(complementary transaction): 이는 어떤 사람의 자아 상태에 의해 발송된 메시지가 다른 사람의 자아 상태로부터 적절하고 예상된 반응을 얻을

때의 교류 방식으로 이 경우에서는 개인 간에 갈등의 유발 소지는 없다.

② 상호 교차적 교류(crossed transaction): 상호 교차적 교류란 한 사람의 자아 상태에 의해 보낸 메시지가 상대로부터의 예상치 못한 자아 상태에 의한 반응을 만났을 때 발생하는 것으로 이때는 갈등이 발생하게 된다.

③ 가장된(동기 은폐적) 교류(ulterior transaction): 가장된 교류 혹은 동기 은폐적 교류란 항상 적어도 당사자의 한 편이 두 개의 자아 상태를 동시에 지니고 있는 경우로서 이는 TA에서 확인하고 처리하기가 매우 어려운 것으로 항시 갈등 유발의 잠재성을 보유한다고 볼 수 있다.

TA는 개인 간의 의사 소통상 자아 상태들을 분석해 갈등적인 교류를 제거하고, 개인 간의 긍정적인 자극(positive strokes)을 증대시키며, 조직 내에서 개인이 게임을 행할 필요가 없게 만들거나 인내하지 않게 하는 개방된 조직 분위기의 형성을 위한 분석 기법이라고 요약할 수 있다.

2) 조하리 창

조하리 창(Johari window)은 자신에 대한 정보를 자신과 타인이 알고 있는지, 모르고 있는지 여부를 기준으로 네 가지 유형의 자아를 구분하고 있다(Gibson, Ivancevich, & Donnelly, Jr., 1991: 549).

[그림 9-1]에서 보는 바와 같이 조직 내 개인은 자기 자신과 타인에 대해 모르는 부분이 존재한다. 개방된 자아(open self)에서의 상호작용은 개인은 그 자신과 타인에 대해 잘 알고 있으며, 여기에서는 보통 개방성과 양립성이 존재하며 방어를 위한 이유는 거의 존재하지 않는다. 이런 유형의 상호작용은 거의 갈등을 유발하지 않는다. 은폐된 자아(hidden self) 영역이란 개인이 그 자신에 관해서는 잘 이해하나 타인에 관해서는 모르는 영역이다. 그 결과는 타인으로부터 숨겨진 채로 있게 되는데 그 이유는 타인이 어떻게 반응할지 모르는 데서 오는 두려움 때문이다. 이 상황에서는 개인 간 갈등에 대한 잠재력이 존재한다.

맹목적 자아(blind self) 영역은 개인이 타인에 관해서는 잘 아나 그 자신에 관해서는 모르는 부분이다. 그 결과 개인은 타인에 대해 우연스럽게 화를 낼 수 있으며

그림 9-1 조하리 창(Johari window)

	타인에게 알려진 부분	타인에게 알려져 있지 않은 부분
자신에게 알려진 부분	개방된 자아	은폐된 자아
자신에게 알려져 있지 않은 부분	맹목적 자아	미발견 자아

자료: Luthans(1985: 403).

갈등을 유발할 수 있다. 미발견 자아(undiscovered self) 영역은 가장 큰 갈등의 잠재력을 지니는데, 그 이유는 개인은 그 자신뿐 아니라 타인에 대해서도 모르기 때문이다. 그 결과는 서로 많은 오해와 갈등이다(오세덕 · 이명재 · 임영제, 2004: 251).

이러한 미지의 부분의 존재는 개인 간에 오해와 갈등을 유발할 수 있는데, 감수성 훈련의 목적은 이러한 미지의 영역을 스스로뿐 아니라 타인에 대해 더 많이 개방함으로써 개인 간 그리고 집단 내부에서 갈등의 잠재력을 제거하는 데 있다.

3. 집단 및 조직적 갈등의 유형

개인적 갈등 외에도 집단 간의 갈등도 조직 행태에서 중요한 역학 관계를 이룬다(박연호, 2000: 329-330). 전체 조직은 다양한 활동 단위, 즉 집단으로 구성되어 있다. 그런데 종종 집단과 집단, 조직 구성 부문 간에 갈등이 발생하는 수가 있는데, 이러한 집단 · 조직적 차원의 갈등을 계층적 갈등, 기능적 갈등, 계선과 참모 간의 갈등, 공식적 집단과 비공식적 집단 간의 갈등으로 세분할 수 있다(Luthans, 1989: 419-421).

제 4 절 갈등 상황

갈등 상황(conflict situation)이란 갈등이 야기될 수 있는 조직 내의 상황 또는 조건으로서, 잠재적 갈등이라고도 할 수 있고 갈등의 원인이라고도 할 수 있다. 그러나 이러한 원인이나 상황은 행동 주체에 따라 지각되지 않을 수도 있고 구체적인 갈등 관계가 형성되기 전에 소멸될 수도 있기 때문에 갈등의 필요조건일 뿐이지 필요충분조건은 못 된다. 갈등 상황은 갈등을 유발하거나 그 출처가 될 수 있는 조직상의 요인과 갈등 사이를 연결해 주는 조건이기 때문에 일종의 매개 변수(intervening variables)라 할 수 있다. 즉, 거의 모든 조직 요소를 갈등의 원인이라 한다면, 갈등 상황은 갈등의 근원이라고 할 수 있다.

조직 내 개인 간에 갈등을 발생시키는 요소는 다양하다. 마치와 사이먼은 개인 간 갈등의 요소를 합동 의사결정의 필요성의 존재, 목표의 차이, 그리고 현실에 대한 인식의 차이를 들었다(Tosi, 1984: 78-80).

한편 로빈스(Stephen P. Robbins)는 갈등 유발 조건을 다음과 같은 세 가지로 크게 범주화한다(Robbins, 1984: 145-147). 첫째는 의사소통상의 문제로 여기에는 어의상의 문제점 · 오해 · 의사소통상의 소음 · 의사소통상의 여과 과정 등이 포함되며, 의사소통상의 문제에서 특히 유의해야 할 것은 의사소통이 너무 적을 때뿐 아니라 너무 많은 때도 갈등의 잠재성은 증가한다는 것이다. 둘째는 조직구조상의 문제로 여기에는 조직의 크기, 업무의 관례화(慣例化)의 정도와 전문화의 정도, 업무의 표준화, 구성원의 이질성, 리더십의 형태, 보수 체계, 조직 단위 간 의존성의 정도와 같은 변수를 포함한다. 로빈스는 조직의 크기와 전문화 및 참여의 강도는 갈등과 고도의 상호 관련성을 가지고 있다는 점을 지적한다. 셋째 요소는 개인적인 차이점으로 여기에는 개인 간 가치 체계와 퍼스낼리티의 특성을 포함한다.

여기에서는 이러한 갈등 유발 요소를 개별적으로 살펴보는 대신에 개인적 특성, 조직구조상의 요인 그리고 의사소통의 측면으로 묶어서 고찰하고자 한다(오세덕 · 이명재 · 임영제, 2004: 253-259).

1. 개인적인 차이

개인 간 갈등의 유발을 가능케 하는 개인적인 특성으로는 가치관의 차이, 태도상의 차이, 성격의 차이 및 지각의 차이를 들 수 있다.

1) 가치관의 차이

가치관(values)이란 어떤 구체적인 행동 양식이나 존재 양식이 그 반대의 행동 양식이나 존재 방식보다 개인적으로 혹은 사회적으로 더 낫다는 확신을 나타내는 용어이다(박내회, 1993: 95). 이러한 가치관은 개인마다 조금씩 다를 수밖에 없다. 그러나 옳고 그름에 대한 해석 기준인 이 가치관이 크게 차이가 나는 경우 갈등 유발의 소지는 존재하는 것이다. 그 대표적인 예가 종교로 인한 갈등이다.

2) 태도의 차이

위에서 언급한 가치관이 좀 더 포괄적이고 광범위한 개념이라면 태도는 더욱 구체적이다. 태도(attitudes)란 어떤 사상(events)이나 사람에 대해 호의적이라든지 비호의적이라든지 하는 평가적 진술을 말한다(박내회, 1980: 99). 따라서 동일한 지각 대상에 대해 태도를 달리하는 사람 간에는 갈등이 발생할 수 있다. 명확한 기준 설정과 질서 있는 업무 절차를 선호하는 사람과 느슨한 업무 절차를 선호하는 사람 간의 업무가 상호 의존성을 가질 때 이러한 태도의 상이성에 의한 갈등이 발생할 수 있다.

3) 성격의 차이

성격(personality)이란 그 개인에게 독특한 습관과 선천적 경향으로 구성되며, 어느 정도 안정성을 지닌 그 개인만의 특질들을 말한다(Organ & Bateman, 1991: 187-188). 개인에게 독특한 성격을 결정짓는 요소는 유전적 요인, 문화적 요인, 사회적 요인, 상황적 요인으로 다양하며(박내회, 2004: 71-73), 개인의 성격상의 차이는 외부 사상에 대한 지각의 차이를 유발하고 사상에 대한 각기 다른 해석으로 이끌어 개인을 갈등으로 유도할 수 있다.

4) 지각의 차이

개인의 내부적 차이인 가치관 · 태도 · 성격 등의 내적 요인이 외부의 사상을 지각하고 해석하는 데 개인마다의 차이를 일으키고 이러한 지각(perception)의 차이는 개인 간에 갈등을 유발할 수 있다. 일반적으로 개인은 외부적 사실을 지각할 때 단순화와 일관성을 추구하는 경향이 있는데 이러한 지나친 단순화와 심리적 일관성의 추구는 개인 간에 해석상의 문제를 유발하고, 각기 상이한 해석은 오해와 불안감을 유발할 수 있다(임영제 외, 2007: 173; 오세덕 · 여윤환, 2000: 290).

2. 조직구조상의 갈등 요인

조직구조 역시 많은 갈등의 잠재력을 가지고 있는데, 그 대표적인 것으로는 업무의 상호의존성, 업무의 수평적인 분화, 제로섬 상황(zero-sum situation), 관할 영역의 모호성, 평가 기준과 보상 체계에서의 상이성, 참여적 의사결정 체제, 지위 불일치, 계선과 참모 간 갈등 등을 들 수 있다.

1) 업무의 상호의존성과 수평적 분화

월튼(Richard E. Watton)과 더튼(John Dutton)에 따르면, 상호의존성(interdependencies)이란 "두 개의 단위가 그들 각자의 과업 성과를 위해 협력, 정보 교환, 동의 기타 조정적 활동 때문에 상대방에 의존하게 되는 정도"라고 정의하고 있다(Walton & Dutton, 1969: 73-84). 이러한 상호의존성이 공동 협력을 위한 유인을 제공할 수도 있지만, 동시에 그것은 집단 상호간의 갈등도 유발할 수 있다.

업무의 수평적 분화(differentiation)는 업무의 전문화(specialization)와 동의어적인 것으로 업무의 고도의 수평적인 분화는 개인 간에 각기 다른 목표, 각기 다른 시간 지향성 그리고 각기 다른 관리철학으로 이끌 수 있기 때문에 갈등의 잠재적 가능성을 자극할 수 있다(Robbins, 2003: 167). 그 대표적인 예가 단기적 시야를 갖는 생산 부서의 관리자와 장기적 시야를 갖는 연구개발 부서의 관리자 간의 갈등을 들 수 있다.

로렌스(Paul R. Lawrence)와 로쉬(Jay W. Lorsch)는 분화가 커질수록 결과적으로 갈등 가능성도 크다는 것을 발견했다(Lawrence & Lorsch, 1967). 그러나 그들은 실제로 갈등이 어떻게 어느 정도 초래되었느냐의 여부는 조직이 부서 간 통합을 어떻게 달성했으며, 사용된 갈등 해결 방법은 무엇이었느냐에 따라 크게 다르다고 보고 있다.

2) 제로섬(zero-sum) 상황

조직 내 개인은 항상 요구되는 자원에 대해 타인과 경합 상태에 있게 된다. 이러한 상황이 양 당사자 모두에게 만족을 줄 수 있는 승자-승자 상황이 아니라, 자신이 원하는 일정한 파이를 위해서는 남의 이익을 도외시하는 승자-패자의 상황인 경우 갈등의 가능성과 강도는 증가하게 된다.

둘 이상의 행동 주체가 서로 양립할 수 없는 목표들을 동시에 추구할 때 승패의 상황이라는 갈등 상황이 조성될 수 있다. 이것은 조직 내에서 하위 단위가 전문화됨에 따라 조직 목표가 분화되는 데서 기인한다. 승패 상황(win or lose situation)을 조성하는 조건의 예로 감사(inspection)를 들 수 있다. 즉, 감사하는 사람은 피감사자의 잘못을 발견함으로써 자기의 존재 가치 및 경예와 보상이 기약되는 반면, 감사를 받는 사람은 자기 실적의 잘못이 노출되면 불이익을 받게 된다. 또 흔히 드는 '제품의 질 향상'과 '가격 인하'라는 두 가지 목표는 직접적으로 상충될 수 있다. 이러한 갈등은 대개 협상이나 중재의 방법으로 관리하지만, 승패 상황에서 야기되는 갈등이 심각한 역기능을 하게 되면 승패 상황을 가져오는 근본적인 조건을 뜯어고쳐야 할 때도 있을 것이다. 목표 차이의 기본 패턴으로서는 ① 신축성의 강조 대 안정성의 강조, ② 단기적 성과의 우선 대 장기적 성과의 우선, ③ 계량 가능한 결과의 강조 대 무형적 결과의 강조, ④ 조직 자체 목표의 강조 대 사회적 필요성의 강조 등을 들 수 있다.

3) 관할 영역의 모호성

권한의 범위와 책임의 범위가 명확하지 않을 경우, 각 당사자는 더 많은 권한과 통제력을 가지려 노력하는 반면 그들이 바라지 않는 활동에 대해서는 책임의 한 부분 또는 전체를 회피하려 할 것이다. 역할 간 갈등은 이러한 유형 중 하나이다. 특히 '권력 공백'이 발생한 조직에서는 집단 간 갈등이 초래될 가능성은 더욱 크다.

4) 평가 기준과 보상 체계에서의 상이성

조직 내에서의 공통의 목표는 수행하지만 동일한 평가 기준과 보상 체계를 적용받지 못한 개인은 갈등을 일으키기 쉽다(Robbins, 1990: 421). 그 대표적인 예는 고객에 대한 빠른 서비스 조달에 의해 보상을 받는 판매관리자와 비용의 극소화에 의해 보상을 받는 생산부서 관리자 간에 발생하는 갈등이다. 계선-참모 간의 갈등 역시 각기 다른 평가 기준과 보상 체계에서 연유한다고 할 수 있다.

5) 참여적 의사결정 체제

조직이 참여적 의사결정 체제를 가질 경우 갈등이 발생할 수 있다. 참여적 의사결정의 과정은 현안을 둘러싼 논쟁의 더 큰 기회를 허용하고 더 많은 경우에 불일치를 유발하는 것을 허용한다. 그 결과로 외견상 더 큰 차이가 나타나고 갈등에 대한 인식이 더 크게 확대되는 경우가 생길 수 있다.

6) 지위 신분상의 불일치

지위 신분상의 불일치(status incongruence)가 발생하는 곳이나 지위 계층상의 변화로부터 불일치가 발생하는 곳에서는 갈등이 촉진된다. 개인적 지위의 정도, 개인의 자기 인식 그리고 대표성의 수준이 지위 차원의 서열 관계 내에 차이가 날 때 갈등은 증가한다. 예를 들어 낮은 교육 수준과 낮은 사회적 지위를 지닌 실무관리자가 테스트의 수행 시에 좀 더 높은 사회적 지위의 조사연구자를 지휘하기를 원할 경우 갈등은 발생한다.

이는 계선(line)과 참모(staff) 간의 갈등과도 밀접한 관련이 있다. 오늘날 계선과 참모의 차이는 집단 간 갈등의 가장 일반적인 형태이다. 조직의 모든 영역에서 기술적 전문지식의 필요성이 증대되고 참모의 역할이 확대됨에 따라 계선과 참모 간의 갈등이 생기게 되었다. 계선관리자나 참모관리자는 각기 다른 시각에서 자신들의 역할을 보고 있다. 지금까지 계선-참모 간 갈등의 원인에 대해서는 많은 연구가 이루어져 왔거니와 조직의 세련화 · 전문화 · 복잡화의 추세와 더불어 계선과 참모의 갈등은 조직행동의 관리에 더욱 주요한 관심사가 될 것이다.

3. 의사소통상의 갈등 요인

관리에서 의사소통의 역할은 중요하다. 의사소통을 통해 조직 단위는 공통의 목표를 인식하고 그들의 에너지와 시간 · 공간을 공통의 목표로 지향시킬 수 있는 것이다. 따라서 의사소통의 성공도는 조직 목표 달성의 큰 변수임을 알 수 있으나 관리 노력과 조직 목표의 달성을 연계하는 의사소통에는 보통 많은 잡음(noises)이 존재한다. 이러한 의사소통상의 어려움은 의사소통자들 간의 갈등으로 이끌 수 있으며, 그 결과는 조직 목표 달성의 어려움을 가져오게 될 것이다.

의사소통의 문제점으로 우선 의사소통의 왜곡(communication distortions)을 들 수 있다. 정보가 계층을 따라 위아래로 통과하는 과정에서 그 정보는 모호해지거나 왜곡되기 쉽다. 물론 그 같은 왜곡 현상은 수직적 의사소통에서 두드러지지만 수평적 수준에서도 일어난다. 의미상의 난해성(semantic difficulties)도 의사소통을 방해하는 요소로서, 이는 부서 구성원의 상이한 훈련 과정, 상이한 배경, 상이한 사회화 과정 등에 기인할 수 있다. 나아가 중요한 정보가 의도적으로 보류되거나 비밀에 부쳐진 결과 갈등이 발생될 수도 있다. 유념할 것은 부적절하고 불명확한 의사소통이 갈등을 촉진함은 물론이지만, 완벽하고 완전한 정보도 각 부서의 이기주의적인 측면이 명백하게 드러날 때 역시 갈등을 촉진한다는 점이다.

제 5 절 갈등의 관리 방안

1. 갈등의 예방 전략

갈등이 비록 발생하지는 않았지만 발생할 가능성이 충분히 있는 역기능적 갈등을 미연에 방지하기 위해서는 다음과 같은 구체적인 방법을 고려할 수 있다(박연호・오세덕, 2000: 600).

첫째, 현실적이고 구체적 목표를 조직과 조직 내의 집단에 부여한다.

둘째, 조직구성원 각자가 해야 할 현실적이고 구체적 작업 목표・방법이 규정된 종합적인 업무명세표를 작성한다.

셋째, 조직의 모든 수준에서 의사결정이 이루어지고 이해되도록 지침을 명시한다.

넷째, 조직 내에 건강하고 순화된 분위기를 조성한다.

다섯째, 정책・절차・규칙 등을 정형화하고 정책과 집행 과정이 충분한 정보와 동의 하에 이루어지도록 한다.

여섯째, 갈등 발생에는 사전에 갈등을 알리는 경고 신호가 있기 마련이므로 이러한 경고 신호를 사전에 포착하고 밝혀내야 한다.

일곱째, 최고관리자는 평소에 모든 작업집단의 요구에 균형적 자세를 견지해 전문적 조정자로서 역할을 수행해야 한다.

2. 갈등의 해소 전략

1) 갈등 해소 접근 전략

조직 내 개인 간에 갈등이 존재한다고 느껴지면 이러한 갈등의 관리가 중요한 문제로 대두된다. 어느 정도의 갈등은 불가피하며, 상황에 따라서는 요구되기도 하지만 갈등이 지나치게 격화되거나 지속될 때 이는 조직과 개인에게 악영향을 가져올 것임은 자명하다.

(1) 갈등관리의 기본 전략

개인 간의 갈등관리를 위해서는 세 가지 기본 전략이 필요하다.

첫째, 과연 갈등이 존재하며, 만약 갈등이 존재한다면 그 원인이 조직의 구조 · 인간관계 · 의사소통 · 개인적 특성 등의 요소들 중 어느 요인으로부터 발생하는가를 확인하는 진단이 필요하다. 때로는 갈등 원인이 하나 이상의 요인 때문에 발생할 수도 있다.

둘째, 갈등 원인의 진단 이후에는 그 갈등의 해결을 위한 행동 개입이 필요하다. 이 실제 행동 개입에는 원인에 부합되는 해결 방식이 요구된다. 즉, 갈등의 원인이 조직구조나 의사소통상의 과정에 있다면 기술적 개입(technical intervention)이, 갈등의 원인이 조직의 정책이나 절차에 있을 경우는 행정적 개입(administrative intervention)이, 갈등의 원인이 인간관계에 있을 경우에는 사회적 개입(social intervention)이 요구된다.

셋째, 실행 개입 이후에는 갈등 원인의 진단과 개입 방식에 대한 적절한 평가를 행한 후 이를 다시 선행의 과정에 환류시킬 필요가 있다(오세덕 · 여윤환, 2000: 298).

(2) 루블과 토머스의 모형

갈등의 해결 방식에 대해서는 여러 학자가 다양한 방안을 제시하고 있다. 여기서는 갈등 당사자들이 갈등을 다루는 이차원적 모형을 제시한 루블과 토머스(Ruble & Thomas, 1976: 143-155)의 이차원적 갈등관리 모형에 대해 살펴보도록 하겠다.

여기서 이차원이란 협력성 차원과 독단성 차원을 말한다. [그림 9-2]에서의 협력성(cooperativeness)이란 다른 갈등 당사자를 만족시켜 주려는 노력이라고 할 수 있고, 독단성(assertiveness)이란 자신의 관심사를 만족시키려는 시도라 할 수 있다. 이러한 두 가지 차원은 다섯 가지의 갈등 처리 방식을 만들어 낸다(이창원 · 전주상, 2003).

첫째는 회피(avoiding)로서, 양 당사자가 갈등 문제를 다루지 않겠다고 선택함으로써 갈등을 연기하거나 그 문제에서 피함으로써 관련된 갈등 문제를 무시하는 비단정적이고 비협력적인 방식이다.

그림 9-2 대인적 갈등의 관리 방안에 관한 이차원 모형

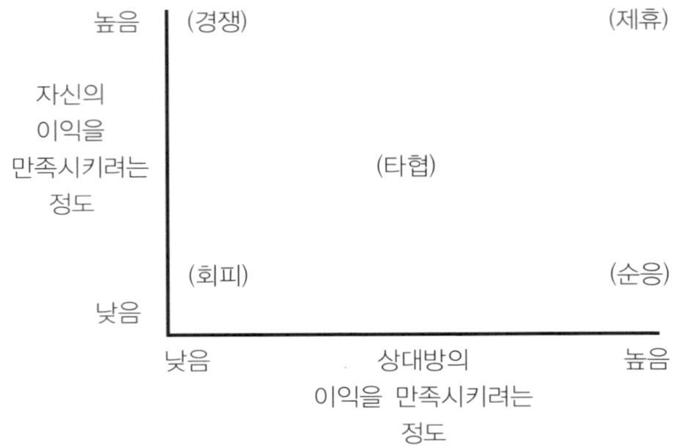

자료 : Ruble & Thomas(1976: 145).

둘째는 경쟁(competing)으로서, 당사자들은 논쟁·권위·위협 심지어 물리적 강제력을 통해 다른 당사자를 희생시킴으로써 자신의 목표들 달성하려는 단정적이고 비협력적인 방식이다.

셋째는 순응(accommodating)으로서, 한 당사자가 그 자신의 관심사나 목표를 포기함으로써 타 당사자의 관심사를 만족시키려는 비단정적이고 협력적인 방식이다.

넷째는 타협(compromising)으로서, 상호 희생을 반영해 양 당사자가 어느 정도의 양보를 할 뿐 아니라 어느 정도의 양보를 획득하는 단정성과 협력성의 긍정적인 형태이다.

다섯째는 제휴(collaborating)로서, 양 당사자 모두가 자신의 관심사를 모두 만족시키려는 단정적이고 협력적인 방식이다.

이러한 다섯 가지 방식 중 어느 것을 사용할 것인가의 결정은 상황의 본질에 달려 있다고 이들은 주장한다.[1]

개인 간 갈등의 해결에 대한 여러 학자의 논의를 종합적으로 살펴보면, 갈등 해결 전략에는 크게 태도상의 변화 전략, 조직구조와 절차상의 개선 전략, 의사소통의

1) 이러한 다섯 가지 유형을 측정할 수 있는 설문지는 이 장의 뒷부분에서 볼 수 있다.

표 9-2 갈등 해결의 유형과 사용 전략

유형	사용 전략의 내용
경쟁	① 신속하고 결단력 필요 시 ② 인기 없는 조치의 실행 시
제휴	① 타협이 안 될 때 - 양쪽 관심사가 너무 중요한 경우 ② 양쪽의 관여(협력)가 필요 시
타협	① 복잡한 문제에 대한 잠정적 해결안 ② 임기응변적 해결이 요구될 경우
회피	① 한 문제는 사소, 다른 문제는 중요한 경우 ② 사람들의 생각을 가다듬게 할 필요가 있을 경우
순응	① 논제가 타인에게 중요한 의미를 지닌 경우 ② 다음 논제에 대한 사회적 신용 획득을 위한 경우

효율화 전략의 관점으로 나누어 볼 수 있다.

2) 태도상의 변화 전략

개인의 태도의 변화를 통해서 갈등을 해결하는 기법으로서는 앞에서 소개한 정신분석이론을 이용한 교류분석(transactional analysis)과 루프트(Joseph Luft)와 잉햄(Harry Ingham)이 개발한 조하리 창(Johari window)을 통한 감수성훈련(sensitivity training) 및 상황의 재해석을 통해 현실에 대한 인식을 변화시키는 인지재구조화 방안을 들 수 있다. 이 중 교류분석과 조하리 창은 앞에서 설명했으므로 여기에서는 인지재구조화 방안에 대해서만 설명하기로 하겠다(임영제 외, 2003: 174-175).

인지재구조화 방안이란 긍정적인 방향으로 상황을 재해석하고 합리화하는 개인의 심리적인 갈등 대처 방안이다. 이러한 갈등 해결 방안의 사용의 예는 갈등 당사자에게 갈등의 원인이 업무보다는 인간관계의 요인인 경우 업무에 더 큰 가중치를 두고 인간관계에 대한 가중치를 낮춤으로써 갈등 상황에 대한 해석을 새롭게 하는 조직 내 개인의 행태를 들 수 있다. 이러한 태도상의 변화 방식은 인지부조화이론(theory of cognitive dissonance)에서도 예견된 것으로, 이 이론에 따르면 개인은 태도와 행동상에 객관적으로는 일관성이 없을 경우 심리적 일관성을 유지하기 위해 자신의 태도를 변화시킨다는 것이다(박내회, 2004: 53-54). 개인은 선택의 상황에서 부정적 유인가와 긍정적 유인가가 동시에 발생할 경우 긍정적 유인가에 대한 호감은 증대시키고 부정적 유인가에 대해서는 평가 절하를 함으로써 태도와 행동상의 일관성을 회복할 수 있다.

이 밖에도 조직 내 개인 간의 갈등 해소 기법에는 상담(counselling) 기법, 팀 형성(team building) 기법, 태도조사 환류 기법(survey feedback method), 목표에 의한 관리(management by objectives) 등이 있는데, 이러한 인간관계 개선 전략에 입각한 방식이 개인 간 갈등의 예방과 해결에 상당히 유용할 것으로 판단된다.

3) 조직구조와 절차상의 개선 전략

조직구조 및 업무 절차에 변화를 일으켜 이미 발생한 갈등을 해결하는 전략으로는 완충물의 활용, 청원 제도의 활용, 평가 기준과 보상 체계의 개선, 순환보직제의 활용, 업무 배분의 변경, 명목집단 기법과 델파이 기법의 활용, 연결핀의 사용, 상호 의존성의 경감 등을 들 수 있다.

(1) 완충물의 활용

개인들은 일정한 영토(territory)의 개념을 갖는데, 이는 반드시 물리적 개념으로의 영토는 아니다. 개인은 보통 세 가지의 영토 개념을 갖는다고 할 수 있다. 첫째는 1차적 영토(primary territory)로 이는 어떤 개인에 의해 독점적으로 소유되고 사용되는 것이고, 둘째는 2차적 영토(secondary territory)로 이는 정규적으로 사용되지만 타인들과 함께 소유하는 공간이며, 셋째는 공적 영토(public territory)로 이는 모든 사람이 동등한 접근의 권리를 갖는 영토를 말한다. 개인의 1차 영토에 해당하는 업무 공간이나 개인 공간에 타인이 침입했을 경우 갈등이 발생한다.

이러한 갈등의 해결을 위해서는 개인적 업무 공간을 확보해 주는 것, 갈등 당사자의 업무가 상호 밀접하게 연결되어 산출과 투입이 시간상으로 맞지 않을 경우 일시 보관 장소를 설치하는 것, 갈등 당사자 모두에게 필수적인 자원을 공동으로 사용하게 하는 것보다는 개별적인 공급 영역을 가지게 함으로써 갈등을 제거하는 등의 완충물의 활용이 갈등 해결에 도움이 될 것이다.

(2) 청원 제도의 활용

청원 제도(appeals system)는 특히 갈등의 당사자가 상사와 부하의 관계에 있을 때 유용하다. 청원은 갈등 당사자의 상급자나 제3의 중재자, 준사법기관에 제출할 수 있다(Robbins, 1990: 428-429). 정부 내에서 이러한 역할을 하는 기관으로는 공무원의 소청심사와 고충처리를 전담하는 소청심사위원회를 들 수 있다.

(3) 평가 기준과 보상 체계의 개선

품질통제관이 생산부서의 산출들을 검사할 때 그 당사자 모두는 상반되는 평가 기준과 보상 체계를 가진다. 즉, 생산자는 자신들의 실수가 좀 더 적게 발견될수록 많은 보상을 받게 될 것이나, 품질통제관은 더 많은 실수의 발견 건수에 따라 보상을 받게 되므로 갈등은 필연적이다. 이러한 상황의 하나의 해결책은 품질통제관의 실수 발견보다는 예방 쪽의 공헌에 따라 보상을 지급함으로써 당사자 간의 갈등을 없앨 수 있다.

(4) 순환보직제의 활용과 업무 배분의 변경

순환보직(job rotation)이란 사전에 장기적이고 체계적인 계획을 기초로 피교육 훈련자를 직무 간 또는 조직 단위 간에 전환시키는 하나의 교육훈련 방식인데, 이 방법은 갈등 해결을 위해서도 사용될 수 있다. 즉, 갈등 당사자를 일정 기간 그 업무를 교환시켜 다른 관점과 태도 그리고 가치관에서 상황을 재평가하도록 함으로써 인식을 변화시켜 타인에 대한 태도를 개선시키는 것이다. 이 해결 방식은 계선-참모 간의 갈등에 특히 유용할 것이다.

갈등 당사자의 한편이 다른 편에 지나친 일방적인 업무 의존성을 가지고 있고 그 상황에서 벗어날 다른 대안이 없을 경우 갈등은 발생하기 쉽다. 이 경우에는 업무의 본질과 작업의 흐름(flow of work) 통로와 업무량을 변화시킴으로써 갈등을 해결할 수 있을 것이다. 업무의 권한과 책임의 수준과 내용을 변화시켜 구성원에게 더 큰 기회를 부여하는 직무충실화(job enrichment)도 한 방법이 될 것이다.

(5) 연결핀의 사용

업무상으로 상시 접촉해야 하는 개인들이 가치관・개성・태도 등의 차이로 갈등 상태에 있게 될 때 당사자의 업무를 잘 알고 당사자 모두에게 권위와 영향력을 지닌 연결핀(linking pin) 역할을 하는 관리자의 활용이 효과적이다. 예를 들어 업무상 항시 상호작용해야 하는 생산부서장과 품질통제부서장이 개성상의 차이로 갈등 상태에 있게 될 때 양자 모두에게 상위 관리자에게 보고하도록 함으로써 갈등은 최소화 될 수 있을 것이다(Mondy, Sharplin, & Premeaux, 1990: 539).

(6) 상호의존성의 경감

상호의존성(interdependencies)이나 일방적 의존성이 갈등을 야기할 때, 그 의존 관계를 경감시킴은 하나의 해결책이 될 것이다. 즉, 톰슨(James D. Thompson)의 의존성 상태에 따르면 호혜적 의존성으로부터 순차적 의존성으로, 나아가 집합적 의존성으로 이행하게 함으로써 상호의존성을 줄여 나가야 할 것이다.

의존 관계를 경감시키기 위해 완충 장치(buffer)를 도입할 수도 있다. 예를 들어, X부서의 산출이 Y부서의 투입이 되는 순차적 의존 관계에 있다고 하자. X가 예정 시간보다 늦게 되면 X가 나쁘게 보일 것이며, 반대로 X가 Y의 처리 속도보다 빠르게 산출하게 되면 Y가 나쁘게 보일 것이다. 이 경우 하나의 해결책은 X의 산출물을 하나의 완충물로서 완충 재고를 형성하는 것이며, 이로 인해 X・Y 간의 상호의존성은 감소하게 될 것이다.

또 한 가지 의존성 해소 방법은 조정 직위(coordination positions)의 설정을 들 수 있다. 즉, 두 개 부서가 갈등 관계에 있을 때, 양 부서의 전직 경력을 모두 가진 자를 조정직에 임명함으로써 중립적 입장에서 통합자의 기능을 수행하게 할 수 있다.

4) 의사소통상의 효율성 확보 전략

의사소통상의 효율성 확보를 위해서는 환류의 사용, 언어의 단순화, 적극적인 청취, 자신의 비언어적 단서에 대한 주의와 같은 것을 고려할 수 있다(오세덕・이명재・임영제, 2004: 265).

(1) 환류의 사용

많은 의사소통상의 문제점을 오해와 부정확성에 기인한다. 이러한 문제는 관리자가 의사소통 과정에서 환류고리의 사용(use of feedback)을 촉진한다면 좀 덜 발생할 것이다. 이러한 환류 장치는 구두·문서 또는 비언어적인 것이 될 수 있다.

(2) 언어의 단순화

효과적인 의사소통이란 메시지가 수신되었을 뿐 아니라 이해했을 때 성취될 수 있다. 따라서 의사소통자는 메시지를 명료하고 이해될 수 있도록 구조화할 필요가 있으며, 언어를 단순화(simplification)할 필요가 있다. 병원 관리자의 경우 의사에 대해 메시지를 전달할 때 사용하는 언어는 행정부서의 직원에게 사용하는 언어와 의식적으로 차별화시켜야 한다.

(3) 적극적인 청취

청취에는 세 가지 종류가 있다(Mondy, Sharplin, & Premeaux, 1990: 377-388).

첫째, 한계적 청취(marginal listening)로, 이는 대부분의 메시지를 놓쳤거나 이해되지 않은 상황이다.

둘째, 평가적 청취(evaluative listening)로, 이때 수신자는 발송자의 메시지를 자신의 가치에 입각해 평가를 하며 듣는다. 이럴 때 의사소통을 통해 하나의 사고(idea)가 전달되는 것이 아니라 두 개의 사고가 생겨나는 것이다. 이러한 평가적 청취는 메시지의 내용의 왜곡을 초래할 수 있다.

셋째, 투사적 청취(projective listening)로, 이 유형의 청취는 효과적인 의사소통으로 이끌 잠재력이 가장 크다. 이때 수신자는 발송자의 메시지를 평가 없이 감정이입적인 마음가짐으로 이해하려 한다. 수동적인 소극적 청취보다는 탐색적인 적극적인 청취(listen actively)가 갈등의 소지를 최소화시킬 수 있을 것이다.

(4) 비언어적 단서에 대한 주의

비언어적 단서에 대한 주의(watch nonverbal cues)는 수신자가 의사소통을 할 때 비언어적 단서가 실제로는 더 시끄럽게 부각된다는 것을 염두에 두고 행동과 말을 같은 방향으로 일관성을 가지게끔 노력해야 한다는 것을 의미한다. 언어적 의사소통(말)과 비언어적 단서(음성의 고저・강약・리듬・억양・제스처 등)가 서로를 강화시킬 때 메시지의 완전한 이해가 이루어질 수 있고, 수신자는 발신자에 대해 신뢰감을 증대시킬 수 있을 것이다.

3. 갈등의 조장 전략

이것은 갈등의 순기능적 작용을 인정해 조직의 무기력을 해소하고, 창의와 쇄신 그리고 집단의 응집력을 증진시키기 위해 순기능적인 갈등을 적절히 조성해 조직에 이익과 활력이 되도록 하는 전략이다. 순기능적 갈등의 구체적인 조장 방안을 들면 다음과 같다.

1) 정보 및 권력의 재분배

표면화된 공식적 및 비공식적 정보 전달 통로를 의식적으로 변경함으로써 갈등을 조장할 수 있다. 특정한 의사 전달 통로에 통상적으로 포함되던 사람을 의식적・의도적으로 소외시키거나 또는 본래 포함되지 않았던 사람을 새로이 정보 통로에 영입한다든가, 그리고 비공식적 정보망을 교체한다든가 하는 것 등이 그 예이다. 의사 전달 통로의 변경은 정보의 재분배와 그에 따르는 권력의 재분배를 초래하기 때문에 갈등을 야기할 수 있다. 특히 이 방법은 선례답습주의나 무사안일주의가 만연되고 있을 때 이를 타파하고 조직의 활력을 회복하는 전략으로 유효할 것이다.

2) 정보량의 조절

정보량의 조절, 즉 상황에 따라 정보 전달을 억제하거나 지나치게 과다한 정보를 전달함으로써 갈등을 조성할 수 있다. 이러한 방법의 사용으로 모든 의사 전달을 무비판적으로 받아들이는 무관심 상태를 타파하고 조직구성원의 정체된 행태를 활성화하고 창의성과 자율성을 일깨워 줄 수 있다(유종해, 2000; 천대윤, 2005: 218).

3) 제도적 갈등 조장

여기에 속하는 효과적인 갈등 창출 방법으로는 조직 내의 수평적 분화를 통한 조직구조의 변경을 들 수 있다. 분화된 각 분야는 내적으로 좀 더 동질적인 것이 될 것이나 각 분야 간에는 차이가 심화되어 결국 갈등으로 유도될 것이다. 이 밖에도 조직의 계층 수, 직위 간의 관계, 기능적 조직 단위의 수를 재설정하거나, 계선·참모 간 갈등의 적절한 활용과 리더십 유형의 적절한 교체 등을 통해서 제도적으로 갈등을 조장함으로써 효과적인 경쟁 관계를 창출할 수 있다.

4) 충격요법적 방법

외부 집단의 도전이나 위협을 느끼도록 유도하는 충격요법적 방법도 적절히 사용하면 갈등을 조장할 수 있다. 이 방법은 매너리즘과 무사안일에 빠져 있는 조직구성원을 긴장시키고 도전에 무감각한 무사안일주의를 타파함으로써 조직을 활성화하는 효과를 가져올 수 있다.

5) 인사정책적 방법

정체 상태에 있는 단위 부서를 일깨워 편달하는 한 방법으로서 구성원들의 이질화(異質化, heterogeneity)를 인사정책적 방법으로 도모할 수 있다. 이는 기존 부서에 그 구성원들과는 전적으로 다른 배경·경험·가치관 등을 가진 구성원을 충원시키는 방법이다. 이 방법은 고정관념과 경직된 사고방식, 편협한 가치관, 침체된 지향성과 행태를 불식하는 데 많은 도움을 준다.

6) 경쟁 상황의 창출

단위 부서들 간에 경쟁 상황을 조성함으로써 갈등을 촉진할 수가 있다. 물론 경쟁에서의 이해관계는 제로섬 게임이며 갈등은 더욱 강력한 것이다. 한 예로서, 판매경진대회를 개최해서 판매고 신장을 도모하는 경우를 비유적으로 들 수 있다.

제 6 절 협상과 갈등 해결

1. 협상의 의의와 유형

협상(negotiation)은 상반된 이해관계가 얽혀 있는 당사자들이 서로의 이익을 최대화할 수 있는 해결 방법을 합의하기 위해 노력하는 과정을 의미한다(Johnson, 2013: 264). 이러한 협상 전략에 대한 유형으로는 배분적 협상(distributive bargaining)과 통합적 협상(integrative bargaining) 두 가지가 있다.

배분적 협상은 파이를 나누는 제로섬(zero-sum: win-loss) 협상이며, 통합적 협상은 파이의 크기를 늘리는 플러스섬(plus-sum: win-win) 협상이라 할 수 있다. 물건을 사고팔 때 판매자는 구매자가 지불하려는 금액보다 높은 금액을 요구한다. 이때 판매자와 구매자는 가격을 협상하게 되는데 이 상황을 배분적 협상이라 한다. 내가 이익을 보면 상대자는 손해를 보게 되는 것이다. 고정된 양의 자원을 나누어 가지려고 하는 협상이다. 일정한 파이를 두고 각자 더 많이 차지하려고 하기 때문에 단기적인 인간관계에서 행해진다.

[그림 9-3]은 A와 B 협상 당사자의 배분적 협상의 경계를 잘 보여 준다. 각각 원하는 목표점과 최소로 받아들일 수 있는 저항점이 있고, 이 사이에 각각의 기대 영역이 있으며, A와 B 기대 영역 사이의 교차 부분이 있으면 그 범위가 협상이 충족될 수

그림 9-3 협상의 영역

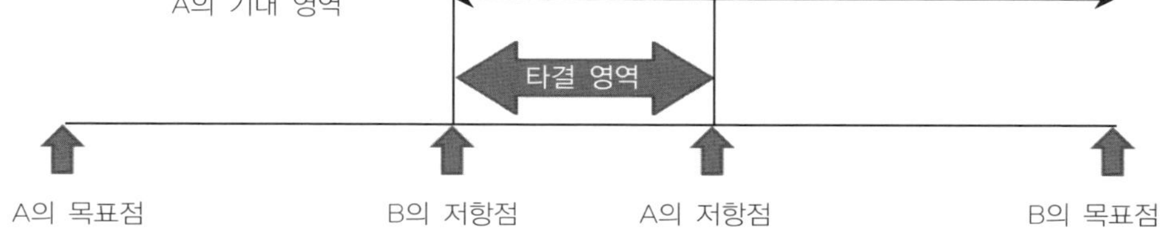

자료: Robbins & Judge(2015: 444).

수 있는 타결 영역이 된다(Robbins & Judge, 2015: 444-445).

통합적 협상은 배분적 협상과는 다르게 서로 이익이 되는 해결책을 얻고자 하는 것을 목표로 한다. 프로 선수의 출전수당, 승리수당 등의 연봉 체결과 판매자의 실적 달성에 따른 인센티브 제도 등이 통합적 협상의 좋은 예이다. 통합적 협상은 당사자가 좋은 유대감과 서로 승리했다는 느낌이 들게 되는 장기적인 인간관계에서 행해진다. 모든 협상자는 통합적 합의를 목표로 하게 되지만 대부분은 성공에 이르지 못한다. 그 이유는 보이지 않는 갈등과 파이의 고정 인식이 있기 때문이다. 서로가 이득이 되는 협상을 이끌어 내기 위해서는 상대방에 대한 신뢰, 목표의 공통성, 상대에 대한 인정과 원활한 의사소통, 문제 해결 능력, 정보의 공유 등과 파이를 늘리려는 노력이 있어야 한다.

2. 협상의 단계

협상은 다음과 같은 다섯 단계를 거치며 진행되는 것이 일반적이다(Robbins & Judge, 2015: 447-449).

첫째 단계는, 협상의 준비와 계획 과정으로 내용과 목적, 상대방의 목적 등을 파악해 계획을 세운다. 전략적으로 합의에 이르지 못할 때 최선의 대안(Best Alternative to a Negotiated Agreement: BATNA)을 설정하는 것이 매우 중요하다. 상대방의 'BATNA'를 알면 협상을 유리하게 진행할 수 있다.

둘째 단계는 기본 규칙을 정하는 것인데 방법, 절차, 내용의 범위, 기간, 장소 등에 대해 서로 약속을 하는 것이다.

셋째 단계는 최초로 서로의 요구 사항을 제시, 정당성을 설명하고 상대방이 잘 이해하고 있는지에 대해 명확하게 하고, 필요한 증빙서류도 교환한다.

넷째 단계는 협상과 문제 해결인데 상호 접점을 찾는 단계이다. 서로 윈-윈(win win)하기 위한 양 당사자의 양보가 필요하고, 양해각서를 교환한다.

다섯째 단계는 종료와 실천 단계로 합의안을 공식화하고 실행과 감독 그리고 사후 관리 시스템을 만들어야 한다.

3. 협상의 방법

효과적인 협상을 위해서는 우선 협상의 목표가 승부를 가리는 것이 아니라 서로의 이익을 최대화하는 동시에 인간관계를 훼손하지 않는 것이라는 점을 인식하고 있어야 한다. 협상의 방법으로 존슨(Johnson, 2013: 265-271)은 다음과 같은 여섯 가지를 제시하고 있다.

첫째, 갈등 상황에서 서로가 원하는 것이 무엇인지를 이야기한다. 그 현실성과 수용 여부는 나중에 논의하더라도 우선 서로의 욕구를 이야기하는 것이 필요하다.

둘째, 갈등 상황에 대해서 각자가 느끼고 있는 감정을 이야기한다. 갈등 상황에서 누구나 분노, 좌절감, 두려움 등을 느낄 것이다. 이러한 감정을 표현하고 적절히 통제하는 것이 필요하다.

셋째, 서로의 입장에 대해 이야기한다. 구체적으로 자신들의 욕구와 소망에 대한 이유, 당위성 등을 교환하는 것이 필요하며, 이것이 상대방을 설득하는 기반이 될 것이다.

넷째, 각자 상대방의 관점에서 갈등 상황을 검토해 본다. 협상을 성공적으로 이끌기 위해서는 상대방의 관점을 이해하는 것이 매우 중요하며, 상대방의 관점에서 상황을 바라볼 수 있는 조망 능력(perspective taking)이 요구된다.

다섯째, 서로의 이익을 극대화할 수 있는 대안을 탐색한다. 이때 어떤 특정한 해결책에 집착하는 것을 경계해야 하며, 합의 결과가 가져올 수 있는 불확실성을 피하기 위해 지나친 방어적 태도를 가지지 않도록 노력해야 한다.

여섯째, 건설적 합의에 도달하기 위한 노력을 해야 한다. 건설적 합의는 상호 이익을 최대화하면서 서로 간의 관계가 강화되고 향후 발생할 수 있는 갈등을 처리할 수 있는 능력을 키워 준다.

갈등 해결 유형 설문지
당신이 어떤 사람과 대립하는 갈등 상황에 있을 때, 그 갈등 상황을 어떻게 대응할 것인지를 각 항목의 물음을 보면서 그 정도를 표시하십시오.

문항	절대 아니다	아니다	모르겠다	그렇다	매우 그렇다
1. 나는 확실하게 나의 목표를 밀고 나갈 것이다.	1	2	3	4	5
2. 나는 항상 논쟁에서 이기려고 노력한다.	1	2	3	4	5
3. 나는 내 입장을 상대편에게 확실하게 보여 주려고 한다.	1	2	3	4	5
4. 나는 개방적인 입장에서 불일치점에 대해 토론하기를 즐긴다.	1	2	3	4	5
5. 나는 서로의 상반된 점을 해결하려고 노력한다.	1	2	3	4	5
6. 나는 토론을 위해 모든 문제점 및 관심을 공개한다.	1	2	3	4	5
7. 나는 상호 이익이 되는 해결책을 제시하려고 노력한다.	1	2	3	4	5
8. 나는 타인과 타협하려고 노력한다.	1	2	3	4	5
9. 나는 상대와 나와의 손익 균형을 추구한다.	1	2	3	4	5
10. 나는 상대와의 불일치점에 대해 이야기하기를 싫어한다.	1	2	3	4	5
11. 나는 나에게 불쾌감을 주는 일을 회피하려고 한다.	1	2	3	4	5
12. 나는 상호간의 불일치를 초래할 입장을 회피한다.	1	2	3	4	5
13. 나는 어떠한 불일치의 경우에도 타인의 입장을 고려하려고 노력한다.	1	2	3	4	5
14. 나는 어떠한 갈등 상황 시에도 상대와의 관계를 유지하려고 노력한다.	1	2	3	4	5
15. 나는 타인의 감정을 해치지 않으려고 노력한다.	1	2	3	4	5

갈등관리 설문 자가 채점	
경쟁: 1~3항의 합	가장 합이 높은 것이 자신의 해결 양식임
제휴: 4~6항의 합	
타협: 7~9항의 합	
회피: 10~12항의 합	
순응: 13~15항의 합	

자료: Steers & Black(1992: 564).

PART 4

수요와 성과관리

CHAPTER

10 행정 수요 및 품질관리

제 1 절 행정수요관리

1. 행정 수요의 개념

행정 수요(administrative needs)란 단순한 욕구를 지칭하는 주관적인 것이 아니라 필요를 낳게 되는 객관적인 상태를 반영하는 개념으로서, 아직까지 정확한 개념이 정립되지는 못했지만, 학자에 따라서 다의적으로 사용하고 있다. 일반적으로 행정 수요란 "행정에 대한 사회적 수요"를 의미하며 "헝정에 의해 해결되기를 바라는 사회 일반의 기대와 요구"를 말한다(최창호, 1977: 118).

행정이 본래 국민의 수요를 충족시키는 공권력의 기능화라는 의미를 갖는 것이라면, 행정은 국민의 수요 변동에 부응해, 시대적 · 장소적으로 변동하는 성질을 갖고 있다는 것은 말할 것도 없다. 즉, 특정의 개인 또는 집단의 기대 및 요구가 그대로 구체적인 행정 수요를 이루는 것이 아니라, 그 특정의 개인 또는 집단의 다양한 기대 및 요구가 대립 · 투쟁 · 타협 · 협상을 통해 그 개인 또는 집단의 기대와 요구에 기초하면서도 그와는 별개인 '사회적 수요'를 이룰 때에 행정 수요가 형성되는 것이다. 이와 같이 형성되는 행정 수요는 시대와 장소에 다라 그 내용과 질을 달리한다. 즉, 농업사회 시대의 행정 수요와 오늘날 산업사회로 변천하는 마당에서의 행정 수요는 그 내용과 질에서 판이하게 다르며, 또한 같은 오늘날에도 서울시에서의 행정 수요와 지방도시의 행정 수요 간에는 차이가 있다.

또한 행정 수요(service needs)는 경제학에서 논의되고 있는 수요(demands) 개념과 약간 다르게 사용된다. 즉, 경제학에서 수요라고 할 경우에는 그 소요 충족에 대한 대가를 지불할 용의가 있는 인간의 욕구이지만, 행정 수요는 이러한 성격을 띠고 있지 않으며 사회적 요구의 충족을 바라는 정치적 압력이 수반되는 요구라고 할 수 있다. 따라서 행정 수요란 오히려 재정학 분야에서 사용하는 공공 욕구(public wants)와 가까운 개념이다(김인, 1989: 38; 김인 · 김학노 · 김성국, 1989: 740). 한편 아쿼아(Aquoa, 1982: 174)는 행정 수요를 일정한 지역에서 이미 제공되고 있는 서비스의 양과 그리고 시민과 행정관리가 일정한 기준에 따라 그 지역을 위해 필요한 것으로 생각하는 서비스 양 사이의 차이라고 정의하기도 한다.

행정 수요는 어디까지나 시민 측의 정치 · 행정 체제에 대해 언급하고 있는 기대인데, 다음과 같은 특징을 갖는다(오세덕 · 여윤환, 2000: 82).

첫째, 시민의 기대는 계층 · 집단 · 개인마다 다양하며, 특정의 개인이 가진 복수의 행정 수요의 경우에도 한편에서의 편익의 확충을 기대하고 다른 한편으로는 부담의 경감을 기대하고 있는 경우가 적지 않다.

둘째, 또한 행정 수요는 명확히 공식화되고 있지 않는 경우가 많다. 예를 들면, 공해 없는 환경으로 되돌리고 싶은 기대는 더할 수 없이 강하지만, 공해를 어떤 방법으로 어느 정도까지 방지할 수 있을지, 공해 방지를 위해 어느 정도의 규제까지 감수할 용의가 있는지에 대해서 그 수요가 불분명한 경우 등이다.

셋째, 행정 수요와 행정활동 간에는 불가분의 관계가 있지만 반드시 양자 간에 정비례의 대등 관계가 존재하는 것이 아니다.

행정 수요를 충족시켜 나가는 것은 결국 수요자 중심의 행정 체제를 구축해 나가는 것이고, 이것은 고객만족관리와 연결되는 개념이라고 할 수 있다. 고객만족관리(customer satisfaction management: CSM)란 고객 중심의 사고를 바탕으로 모든 조직관리 활동을 전개해 나가자는 것으로 과거의 근시안적인 조직 목표 추구에서 벗어나 '고객 만족', 즉 고객이 제품 또는 서비스에 대해 원하는 것을 기대 이상으로 충족시켜 감동시킴으로써 고객의 그 제품 또는 서비스에 대한 선호도가 지속되도록 하는 것을 궁극적 목표로 하는 관리전략이다. 행정조직도 마찬가지로 "어느 조직(기관)이

고객(시민) 만족행정에 더 접근해 가느냐"가 국민들로부터 그 조직의 존립을 평가받는 시대가 왔다고 할 수 있다(박연호・임영제, 2000: 262).

2. 행정 수요의 유형

행정 수요는 보는 관점에 따라, 또는 학자에 따라 여러 가지 형태로 분류할 수 있으나, 여기에서는 현재적 행정 수요와 잠재적 행정 수요, 본래적 행정 수요와 파생적 행정 수요, 기본적 행정 수요와 선택적 행정 수요, 내생적 행정 수요와 외생적 행정 수요 등으로 나누어 설명하고자 한다.

1) 현재적 행정 수요와 잠재적 행정 수요

행정 수요에는 시민의 기대가 정치 체계를 향한 요구로 현재화되고 있는 현재적 행정 수요와 요구에 대해 현재화하지 않는 잠재적 행정 수요가 있다. 현재적 행정 수요란 시민들이 행정에 대해 바람직한 방향으로 해결되기를 바라는 요구를 공식적으로 표명하는 수요를 말하는데, 정당의 정책강령으로 받아들여지고 있는 것, 압력단체의 요구 사항, 국민운동・시민운동의 요구 사항, 진정・청원 사항, 관청 창구 등에 유입해 오는 의견, 대중매체에 나오는 비판과 제언 등 요구의 현재화 양식은 다양하다.

잠재적인 행정 수요란 시민들이 행정에 대해 해결되기를 바라는 요구 또는 기대를 가지고 있으나 이를 공식적으로 표명하지 않는 장기적 수요를 말한다. 즉, 지금은 표면화되고 있지 않으나 앞으로 크게 나타날 것이 예상되는 수요를 말한다.

그런데, 잠재적인 행정 수요가 현재화하지 못하는 이유 또한 다양하다(西尾勝, 1990: 130). 즉, ① 정치 체제에 그 충족을 기대해야 할 성질이 아니라고 생각하는 경우, ② 정치에 기대해 보아도 그 유효한 해결 방법이 없다고 생각하고 있는 경우, ③ 요구를 공공적 장소에 표출하는 적당한 경로라든가 조직이 없기 때문에 침묵할 경우, ④ 기대를 자신이 선명하게 해명하려 자각하지 않을 경우 등에는 잠재적인 행정 수요가 현재화되지 못하게 된다.

그러나 이와 같은 잠재적 행정 수요는 여론조사 등에 따라 현재화되기도 하고, 통계분석 등에 따라 그 존재가 추측되기도 한다. 그런데 현재적 행정 수요라고 할지라도 행정조직이 이에 대응하지 않으려는 경우도 있고, 잠재적인 행정 수요라도 이를 충족시키려는 조치를 취할 수도 있다. 따라서 잠재적 행정 수요의 경우 현재화 가능성과 그 중요도를 밝혀 적절한 행정 서비스의 공급 방안을 마련해야 한다.

2) 본래적 행정 수요와 파생적 행정 수요

본래적 행정 수요란 쾌적하고 안전하며 편안한 인간 생활을 영위하기 위한 기초적인 행정 수요를 말하며, 이러한 본래적인 행정 수요로부터 파생적으로 유발된 수요가 파생적 행정 수요이다. 따라서 본래적 행정 수요뿐만 아니라 장기적인 전망을 가지고 파생될 수 있는 파생적 행정 수요까지 미리 감안해 행정 서비스의 공급 수준을 결정해야 한다.

3) 기본적 행정 수요와 선택적 행정 수요

기본적 행정 수요는 행정이 공급해야 할 가장 기본적인 기초 수요로서 시민 생활에 필요불가결한 수요이며, 선택적 행정 수요는 시민이 삶을 풍요롭게 영위하는 데 필요한 기본적 수요 이상의 행정 수요를 말한다.

그런데 무엇을 기본적 행정 수요 또는 선택적 수요로 볼 것인가는 시대와 장소, 그리고 제반 여건 등에 따라서 그 수준이 달라질 수밖에 없다. 즉, 동일한 행정 수요라고 할지라도 어느 사회에서는 선택적 행정 수요이던 것이 더욱 발전된 사회에서는 기본적 행정 수요가 될 수도 있다는 것이다. 어떤 서비스이든 시민들에게 필요치 않은 것은 없겠지만 인간의 기본적 욕구와 관련되는 기본적 행정 수요, 즉 시민의 생명과 재산의 보호와 관련되는 경찰 서비스나 상하수도 · 도로 · 주택 · 주거환경 개선 등 지역개발 서비스에 대한 지원은 선택적 행정 수요인 문화와 체육 서비스 부문에 대한 지원보다는 강화해야 할 것으로 본다.

4) 내생적 행정 수요와 외생적 행정 수요

행정 수요는 도시 내의 상주 인구에 기인한 행정 수요인가 아니면 당해 도시민 이외의 유입된 인구에 기인해서 발생하는가에 따라서 내생적 행정 수요와 외생적 행정 수요로 나눌 수 있다. 행정 수요의 주류를 이루고 있는 것은 해당 지역 내에 거주하는 상주인구로부터 발생되는 내생적 행정 수요이다. 반면에 당해 지역 외부로부터 유입된 주간 취업자와 같은 당해 시민이 아닌 외부로부터 유입된 인구에 기인해 발생하는 행정 수요가 외생적 행정 수요이다.

이러한 외생적 행정 수요와 관련해 문제가 되는 것은 외부 효과의 문제이다. 공공재의 사용에 따라 비배제성과 비경합성 때문에 외부 효과가 발생하게 될 경우 그 관할과 책임에 관해 논란의 여지가 존재하게 된다. 특히 환경오염 문제나 교통 문제 등과 같은 외부불경제가 나타나는 경우에 외생적 행정 수요 문제가 제기될 가능성이 크다.

3. 행정 수요의 변동과 측정

1) 행정 수요의 변동과 예측

인구 규모가 늘고 인간 활동이 복잡다양화되어 감에 따라 행정 수요는 양적으로 팽대해 가고 질적으로 고도화되어 간다. 즉, 과학기술이 발달하고 국민의 생활 수준이 향상됨에 따라 욕구 수준은 한층 더 높아지고, 그 결과 국민은 더 높은 수준의 행정 서비스를 요구하게 될 것이다. 이러한 행정 수요의 변동을 적절히 파악·예측하고 측정하는 것은 행정 수요의 관리를 위한 전제 조건적 성격을 갖는다. 그러므로 여기에서는 행정 수요의 변동에 대한 예측 및 측정어 관해 간략하게 살펴보고자 한다.

현대 국가의 행정국가화·복지국가화 경향에 따라 행정 수요는 질적·양적으로 변동되고 증가일로에 있으며, 이에 대응할 수 있는 행정 능력에는 한계가 있다. 또한 행정 수요는 끊임없이 확산·비대화되어 가고 있그, 유동적·광역적 성격이 강하며, 더욱 복잡화·전문화·개별화되고 있다.

이러한 행정 수요의 변동을 촉진하고 있는 주요한 요인으로 들 수 있는 것은 과학기술 내지 관리기술의 발달, 소득 수준·생활 수준 향상에 대한 국민의 기대 수준 상승, 지역 간·계층 간의 이해관계 조정과 균형적 발전의 필요성, 급격한 도시화와 인구 이동, 사회보장 제도의 확대, 심각한 공해 문제의 대두, 국제 관계의 다변화 등을 들 수 있다.

행정 수요의 변동에 대응하기 위해서는 미래 사회의 행정 수요가 어떻게 변화될 것인가를 예측할 필요성이 제기된다. 그러나 장래의 상황은 고정불변한 것이 아니고 정치・경제・사회적 변인에 따라 얼마든지 변동할 수 있는 것이기 때문에 정확한 예측을 하기란 지극히 어렵다. 따라서 행정 수요의 예측은 논리적 사고와 객관적 판단에 근거를 두고, 장래에 예상되는 모든 요소를 고려하며, 사태의 발전을 계속 주시하는 가운데 행해져야 한다(Koontz & O'Donnel, 1959: 478).

행정 수요의 예측 기법은 여러 가지가 있다. 즉, 예측자의 풍부한 경험이나 직관・판단에 의하는 경우도 있고, 정보 또는 재료의 통계적 분석에 의한 과학적인 방법도 있다. 일반적으로 행정 수요의 예측 방법은 질적 또는 정성적(qualitative) 방법과 통계적 또는 정량적(quantitative) 방법으로 크게 구분할 수 있다(최신융・임영제 외, 2010: 113).

질적 예측 방법은 비계량적・비통계적인 방법을 사용해서 행정 수요를 예측하는 방법이다. 다시 말해서, 질적 예측 방법은 계량적인 정보를 구할 수 없거나 불충분할 때 주로 인간의 판단과 질적인 정보에 의해 장래의 상황을 예측하려는 것이다. 따라서 어떤 의미에서는 예측(forecasting)이라기보다는 예견(prediction)에 가까운 경우도 있을 것이다. 여기에서 예측이란 어떤 규칙적인 규칙성(regularities)이나 재현성(recurrence)에 기초를 두고 설명할 수 있는 근거에 입각해서 미래를 내다보는 것이며, 예견이란 주관적 통찰력이나 판단에 따라 미래를 투시하는 형태를 말한다(Bell, 1976: 3).

2) 행정 수요의 측정

행정이 행정 수요에 적절히 대응하기 위해서는 그 전제로서 행정 수요의 계량화가 이루어져야 한다. 즉, 주택행정을 예로 들면 먼저 무주택 세대 수 및 불량주택 세대 수 등이 파악되어야 한다는 것이다. 그러나 행정 수요의 계량화는 행정 수요의 성질에 따라서는 계량화가 불가능한 것도 있고, 또 계량화가 가능하다고 하더라도 그 계량의 기준량이 문제이기 때문에 매우 어려운 문제 중의 하나이다(오세덕 · 여윤환, 2000: 88).

행정 수요를 측정하기 위해서는 우선적으로 국민의 욕구에 대한 파악이 이루어져야 한다. 국민의 욕구는 개인적인 수준에 머물러 있는 것도 있고 조직화되어 있는 것도 있으며 즉흥적인 경우도 있지만 장기에 걸쳐 누적된 경우도 있다. 왜냐하면 대부분의 경우 국민들의 선호(preference)가 무엇인지가 표명되어 있지 않을 경우가 많고 사실상 공개적인 토의 없이는 그들이 무엇을 원하는지조차 모르는 경우가 많기 때문이다(Lindblom, 1959: 216).

행정 수요를 인정할 때에는 관료의 전횡을 줄이고 결정 과정의 민주화를 보장하기 위해서 행정 수요의 수량화 · 지표화를 도모해 나가는 것이 필요하다. 수량화 · 지표화를 통해 행정 서비스의 실태를 주민들이 존 더 이해하기 쉽고, 서비스 상호간의 비교를 통해 행정에 대한 평가도 가능해질 것이다. 행정 서비스의 수량화 · 지표화는 행정 자체가 적정한 과학적 판단을 내리기 위한 불가결한 자료가 된다.

그러나 행정 수요의 수량화 · 지표화는 극히 어려운 기술이 요구될 뿐만 아니라 수량화가 불가능한 행정 수요도 존재하게 된다. 행정 서비스에 대한 수량화 · 지표화를 통해 행정이 행정 수요에 대응해야 하는 것이 지상 과제라고 할 수 있으므로 우리는 사회지표를 개발해서 활용하고 시민 의식 조사 등을 적절히 활용해야 한다.

(1) 사회지표의 개발과 활용

이것은 기존 정보를 지표화해서 문제 상황과 계획의 필요성을 간접적으로 파악하는 것이다. 지표는 사회의 여건과 변화를 시계열(time series)에 따라 횡단적(cross-sectional)으로 비교하는 정보를 제공하게 된다. 여기서 사회지표란 인간의 삶의 질에 관한 정보로서 사회적인 가치와 목표에 관한 정보를 내포하며 사회정책의 형성을 위한 가치 기준을 의미한다. 삶의 질이란 개인이 경험한 삶의 모든 측면을 포괄하는 함축적인 개념이라고 할 수 있으며, 따라서 이 개념은 개인적 발전, 자아실현, 균형된 생태 체계와 같은 삶의 주요 욕구와 물리적 만족을 포괄하는 개념이다(김영섭, 1982: 40-47).

이러한 사회지표는 사회회계 또는 사회보고라고도 일컬어지는데, 이의 기본 목적은 사회적 측면의 질적·복지적 수준의 변화를 측정하기 위해 마련된 도구라고 할 수 있다. 사회지표를 보통 객관적인 사회지표와 주관적인 사회지표로 구분해 설명하기도 하는데, 사회 전체 상태를 나타내는 객관적 사회지표와 개인적 욕구충족도를 고려하는 주관적 사회지표를 함께 사용해야 할 것이다. 특히 객관적 사회지표뿐만 아니라 시민의식 조사 등을 통해 시민의 주관적인 욕구충족도를 파악하는 등의 주관적인 지표의 개발에도 많은 관심을 기울여야 할 것이다.

(2) 시민 욕구조사의 실시

이것은 직접적인 욕구조사(need survey)를 행하는 방법으로서, 사회구성원이 인지하는 문제점과 개선 방향, 그리고 일반적인 소망과 가치 체계 등에 관한 정보를 관찰·면접·질문지법을 통해 체계적으로 수집하려는 것이다. 이는 개인의 선호와 소망을 객관적·종합적으로 파악할 수 있다는 이점이 있다. 사회지표를 통해서 파악하기 힘든 행정 수요를 파악하고자 할 때 시민 욕구조사를 사회지표의 보완 수단으로서 병행해 사용할 수 있다.

(3) 각종 민원 사항의 정리

현대 행정국가에서 국민의 욕구는 이익 표명(interest articulation)의 메커니즘을 통해서 투입된다. 특히 매스컴과 압력단체 및 정당이 이 과정에서 상당한 역할을 하게 되지만, 현대 사회에서는 시민 의식의 고양과 통신기술의 발달 등으로 인해 개인 민원뿐만 아니라 집단민원의 발생도 상대적으로 과거에 비해 많아지고 있다. 이러한 각종 민원 사항을 유형별로 분류 정리함으로써 어느 부문의 행정 서비스가 상대적으로 부족한지를 알 수 있어 행정 과정에의 환류가 이루어지게 된다.

이상과 같이 행정 수요의 측정이 어느 정도 이루어지면 그러한 행정 수요의 우선순위가 정해져야 하는 등 행정 수요의 관리가 이루어질 것이다. 그리고 행정의 적정책임 범위를 확립하기 위해서는 행정 수요의 양과 강도, 행정조직의 행정 서비스 공급 능력, 행정 서비스 공급의 민영화 가능성, 국가의 이념, 정책결정자의 의지 등과 함께 고려해야 한다.

4. 행정 수요의 관리 방안

앞에서 밝힌 바와 같이 행정 수요가 날로 증대해 가고, 그 내용이 복잡해지고 있는 데 반해 공급면의 행정 체계는 경직성과 요식 행위로 일관하고 있기 때문에 양자 간의 간격(gap)이 심화되고 있다. 그러므로 행정 공급 면의 확대도 필요하지만, 행정 수요를 관리할 필요성이 제기된다. 행정 수요의 관리는 행정 수요를 줄이는 데 목적이 있는 것이 아니라 국민에게 최상의 행정 서비스를 공급하기 위한 방안을 모색하는 데 있다. 따라서 행정 수요의 발생을 줄이거나, 행정 수요 현재화 정도를 낮추거나(공급 메커니즘을 강화하거나 다양화), 행정 수요의 압력 강도를 조절하는 방안이 있을 수 있다(오세덕 · 여윤환, 2000: 92).

행정 수요의 관리는 수요의 발생 구조에 관한 분석을 전제로 하지만, 기본적으로는 다음과 같이 세 가지로 나누어 볼 수 있다(西尾勝, 1990: 250).

1) 행정 수요 발생의 관리

행정 수요 발생의 관리란 수요의 처음 발생 원인을 캐내어 원인자에 의한 자기 처리, 외부불경제의 내부화를 요구하는 방법으로, 이것을 예방정책 또는 규제정책이라고도 한다. 그 예로는 사업소에 폐수의 제1차 처리를 의무화해 처리의 부담을 경감하고, 검진과 예방접종을 철저히 해서 의료행정 부담을 경감하거나, 육아휴가 제도를 도입해 유아 보육 요구의 발생을 억제하는 것 등을 들 수 있다.

2) 행정 수요 현재화 정도의 관리

이 방법은 정치 · 행정 체계 이외의 공급 메커니즘을 강화해, 행정 서비스에 대한 충족 기대를 이들에게로 유도하는 방법으로 유도정책 또는 조성정책이라고 할 수 있다. 즉, 행정 서비스의 공급 주체를 확대 · 다양화하는 방법이다. 예를 들면, 학교 · 병원 · 사회복지시설 · 주택 등의 민간사업을 조성해 그 민간재의 공급 증대를 도모하든가, 자원봉사자를 육성해 시민복지 시스템의 한 부분을 자원봉사자 활동에 맡기는 방법 등이 있다.

행정이 국민에게 공급해야 할 서비스의 일부를 민간에서 공급하도록 하는 경우에 그 재화나 서비스의 성격상 국민에게 양질의 서비스를 제공할 수 있는 경우도 있다. 이와 같은 경우는 대부분 민영화를 통해 정부의 재정 압력과 양질의 서비스 공급이라는 문제를 동시에 해결하는 것이다. 즉, 앞으로 국가에서는 필수적·기초적 서비스는 우선적으로 정부가 제공하도록 노력하는 한편, 선택적·기초적 서비스에 대해서는 수요자 부담의 원칙을 도입하고, 나머지의 서비스에 대해서는 경우에 따라서 가급적으로 시장 메커니즘을 적용하는 것이 바람직하다.

이를 위한 구체적인 방법으로 들 수 있는 것은 민영화, 규제 완화, 조세유인책, 바우처(voucher) 제도, 민간조직과의 계약 등이 있다. 이 중 조세유인책은 민간으로 하여금 공공 서비스를 제공하게 하거나 혹은 정부에 의해 제공되는 서비스에 대한 요구를 감소시키도록 유인하게 된다. 조세유인책은 공공의 목적을 성취하기 위해 민간부문의 활동을 촉진시키는 방안으로 정부의 직접적인 지출에 의한 사업 운영 방법에 비해 효율성 증진면에서 매우 효과적이다.[1)]

그러나 행정 서비스 공급 주체를 다양화하는 경우에도 사회적 형평성을 고려해야 하며, 시빌 미니엄(civil minimum) 개념은 행정의 책임 범위와 관련해 특히 염두에 두어야 할 것이다. 또 한 가지 고려해야 할 것은 행정 서비스 공급의 비효율성을 극복하기 위해 행정 공급 주체의 다양화가 대두된 것인 만큼 행정 서비스를 민간에서 공급할 경우에도 양질의 행정 서비스를 효율적으로 공급할 수 있도록 해야 한다. 아울러 최소한의 서비스 수준은 유지될 수 있도록 하는 제도적 장치를 마련해야 한다.

행정 서비스의 공급 메커니즘을 강화해 민간으로 하여금 공급하도록 하는 것은 공공관리자로 하여금 종전과는 다르게 기업가적인 정신으로 자본의 적극적인 활용을 통해 효율성을 제고하며 수혜자들에게는 더 나은 서비스를 제공하는 새로운 대안을 실천해 볼 기회를 갖지 못하게 한다는 비판도 있다. 즉, 오늘날 행정 서비스 공급 메커니즘의 강화 및 다양화는 서비스 공급자, 공공노동조합, 보신적인 관료들의 담합으로부터 나타나는 공공관리의 방만함과 비효율성을 타파하려는 데에 그 근원을 두고 있다. 이러한 관점에서 행정 서비스 공급 주체의 다양화는 정부의 역할을 축소하

---

1) 나머지 민영화, 규제 완화, 바우처(voucher) 제도 혹은 보조금 수취권 제도, 민간조직과의 계약(contracting out) 등에 대한 것은 이 책 제16장에서 설명했으므로 해당 부분을 참조 바람.

고 서비스 제공의 효율성을 증진하는 확실하고 구체적인 방안이 될 수 있지만, 민간 부문이 공공 부문을 대체하는 데는 한계가 있다는 것을 분명히 인식할 필요가 있다. 이것은 민간 부문은 불평등한 구매력에 근거하고 있지만 공공 부문은 동등한 투표권에 근거하고 있기 때문이다.

3) 행정 수요의 압력 강도 관리

행정 서비스를 유료화해 그 가격을 조작함으로써 행정 서비스의 구매 동기라든가 소비 성향을 억제하는 방법으로서 이를 감량정책 또는 부담정책이라고도 한다. 즉, 이 방법은 공적으로 제공되던 서비스 비용을 충당하기 위해 사용료를 부과한다거나, 특정한 서비스의 이용에 대해 일률적인 혹은 이용 정도에 따른 차등적인 사용료를 부과함으로써 행정 수요의 압력 강도를 낮추고자 하는 방안이다.

이 방법의 예로서는 수도요금을 인상해 절수(節水)를 도모하는 방안이나, 전화통화료의 야간 할인에 나타나는 것과 같이 시기 · 시간에 대응한 가격차별정책을 활용해 피크타임의 수요를 삭감해 공급 태세의 필요 이상의 비대화를 피하는 방법 등을 들 수 있다. 특히 쓰레기 종량제의 실시로 많은 쓰레기 감량 효과를 보고 있으며, 공공주차장의 유료화와 혼잡한 도로의 통행 시 부과하는 혼잡통행료의 징수 등은 교통 수요에 대한 압력 강도를 낮출 수 있는 방법이 될 것이다.

제 2 절 고객만족관리

1. 고객만족관리의 개념

조직에서 고객이란 조직이 생산하는 재화나 서비스를 소비하는 객체를 의미한다. 과거에는 조직 외부 고객에 주된 관심이 있었으나 근래에는 조직 내부 고객, 즉 구성원 역시 중요한 고객의 개념에 포함하고 있다.

고객만족관리(customer satisfaction management: CSM)란 고객 중심의 사고를 바탕으로 모든 조직관리 활동을 전개해 나가자는 데에서 출발한다. 과거의 시장점유율 확대나 원가 절감이라는 근시안적 목표 추구에서 벗어나 '고객 만족', 즉 고객이 제품 또는 서비스에 대해 원하는 것을 기대 이상으로 충족시켜 감동시킴으로써 고객의 제품 또는 서비스에 대한 선호도가 지속되도록 하는 것을 궁극적 목표로 하는 장기적이며 지속적 차원에서의 관리전략이다.

고객만족관리는 고객 수요의 예측과 분석에 기초한 고객수요 관리전략에 따라 고객 수요에 기초한 고객만족 교육훈련 및 업무 프로세스 개선을 통해 조직의 환경적 응력을 높이고 조직이 제공하는 정책 및 서비스에 대한 만족을 높이는 것을 목적으로 한다. 이를 바탕으로 고객만족관리의 하위 영역은 고객수요분석, 고객만족도분석으로 나누어 볼 수 있다.

2. 고객수요분석

1) 고객수요분석의 의의

고객수요분석은 고객이 조직에 바라는 정책・사업 및 서비스 수준의 기대와 인식의 차이를 확인하고 차이가 발생한 원인을 찾아내는 활동이다. 그리고 이를 기초로 정책・사업 및 서비스의 품질 개선을 기해 최종적으로 고객을 만족시키고 고객의 충성도를 제고함을 목적으로 한다.

고객수요분석에 기초한 전략 수립의 핵심은 조직이 제공하는 공공 서비스의 소비자인 고객을 분석하는 것이며, 분석의 대상은 ① 고객의 서비스 이용 행위에 대한 시장 특성, ② 조직이 제공하는 서비스에 대한 의사결정 형태, ③ 조직이 제공하는 서비스 결정에의 참여자, ④ 서비스 이용 결정에 영향을 주는 요인, ⑤ 서비스의 전달 과정 등이 중심이 된다. 고객수요분석을 통한 고객 만족의 제고는 결국 국민이 체감한 정책 및 행정 서비스가 제공된 결과와 국민이 정책 및 행정 서비스에 대해 바라는 기대 수준과의 차이에 대한 원인과 정도를 분석하고, 이러한 양자 간의 차이를 줄여나가는 행정관리 혁신의 일환이라고 볼 수 있다.

2) 고객수요분석의 범위

고객수요분석은 크게 조직의 주요 고객을 식별하는 고객 식별과 고객 동기 및 미충족 욕구에 대한 욕구분석으로 이루어진다. 우선 고객 식별의 경우 행정 서비스의 특성상 고객의 종류는 광범위하게 구성된다. 기관이 수행하는 정책, 업무와 관련된 각 이해당사자, 각급 단체, 언론기관, 연구기관 등에서부터 전 지역주민, 국민이 모두 고객이 될 수 있다. 고객수요분석의 두 번째 영역은 고객의 수요(needs)를 분석해서 고객의 기대 수준을 충족시켜 줄 수 있도록 고객 관점에서 행정 서비스를 개선하는 총체적인 활동을 위한 전(前)단계로서 작용한다.

3) 고객 수요 반영을 위한 VOC 활용

VOC(Voice of Customer, 고객의 소리) 시스템은 온라인과 오프라인으로 들어오는 모든 고객의 소리를 통합적으로 접수하고 그 처리 결과를 저장해서 고객의 불만 사항, 칭찬 사항, 성향, 만족도 등을 측정허 서비스 품질관리 활동으로 연결시킬 수 있는 좀 더 포괄적인 고객 관계 관리 시스템이다. VOC 모형은 일반적으로 심층 인터뷰를 통해 VOC 시스템에 대한 개념 인식을 비롯한 일반적인 내용, VOC 시스템에 대한 만족도, VOC 시스템의 영향력을 분석한 뒤 다시 직원들이 예상하는 고객의 생각을 살핌으로써 상호 인식의 차를 정향 모형을 통해 구축한다. VOC를 이용한 프로세스는 크게 다음과 같이 여섯 단계로 진행된다.

첫째 단계는 고객정보 수집 단계로서 전화, 접점 부서, 인터넷 등 다양한 경로를 통해 고객정보를 수집한다. 둘째 단계는 VOC 분석 단계이다. 이 단계에서는 프로세스의 개선, CS 인프라 등으로 VOC 유형을 분리하는 작업을 주로 한다. 셋째 단계는 과제 이슈 설정 단계로서 분석 내용을 토대로 서비스 개선에 반영할 사항을 선정한다. 넷째 단계는 CS 실천 과제 계획 수립 단계로서 브레인스토밍, 워크아웃 기법 등을 활용해 CS 실천 과제 등을 도출한다. 다섯째 단계는 교육 및 고객평가 단계로서 분석 결과를 토대로 교육 및 평가를 실시한다.

3. 고객만족도분석

고객만족도는 공공 서비스 전달에서 이용자가 접하게 되는 공공 서비스의 속성 품질에 대한 주관적 평가의 일종으로서 서비스 효과 이외에 서비스에 대한 정보 입수, 서비스의 생산 과정, 서비스의 사후관리와 관련된 시설 및 장비, 고객과 접촉하는 직원, 관련 절차 등이 모두 평가 대상이 된다. 고객만족도는 서비스에 대한 기대 수준과 서비스 활용 후에 느끼는 실제 만족 수준의 차이로 측정할 수 있다.

고객만족도 조사 역시 그 출발은 고객의 욕구에 대한 분석과 이해에서 출발한다. 이에 따라 고객만족도 조사 또한 여타 고객 지향적 조사와 유사하게, ① 고객이 행정기관에 대해 요구하는 사항을 조사·분석하고 그 결과를 토대로 대표 고객의 요구사항을 정리하는 고객 요구 파악 단계, ② 행정기관 구성원이 고객 요구 정의 결과를 토대로 기관이 지향하는 고객 만족 요소를 정의하고 행정기관이 궁극적으로 지향해야 하는 가치를 정의하는 고객 만족 정의 단계로 구성된다. 고객만족도분석은 ① 조사의 배경 및 전제, ② 조사의 목적, ③ 조사의 내용, ④ 조사설계, ⑤ 조사 추진 일정, ⑥ 결과 활용 방법, ⑦ 소요 예산 등의 요소로 구성된다.

1) 고객만족도 조사 방법

고객만족도 조사 방법은 정성적 조사와 정량적 조사로 구분된다. 정성적 조사에는 심층면접법, 표적집단 면접법 등이 있으며, 정량조사에는 개별면접조사, 전화조사, 우편조사, 인터넷조사 등이 활용될 수 있다. 조사 방법의 선택은 조사의 목적과 얻고자 하는 결과의 형태에 따라 여러 가지 조사 방법의 장단점을 고려해서 결정한다. 고객만족도 조사는 조사 대상과 내용에 따라 조사의 성격을 구분해서 실시한다. 예를 들어 외부 고객을 대상으로 할 경우는 CSI(외부고객 만족도조사)를 실시하고, 내부의 부서 간 업무 지원 만족 수준을 파악하고자 할 때는 ICSI(내부고객 만족도조사)가 활용될 수 있다.

2) 고객만족도 조사 단계

고객만족도 조사는 일반적으로 다음과 같이 여섯 단계를 거쳐 이루어진다.

제1단계는 집단표적면접, 심층면접, 내부 2차 자료(고객 상담일지, 불만 엽서, 고객 카드, 게시판 등)를 이용해 고객의 잠재된 니즈(needs)를 파악한다.

제2단계는 기관이 고객에게 제공하는 본원적 가치나 서비스에 대한 고객의 요구사항을 간결한 형태의 말로 기술한다.

제3단계는 조사설계 및 설문지 작성 단계이다. 이는 고객의 니즈를 정성적으로 파악한 후, 고객의 요구 품질을 전개해 이를 체계화하고 조사 가능한 평가 내용을 항목화해 이를 토대로 설문을 설계하는 단계이다.

제4단계는 자료 수집 단계인데, 추출된 표본을 대상으로 구조화된 설문지를 이용해 정확한 자료를 수집하는 데 초점을 둔다.

제5단계는 자료분석 단계로서 〈표 10-3〉과 같은 분석을 실시한다.

제6단계는 주요 요구 선정 및 개선 과제 도출 단계이다. 고객이 평가한 중요도와 만족도 결과를 바탕으로 중요도가 높으면서 만족도가 낮은 요소 중에서 장기적으로 개선이 가능한 요소를 선정하는 단계로서 주요 요구의 선정은 각 요소별로 고객 관점의 결과와 기관 내부의 전략적 중요도, 개선 용이성, 시급성 등의 관점에서 평가

표 10-3 자료분석 단계

지수분석	종합만족도 지표	핵심 동인 개념을 반영해 고객이 중요하게 생각하는 요소에 대한 만족도에 그만큼 더 가중치를 부여해 고객만족 정책상 관리지표로 가져가고자 하는 의지적인 지표
	체감만족도 지표	전반적인 내용에 대한 단일 문항의 만족도 값으로 고객이 전반적으로 본원적 가치 및 서비스에 대해 느끼는 체감적 만족 지표
중요도 분석		각 요소에 대한 고객이 중요하게 생각하는 정도를 파악하는 것으로 핵심 동인을 발견하는 방법
개선 추이 분석		항목별 개선 추이 분석은 이전 결과와 비교해 상승과 하락 항목의 원인을 분석해 개선점을 발견하는 방법
개선 우선순위 분석		고객만족 조사 결과 각 서비스별 만족도 점수가 나오면 만족도의 향상을 위해 고객 만족을 위한 전략이 수립되어야 하며, 전략 수립 시에는 포트폴리오 맵이 활용될 수 있음.

점수를 부여해 이를 기준별로 평가 점수가 높은 순서로 선정하게 된다.

제 3 절 품질관리를 위한 TQM

1. TQM의 의의

총체적 품질관리(total quality management), 즉 TQM은 조직의 과정, 산출물, 서비스의 계속적 개선을 위한 수량적 방법 이용과 종업원의 참여를 통해 고객의 요구와 기대를 만족시키는 총체적이며 종합적인 조직의 접근 방법으로 정의된다(Denhardt, 1993: 15). 여기에서 총체적(total)이라는 말은 고객의 확인에서 고객의 만족도 평가까지 조직에서 수행하는 업무의 모든 측면에 적용한다는 것을 말하며, 품질(quality)은 고객의 기대를 만족시키고 나아가 이를 능가하는 것을 뜻한다. 또 관리(management)는 지속적으로 품질을 개선할 수 있는 능력의 개발과 유지를 의미한다(Cohen & Eimicke, 1994: 450).

이와 같은 TQM에 내재되어 있는 기본 철학은 다음과 같다.

첫째, 품질의 궁극적인 결정자는 고객이다. 즉, 산출물의 품질이 비록 사전에 결정된 기준에 적합하다 할지라도 고객의 요구에 부응하지 못하면 소용없는 것이다.

둘째, 품질은 생산 과정의 마지막 과정에서 부과되는 것이 아니라 생산 과정의 첫 단계에서부터 설계되어야 하는 것이다.

셋째, 품질은 개개인의 노력의 산물이 아니라 조직에서 함께 작업하는 전체 구성원들로부터 창출되는 것이다.

넷째, 품질은 투입과 작업 과정의 계속적인 개선을 요구한다.

다섯째, 품질 개선 활동은 조직구성원의 적극적인 참여를 바탕으로 한 조직의 총체적 몰입이다. 즉, 품질 개선은 계속적인 순환 과정으로서 조직의 모든 계층의 구성원에 의한 지속적인 관심을 요구한다. 이러한 과정 개선에 관한 지속적인 관심이 품질과 생산성의 향상을 가져온다.

2. TQM의 3대 핵심 지주

1) 고객 지향

고객 지향(consumers-driven)이란 간단히 말해서 고객의 요구를 파악하고 이를 충족시켜 주는 것을 최우선시하는 사고 방식 및 행동을 의미한다. 이러한 고객 지향의 첫 단계는 고객의 확인이다. 일반적으로 고객을 상품 또는 서비스의 최종 구매자로 알고 있으나 엄밀히 말해 이는 외부 고객을 의미하는 것이며, TQM에서 고객의 개념에는 내부 고객, 즉 조직구성원을 포함하고 있다. 내부 고객(internal customers)은 TQM을 실시할 때 관리자가 간과하기 쉬운 존재이나 이의 중요성에 대한 이해 없이는 외부 고객에 대한 품질 향상을 기대하기 어렵다(Schein, 1994: 285). 종업원 자신이 만족하지 못하는 상태에서 외부 고객에게 충실한 봉사를 할 리가 없기 때문이다.

고객 확인의 다음 단계는 고객의 기대와 욕구의 파악이다. TQM에서의 고객 만족은 고객의 기대와 요구를 충족시킴은 물론 나아가 그들의 감동까지 이끌어 내는 것을 의미한다. 그러므로 고객이 요구하는 것이 무엇인가를 알아야 고객 만족을 달성할 수가 있는데, 결국 고객이 원하는 것은 높은 품질인 것이다.[2] 이를 위해 TQM은 전통적인 조직구조를 거꾸로 한 역(逆)피라미드형의 조직구조를 강조한다. 즉, 고객이 조직에서 가장 중요하며 일선관료는 그 다음으로 중요하고 관리층은 이들 일선관료를 위해 존재한다는 것이다.

2) 참여관리

조직구성원의 참여를 강조하는 것은 이들에 대한 인간적 존중을 기초로 하는 것이다. 피터스와 워터맨(Peters & Waterman, 1982: 239)은 초일류 기업의 공통점 중의 하나로서 구성원에 대한 인간적 존중을 들고 있다. 그들은 자신이 인터뷰한 많은 관리자가 사람이 가장 중요하다고 말하면서도 실제로는 그들 조직의 구성원에게 관심을 거의 갖지 않는 반면, 초일류 기업의 경우 수십 년 전부터 이것이 행해지고 있었

2) 상품이나 서비스에 대한 고전적 품질의 개념은 사전에 규정된 기준에의 일치를 의미하는 것이었으나 TQM에서는 고객의 정당한 요구를 만족시켜 주는 것이라고 품질의 개념을 확대했다.

다고 지적한다. 조직구성원에 대한 인간적 존중에 바탕을 둔 참여관리(participative management)에서 참여란 주지하다시피 주로 의사결정에서의 참여를 의미하며(Chell, 1985: 1), 이는 조직구성원의 만족과 동기를 증진시킬 수 있는 접근법으로 TQM의 핵심 내용 중 하나가 된다. 사실상, TQM뿐만 아니라 대부분의 관리이론에서 참여는 동기부여, 인사고과, 통제활동, 의사결정 등 조직의 모든 핵심 과정에서 권장되어 온 내용이다(Brion, 1989: 584).

참여관리가 성공적으로 수행된다면 조직은 조직구성원이 관리자가 갖추고 있지 못한 지식과 정보를 제공해 줌으로써 의사결정의 질을 향상시킬 수 있다. 아울러 문제의 해결책 모색에 대한 자발적 협력을 이끌어 낼 수 있으며, 조직구성원이 의사결정에 영향을 미칠 수 있는 기회를 가짐으로써 이에 대한 몰입의 증대를 가져온다(Yukl, 2006: 86-87). 참여관리의 핵심 요소는 구성원 참여를 통해 의사결정 권한과 정보의 확대, 성과에 대한 보상의 확대, 그리고 기술적 · 사회적 능력의 조직 하층부로의 확대인데(Galbraith & Lawler, III, 1993: 209-211), 이들 네 개의 요소는 종업원 참여 개념에 필수적인 구성 요소라고 할 수 있다. 즉, 의사결정 권한이 없으면 참여는 극히 피상적인 것이 될 수밖에 없고, 사업 관련 정보를 충분히 알지 못한다면 참여는 무의미한 노력에 지나지 않게 되는 것이다. 또 성과에 대한 보상이 없다면 참여에 관한 구성원의 열의는 점차 식게 될 가능성이 농후하며, 능력이 부족하다면 구성원은 자신들이 효과적으로 참여해야 할 필요성이 있는 기술적 · 사회적 과정에 대한 적응력이 부족하게 될 것이다.

3) 계속적 개선

환경의 변화에 수반되어 끊임없이 변화하는 고객의 요구에 대응하고 고품질의 상품과 서비스를 산출하기 위해서는 계속적 개선(continuous improvement)이 필수적이다. 어떤 조직이 계속적인 개선을 추구할 경우 이의 성공을 위해서는 ① 조직구성원의 변화의 중요성 인식, ② 목표의 명확화, ③ 변화의 장애물 극복, ④ 최고관리층의 변화에 대한 명확한 의사 표명, ⑤ 변화 과정의 비인격화 및 평가의 객관화가 전제되어야 하는데, 대부분의 TQM 조직은 과정을 모니터하는 체계적인 방법을 보유하고 있다. 모든 조직은 이러한 과정 개선 방식을 각기 특수한 필요에 맞게 변형시켜 사용함으로써 훌륭한 성과를 거둘 수 있다. 그러나 그 방식이 어떻게 변형되든 과정의 정의와 그 과정을 효율화하고 단순화하고 개선하는 체계적인 접근 방식이 포함되어야 한다.

3. 품질관리와 말콤 볼드리지 모형

1987년 의회 입법으로 창설된 말콤 볼드리지(Malcolm Baldrige; 이하 MB) 모형은 미국 연방 및 주, 지방정부의 조직진단 및 평가 모델로 널리 활용되고 있다. MB 모형은 TQM을 도입해 조직의 역량을 강화시키기 위해 고려해야 할 요소를 제시함으로써 조직 체제를 변환시키려는 데 목적이 있다. 이 모형은 분명하게 품질경영의 원칙을 확립하고 있다. 또한 조직 운영의 새로운 패러다임을 향한 과정을 평가하기 위한 포괄적인 틀, 고객 만족 및 종업원 참여 증진 등 보편적으로 인식되어 있는 목표를 제공한다. 이 모형은 ① 리더십, ② 전략기획, ③ 고객 및 시장 중시, ④ 정보와 분석, ⑤ 인적 자원 중시, ⑥ 과정 관리, ⑦ 사업 성과 등 일곱 가지 범주를 제시하고, 각 범주별로 평가 항목과 세부평가 영역을 제시하고 있다. 따라서 각 조직이 조직진단 또는 평가 기준에서 높은 점수를 받기 위해서는 각 평가 기준에 따라야 하며, 이러한 조직의 노력은 결국 TQM의 이론적 틀을 받아들이게 되는 것이다(박희봉 · 강제상, 1999).

MB 모형의 여섯 가지 범주는 하나의 시스템으로 조직, 운영, 성과 간의 유기적인 관계를 나타낸다. 왼쪽의 리더십, 전략기획, 고객 및 시장 중시의 세 가지 범주는 리더십의 세 요소로서, 전략과 고객에 초점을 맞춘 리더십의 중요성을 강조하는 평가 기준이다. 또한 우측의 인적 자원 중시, 과정 관리, 사업성과는 성과의 세 요소라고 하며, 이는 조직의 구성원과 핵심 프로세스가 조직 성과를 얻기 위한 업무가 진행되도록 하는 중요한 요소이기 때문이다. 밑에 있는 정보와 분석은 조직 성과와 경쟁력을 높이기 위해 그리고 조직을 효과적으로 관리하고 사실에 근거한 관리 시스템을 구축하는 데 핵심적인 역할을 한다. 또한 이것은 성과관리 시스템 구축을 위한 토대가 된다(박희봉 · 강제상, 1999).

표 10-2 말콤 볼드리지 평가 기준의 구성 내용과 배점

범주	평가 항목	세부 평가 영역
1. 리더십(125점)	1.1 조직의 리더십(85점) 1.2 사회적 책임과 시민 의식(40점)	1.1a 상위 리더십의 지향 1.1b 조직 성과의 분석 1.2a 사회적 책임 1.2b 지역사회에 대한 지원
2. 전략기획(85점)	2.1 전략 개발(40점) 2.2 전략 전개(45점)	2.1a 전략개발 과정 2.1b 전략적 목표 2.2a 실행계획 개발과 전개 2.2b 성과 추정
3. 고객 및 시장 중시(85점)	3.1 고객과 시장 지식(40점) 3.2 고객 만족과 고객 관계(45점)	3.1a 고객과 시장 지식 3.2a 고객 관계 3.2b 고객만족도 결정
4. 정보와 분석 (85점)	4.1 조직 성과의 측정(40점) 4.2 조직 성과의 분석(45점)	4.1a 조직 성과의 측정 4.2a 조직 성과의 분석
5. 인적 자원 중시 (85점)	5.1 업무 시스템(35점) 5.2 구성원 교육, 훈련 및 개발(25점) 5.3 구성원 복지 및 만족(25점)	5.1a 업무 시스템 5.2a 구성원 교육, 훈련 및 개발 5.3a 업무환경 5.3b 구성원 지원 분위기 5.3c 구성원 만족
6. 과정관리(85점)	6.1 제품/서비스 프로세스(55점) 6.2 지원 프로세스(15점) 6.3 공급업체와 협력업체 프로세스 (15점)	6.1a 설계 프로세스 6.1b 생산/운송 프로세스 6.2a 지원 프로세스 6.3a 공급업체와 협력업체 프로세스
7. 사업 성과 (450점)	7.1 고객 중심의 성과(115점) 7.2 재무 및 시장 성과(115점) 7.3 인적 자원 관리 성과(80점) 7.4 공급업체 및 협력업체 성과 (25점) 7.5 조직효과성 실적(115점)	7.1a 고객 중심의 성과 7.2a 재무 및 시장 성과 7.3a 인적 자원 관리 성과 7.4a 공급업체 및 협력업체 성과 7.5a 조직효과성 실적
총 1,000점	19개 항목	27개 세부 평가 영역

1) 평가지표

(1) 리더십

조직의 능력이 강화되기 위해 무엇보다도 중요한 것은 조직을 담당하고 있는 조직

책임자의 리더십과 지원이다. 여기에서 조직책임자는 독립적으로 업무를 수행하는 각 조직의 장이다. 조직의 최고책임자만이 ① 의사 전달을 개선하고, ② 다기능 팀의 수행을 촉진하며, ③ 쇄신, 위험 부담, 업무에 대한 자긍심, 고객을 위한 지속적 개선을 독려하는 등 새로운 아이디어 및 분위기를 제시할 수 있기 때문이다. 조직이 수행할 분명한 비전을 제시하고 조직 전반에 품질정책과 목표를 전달한다.

리더십 범주에서는 조직의 리더십과 사회적 책임 및 시민 의식을 검토한다. 그 구체적인 내용은, '최고관리자와 조직의 리더십이 어떻게 조직의 가치와 방향, 성과의 기대 수준, 고객 및 이해관계자 위주의 경영, 학습 및 경영혁신 등을 조직에 전파하고 있는가', '조직이 어떻게 사회적 책임을 인식하고 표현하는가', 그리고 '주요한 사회적 공동체를 지원하고 있는가' 등이다.

(2) 전략기획

전략기획(strategic planning)은 공공조직의 개선을 위해 업무를 추진하기 전에 업무를 계획하는 모든 과정을 말한다. 전략기획의 가장 중요한 목표는 고객을 위해 우수한 상품 및 서비스 생산을 증진하기 위해 목표를 확립하는 것이다. 이를 위해서는 조직문화를 변화시킬 수 있는 장기전략을 수립하고, 이 장기전략을 성공적으로 달성하기 위해서는 조직을 혁신하고, 위험을 부담하며, 조직의 업무 과정을 지속적으로 증진하기 위해 적극적으로 참여하는 직원에게 권한과 인센티브를 부여하는 것이다. 또한 조직구성원은 자신의 책임 분야에 대한 의미를 알고 있어야 한다. 따라서 모든 조직구성원의 참여 하에 설계 및 재설계를 위한 아이디어 개발에 동참해야 할 필요가 있다. 외부적으로는 고객을 바라보고 내부적으로는 조직의 과정에 초점을 둔다.

전략기획 항목은 조직이 전략적 기획을 수립하고, 중요한 계획의 필요 조건을 결정하는지, 그리고 이러한 계획의 필요 조건을 효과적인 성과관리 체제에 정확하게 적용시키는지를 점검하고 평가한다. 이 항목의 구체적인 지표로는 ① 전략 개발(전략 개발 과정, 전략적 목표)과 ② 전략 전개(개발과 전개, 성과 추정) 등이다.

(3) 고객 및 시장 중시

조직은 고객 만족 및 생산성 향상이라는 결과에 따라 그 조직의 권한이 주어지기 때문에 근본적으로 고객을 우선적으로 고려할 수밖에 없다. 외부 환경 변화를 파악하기 위해서는 고객의 욕구 및 수요에 대한 관심을 갖는 것이 필요하며, 고객의 욕구 및 수요의 변화를 파악해야 조직 체제를 지속적으로 개선할 수 있다. 한 조직이 고객 만족 및 높은 성과를 이루기 위해서는 고객의 기대 수준을 뛰어넘도록 지속적으로 노력해야 한다. 그러기 위해서는 조직은 연구조사, 면접조사, 초점집단, 고객 불만에 대한 추적 등의 조사를 통해 지속적으로 고객의 욕구를 수집하고 분석해야 하며 이 자료를 이용해 조직 체제를 지속적으로 혁신해야 한다. 사실, 진정한 고객 초점은 프로그램 또는 정책의 설계 단계에서 고객을 참여시킴으로써 달성될 수 있다. 더욱이 고객은 일선에서 대부분의 기대와 불만을 빠르고 효과적으로 해결해 주기를 기대할 것이다. 따라서 정책 형성 및 집행 과정, 정책 결과가 나타난 이후의 체제 변화 등 모든 부분에서 고객에 대한 고려가 필요하며 고객의 참여를 최대한 보장해야 한다. 또한 이러한 개념이 내・외부 고객 모두에 적용된다는 사실을 간과해서는 안 된다. 고객을 만족시키고 높은 성과를 달성하려면 업무 과정에서 한 조직원의 업무를 다른 조직원에게 전달할 때 업무를 전달하는 조직원은 다른 조직원을 고객으로 간주해야 하며, 최종 상품 및 서비스의 품질을 개선하기 위해서는 그 사람의 요구 사항을 만족시키기 위해 최선을 다해야 한다.

고객 및 시장 중시(customer and market focus)에서는 고객의 요구를 인지하고, 고객과의 관계를 개발, 유지하기 위해 조직 체제를 점검한다. 또한 업무의 성취도, 즉 고객 만족 수준을 측정하고 그 추세를 살핀다. 이 부분에는 고객에 대한 정보, 고객관리, 고객 만족 결정 요인, 고객 만족 결과, 고객 만족 비교 등이 포함된다. 이 항목의 구체적인 지표로는 ① 고객과 시장 지식, ② 고객 만족과 고객 관계(고객 관계, 고객만족도 결정) 등이다.

(4) 정보와 분석

고객을 만족시키고 생산성을 증대하기 위해서는 살아 있는 정보를 수집하고 분석(information and analysis)해서 조직 체제에 반영해야 한다.

첫째, 정보는 조직의 주요 업무 과정과 사업계획을 지원해야 한다.

둘째, 정보관리 분야는 조직의 경쟁 우위 확보를 위해 비교 정보와 데이터를 확보하고 이를 혁신활동에 적용해 기업의 성과 증진에 기여해야 한다.

셋째, 조직의 성과를 끊임없이 점검하고 평가해 이를 업무 개선에 활용해야 한다.

이 항목은 고객 중심의 높은 성과를 달성하기 위해 데이터 및 정보를 얼마나 효과적으로 사용하고 관리하는가를 평가한다. 이 범주의 구체적인 지표로는 ① 조직 성과의 측정, ② 조직 성과의 분석 등이다.

(5) 인적 자원 중시

조직 체제를 혁신하기 위해서는 일선 공무원, 중간관리자, 최고책임자 등 모든 조직원이 자신의 훈련 및 개발을 위해 지속적인 노력이 필수적이다. 각 조직은 중간관리자 이상의 간부에 대한 훈련에만 관심을 갖고 일선직원은 무시하는 경향이 있다. 개인의 능력 증진을 위한 훈련 이외에 업무 과정을 개선하기 위해서는 업무 협력을 강화하기 위한 훈련이 필요하다. 여기에는 팀워크, 문제 해결, 팀 의사 전달, 기본적 통계 수단을 이용한 자료 수집 및 분석 등과 같은 기본적인 품질경영 개념 및 기술 훈련을 포함한다. 한편 고객을 만족시키고 효율성을 증가시키는 데 공헌한 조직구성원에게는 적절한 인정 또는 보상이 따라야 한다. 업무 성과에 대한 측정과 그에 따른 보상이 적절치 못하게 이루어지게 되면 조직구성원의 협조를 구할 수 없게 되기 때문이다. 인적 자원의 개발과 관리(human resource focus)는 어떻게 전체 인적 자원의 잠재력을 개발하고 인적 자원과 조직의 성과 목표를 합치시키는가를 점검하고 평가한다. 높은 성과, 조직원의 참여, 개인 및 조직 발전을 위한 노력을 평가하는 것이다.

이 범주의 구체적인 지표로는 ① 업무 시스템, ② 구성원 교육, 훈련 및 개발, ③ 구성원의 복지 및 만족(업무환경, 종업원 지원 서비스, 종업원 만족) 등이다.

(6) 과정관리

조직이 고객 만족과 업무 성과를 증대하기 위해서는 조직의 전체적인 체제가 정비되어야 하며, 조직 체제가 잘 갖추어짐으로써 조직구성원의 권한 강화와 적극적 참여, 그리고 이로 인한 팀워크가 증진되어야 한다. 업무 과정의 개선은 모든 직원이 참여하지 않으면 완전히 성공할 수 없으며 전체 구성원의 지식 및 에너지가 목표를 추구하는 데 사용될 때 품질의 증진이 성공할 수 있다. 조직이 목표를 효과적으로 달성하려면 고객의 요구를 정확히 판단하고, 고객을 만족시키는 정도를 스스로 결정할 수 있어야 하며, 고객을 만족시킬 수 있는 업무 과정이 체계적으로 설계되어야 한다. 또한 고객의 특성에 대한 자료가 수집되어야 조직은 문제점을 인지하고 업무 과정을 개선할 수 있다. 과정 관리(process management) 부문에서는 더 나은 성과를 얻기 위해 어떻게 주요 과정을 설계하고 실행하며 또한 관리하고 향상시키는지 검토한다.

이 항목의 구체적인 지표로는 ① 제품/서비스 과정(설계 프로세스, 생산/운송 프로세스), ② 지원 프로세스, ③ 공급업체와 협력업체 프로세스 등이다.

(7) 사업 성과

조직의 목표는 결국 우수한 정책 성과 및 결과(business result)를 달성하는 것이다. 조직은 성과를 증가시키기 위해 정책 결과에 대해 평가하고 성과를 증진하기 위한 방안을 지속적으로 연구해야 한다. 사업 결과 범주에서는 고객 만족 성과, 재무 및 시장 성과, 인적 자원, 공급업자 및 협력자 성과, 운영 성과 등과 같은 핵심 사업 영역에 대한 조직의 성과와 개선 여부를 검토한다. 또한 경쟁 조직과 비교한 상대적 성과의 수준도 검토한다.

이 범주의 구체적 지표로는 ① 고객 중심의 성과, ② 재무 및 시장 성과, ③ 인적 자원 관리 성과, ④ 공급업체 및 협력업체 성과, ⑤ 조직효과성 실적 등이다.

2) MB모델의 공공조직에의 적용

MB 모형을 토대로 공공조직의 자기평가(self-assessment)를 위해 일곱 개 범주로 구성되어 있는 평가 기준을 45개 문항으로 세분화하고, 각 문항을 10점 척도로 평가하도록 구성했다. 응답자는 각 문항에 대해 1점~10점 사이의 점수를 부여한다. 여기서 1점은 그 문항에 대해 '전혀 아니다'를 의미하며, 5점은 보통 정도 수준을, 10점은 '매우 그렇다'를 의미한다. 이런 방식으로 점수를 매긴 후, 7개 범주별로 점수를 집계하고, 각 범주 내의 문항별 평균 점수를 구한다. 이 평균 점수에다 범주별 가중치를 곱하면 MB 기준에 의한 환산 점수가 산출된다. 범주별 환산 점수를 합하면 1,000점만점을 기준으로 한 조직의 점수가 산출된다. 이 점수를 토대로 조직의 수준을 평가할 수 있을 뿐만 아니라, 연도별로 점수의 변화 추이를 분석하거나 타 조직의 평가 결과와 상호 비교를 통해 조직의 실태를 평가할 수도 있다.

표 10-3 말콤 볼드리지 기준에 의한 공공조직의 자기평가 설문지

범주 (가중치)	설문 문항	점수
리더십 (12.5)	1. 최고책임자는 업무 개선을 위해 조직구성원의 의견을 수시로 청취한다.	( )
	2. 최고책임자는 조직의 목적 및 목표를 성취하기 위해 정기적으로 업무 진행 과정을 점검한다.	( )
	3. 우리 조직은 장기 비전을 실현하기 위한 구체적 추진계획과 조직 운영 방침을 설정하고 있다.	( )
	4. 최고책임자는 하부조직 간 업무 조정을 합리적으로 하고 및 하부조직 통합 능력이 있다.	( )
	5. 우리 조직의 최고책임자는 업무 개선을 위해 책임을 갖고 노력한다.	( )
	6. 최고책임자의 조직 운영 방침을 조직구성원은 잘 이해하고 있으며, 방침대로 따르고 있다.	( )
전략기획 (8.5)	7. 우리 조직은 구체적인 목적 또는 목표를 달성하기 위해 구체적인 전략이 수립되어 있다.	( )
	8. 우리 조직은 조직 목표를 달성하는 과정을 평가하기 위한 객관적인 성과 측정 기준이 있다.	( )
	9. 우리 조직의 장기발전 기획은 고객의 요구를 반영하고 있다.	( )
	10. 우리 조직의 장기발전 기획은 직원의 요구와 의견을 수렴하고 있다.	( )
	11. 우리 조직은 조직 발전을 위한 우선 순위를 정할 때 최신 정보를 이용한다.	( )
	12. 조직은 정책을 결정할 때 업무 방침과 업무 절차 등 현실적 측면을 고려한다.	( )
고객 및 시장 중시 (8.5)	13. 부서 내 직원은 고객이 누구인지를 잘 알고 있다.	( )
	14. 우리 조직의 구조는 고객 만족 및 고객이 원하는 결과를 산출하는 데 초점을 두고 설계되어 있다.	( )
	15. 고객이 우리가 제공하는 업무의 품질에 관해 생각하는 것을 알기 위해 정기적으로 조사를 한다.	( )
	16. 고객이 우리가 제공하는 업무의 품질에 관해 생각하는 것을 알기 위해 비공식적으로 문의한다.	( )
	17. 우리 고객은 우리가 그들에게 제공하는 업무의 품질에 만족한다.	( )
	18. 우리 고객은 우리 업무의 적시 공급에 만족한다.	( )
	19. 우리는 고객의 만족 및 불만 사항을 잘 알고 있다.	( )
	20. 우리는 고객 불만 사항을 효과적으로 해결하고 있다.	( )
정보와 분석 (8.5)	21. 각 부서 직원은 상사와 정보 교환을 할 기회가 많다.	( )
	22. 직원은 효과적인 업무 수행을 위해 필요한 자료과 정보를 조직 내에서 쉽게 얻을 수 있다.	( )
	23. 우리 조직은 품질 개선을 위해 모든 구성원에게 정보를 제공하고 참여를 유도한다.	( )

	24. 우리 조직은 고객의 욕구를 체계적인 방법으로 수시로 점검한다. 25. 우리 조직은 정책결정 시 수집된 정보를 효과적으로 활용한다. 26. 우리 조직은 정책결정 시 다른 조직의 모범 사례를 연구, 비교해 참고하고 있다.	( ) ( ) ( )
인적 자원 중시 (8.5)	27. 나는 내 업무를 잘 파악하고 있다. 28. 나는 내 업무에 대해 자긍심을 갖고 있다. 29. 우리 조직의 구성원들은 업무 달성을 위해 상호 협력한다. 30. 우리 조직의 목적 달성을 위해 업무를 적절히 수행할 수 있도록 인력을 적절히 배치하고 있다. 31. 우리 부서 내 직원은 업무 성과에 대해 적절한 보상을 받는다. 32. 우리 조직은 직원에 대해 객관적으로 평가하고 있다. 33. 우리 조직은 업무에 필요한 교육 및 훈련을 실시하고 있다.	( ) ( ) ( ) ( ) ( ) ( ) ( )
과정관리 (8.5)	34. 우리 부서 직원은 업무를 효과적으로 수행하고 업무를 개선하는 데 적극적으로 동참한다. 35. 우리 조직은 업무 개선을 위해 직원의 의견을 수용하는 공식적인 통로가 있다. 36. 우리 조직은 업무 개선이 필요한지에 관해 직원의 견해를 수용하는 비공식적인 통로가 있다. 37. 우리 조직은 업무 개선을 위해 조직의 목적 또는 목표 달성과 관련된 자료를 분석하고 있다. 38. 우리 조직구성원이 업무를 개선하는 데 중요한 역할을 하고 있다. 39. 우리 조직은 효율적 업무 수행을 위해 하부로 권한이 적절히 이양되어 있다.	( ) ( ) ( ) ( ) ( ) ( )
사업 성과 (45)	40. 우리는 조직의 성과를 객관적인 방법으로 측정하고 있다. 41. 우리는 조직의 성과가 조직의 목표 및 기준, 목적과 부합되는지 비교하고 있다. 42. 조직의 성과를 다른 유사 조직의 성과와 비교하고 있다. 43. 조직의 성과 측정 결과를 조직의 문제점을 구체화하고 해결하는 데 이용하고 있다. 44. 조직의 성과를 객관적인 제3자로부터 평가받고 있다. 45. 조직의 직무를 정기적으로 분석하고 있다.	( ) ( ) ( ) ( ) ( ) ( )

주: 점수는 1점에서 10점 사이의 점수를 부여함.
총점 = {(범주 내 문항 점수의 합÷문항 수)÷응답자 수×범주별 가중치}를 7개 범주별로 합산한 점수.

CHAPTER

11 참여관리

제 1 절 참여관리의 의의

조직구성원이 상사에 깊이 의존하도록 하는 관리 방식, 그리고 조직구성원에게 과업에 대한 자율성을 거의 주지 않는 시스템이야말로 현대 조직이 안고 있는 고질적인 문제라고 볼 수 있다. 말하자면 성인인 조직구성원을 어린아이처럼 취급하는 조직이 문제인 것이다. 이 문제에 대한 해결책은 참여, 즉 구성원들에게 의사결정에 참여할 기회를 많이 주는 데에 있다(Bolman & Deal, 1991: 154). 조직구성원의 참여 내용은 의사결정의 권한과 정보의 확대, 성과에 대한 보상의 확대, 기술적 · 사회적 기술의 조직 하층부로의 확대 등이라고 볼 수 있다(Chell, 1985: 1; Ledford, Jr., 1993: 143; Heller, et al., 1998: 67).

직장에서의 참여에 대한 많은 연구에서 그것이 사기와 생산성에 긍정적인 영향을 미친다는 점을 발견했다. 그러나 참여는 바람직한 효과를 보이는 반면 예기치 않은 문제를 야기하기도 하는데, 그 이유는 참여관리가 전반적인 조직 변화의 필요성을 제기하지만 이러한 변화에 대해서 조직의 다른 부분이 저항하기 때문이다(Bolman & Deal, 1991: 155).

참여적 관리 방식의 유행으로 권위적 스타일의 관리자 수는 감소했지만, 참여관리는 아직 현실보다는 신화의 차원에서 존재하는 경우가 더 많다(Argyris & Schon, 1974: 157). 참여를 도입하기 위한 많은 시도가 실패로 끝난 경우는 대부분 참여가 효과가 없었기 때문이 아니라 그것이 제대로 실행되지 않았기 때문이다. 이러한 실패는 실현 가능한 참여적 시스템을 설계하기 어렵다는 점, 구성원의 권한 강화를 바라보는 관리자의 의구심, 신봉하는 이론과 실제 사용하는 이론 간의 괴리에서 연유하는 것이다. 관리자는 권력 공유와 권한위임이 바람직하다고 믿으면서도 구성원이 권한을 오용하지 않을까 우려하는 경향이 있다. 그 결과 참여를 실현하기 위한 관리자의 노력이 일관성이 없고 모순되는 경우가 흔하다. 분임조(QC)를 비롯해서 기타 다른 형태의 '참여'를 위에서 아래로의 새로운 통제 형태로 시도하는 경우 이것은 대개 실패로 끝나게 마련이다.

그러나 참여관리의 핵심적 내용이라고 할 수 있는 임파워먼트(empowerment)는 미래의 모든 조직 형태를 변화시키게 될 것이다. 임파워먼트는 조직의 형태를 사회적인 변화와 구성원의 태도 변화에 적응하도록 하는 미래의 핵심적 사고 방식이다. 또 임파워먼트에 진정으로 관심을 갖는다는 것은 평가, 보상, 그리고 승진 체계를 재정비한다는 의미이기도 하다(Harmon, 1997: 241-242).

여기에서는 참여관리를 내부적 참여관리와 대외적 참여관리, 즉 주민 참여로 구분해 주요 제도와 문제점 및 개선 방안 등에 대해 설명하고자 한다.

제 2 절 참여관리의 기본 전제 조건

참여관리의 실제 활용 가능성을 높이기 위해서는 일단 채용한 직원에게 계속적으로 능력을 유지 · 발전시킬 수 있는 기회를 만들어 주고 이를 적절히 보상해 주는 것이 바람직하다(Lawler, Ⅲ, 1993: 180-191). 국내외를 막론하고 우량조직에 속하는 조직이 가장 중요시하는 것이 바로 인적 자원이며 이를 위해 엄청난 투자를 하고 있다(Peters & Waterman, Jr., 1982). 이러한 조직들의 기본 인식은 인간의 능력은 무제한으로 성장 가능하며 조직은 그들 구성원의 잠재 능력을 최대 한도로 성장 · 발전시킬 수 있는 기회를 제공해 주어야 한다는 것이다. 이러한 지속적인 발전을 위한 능력 개발을 위해서는 다음과 같은 점이 개선 또는 실시되어야 한다.

첫째, 교육훈련 투자의 확대가 요구된다. 공식적인 교육훈련비 외에 구성원 개개인이 상급학교 진학 및 학원 수강 등을 원할 경우 금전적·시간적 투자 및 지원을 계속 확대해야 한다.

둘째, 형식적이며 획일적인 교육훈련 체제 및 교육 내용을 고쳐야 한다. 외관적으로는 많이 현대화된 것처럼 보이지만 실질적 내용 권에서는 과거의 방식을 탈피하고 있지 못하다는 비판이 많이 제기되고 있다. 대체적으로 현재의 제도의 문제점은 질보다는 양 위주의 교육, 획일적 교육, 또 구성원이 어떤 능력 개발이나 훈련이 필요한가에 대한 수요 측정이 부족한 탓에 현 교육훈련 체제에 임하는 구성원의 흥미와 관심이 충족되지 못한다는 것이다. 따라서 좀 더 자율적·신축적인 교육훈련 체제를 도입해야 한다. 이에는 학습 의욕 제고를 통한 훈련에 대한 자발적 참여도의 향상을 기할 수 있다.

제 3 절 내부 참여관리의 이점과 방법

1. 참여의 이점

급속히 변화하는 환경에서 요구되는 효과적인 조직의 형태는 학습 지향적·팀 지향적이며, 참여 지향적인 조직 유형이다(Galbraith & Lawler, Ⅲ, 1993: 296-299). 이러한 조직 형태를 기반으로 한 조직 내에서의 참여는 일반적으로 다음과 같은 장점이 있을 것으로 판단된다.

1) 유연성의 확보

분권화된 조직은 중앙집권화된 조직보다 훨씬 더 유연성을 갖고 있다. 즉, 변화하는 환경과 고객의 요구에 신속히 대응할 수 있다(Osborne & Gaebler, 1992: 252-253). 결정을 내려야 하는 사항이 중앙집권적으로 명령 체계를 따라 차례로 상급자에게 올라가고 상급자가 상황을 파악하고 결정을 내린 후 다시 명령 계통을 따라 차례로 이를 내려보내게 되면 결코 환경 변화나 고객의 요구에 부응할 정도로 신속히 대응할 수 없다.

2) 효율성의 제고

분권화된 조직은 중앙집권화된 조직보다 더 효율적이다. 현장 직원은 대부분의 문제와 기회에 가장 잘 밀착되어 있다. 즉, 그들은 매 시간 그리고 날마다 실제로 일어나고 있는 일을 알고 있다. 그들이 조직을 운영하고 있는 사람의 후원을 받는다면 종종 그들은 최고의 해결 능력을 발휘한다.

3) 혁신성의 제고

미국의 하버드 행정대학원의 정책전문가들은 포드재단의 '혁신상' 시상에 관여하면서 다음과 같은 사실을 발견했다. 즉, 조직의 최고관리층에서 좋은 청사진을 갖고 있다고 해도 혁신이 일어나지는 않는다는 것이다. 오히려 고객들과 상대하며 실제로 일하고 있는 직원으로부터 좋은 생각이 떠오르기 때문에 혁신은 그러한 계층에서 빈번히 일어난다는 것이다.

4) 사기의 향상

관리자가 조직구성원에게 중요한 결정을 맡기는 것은 그들에 대한 존중을 나타내는 것이다. 이것은 특히 지식근로자 조직에서 중요하다. 지식을 가진 지도 체제에서는 명령구조가 아니라 협의적 구조가 근본적인 조직의 바탕이 된다. 명령과 통제가 아니라 협의와 네트워크 형성이 업무 달성의 필수적 방식이 된다. 이는 관리의 핵심이라 해도 과언이 아니다.

결국 모든 관리 제도가 결국은 어떻게 하면 구성원이 동기부여가 되어 자발적으로 자신의 맡은 바 직분을 충실히 수행하겠는가 하는 문제를 해결하기 위해 고안된 것이라 해도 과언이 아니다. 이러한 사기, 즉 높은 근무 의욕은 조직과의 일체감, 조직 목표와 개인 목표와의 조화, 동료 간·부서 간의 협력, 주인 의식으로 나타난다.

5) 직장생활의 질 향상

직장생활의 질(quality of working life: QWL)이란 안전하고 건전한 작업 조건, 인간 능력의 활용과 개발, 지속적인 성장과 안전을 위한 기회, 적정하고 공정한 보상 등을 포함하는 개념이다(Walton, 1973: 11-21).

이러한 QWL의 향상에는 관리자, 구성원 모두가 관심을 갖고 참여해야 한다. QWL을 높이기 위한 직무설계 등이 이루어져야 할 것이고, 구성원이 그가 몸담은 조직과 일체감을 느낄 때 조직에도 이익이 된다는 것을 이해해야 한다(Runcie, 1980: 13-24).

2. 능률성과 참여

능률성의 가장 단순한 개념은 실제 산출(current output)과 실제 투입(current input)을 비교하는 것이다. 그러므로 능률성은 산출과 투입과의 관계 혹은 양자간의 비율이다. 그렇다면 능률적인 관리를 통한 효율성의 제고는 결국 최소의 비용으로 관리해 관리의 능률성을 높이는 것으로 정리할 수 있을 것이다. 그러나 이는 기계적 능률성의 개념일 뿐이며 여기에 사회적 능률성의 개념이 보완되어야만이 진정한 의미의 능률성의 개념이 될 것이다. 사회적 능률성이란 구성원의 만족을 구현하는 인간 가치의 구현을 주 내용으로 한다(Barnard, 1938).[1] 그리고 참여는 여기에 매우 중요한 역할을 하게 될 것이다. 어떻게 보면 양자가 서로 모순된 내용을 담고 있는 것이 아닌가 하는 의문도 들 수 있겠지만 이는 서로 보완적 개념으로 보고 양자를 동시에 추구하는 것이 좀 더 올바른 인식이다(최호준, 1984: 85-86).

---

1) 미국생산성본부에서도 능률성에 영향을 미치는 요소로 물적·기술적 요소, 조직구조와 인적 자원을 들고 있으며, 일본능률협회에서도 관리 시스템, 조직풍토, 사업구조와 인간 능력을 보고 있다. 결국 인간적 요소의 능률적 관리가 전체 기업의 능률적 운영에 심대한 영향을 미친다는 점에 모두 동의하는 것으로 판단할 수 있다.

3. 참여관리의 방법

다음과 같은 참여관리의 다양한 기법은 구성원으로 하여금 그들의 업무에 대한 높은 근무 의욕을 갖게 하고 그들을 직·간접으로 조직관리에 참여시킴으로써 조직의 효율성을 높이는 관리 기법이다. 일반적인 조직 내의 참여 제도로는 다음과 같은 것을 들 수 있다.

1) 고충처리 제도

영미 계통의 고충처리 제도(grievance arbitration)는 단체협약 내용의 해석상에 일어나는 노사 간의 이견을 절충하려고 설치해 둔 제도적 장치이다(김수곤, 1992: 546). 이에 반해 일본의 고충처리 제도는 문자 그대로 근로자들의 고충을 관리자에게 상신해서 경영자 측으로부터 은혜적 해결을 얻어 내는 것으로 일본식 전통주의적 냄새가 풍긴다. 이는 경영가족주의적 노사 풍토에 걸맞은 표현인 것 같다(박연호, 1998: 519). 우리나라 노사협의회법은 모든 사업장에 노사를 대표하는 3인 이내의 고충처리위원을 두도록 하고 있다. 그 구성원은 협의회가 있는 사업장의 경우 협의회의 위원 중에서 선임하고, 협의회가 없는 곳에서는 사용자가 위촉하도록 하고 있다.

2) 중간관리위원회

중간관리위원회(middle-management committees)는 중간관리층의 참여를 활성화하기 위한 일종의 집단 메커니즘이다(Davis & Newstrom, 1989: 245-246). 참여가 조직 내의 각 계층 및 각 부문에서 각각의 목적을 가지고 제도적으로 취급될 때에는 그것을 총칭해 복수관리제(multiple management)라고 부른다. 복수관리제는 조직구성원의 자유스러운 의사 교환과 유통을 촉진하며, 또한 조직관리에 참여할 수 있는 기회를 주는 것이므로 옳다고 생각되는 방법으로 계획을 세워 볼 수 있는 자유, 새로운 미지의 분야를 개척할 수 있는 의욕뿐만 아니라 실수할 수도 있다는 자유를 허용함으로써 실패의 공포 때문에 위축되기 쉬운 일반 구성원과 감독자에게 자기 나름대로의 의사결정을 내릴 수 있는 용기를 주고, 나아가서는 그들로 하여금 자기 성장의 기회를 갖도록 한다.

3) 이익참가제

노사가 공동 노력을 통해서 그 과실을 크게 했으므로 성과 배분에 대한 근로자의 참가란 원칙적으로 정당화된다(박연호, 1998: 520). 그래서 수익 또는 이익의 일부를 임금 이외의 여러 가지 형태로 근로자에게 분배하는 것인데 이때 문제시되는 것은 무엇을, 언제, 어떤 기준에 의해서 분배할 것인가 하는 것이다. 이익참가제(profit sharing plan)의 대표적인 방법으로는 1842년 프랑스의 르 클레르(Le Claire)가 창안한 것으로 기본임금 이외에 각 영업기마다 결산 이윤을 종업원에게 부가적으로 지급하는 이윤참가제가 있다. 이 제도는 많은 회사에서 사용하는 것처럼 이윤을 분배 대상으로 하는 것이다.

4) 종업원지주제

근로자로 하여금 과실에만 참여하게 하는 단계를 넘어서 그 같은 과실을 낳게 하는 자본에 참여하게 함으로써 일회성을 탈피하고 좀 더 영구적으로 자본의 일부를 자기 것으로 소유하게 함으로써 기업의 이윤 확대에 더 적극적으로 동기 유발하게 하는 것이 바로 이 종업원지주(employee ownership plans) 제도이다(Davis & Newstrom, 1989: 246-247).

5) 제안 제도

제안(suggestion) 제도는 조직구성원이 변화를 위한 제안을 제출할 수 있지만 결정권을 갖고 있지는 않는 경우로서(Ledford, 1993: 147), 우선 제도의 정신적 측면에서 보면 "관리에서 구성원에게 업무상 유익한 착상이나 개선안의 제출을 장려함으로써 업무의 개선과 업무 수행의 민주화에 기여하는 제도"라고 말할 수 있다. 또한 그것을 운영 기술적 측면에서 보면 "구성원의 창의에 의한 업무상의 개선안을 일정한 절차에 따라 구득하고 그것을 심사하고 또한 이미 설정된 기준에 합치되는 것에 대해서는 응분의 보상을 하는 제도"라고 말할 수 있다. 조직구성원은 제안에 따라 재정적 예산 절감이 이루어진 경우 일반적으로 일정 비율을 보상받는다(Osborne & Plastrik, 1997: 226).

6) 산업민주주의

산업민주주의(industrial democracy) 제도는 종업원에게 영향을 미치는 결정을 내릴 때, 다양한 계층의 구성원을 결정 과정에 참여시키는 것을 제도화한 것이다. 경우에 따라서는 이 제도는 강제 규정이라기보다는 자발적 규정이다. 서구에서 이 제도는 하위직 종업원 사이에서는 노동위원회(works councils)라고 불리고, 상위직 종업원 사이에서는 공동결정(codetermination)이라고 불리는 것으로 궁극적으로 이 제도는 회사의 이사회에 종업원의 대표가 의석을 확보하는 것을 의미한다(Davis & Newstrom, 1989: 246).

이 제도의 근본 철학은 노사 간의 대립적인 전통적인 이념에서 탈피해 노사가 협력을 위해 경영에 노동자의 참여를 제도화하는 것이다. 이는 정치적 민주주의의 산업사회에의 적용, 즉 구체적으로는 기업에의 적용이며 경영 구성원을 단순한 기계적 존재로 한정하지 않고 전인격적인 면에서도 평등한 존재로서 파악할 필요성을 주장한 것이다. 또한 이러한 과정을 통해 노동자와 관리자 간의 서로의 문제를 좀 더 잘 이해할 수 있다는 것이다. 그런데 조직구성원의 법적인 참여 보장만으로는 조직민주화가 충분히 실현될 수 없다. 진정한 의미에서 조직민주화가 정착되기 위해서는 과업 수행의 사회적·기술적 측면의 상호작용으로 형성되는 사회기술 체계(socio-technical system)의 변화도 동시에 필요하다.

7) 분임조 활동 등 소모임 활동의 활성화

(1) 분임조 활동

분임조(QC)는 조직구성원 간의 생산적이고 참여적인 문제 해결 과정을 위한 공식적이고 제도화된 메커니즘이다(Crooker, et al., 1984: 7). 그들은 개선할 문제나 작업 과정을 선택한 후 결과를 측정하고, 자료를 분석하며, 중요한 원인을 발견해 해결책을 찾는다. 또한 그것을 이행하고, 그 결과를 점검하고, 그들의 해결책을 개량해서 다시 시도한다(Osborne & Gaebler, 1992: 266). 그러나 분임조가 항상 성공적인 것은 아니다. 즉, 조직구성원과 조직의 여건이 충분히 고려되어 신중히 실행되었을 때는 상당한 성과를 달성하지만, 다른 사람이 하고 있기 때문에 우리도 한다는 식으로 단순히 모방했을 때는 별 소득을 거두지 못한다. 분임조는 참여관리의 장기적 목표를 향한 첫걸음으로 보아야지 그 자체가 목적이 되어서는 곤란하다.

(2) 자율관리팀

자발적 · 자율관리적 팀은 조직 내부에 '유연한 근육'을 제공한다. 조직환경이 변하면 조직은 그것에 적응하고, 조직의 구조는 모든 변화에 적응하기 위해 내부적으로 유연해진다. 자율적 관리팀은 상당한 정도의 의사결정권을 갖고 있으며 자신들 스스로 업무량과 산출 등을 통제하도록 되어 있다(Manz & Sims, 1987: 106-128). 이러한 자율관리팀은 문제를 중심으로 형성된다. 문제가 해결되면 어떤 팀은 해체되고 새로운 팀이 또 형성된다(Miller, 1997: 123).

진정한 참여관리가 이루어지기 위해서는 최고관리자의 의사결정권 독점의 지양이 선행되어야 한다. 권력독점 개념에서 탈피해 권력 공유, 즉 조직구성원과 관리층의 책임 · 권위 분담이 실현되어야 한다. 권력 분담을 통한 권력균형화가 이루어질 때 조직구성원의 대등한 의사결정에의 참여가 가능해지는 것이다. 앞에서 살펴본 바와 같이 참여관리를 실천하는 외국의 예를 보면 참여관리에는 또 하나의 차원이 있다. 그것은 참여적 관리를 달성하기 위한 일거양득의 동기가 현시적 · 잠재적으로 작용하고 있다는 것이다. 즉, 이것이 조직민주주의를 위한 분권화의 실현 수단으로서 역할을 하지만 아울러 생산성의 제고가 절대적으로 뒤따라야 한다는 것이다.

그런데 이때 문제가 되는 것은 참여관리가 생산성 향상을 가져온다는 보장이 없다는 것이다. 그럼에도 불구하고 참여관리를 실천하는 외국의 사례가 주는 교훈이 있다면 그것은 참여를 좀 더 장기적 안목에서 고려하고 있다는 것이다. 즉, 참여에 내재된 이념적 가치 — 조직구성원의 능력 개발, 민주주의에 대한 몰입 — 를 지향하고자 하는 자세를 갖고 있다는 점은 시사하는 바가 크다.

제 4 절 대외적 참여: 주민 참여

1. 주민 참여의 의의

1) 주민 참여의 개념과 성격

일찍이 기퍼드(John Gyford)는 지방정부의 주요한 과제 중의 하나는 좀 더 대응적인 정부 체제를 구축하는 것이며, 이런 관점에서 주민 참여의 의의를 찾아야 한다고 주장했다(Gyford, 1991: 54). 이는 공무원의 전문적인 식견이나 지방의원의 선거에 의한 신임 등은 정책결정에 필요한 모든 관련 정보를 제공해 주지 못하며, 관료제와 민주 제도에 의한 공식 경로를 보완해 주는 보충 장치로서 주민 참여가 반드시 필요하기 때문이다(오세덕, 1999: 8).

행정학에서 주민 참여(citizen paticipation)는 정치적 엘리트가 아닌 보통 시민이 정부의 정책 과정에 직·간접적 관여를 통해 이에 영향력을 미치려는 의도된 모든 활동임과 동시에 자치단체장과 지방의회에 대한 통제 장치(control mechanism)로 정의된다. 이러한 주민 참여를 바라보는 시각은 대의민주주의 대체론, 대의민주주의 보완론, 정책결정보조론으로 나뉜다(Sharp, 1990: 75-78; 최호준, 1987: 147-152).

(1) 대의민주주의 대체론

이는 대의민주주의 제도가 갖는 근본적 결함 때문에 이를 대체하는 참된 민주 제도로서 참여민주주의(participatory democracy)를 주장하는 입장이다. 소극적인 투표행위만으로는 완전한 참여가 이루어질 수 없다고 보고, 시민들의 더욱 적극적이고 능동적인 참여만이 진정한 민주 제도를 실현하는 방법이라고 보는 것이다. 참여를 통해 시민은 공공 문제를 학습하고 지역사회에 기여하며 참된 의미의 민주시민으로의 성장을 기하게 되는 것이다.

(2) 대의민주주의 보완론

대의민주주의가 지닌 결점과 편견을 보완하는 기능을 주민 참여에서 찾는 견해이다. 대의제 하의 지방정치 과정은 낮은 투표율로 표현되는 주민의 무관심·냉담 문제를 안고 있으며, 지방정부 역시 모든 주민의 이해를 골고루 반영하지 않으며, 오히려 저소득층 주민보다는 지역의 엘리트 계층인 상류 계층이나 기업의 이해에 더욱더 민감하게 대응한다(Stone, 1980: 978-990). 아울러, 도시정부의 관료제는 거대화·복잡화·전문화로 인해 주민의 요구에 무관심하고 비대응적이 된다. 따라서 이를 보완하기 위해 전문적·기술적인 도시관료제의 의사결정 체제에 주민의 관심사를 투입하는 일종의 연계 장치로서 다양한 주민 참여 프로그램이 필요하다.

(3) 정책결정보조론

정책결정보조론은 주민참여 제도를 통해 지방정부의 계획이나 정책 결정 및 집행을 보조한다는 견해이다. 즉, 주민 참여를 위한 혁신적인 통로의 마련은 지방정부 공무원이 주민의 선호·수요 파악, 정보의 제공을 통해 공공 서비스 제공에 관한 정책결정에 도움을 준다는 것이다. 주민 참여는 주민의 갈등이나 긴장을 해소시킬 수 있으며, 공공 서비스 제공 비용을 절약하고, 지방정부의 사업을 지원하는 강력한 동맹자를 형성하는 기능을 갖는다(Thomas, 1986: 16-17). 나아가 주민에 의한 투입은 비용·효과분석 등과 같은 정책분석 기법의 중요한 요소가 될 수 있으며, 다만 이들 기법이 갖고 있는 주요 결함은 바로 포괄적인 정보가 부족하다는 것인데, 이에 대한 각 대안의 주민 효과에 관한 정보는 주민 참여를 통해 얻을 수 있다(Kweit & Kweit, 1987: 19-37).

2) 심의민주주의 체제에서의 주민 참여

지난 30여 년간 OECD 국가들은 공공관리 패러다임의 새로운 변화를 주도해 왔다. 그리고 정부 운영에서 그 흐름의 핵심은 정부가 점점 개방적이고 투명해지고 있으면서 국민들의 참여를 여러 각도에서 시도하고 있다는 것이다. 또 이를 바탕으로 다양한 방법으로 행정개혁을 추진하고 있다(Kettl, 2005). 이러한 혁신은 저비용 정부, 디지털 정부, 투명한 정부 등을 모색하는 것으로서 이 중 참여는 투명한 정부의 일환으로 이루어지는 혁신 정향이다. 즉, 정책 수요자의 자발적인 수용과 참여를 유도하고 시민집단과의 협치(協治, governance) 체제의 구축을 통한 심의민주주의의 완성을 위한 노력이다. 우리나라에서도 참여정부의 출범과 정보 공개와 전자정부 구축이 더욱 활성화될 수 있었던 것은 행정 서비스 공급의 비용 절감 효과를 위해서뿐 아니라 NGO(NPO)를 비롯한 시민사회가 정책 입안 단계부터, 실행, 평가 단계에 이르기까지 더욱 적극적으로 자신의 선호와 의사를 반영시킬 수 있도록 하기 위함인 것으로 보인다. 요컨대, 시민사회와 다양한 사회집단을 국정의 파트너로 인정하고 이들의 요구와 평가가 국정의 투입과 산출 시스템에 반영되는 '참여적 거버넌스'를 구현하겠다는 의지의 표명이라고 보아야 한다.

이렇게 최근 정부의 패러다임 변화가 참여를 강조하는 방향으로 바뀌면서 이를 뒷받침하는 정치 제도의 지향은 과거의 대의민주주의를 보완하는 참여민주주의, 나아가 심의민주주의로 논의가 진행되고 있다. 참여민주주의, 심의민주주의(deliberative democracy)의 이론은 국민 다수의 의견을 제도적으로 수용하는 시민 참여와 심의적 제도의 도입을 주장한다(주성수, 2005).

참여민주주의는 국민투표, 국민제안 등의 직접민주주의 제도의 도입과 시민사회의 여론 형성 역할을 대의민주주의의 결함을 보완하는 수단으로 간주하는 반면, 심의민주주의는 국가기관과 국민 사이의 지속적인 대화와 심사숙고를 제안한다. 심의민주주의는 정치적 정책결정이 시민과 시민대표들이 단순한 사익과 제한된 견해를 초월해서 일반적인 이해나 공공선에 대해 숙의하는 공공토론과 대화의 과정에서 생산될 때만 정통한 것으로 간주한다. 특히 엘리트보다 일반 시민의 일상적인 참여와 토의를 강조하는 것이 최근 심의민주주의 논의의 핵심을 형성하고 있으며, 따라서 이러한 것을 어떻게 구체적인 제도로 만들어 도입하고 실행할 수 있는가에 논의의 초점이 맞추어지고 있다(주성수, 2005).

시민적 합의(consensus)를 통한 결정은 민주적 정당성을 획득해 갈등을 예방하고 정책집행 비용을 절감시키며 추진력 획득하게 해 준다. 따라서 정치 체제가 정통성을 가지려면 심의를 조장해 공정하고 유효한 정책결정을 할 수 있는 기회를 늘여야 한다. 또 심의 과정은 시민문화(civic culture)를 활성화하고 시민들은 민주적 가치와 규범을 체득할 수 있는 기회를 부여하는데, 심의의 과정은 서로 다른 견해를 가진 다양한 집단이 상대의 주장에 귀를 기울이고 합의점을 찾아가는 과정이라고 할 수 있다. 결론적으로 심의민주주의는 대의민주주의 '민주주의 결손'을 보완하는 제도적 장치가 될 수 있을 뿐만 아니라 나아가 참여민주주의의 '민주주의 과잉'을 보완하는 제도적 기반을 마련해 줄 수 있을 것으로 기대된다.

그러므로 대의민주주의에 기초하고 있는 행정국가에서의 시민 참여와 심의민주주의에 바탕을 두고 있는 거버넌스 하에서의 시민 참여의 내용은 차이가 있을 수 있는데, 이를 정리하면 〈표 11-1〉과 같다(Kathi & Cooper, 2005).

표 11-1 행정국가와 심의민주주의 하에서 시민 참여의 차이

행정국가 하에서의 시민 참여	숙의민주주주의 하에서의 시민 참여
• 유권자, 선거구민, 고객으로서 시민 • 사적 이익 추구자로서 시민 • 공익을 구분하지 못하는 시민 • 시민 참여는 행정 능률성 제고에 부정적 영향을 미침. • 선거, 정치대표, 정치가에게 책임을 짐. • 헌법에 의한 행정의 정당성 확보	• 유권자, 선거구민, 고객, 파트너로서 시민 • 시민은 공익을 구분할 수 있는 능력이 있음. • 대화와 공유된 가치를 통한 시민 참여 • 규범적이고 도구적인 시민 참여 • 양스 있고 자발적인 시민 참여 • 협동과 파트너십을 통한 시민 참여 • 시민에 대해 책임을 지는 행정가의 존재 • 민주이론과 경험적 요소에 의한 행정의 정당성 확보

2. 주민 참여의 필요성

주민 참여의 필요성을 행정관리적 측면, 주민적 측면으로 나누어 볼 수 있다. 이를 자세히 설명하면 다음과 같다(오세덕, 1999: 12-14).

1) 행정관리적 측면

첫째, 정책의 질을 향상시키는 데 기여한다. 주민 참여는 주민들의 직접적인 이해관계의 적절한 조정과 행정 수요의 정확한 파악 등을 통해 행정기관이 결정하고 집행하는 정책의 질을 향상시킬 수 있다.

둘째, 행정의 정당성을 확보하는 데 기여한다. 주민 참여는 전문가의 지배를 거부

하고 지방행정에서 다수의 이익을 대표하는 정책결정에 정당성을 부여해 준다. 정책의 정당성은 정책의 수용자인 주민의 동의에 달려 있다. 또 이는 정책집행의 효율성을 확보하는 데 도움이 된다.

셋째, 주민 참여는 행정기관의 정책결정이나 집행 과정에 주민을 참여시켜 정책이나 행정에 관한 주민의 이해를 높이고 공감대를 넓혀서 행정기관에 대한 주민의 협조를 증진시킨다.

넷째, 행정의 민주성 제고에 기여한다. 관료 주도적 행정은 행정능률성의 증진에 기여하기도 하지만 국민의 의사와 동떨어진 결정을 할 수 있고, 행정의 낭비를 초래하며, 행정 서비스의 형평성을 상실할 수 있다. 주민 참여는 주민을 수동적 지위에서 능동적 지위로 전환시킴으로써 이러한 관료주의적 병폐를 시정하고 나아가 행정의 민주성을 제고한다.

2) 주민적 측면

첫째, 주민 참여는 주민 주체적 행정통제를 실현하는 데 기여한다. 즉, 행정기관의 자의적 권한 행사의 우려가 높은 상황에서 주민들이 직접 행정기관에 대한 감시·통제를 행함으로써 주민 주체적 행정통제를 가능케 한다.

둘째, 주민 간의 이해관계 조정과 협동의 증진에 기여한다. 주민들이 대화와 토론을 통해 서로의 이해관계를 조정하고 전체 의사와 공익에 도달하게 함으로써 주민 간의 협동 증진에도 기여하게 된다.

셋째, 주민 참여는 행정이 주민의 요구와 기대에 좀 더 민감하게 반응하면서 수행되도록 이를 촉진하고, 이를 통해 책임 있는 행정을 확보하는 데 기여한다.

넷째, 주민 참여는 대의 제도를 보완하는 역할을 한다. 즉, 주민 참여는 의회 제도가 주민의 의사를 충분히 반영하지 못하거나 대표와 주민 사이에 괴리가 생길 때 주민이 행정에 직·간접적으로 참여함으로써 지신의 이해와 관련된 문제를 처리할 수 있으므로 대의민주 제도의 약점을 보완하는 기능을 가진다(정세욱, 1993: 293).

다섯째, 주민 참여는 정책결정 주체에 대한 교육적 역할을 한다. 주민 참여는 그 지역사회에 실질적으로 필요한 사업과 그 사업의 파급 효과 등에 더욱 세심한 인식을 유발하는 교육적 효과를 줄 수 있다.

3. 우리나라의 주민참여 제도

1) 우리나라 주민참여 제도의 발달과 특징

우리나라 정책 과정에의 주민 참여를 시기별로 구분해 보면, 1960~80년대에는 권위형 정책이 주류를 이루었고, 1990년대는 권위형이었지만 이를 벗어나려는 노력이 보인 시기였으며, 2000년 이후는 민주형의 정책에 근접해 가고 있는 것으로 분석할 수 있다.

우리나라 중앙부처에서 활용하고 있는 주민참여 제도의 전반적인 특징은 다음과 같이 정리할 수 있다.

첫째, 전반적으로 정보통신 기술(ICT)의 발달과 인터넷 이용 확산을 토대로 온라인상의 시민 참여를 위한 다양한 방안이 도입・시행되고 있다. 세계적으로 앞서가는 전자정부 기반을 바탕으로 정부 중앙부처 및 지방정부, 공공기관 할 것 없이 대부분의 부처에서 웹상에 참여를 위한 장치를 구비했다. 이러한 온라인상의 참여 촉진은 국민의 정부정책에 대한 용이한 접근, 신속하고 효율적인 정책 과정에서의 국민 욕구의 투입 등 많은 장점을 가지고 있다. 그러나 정보통신기술에 익숙한 특정 계층의 의사가 정책 과정 전반에 과도하게 반영될 수 있는 커버리지 문제와 서비스 전달의 문제를 가져올 수 있기 때문에 이에 대한 보완과 함께 좀 더 제도화되고 심층적인 참여를 위한 오프라인상의 참여 제도에 대한 개발이 요구된다.

둘째, 참여 형태의 문제로서 정보 제공(정부 ⇒ 국민; 국민 ⇒ 정부) 영역의 참여 제도는 상당히 많이 구비되어 있다고 평가할 수 있으나 여전히 협의 및 능동적 참여 부문의 시민 참여 제도는 보완되어야 할 필요가 있는 것으로 보인다. 정보 제공 차원에서는 정부에 대한 국민의 요구를 체계적으로 분류해서 다양한 국민의 의견을 유형화해 정책에 반영하고, 그 결과를 국민에게 알려 주는 환류 기능이 제도적 차원에서 보다는 프로세스의 개선 차원에서 지속적으로 이루어질 필요성이 있다.

셋째, 협의의 참여에서는 정부 각 부처에서 의제 설정 과정에서는 주로 정책 포럼 형태가 정책 형성 과정에서는 자문위원회나 정책협의회의 형태, 정책평가 단계에서는 주로 정책 모니터링 제도가 활용되고 있다. 협의의 참여 방식에서는 각종 자문위원회나 정책협의회의 경우 특정 이익집단이나 특정 부문의 이익이 과도하게 반영되거나 특정 집단에 의해 정책이 포획당하지 않도록 하기 위해서는 직접적인 이해관계가 없는 일반 국민의 의사와 이해를 반영하고 공익을 대변할 수 있는 참여 제도로의 보완이 요구되어 왔다.

넷째, 능동적 참여는 정책 과정에서 국민의 역할을 인정하고 국민과 긴밀하고 유기적인 의사소통을 통해 협력 관계를 형성하고 책임을 공유하는 것을 말한다. 의제설정 단계에서는 주로 제안 제도의 활용이, 정책 형성 단계에서는 주로 공청회가, 정책집행 단계에서는 민간자원 봉사사의 참여가, 정책평가 단계에서는 여론조사와 자체평가위원회가 주로 활용된다. 능동적 참여에서는 일반 국민이 정책 과정에서 효과적인 참여자가 되도록 하는 참여 방안이 부족한 면이 있다.

향후 전문가뿐만 아니라 일반 국민이 대표자로서 문제 해결 상황에 더욱 적극적으로 관여하도록 하는 것이 필요하다. 이러한 참여 과정을 통해 만들어진 정책에 대해 국민이 수용하고 순응하며 정책 목표의 달성을 위해 함께 노력하도록 여건을 조성해야 한다.

2) 우리나라의 주요 주민참여 제도

세계적 추세에 발맞추어, 우리나라에서도 각종 위원회 제도의 적극적 활용, 시민단체의 활발한 참여, 주민소송제 도입, 주민감사청구 요건 완화, 주민투표법 제정, 주민발의 요건의 완화, 시민참여 예산제도 도입, 주민소환제 도입 등과 같은 다양한 시민 참여 제도를 활용하고 있다. 이 중 대표적인 것 몇 가지만 소개하면 다음과 같다.

(1) 행정정보 공개제도

정부 차원의 행정정보 공개제도는 「공공기관의 정보공개에 관한 법률」의 제정에 따라 1998년도부터 시행되어 왔다. 정책 과정에 대한 국민의 참여는 국민들이 정부 내에서 무슨 일이 일어나고 있는가에 대해 아는 것에서부터 시작하며 이는 투명한 정부로의 전환을 위한 기본적인 출발점이다. 그러나 투명한 정부로의 전환이라는 패러다임이 인식되기 전에는 오랜 전통적 관료제 패러다임의 영향 하에 요구되는 정보에만 대응하는 '소극적 · 수동적 정보 공개'에 불과했다는 비판이 많았다. 즉, 국민이 특정한 행정기관에 대해 정보 공개를 청구할 경우 행정기관이 해당 정보의 공개성 정도(대상 정보, 정보 공개의 범위, 방법 등)를 심의해 그 공개 여부를 결정하는 체계였다. 그러나 최근 시민사회의 성숙에 따라 시민권리 의식의 확대는 정부에 대해 더 많은 투명성과 적극적인 정보 공개를 요청하고 있으며, 정보 공개 청구 건수와 처리 건수도 매년 큰 폭으로 증가하고 있다.

(2) 정책공동체

정책공동체란 사회적 합의주의에 기초한 정책결정 방식의 한 유형으로서 특정 정책 분야에 전문성을 갖고 있는 정부 내외의 개인과 조직으로 구성되는데 주로 관료, 조직화된 이익집단, 대학 및 기타 연구기관의 전문가로 구성된다.[2] 이와 같은 정책공동체는 중앙부처의 성격에 따라 다양한 형태로 실시되어 왔다. 현재 정부부처 내에는 360여 개의 각종 위원회, 뉴스레터 및 브리핑 제도 등 온라인(on-line)과 오프라인(off-line) 차원의 정책공동체 모형이 여러 부처에서 활용되고 있다.[3] 그러나 최근까지 정책공동체와 관련해 정책공동체의 운영을 위한 기반은 어느 정도 조성되었으나 그 운영이 극히 형식성을 띤다는 점이 지적되어 왔다.

협의와 심의, 자문 등의 형태로 운영되는 각종 정부 내 위원회는 참여집단의 대표성과 책임성 문제, 운영 미숙과 참여집단의 낮은 동기로 인한 형식성이 문제가 되어 왔다. 모니터링 제도와 같은 각종 온라인 상의 정책공동체 모형도 정부기관의 일방적인 정책 홍보에 그쳐 심층적인 토론의 장이 되지 못해 쌍방향의 의사소통 시스템으로 작동되지 못하고 있는 실정이라는 점이 지적되어 왔다.

---

2) 정책공동체는 포괄 영역에 따라 다양한 형태의 유형이 존재한다. 포괄 범위에 따라서는 거시적, 중범위적, 미시적으로, 정부정책 주체에 따라 중앙정부 간, 중앙부처 내, 중앙정부와 지방정부 간으로 나뉘며, 그리고 정책결정공동체의 의사결정 방식에 따라 합의 방식, 정보 청취 방식, 협의 방식 등 세 가지 분류가 있다.

3) 정책공동체 모형은 각종의 위원회 제도와 시민평가 제도로 대별된다. 현재 정부 내에 각각의 부처에서 다양한 이름의 시민평가 제도를 운영하고 있다. 국정모니터, 시민평가단, 수요자 중심의 정책평가, 시민모니터, 고객 모니터링 등의 제도들은 모두 정책공동체의 한 모형이라고 할 수 있다.

(3) 전문 옴부즈만 제도

스웨덴에서 1915년 최초로 실시된 옴부즈만(Ombudsman) 제도는 업무 관할 범위에 따라 일반 옴부즈만 제도와 전문 옴부즈만 제도로 나눌 수 있다. 특정 분야의 민원을 전문적으로 다루는 전문 옴부즈만 제도는 각국에서 1970년대에 들어와 기존의 시스템으로 잘 해결되지 않는 새로운 분쟁에 적극 대처하고 새로운 정책을 채택하는 데 따르는 국민의 반발을 완화하기 위해 설치하게 되었다. 최근 민주화와 시민 의식의 성장에 따라 권리 구제의 신속성・효율성・실효성에 대한 국민 기대 증가에 대응한 권리 구제 시스템에 대한 필요와 함께 행정으로 인한 국민의 불편을 좀 더 실효성 있게 구제하고 국민 권익 구제활동에 시민 참여를 확대할 수 있는 제도적 기반을 마련할 목적으로 전문 옴부즈만 제도가 시행되었다.

이에 따라 우리나라의 대표적인 옴부즈만 제도라고 할 수 있는 국민권익위원회의 전문성과 독립성을 강화해 실질적 권리구제기관으로 자리매김할 수 있도록 법적・제도적으로 운영 시스템을 개선하려고 시도하고 있다. 또 지방의 현장민원에 대한 권리 보호 및 구제를 위해 지방자치단체에 시민 옴부즈만을 설치해 지역사회의 권리 구제 역량을 강화하고 시민사회의 참여를 확대하기 위한 노력이 이루어지고 있다.

(4) 행정절차법

행정절차 제도는 "행정 과정에 대한 국민의 참여를 보장하는 절차"를 규정하고 있는 제도이다. 최근 정책 과정에의 참여의 제도화와 관련해 행정절차법에 대한 관심이 높아지고 있다. 이는 정부가 시행하고 있는 다수의 참여 제도 속에서 법적 실행능력을 뒷받침하는 특성이 가장 큰 제도가 행정절차법이기 때문이다. 행정절차법의 제정 목적은 곧 정책 과정 전반에 대한 국민의 참여를 제고하는 시민 참여의 제고와 국민의 이해 관계에 영향을 미칠 수 있는 행정절차에 대한 예고를 통한 국민의 권리를 증진시키는 것이다.

현행 행정절차법상의 시민 참여를 규정하는 제도는 크게 다섯 가지로 구분된다.[4)]

4) ① 행정입법 과정에 참여를 도모하는 입법예고 절차, ② 입법에 따른 정책 및 계획 과정에 대한 참여를 도모하는 행정예고 절차, ③ 국민의 신청을 받아 허가 등을 주는 민원사무와 제재 조치 등 불이익처분 과정에 대한 국민의 참여를 도모하는 처분 절차, ④ 신고에 관한 절차, ⑤ 행정지

그러나 현재 시행되고 있는 행정절차법은 법의 내용과 그 운용상 몇 가지 점에서 미비점이 지적되고 있는데, 내용적 측면에서 행정계획 절차 및 행정계약 절차에 관한 규정이 미흡하다는 지적이 많다.

(5) 주민투표 제도

주민투표 제도(referendum)는 지방자치단체의 중요한 사안에 대해 주민들이 투표로써 직접 결정하는 제도를 의미한다. 주민투표는 선거권을 가진 일반 시민이 주체가 되어 투표로써 정치적 쟁점에 관련된 최종의 집합적 의사를 표현함으로써 결정권을 공유하는 직접 참정의 한 절차이다. 19세 이상의 주민으로서 투표일 작성 기준일 현재 주민등록이 되어 있는 자, 19세 이상 외국인 중 일정한 영주 자격을 가진 자로서 조례에 정한 자는 주민투표권이 있다. 주민투표의 대상은 주민에게 과도한 부담을 주거나 중대한 영향을 미치는 지방자치단체의 주요 결정 사항으로서 그 지방자치단체의 조례로 정하는 사항으로 정하고 있다.

(6) 주민발의 제도

주민발의 제도(citizen initiative)는 정책 과정에서 의제 상정과 정책결정에 주민이 직접 관여할 수 있도록 보장하는 제도이다. 유권자들이 하나나 그 이상의 제안을 주민투표에 부치기 위해 청원하는 과정 또는 일정한 서명을 통해 확인된 청원에 따라 유권자가 법안을 제안하는 것이라고 정의할 수 있다. 즉, 주민발의는 선거권자인 주민들이 직접 주체가 되어 지방자치행정과 관련된 공공문제를 해결하기 위해 서명을 통해 집합적 의사를 모아서 조례 등 의안을 청구하고, 캠페인을 거쳐 투표로써 그 효과를 확정짓는 정치적 절차라고 할 수 있다.

주민발의는 유권자가 직접 법률안을 기초하고, 찬성과 반대 논의를 거쳐 마침내 주민투표로써 법률안을 확정짓는 단계를 설정하고, 각 단계에 직접참정의 핵심 요소를 배열하는 것이 그 원형이다. 그러나 우리나라의 주민발의는 핵심 단계와 핵심 요소가 빠져 있어서 유권자가 서명을 받아서 조례의 제정을 청구하지만, 시민 참여는 서명을 통한 청구 단계에서 종결되기 때문에 그 본질을 못 살리고 있다는 비판을 받

도 과정에 대한 원칙과 의견 수렴을 도모하는 행정지도 절차 등이다.

는다. 즉, 주민발의를 '시민에 의한 법률 제정(citizen lawmaking)' 또는 '직접입법(direct legislation)'이라 해서 그 본질을 표현하고 있으나, 우리나라의 주민발의는 그 본질적 특성을 거의 갖추지 못하고 있다.

(7) 주민감사청구 제도

주민감사청구 제도는 기존 행정감독기관에 의한 감사와 의회에 의한 행정감사의 미흡, 법원 통제의 협소함이라는 문제에 대해 대안이 되고 있는데, 지방자치단체의 행정사무 처리를 주민들이 직접 감시 및 견제할 수 있게 하는 직접민주주의적 통제장치라 할 수 있다. 주민감사청구 제도는 지방자치단체와 그 장의 권한에 속하는 사무의 처리가 법령에 위반되거나 공익을 현저히 해한다고 인정되는 경우에 시・도는 주무부 장관에게, 시・군 및 자치구에서는 시・도지사에게 당해 주민들이 감사를 청구할 수 있도록 하고 있다.

(8) 주민소송 제도

주민소송 제도란 지방자치단체의 위법한 재무회계 행위에 대해 지역주민이 자기의 권리・이익에 관계없이 그 시정을 법원에 청구하는 제도로서, 우리나라에서는 2006년부터 주민소송 제도가 시행되고 있다. 주민소송 제도의 도입은 한국 지방자치사에 큰 획을 긋는 이정표를 제시한 것으로 평가받고 있다.

주민들은 지방자치단체의 위법한 재무행위에 대해 그 시정을 법원에 청구할 수 있다. 구체적으로 공금 지출, 재산의 취득・처분, 계약 체결 및 이행, 공금의 부과・징수, 재산관리 등 다섯 가지 유형에 대해 위법 소지가 있을 경우 소송을 제기할 수 있다. 이로써 지역주민이 자신의 개인적 권리・이익의 침해와 관계없이 위법한 행위의 시정을 법원에 청구할 수 있게 되었으며, 이에 따라 지자체의 방만한 재정 운용 및 사업 추진과 관련된 부정부패 근절에 상당한 효과를 기대할 수 있게 되었다.

(9) 주민소환 제도

주민소환은 "공직의 정해진 임기가 끝나기 전에 해당 공직자를 유권자의 고발이나 청원, 투표로써 해임하는 절차" 또는 "유권자가 공직자를 해임하고 교체하는 민주적 장치"라고 정의할 수 있다. 이는 현재의 공적 신분과 권한으로부터 배제(퇴출)시키는 '법적 지위의 면탈'을 의미하는 것으로서 민주주의 및 대의민주제의 보호 장치로 평가할 수 있다. 주민소환제는 선거를 통해 구성된 대의제 자치단체의 문제점을 보완해 자치의 내실화를 기하는 것에 초점이 맞추어진 좀 더 직접적인 성격의 제도이다. 우리나라의 경우 법이 제정된 직후인 2007년과 2008년에 소환 추진이 집중되었고 전반적으로 소환율은 매우 저조해서 주민소환투표 단계에까지 이른 경우는 몇 건에 불과하다.

(10) 주민참여예산 제도

주민참여예산 제도는 "예산의 투명성, 주민 참여를 통한 예산의 우선순위 결정, 지방자치단체와 지역주민과의 협의를 통한 지역의 예산안 편성, 지방의회 심의 · 의결"을 의미한다. 행정부의 예산집행 과정에서 발생하는 예산 낭비나 비효율성을 통제하기 위한 사후적 · 자발적 시민참여운동인 예산감시운동과 달리 예산편성 과정을 대상으로 한 사전적 · 적극적인 주민참여 제도의 성격을 가진다. 주민참여예산 제도는 특히 공무원 중심의 예산편성 방식의 한계를 극복하고, 지방자치단체 재정의 건전화와 행정의 투명성 확보로 재정자치 실현의 초석을 다지고자 하는 데 그 목적을 두고 있다.

4. 한국 주민 참여의 문제점과 개선 방향

1) 한국 주민 참여의 문제점

여기에서는 우리나라 주민 참여의 문제점을 제도적 측면, 행태적 측면, 환경적 측면의 세 가지 측면에서 살펴보고자 한다.

(1) 제도적 측면

① 획일적 · 형식적 제도 운영

기존의 각종 위원회, 공청회, 간담회 등 주민 참여 방안은 형식적인 운영을 벗어나지 못하는 경우가 많으며, 다른 시 · 도에서 도입한 제도를 획일적으로 도입 · 운영하고 있는 실정이다.

② 정보 공개 및 홍보 기능의 미흡

현재 공무원이 주요 정책을 입안 · 처리하는 과정에서 부수적으로 발생하는 문제를 지나치게 의식한 나머지 정책을 비밀리에 입안 · 집행하는 사례가 적지 않다.

③ 종합 전담부서의 미비

자문위원회가 해당 부서별로 조직되어 있는 등 각 주민 참여 제도마다 상이한 담당 부서로 분리되어 있는 것도 문제점이다.

(2) 행태적 측면

① 자치 의식과 시민 역량 미흡

우리나라 주민들은 아직까지 주권자로서 주도적 역할을 담당하고 책임을 지려는 적극적 자세와 사고방식이 부족한 측면이 존재하고, 잘못된 일에 대해 남의 탓으로 돌리려는 부정적 성격이 남아 있다.

② 공무원의 전근대적 행태

그동안 많이 개선되기는 했으나 일부 공무원이 아직도 참여에 대한 인식이 미흡할 뿐 아니라 일부는 권위주의와 관존민비적 사고 방식을 가지고 있어 정책을 일방적으로 결정 · 시행하는 경향이 있다. 또 주로 선례와 법규에 따르는 전통적 처리 방법을 선호하고 있으며, 기계적 능률관에 입각하고 있는 경우가 많다.

(3) 환경적 측면

① 지방분권화의 미흡

우리나라는 지방자치가 실시되고 있으나 전통적으로 중앙집권적인 정치 행태를 견지해 왔고 지방자치도 실시된 지 얼마 되지 않아 중앙정부로부터 행 · 재정적 자주성도 미흡한 실정이다. 더욱이 지방자치단체의 기관위임사무는 주민 참여의 대상에서 제외되어 지역개발 행정에서 주민 참여의 의미를 반감시키고 있다.

② 시민단체의 역량 미흡

우리의 경우 지방자치 실시 후 환경, 경제와 관련된 시민단체가 많이 탄생했지만 아직까지는 자생적 · 자주적 조직은 극소수이고 대부분 타율적 · 하향적으로 조직되어 있어 적극적으로 지역주민의 의견을 지방정부에 투입하지 못하고 있는 실정이다.

2) 우리나라 주민 참여의 개선 방안

(1) 제도적 측면

① 행정의 투명성 확보와 정보 공개 제도의 개선

유리창 행정의 풍토를 조성해 시민과 행정 간의 심리적 거리감을 해소하고, 시민들이 필요한 경우에는 행정정보에 언제나 용이하게 접근할 수 있는 행정 풍토가 우선 조성되어야 한다. 따라서 정보 공표 의무를 제도화하고, 이를 조례상의 정보공개 청구 제도와 병행 실시함으로써 정보 제공 기능을 활성화해야 한다.

② 기존 제도의 내실화

실익이 없는 위원회는 통 · 폐합하고 구성원도 위원회의 기능, 성격 등을 감안해 수시 교체함으로써 주민 참여의 폭을 확대해 나가야 한다.

(2) 행태적 측면

① 공무원의 인식 전환

지역주민의 참여를 활성화하고 유도하기 위해서는 공무원의 인식 전환이 선행되어야 한다. 단순히 주민 참여가 규범적 당위성 외에도 지방행정의 질을 높이고 문제해결 능력을 향상시킬 수 있는 유용한 제도라는 것을 인식해야 한다.

② 시민 의식의 강화

주민 의식이 계발되어 참여 지향적 시민상이 정립되어야 한다. 아무리 주민 참여가 제도적으로 보장되더라도 지역주민의 의식 수준이 이를 활용할 단계에 이르지 못하면 참여를 통한 지방자치의 발전은 기대할 수 없다.

(3) 환경적 측면

① 분권화의 촉진

분권화는 중앙정부와 지방자치단체 간의 관계를 지배·복종의 관계에서 병립적 협력 관계를 유지할 수 있는 방향으로 이루어져야 한다. 또 기능의 이양은 그에 상응하는 권한 이양이 수반되어야 한다. 권한위임의 방법에서도 형식적 분권에서 탈피, 자치적 분권에 입각해 실질적 권한·책임·재원을 위임해 자치행정의 주도권을 담당할 수 있도록 해야 한다.

② NGO의 활성화 및 지원

NGO(non-governmental organization)의 활성화와 더불어 이들에 대한 주민 의식의 변화 및 지방정부의 인식이 긍정적으로 변화되어야 한다. 이를 전제로 시민단체에 대한 정부의 직·간접 지원을 강화하고 이를 위해 가칭 '시민단체 지원에 관한 조례'를 제정할 필요가 있다.

CHAPTER

12 공공갈등과 관리 시스템

제 1 절 공공갈등의 의의

1. 공공갈등의 정의

갈등이란 범주는 매우 다양하며 광범위하다. 일반적으로는 개인적인 갈등을 기반으로 조직갈등까지 포함되며 대부분 심리적 차원에서 갈등관리를 다루고 있다. 개인이나 조직갈등은 이해당사자가와 이해관심사가 대부분 명확하거나 예측할 수 있는 범위에서 움직이기 때문에 어느 정도 심리적 해결 기제의 사용이 처음부터 가능하다. 하지만 조직 단위 이상의 광범위한 집단이 모여 갈등이 발생될 경우 갈등관리를 위한 이해당사자 및 이해관심사의 예측이 어려워진다. 일반적으로 이러한 경우를 공공갈등이라고 부른다.

공공갈등에 대한 정의는 다음과 같다. 공적 분야가 아닌 사적 분야에서 사인(私人) 사이에 발생하는 갈등을 사적 갈등이라 한다면, 사적 갈등과 대비되는 개념으로서 공공갈등은 정부의 정책이나 사업의 수립 및 집행과정에서 공중의 이해관계의 쟁점을 둘러싸고 민(民)과 관(官) 사이에 발생하는 갈등이라 할 수 있다(천대윤, 2011). 또는 공공갈등은 일반적으로 공공정책과 같이 공중에게 광범위하게 영향을 미치는 쟁점을 둘러싼 갈등이라 정의하기도 한다(강영진, 2000). 갈등 당사자를 중심으로 정의해 보면 공공갈등을 "국가와 지방자치단체, 정부투자기관 등이 당사자인 갈등으로서 국민의 권리와 의무에 영향을 미치는 정책, 법령, 사업의 추진 과정에서 공공기관과 국민 또는 공공기관 상호간의 이해관계의 충돌로 발생하는 갈등과 분쟁"으로 정의하기도 한다(신창현, 2005). 한편에서는 좀 더 구체적으로 양적인 측면에서 공공갈등의 정의를 다루고 있다. 단국대학교 분쟁해결연구센터에서는 ① 자유로운 공공장소에서 100명 이상이 모여 집회 및 시위를 한 경우, ② 연인원 500명 이상이 집회 및 시위를 한 경우, ③ 시위 및 집회가 일주일 이상 지속된 경우 이상 세 가지가 모두 충족되면 공공갈등으로 다루고 있다.

이처럼 공공갈등을 학자들마다 다양하게 정의하고 있지만, 공공갈등의 요소 중 어떠한 요소를 중심으로 바라보느냐에 따라 공공갈등 정의에 차이가 있을 뿐 대부분 정의하는 맥락은 유사하게 나타나고 있다. 종합적으로 살펴보면 대부분의 공통적인 측면은 공중이라는 대상과 정부 또는 정책이라는 범위가 포함된다고 볼 수 있다.

최근에는 공공갈등의 정의가 좀 더 광범위하고 모호해지고 있다. 정보의 공유가 쉬워지고 빠르게 확산되면서 개인갈등이나 조직갈등의 성격을 가진 사건 사고가 이슈화되거나, 개인의 다양한 삶이 공유되고 직접 경험하지 않은 제3자로 인식되는 대상이 간접적인 경험을 통해 공감하면서 공공갈등의 범위가 확대되고 있는 실정이다.

이러한 점은 정부의 역할 과정에서 직·간접적으로 영향을 주었던 다양한 환경요소가 과거에는 인식되지 못했지만 인터넷을 통한 다양한 정보와 빅데이터 등이 공유되면서 집단지성이라는 의견이 2차적으로 가공되어 공유되는 발견적인 측면도 큰 영향을 주고 있다.

2. 공공갈등의 특성

공공갈등의 일반적인 갈등의 범주에 포함되는 요소로서 다른 개인갈등이나 조직갈등과 일부 심리적인 부분을 제외하고는 다른 특성을 보인다.

가장 특징적인 부분은 광범위한 이해관계자와 이해관심사가 발생하기 때문에 양적인 차원에서도 갈등을 바라보는 관점이나 이를 관리하기 위한 방안이 다른 갈등과는 다소 차이를 나타내고 있다. 기존의 갈등과의 유사점과 차이점을 통해 공공갈등의 특성을 파악할 수 있으며, 이를 위해서는 심리, 참여자, 시스템의 순서로 관점을 살펴볼 필요가 있다.

1) 심리적 관점

인간은 본능적 욕구를 가지고 있다. 이러한 욕구는 선천적 욕구와 후천적 욕구로 구분할 수 있다. 선천적인 욕구는 체내·외에서 발생하는 생리적 욕구로서 호흡, 체온의 안정, 배설 등은 체내 욕구에 포함된다. 또한 안락함, 따뜻함, 유쾌한 자극 등은 체외 욕구에 포함된다(임영제 외, 2016).

이러한 욕구가 훼손되거나 만족하지 못할시 갈등은 발생하며, 공공갈등도 이러한 욕구가 영향을 준다고 볼 수 있다. 예를 들어 공공갈등 과정에서 이해관계자 간의 대화가 지속될 때 이상의 기본적인 욕구들이 안정적으로 유지될 때와 그렇지 않을 때에는 큰 차이가 나타날 수 있다.

후천적인 욕구는 감정적 반응 욕구, 사회적 인정을 요구하는 욕구, 새로운 경험의 욕구, 안정의 욕구 등이 포함된다(임영제 외, 2016).

공공갈등에서는 후천적인 욕구를 기반으로 갈등이 발생한다. 선천적인 욕구도 갈등에 영향을 주기는 하지만 갈등 과정에 영향을 주는 요인으로 작용하거나 갈등의 근본적인 욕구라 해도 겉으로 드러나기보다는 복합적으로 축적되어 후천적인 욕구로 표면화된다.

무엇보다 내면화되어 있는 욕구와 표면화되어 있는 욕구가 참여자마다 상이하거나 수위가 다르기 때문에 일률적으로 심리적 기제를 활용해 갈등을 관리하기가 쉽지 않다.

2) 참여자 관점

공공갈등은 일반적으로 국가 및 공공성을 가진 집단에서 추진하는 정책이나 사업에 관련해 발생한다. 정책이란 바람직한 사회를 이룩하려는 정책 목표와 이를 달성하기 위해 필요한 정책 수단에 대해 권위 있는 정부기관이 공식적으로 결정할 기본 방침이다(정정길, 2013). 이처럼 다수의 공익을 목적으로 하기 때문에 광범위한 사람들에게 영향을 주며, 이러한 정책적 특성으로 공공갈등은 정책의 영향범위 만큼 이해당사자가 광범위하다. 정책의 성격에 따라 이해당사자가 전 국민을 대상으로 나타날 수 있다. 이러한 점에서 이해당사자를 찾아내기도 어려우며 명확하게 범위를 설정하기에도 모호하다. 상대적으로 개인갈등은 부부갈등, 교우갈등, 이웃갈등 등 이해당사자 간의 관계와 범위가 명확해서 이를 해결하기 위한 심리적 기제를 대상의 성격에 따라 결정할 수 있다. 조직갈등도 개인갈등보다 다양한 이해관계를 가지고 있지만, 조직 범위 내에서 발생하는 갈등으로 이해관계자의 범위가 충분하게 관리가 가능하다. 하지만 공공갈등은 정확한 이해당사자의 파악이 어려우며 무엇보다 다양한 이해관계자의 이해관심사가 복합되어 있어 이해당사자의 정확한 욕구를 파악하기도 쉽지 않다.

3) 시스템 관점

갈등이 해결되었다는 주요 관점은 이해당사자의 욕구 여부를 기준으로 살펴볼 수 있다. 개인갈등의 경우 부부갈등이 발생했으면 부부 상호간의 이해관심사에 대해 욕구를 충족했고, 만족했는가를 기준으로 갈등이 해결되었다고 할 수 있다. 조직갈등도 대립하는 이해당사자가 상호 충족된 욕구에 대해 만족했는가를 기준으로 갈등이 해결되었다고 판단할 수 있다.

갈등 해결의 기준은 다양한 기술이나 기법의 과정을 거쳐야 하지만 궁극적으로는 욕구의 충족을 주요 기준으로 볼 수 있다(대통령지속가능발전위원회, 2005). 한편으로는 효율적인 갈등관리를 통한 갈등 해결도 중요하게 작용한다. 대표적으로 갈등이 장기적으로 나타날 경우 갈등이 해결되었어도 막대한 시간과 비용이 발생하면 긍정적으로 평가하기가 어렵다(김강민, 2011). 결국 갈등을 해결하기 위해서는 빠른 시간에 욕구 충족이라는 다양한 심리적 기제를 활용해 심리적 만족감을 기준으로 갈등을 관리하고 해결한다.

하지만 공공갈등의 경우 광범위한 이해당사자의 파악이 어려울 뿐 아니라 이해당사자마다 가지고 있는 상이한 이해관심사를 파악하기에는 더욱 어려운 점이 많다. 무엇보다 이러한 이해관계자의 이해관심사가 상호 영향을 주거나 정확하지 않은 정보로 인해 이해관심사가 수시로 변화기도 한다. 공공갈등은 이러한 양상에서 갈등을 관리해야 할 뿐 아니라 빠른 시간에 심리적 기제를 다양한 이해관계자에게 적용해야 한다.

이처럼 복잡한 공공갈등은 심리적 기제 활용만을 통해서는 갈등관리 어려우며, 심리적 기제를 빠른 시간에 다양한 이해관계자에게 적용할 수 있도록 시스템을 마련해야 한다. 시스템은 법・제도적인 측면뿐 아니라 절차, 매뉴얼 등 체계적으로 구조화되어 있는 요소를 포함할 수 있다.

결국 공공갈등은 개인 및 조직 갈등처럼 심리적 기제만으로 활용하는 것이 아니라 심리적 기제와 시스템을 동시에 활용해야 갈등을 효율적으로 관리할 수 있다.

제 2 절 공공갈등 구조

1. 구조적 현황

공공갈등의 구조적 분석은 다양한 기준으로 적용해 제시될 수 있다. 여기에서는 구조적 기준을 공공갈등의 유형, 공공갈등의 종류, 공공갈등의 성격으로 구분해서 공공갈등의 구조적 기준을 제시했다.

1) 공공갈등의 유형

우리나라의 공공갈등은 환경갈등, 이념갈등, 노동갈등, 지역갈등, 계층갈등, 교육갈등으로 여섯 가지로 구분해서 유형화할 수 있다(단국대학교 분쟁해결연구센터, 2018).

환경갈등은 생태학적 맥락에서 인간・환경의 관리에 관한 정치와 행정 및 정책과정을 기반으로 발생하는 갈등으로 포괄적인 범위로 인식할 수 있다(김번웅 외, 1999). 기본적으로는 자연환경에 대한 보존과 드시 성장을 위한 개발이라는 두 가지 맥락이 충돌하면서 발생하는 갈등으로서 자연보존이라는 가치적인 측면도 적지 않게 내포하고 있다. 최근에는 환경의 정의가 도시시설과 같은 인공적인 요소도 포함되고 있어 환경갈등의 범위가 확대될 수 있다. 환경갈등은 우리나라 공공갈등의 약 13%를 차지하는 것으로 나타났다. 비교적 낮은 수준이지만 점차 증가하는 것으로 나타났다(김강민 외, 2018).

이념갈등은 1990년대 초중반까지 발생했지만 이후 발생하지 않다가 최근에 다시 증가하고 있다(단국대학교 분쟁해결연구센터, 2018). 이념이란 사전적 의미로 “한 사회나 개인의 생각을 지배하는 기본 사상” 또는 “이상적인 것으로 여겨지는 생각이나 견해” 등으로 정의할 수 있다(선종근, 2011).

이러한 이념은 “바람직한 행동의 기준을 추구하는 가치 정향적 개념”이라는 공통점을 가지며, 일반적으로 국가나 사회에서 이념이란 그 구성원이 가지고 있는 사회·정치적 환경에 대한 일련의 신념의 통합으로서, 한 국가나 사회가 어떻게 조직화되고 있으며, 어떤 목표를 가지고 있고, 어떤 기구나 방법으로 효과적으로 목표를 달성하는가에 관한 이해를 돕는 것으로 파악될 수 있다(허중경 외, 2007).

이념갈등은 1990년대 초반까지 발생했지만 이후 경제적인 측면에 관심이 높아지면서 발생률이 점차 낮아졌다. 하지만 최근에 일반 공공갈등이 정치 이념화로 전환되면서 이념갈등화로 전이되는 경향이 빈번하게 발생하고 있다(국민대통합위원회, 2014). 또한 정치화 또는 이념갈등으로 전환될 경우 사회경제적 비용이 크게 증가하는 것으로 조사되었다(국민대통합위원회, 2014).

노동갈등은 일반적으로 민-민갈등으로 공공갈등으로 인식될 수 없지만 정부가 개입한 노동갈등의 경우는 공공갈등으로 인식할 수 있다(김강민 외, 2018). 노동갈등은 비교적 이해관계가 명확해 갈등 지속기간이 길지 않은 것으로 나타났다(단국대학교 분쟁해결연구센터, 2018).

지역갈등은 중앙정부 대 중앙정부 갈등, 지방정부 대 지방정부 갈등, 중앙정부 대 지방정부 갈등으로 구분할 수 있다. 정부간 갈등은 대부분 권한에 대한 갈등이 발생한다. 하지만 지방자치제가 실시되면서 중앙-지방정부 간 정책이나 사업의 대립으로 갈등이 발생하기도 하며, 최근 지역경쟁력 강화를 위한 지방정부의 노력이 높아지면서 선호시설 및 비선호시설, 지역축제, 명칭 등 지역경쟁력에 영향을 미치는 요인으로 인한 갈등이 높아지고 있다.

계층갈등도 지역갈등만큼 우리나라에 빈번하게 발생하는 갈등이다. 무엇보다 계층갈등은 재개발사업 등 지역개발사업 과정에서 갈등이 높게 발생하고 있다. 최근에는 고령화사회가 빠르게 진행되면서 세대간 갈등이 빈번하게 발생하고 있어 계층갈등이 증가하는 데 영향을 주고 있다.

교육갈등은 종류별로 다양하게 발생하지 않지단 이해관계자의 관심과 참여가 높은 갈등이다. 대부분 정부가 추진하는 교육정책으로 인해 발생하는 갈등이며, 일부는 교과서 문제, 전교조 등 가치적인 성향이 나타나기도 한다.

2) 공공갈등의 성격

공공갈등의 종류는 이익 대 이익갈등, 이익 대 가치갈등, 가치 대 가치갈등으로 구분할 수 있다. 이익은 기본적으로 경제적 측면을 중심으로 갈등이 발생한 이해관계이며, 가치는 전통적, 도덕적, 이념적 등을 중심으로 제시한 이해관계를 지칭하고 있다.

이익 대 가치갈등이나 가치 대 가치갈등의 경우 갈등 초기 당사자들은 가치적인 측면에서 접근하지만 갈등 과정에서 본연의 이해관계가 드러날 경우 이익갈등으로 전환되는 경우가 있으며, 이러한 사항을 고려하면 이익 대 이익갈등은 좀 더 높은 비중을 차지할 것으로 예측된다(김강민 외, 2018).

3) 공공갈등의 종류

공공갈등의 종류는 민과 관을 중심으로 조사했다. 민은 주민, 시민, 국민이며, 관은 중앙정부, 지방정부, 공공기관 등을 지칭한다. 관-관 갈등은 정부간 갈등으로 중앙정부와 중앙정부 간의 갈등, 지방정부와 지방정부 간의 갈등, 중앙정부와 지방정부 간의 갈등으로 구분할 수 있다.

정부간의 갈등은 빈번하게 발생하지 않으며 대부분 권한 갈등이 높기 때문에 규정이나 위원회의 역할에 의존해 갈등을 관리한다. 최근 갈등 양상이 점차 증가하고 있는 갈등은 지방정부 대 지방정부 간의 갈등으로 볼 수 있다. 지방자치제가 실시됨으로써 지방정부의 권한과 역할이 높아지면서 이에 따라 지방정부 간의 경쟁과 견제 과정에서 갈등이 발생하고 있다. 가장 빈번하게 발생하는 것이 비선호시설로 인한 갈등으로 화장장, 처리장, 발전시설(송전탑, 변전소, 발전소 등) 등이 이에 포함된다. 최근에는 과거에는 비선호시설로 인식되지 않았던 군사시설, 병원시설, 학교시설 등도 지역환경에 따라 또는 역사적 상황에 따라 비선호시설로 전환되어 인식되고 있다. 이러한 비선호시설의 경우 인접 자치단체 주변에 건설될 경우 지방정부 간 갈등이 빈번하게 발생한다.

비선호시설뿐 아니라 선호시설로도 갈등이 발생하고 있다. 지역경쟁력 강화를 위해 주민이 원하는 시설을 제한된 자원 안에서 유치하기 위해 정부간 경쟁 과정에서 갈등이 발생한다. 또한 유형의 시설로도 발생하지만 축제, 명칭, 이미지 등 무형의 요소로도 지역경쟁력에 긍정적으로 인식되면 갈등이 발생하기도 한다.

민민갈등의 대부분 비율은 노동갈등이다. 이 밖에는 공공정책에 대한 찬성과 반대의 주민들이 이해관계의 대립으로 발생하는 갈등으로 정부와 이해관계가 대립되어 갈등이 발생해 종결된 후 시간이 흘러 이에 대한 변화를 요구하는 주민들이 나타나면서 갈등이 발생한다.

관민갈등은 가장 빈번하게 발생하는 갈등으로 공공갈등에서 가장 신중하게 접근해야 할 대상이다. 관민갈등은 중앙정부 대 민간갈등, 지방정부 대 민간갈등으로 구분할 수 있다. 과거 지방자치제 실시 이전에는 모든 권한이 중앙정부에 있었기 때문에 중앙정부와 민간 간의 갈등이 높았으나, 지방자치제 실시 이후부터 지방정부의 권한과 역할이 높아지면서 지방정부 대 민간 간의 갈등이 높아지고 있다. 또한 중앙정부의 정책은 대부분 방대해서 특정 주민이 자신들의 이해관심사에 대한 영향력을 인식하기 어려운 반면 지방정부의 정책의 경우 해당 정책의 영향력이 자기 주변 이해관심사에 쉽게 인식되기 때문에 갈등이 자주 발생하기도 한다.

가장 높은 비율을 차지하는 관민갈등을 다시 정책주도 주체로 구분해서 조사했다. 관 주도의 경우 정부가 주도해 추진한 정책으로 갈등이 발생한 경우로서 대부분의 갈등이 이에 포함된다. 민주도는 민간이 주도로 한 정책에서 갈등이 발생한 경우로서 관 주도에 비해 높지 않지만 주민들의 이해관계가 높아지고 정보의 공유가 확대되면서 점차 증가하고 있다.

정부가 주도로 한 정책에서 갈등의 발생이 높기 때문에 정부의 정책 추진 과정이 일방적이거나 잘못된 과정이라고만 평가할 수 있다. 하지만 갈등이 발생하는 정책의 경우 대부분 미래 지향적인 관점에서 추진하는 정책으로 미래의 불확실성, 변화의 두려움, 정책 효과의 불신 등으로 인해 갈등이 발생한다. 이러한 미래의 문제를 사전에 대응하고자 하는 노력은 대부분 정부가 주도하는 경우가 많기 때문에 관 주도 비율이 높다는 점도 관 주도 비율에 고려해야 할 부분이다(김강민 외, 2018).

민 주도정책은 주민이 현재 또는 미래의 문제를 해결하기 위해 정부에 요청하는 과정에서 정부와 대립되는 갈등이다. 대부분 미래 지향적인 관점보다는 당장 현 시점에서 문제점을 인식하거나 불편할 경우 이를 해결하기 위한 정책을 요구하거나 변화를 요구하는 과정에서 갈등이 발생한다.

2. 공공갈등 종결 유형

공공갈등이 끝나는 경우 종결되었다고 표현한다. 하지만 공공갈등의 해결과는 해석의 차이를 두고 있다. 공공갈등의 종결은 해결보다 광범위한 의미로서 해결을 포함하고 있다(단국대학교 분쟁해결연구센터, 2018). 공공갈등의 해결은 당사자 간 서로 합의를 통해 만족할 만한 결과를 얻는 것(대통령지속가능발전위원회, 2005)으로 종결과는 구분해야 한다. 종결은 해결을 포함해 일방적 종결, 자연적 종결, 철회적 종결, 대안적 종결로 구분된다.

1) 일방적 종결

일방적 종결은 행정집행, 법원 판결, 진압, 입법이 이에 포함된다. 행정집행의 경우 모든 종결을 포함해 가장 높은 비율을 차지한다. 더불어 다른 일방적 종결까지 포함하면 공공갈등의 상당수가 일방적으로 종결된 것으로 판단할 수 있다.

2) 자연적 종결

자연적 종결은 소멸로서 행정집행과 협상 다음으로 높은 비율을 차지한다. 하지만 협상 비율이 높은 것은 노동갈등의 영향으로 이를 제외하면 협상으로 종결된 갈등은 소멸보다 낮다고 볼 수 있다(단국대학교 분쟁해결연구센터, 2018) 결국 행정집행 다음으로 소멸이 높은 비율을 차지한다. 소멸은 갈등이 발생한 후 장기간 진행되다가 관심이 낮아지면서 자연적으로 종결되는 것으로 갈등을 그대로 방치하다가 장기간 시간 및 예산만 소모한 이후 모든 이해관계자의 이익도 없이 없어지는 것이다. 갈등관리의 최악의 경우로 평가하기도 한다.

3) 순응적 종결

순응적 종결은 자진 철회로서 대립하는 이해당자자 중 하나가 입장을 철회하는 것을 말한다. 예를 들어 정부와 주민 간의 갈등이 발생할 경우 정부가 추진하는 정책을 취소하는 경우 정부의 철회라고 할 수 있으며, 주민들이 정책을 받아들일 경우 주민의 철회라고 할 수 있다. 민간이 주도한 정책의 경우 반대로 볼 수 있다. 철회로 종결된 경우에는 정책 결과의 양면성을 가지고 있다. 공익을 추구하는 정책이 추진될 경우 정부가 철회를 결정하느냐 또는 주민이 정책을 철회하느냐에 따라 사회에 긍정적 또는 부정적 영향을 줄 수 있다. 반대로 공익을 추구하지 못하고 미래의 문제를 대응하지 못하는 정책이 추진될 경우도 정부 또는 주민이 철회하느냐에 따라 마찬가지로 긍정 또는 부정의 효과를 가져올 수 있다.

4) 대안적 종결

(1) 공공협상

갈등을 해결했다고 평가할 수 있는 가능성이 높은 종결 형태는 협상, 조정, 중재라고 할 수 있다. 협상은 기본적으로 당신에게 무엇인가를 원하는 상대로부터 당신에 대한 호의 그리고 원하는 무언가를 얻어내는 일이다. 그것이 명성이든, 자유이든 아니면 돈이나 정의 또는 사랑 · 사회적 지위 · 신체적 안전 등 무엇이든 간에 우리가 누리고자 하는 온갖 것을 협상을 통해 얻어낼 수 있다(강문희, 2009). 하지만 협상은 다양한 시각으로 활용되고 있다. 앞서 정의한 협상은 소극적 협상으로 비즈니스 협상 또는 이기기 위한 협상으로 해석할 수 있다. 기업경영이나 국가 간 관계 등에서 활용할 수 있고 우리가 일반적으로 인식하고 있는 정의이다.

공공갈등을 대상으로 한 협상은 좀 더 광범위한 개념으로 적극적 형태의 협상으로 접근해야 한다. 이러한 개념의 협상을 윈윈(win-win) 협상이라 하며, 공동 결정 행위를 통해 자신의 이해관계를 증진하려는 행위로 정의할 수 있다(Sebenius, 1993; 대통령지속가능발전위원회, 2005). 우리나라의 협상의 비율은 높지만 대부분 노동갈등이며, 노동갈등을 제외하면 협상을 통해 공공갈등이 해결되는 비율은 그렇게 높지 않다(단국대학교 분쟁해결연구센터, 2018).

(2) 조정

조정은 당사자 간의 협상이 실패하고 의사소통의 끈이 끊어질 때 중립적인 제3자가 의사소통을 도와 당사자 간 협상 과정에 관여하는 과정이다. 보통 조정은 제3자가 자청하기도 하고 양측 당사자의 요구로 이루어지기도 하고, 사회에 따라 법제도 등에 의해 조정자의 개입이 강제되기도 한다. 중요한 것은 조정자의 개입이 당사자에게 인정되어야 한다(대통령지속가능발전위원회, 2005).

조정은 과정이나 결과가 강제적인 측면이 약하기 때문에 당사자 간의 합의 과정이나 규칙을 자유롭게 설정할 수 있고 조직적이지 않은 집단이나 분산되어 있는 이해관계자를 대상으로 활용할 수 있으며, 당사자의 결정으로 합의되기 때문에 갈등 재발 확률이 낮다. 이러한 특성으로 조정은 갈등당사자에 주민이 포함되었을 경우 활용된다.

(3) 중재

중재는 조정과 같이 제3자가 개입해서 당사자 간의 갈등 해결을 돕는 과정인데, 조정이 문제 해결의 제안이나 결정권이 당사자에게 있다면 중재 과정에서는 중재자가 갈등 당사자 각각의 이야기를 들어 보고 해결책이 무엇인지를 결정한다는 차이가 있다. 이 역시 갈등 당사자의 합의된 인정과 요청에 따라 과정이 시작된다(대통령지속가능발전위원회, 2005).

중재는 법·제도적인 결정 과정에서 모호할 때 사용되기도 하며, 조직성이 높은 당사자 간의 갈등에 주로 활용된다. 반강제적 속성을 포함가기 때문에 당사자가 결과에 불복하고 갈등이 지속되거나 재발될 수도 있다.

제 3 절 공공갈등관리 구조

1. 공공갈등관리 시스템

우리나라에 공공갈등관리 시스템이 도입된 시점은 「공공기관의 갈등 예방과 해결에 관한 규정」이 대통령령으로 제정된 2007년 2월부터이다. 물론 과거부터 공공갈등관리에 대한 노력이 없던 것은 아니었지만 공식적으로 규정되어 운영된 것은 해당 시기부터이다. 하지만 대통령령과 내용적 한계가 있다는 현실적 과제를 안고 있다.

우리 사회가 공공갈등으로 인한 사회적 비용이 너무 많이 지불되고 있다는 문제의식, 구체적으로 정부의 갈등관리 능력이 부재했다는 문제 의식에 기초해 2006년에 가칭 '갈등관리기본법' 제정을 위해 입법예고된 적이 있었으나 무산된 이후 지금도 이 법의 제정이 필요하다는 견해가 지배적이다(심준섭, 2012; 김강민 외, 2018).

향후 계획 여부는 지속적으로 연구해야 할 부분이지만 현 시점에서 법·제도적으로 의존하고 활용할 수 있는 공공 부문의 갈등관리는 「공공기관의 갈등 예방과 해결에 관한 규정」뿐이라는 점은 현실적인 부분이다.

이 규정은 갈등 예방과 해결을 원칙으로 하고 있으며, 중앙정부를 주요 적용 대상으로 한다. 이 밖에 지방정부 및 공공기관은 권고 수준에 머물러 있다.

전체적으로 갈등 예방적 시스템을 위한 갈등영향 분석의 운영과 갈등 해결을 위한 갈등조정협의체의 운영을 제시하고 있다. 또한 갈등 예방 및 해결에 대한 판단과 갈등관리의 적용과 운영 여부를 판단하고 그 결과에 대해 심의하는 갈등관리심의위원회를 운영하도록 되어 있다(법제처, 2018).

그림 12-1 공공갈등의 단계별 관리 시스템 적용

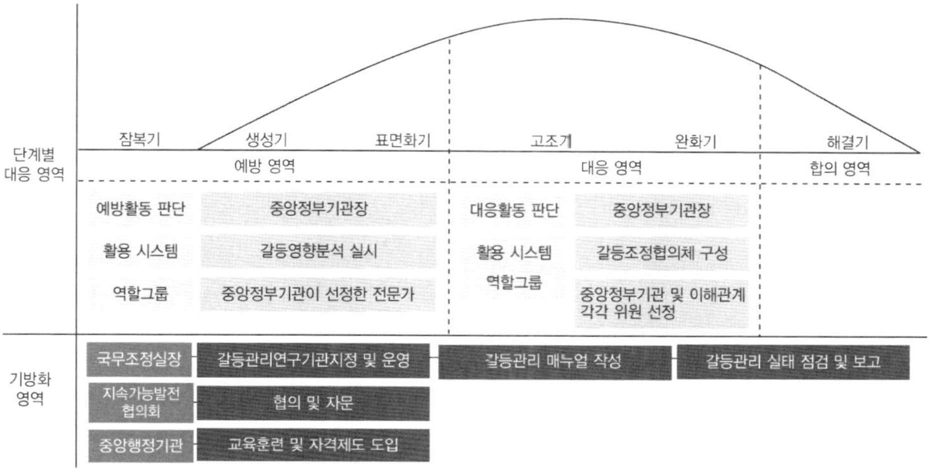

자료: 김강민 외(2018).

[그림 12-1]은 공공갈등의 단계별 갈등관리 시스템의 적용가능성을 탐색한 것이다. 공공갈등의 단계는 다양하게 기준을 제시할 수 있지만 ① 잠복기, ② 생성기, ③ 표면화기, ④ 고조기, ⑤ 완화기, ⑥ 해결기 등 총 여섯 가지로 구분할 수 있다. 또한 단계에 상관없이 기본적으로 적용되어야 할 기반화 영역으로는 갈등관리 시스템 안정화, 매뉴얼, 갈등관리 실태 점검 및 보고, 자문, 전문가 양성 등이 포함된다. 단계별 대응 영역은 크게 두 영역으로 나뉘어 예방 영역, 해결 영역으로 구분할 수 있다. 예방 영역은 잠복기부터 표면화기이며, 해결 영역은 고조기, 완화기, 해결기로 구분된다.

1) 잠복기

잠복기는 갈등이 내면적으로는 예상되지만 표면적으로 확인되지 않거나 갈등이 아직 내・외면적으로 발생하지 않았지만 갈등이 예상되는 경우를 잠복기로 볼 수 있다. 잠복기에는 예방적인 활동을 중심으로 시스템이 활용되며, 갈등이 이후 발생한다 해도 예방적 활동 과정에서 실시한 자료를 활용해 갈등을 완화할 수 있다.

2) 생성기

생성기는 공공갈등이 점차 가시화되는 단계로 아직 표면적으로 확연하게 드러나지 않았지만, 부분적으로 갈등 양상이 쟁점화되거나 구체화되는 단계를 말한다. 생성기에 갈등관리를 성공적으로 추진할 경우 갈등 예방적 차원의 노력으로도 평가할 수 있다.

3) 표면화기

표면화기는 공공갈등이 확연하게 확인되는 단계로 공공갈등의 실질적인 시작 시점으로 볼 수 있다. 표면화기에는 이해관계자가 조직화되어 자신들의 이해관심사를 외부로 표출하며, 처음으로 물리적인 행위를 통해 자신들의 의사를 표현하는 단계이다. 이 시기에는 갈등 예방적 활동 또는 갈등 해결적 차원의 노력으로 평가할 수 있다.

4) 고조기

고조기는 공공갈등 양상이 가장 심화된 단계로 물리적 충돌이나 이와 유사한 상호간의 충돌이 가장 심각하게 발생하는 단계이다. 그뿐만 아니라 고조기의 강도는 물리적 충돌 이외에 이해관계자의 참여 수준, 발언 수준, 상호 비방 수위 등 다양한 관점에서 살펴볼 수 있다.

5) 완화기

완화기는 공공갈등이 점차 낮아지는 단계이다. 공공갈등이 낮아지는 이유는 크게 두 가지로 구분된다. 첫째, 공공갈등관리가 효과적으로 적용되어 갈등을 점차 해결하는 단계이며, 둘째, 고조기 이후 자연스럽게 갈등이 낮아지는 단계로 설명할 수 있다. 다만 후자의 경우 갈등이 다시 재발되거나 고조되어 갈등이 지속될 확률이 비교적 높다.

6) 해결기

해결기는 공공갈등의 관리가 효과적으로 적용되어 모든 이해관계자의 욕구가 충족되어 만족할 경우 해결된 단계로 인식할 수 있다. 하지만 해결기에도 절차상의 문제나 새로운 문제로 이해갈등이 다시 고조될 수 있다.

2. 갈등영향분석

갈등영향분석은「공공기관의 갈등 예방과 해결에 관한 규정」에 따라 갈등 예방적 차원에서 시행하고 있다.

갈등영향분석을 실시하기 위해서는 해당 규정 제10조에 따라 중앙행정기관의 장은 공공정책을 수립 · 시행 · 변경함에 있어서 국민생활에 중대하고 광범위한 영향을 주거나 국민의 이해 상충으로 인해 과도한 사회적 비용이 발생할 우려가 있다고 판단되는 경우에는 해당 공공정책을 결정하기 전에 갈등영향분석을 실시할 수 있다. 갈등영향분석에 포함되는 사항은 다음과 같다.

- 공공정책의 개요 및 기대 효과
- 이해관계인의 확인 및 의견조사 내용
- 관련 단체 및 전문가의 의견
- 갈등 유발 요인 및 예상되는 주요 쟁점
- 갈등으로 인한 사회적 영향
- 갈등의 예방 · 해결을 위한 구체적인 계획
- 그 밖에 갈등의 예방 · 해결을 위해 필요한 사항

갈등영향분석을 통해서만 갈등 예방적 활동을 할 수 있는 것이 아니라 중앙행정기관의 장이「환경영향평가법」제9조 및 제27조에 따른 전략환경영향평가 및 환경영향평가 또는「도시교통정비 촉진법」에 따른 교통영향평가 등을 실시하면서 이 영이 정한 갈등영향분석 기법을 활용한 경우에는 갈등영향분석을 실시한 것으로 본다.

3. 갈등조정협의체

갈등조정협의체의 구체적 내용은 「공공기관의 갈등 예방과 해결에 관한 규정」 제4장 16조~23조에 기술되어 있다. 해당 내용을 중심으로 살펴보면 다음과 같다.

갈등조정협의체는 갈등 해결을 위해 필요하다고 판단되는 경우에는 각 사안별로 갈등조정협의회(이하 "협의회"라 한다)를 구성해서 운영할 수 있다. 협의회 의장은 당해 사안과 직접 관련이 없는 자 중 당사자 간의 합의에 의해 선정한다. 또한 조정협의회 의장은 중립성과 공정성을 바탕으로 당사자 간의 갈등이 해소될 수 있도록 지원 · 촉진하는 역할을 수행하며, 당사자 간 결정을 중심으로 한다. 갈등조정협의회의 기본 규칙은 다음과 같다.

- 협의회의 목적
- 당사자의 범위
- 협의회 의장의 선정
- 진행 일정
- 협의의 절차
- 협의 결과문의 작성
- 협의회 운영 과정에서 발생하는 비용 분담에 관한 사항
- 그 밖에 협의회 운영에 필요하다고 당사자가 합의한 사항

이상의 기본 규칙을 근간으로 제시된 결과문의 내용은 법령 등에 위배되거나 중대한 공익을 침해하지 않는 것을 원칙으로 하고 있으며, 협의 절차는 비공개를 원칙으로 하되 당사자가 모두 합의한 경우에는 공개할 수 있다.

중앙행정기관의 장과 관계 공무원은 협의회 과정에서 알게 된 비밀을 타인에게 누설하거나 직무상 목적 외에 이를 사용해서는 안 된다는 정보 공개 측면에서도 내용을 다루고 있다.

4. 협상과 조정

공공갈등에서 갈등을 해결하는 방법은 정해져 있거나 가장 좋은 방안으로 정형화되어 있는 경우는 없다. 공공갈등의 성격상 이해관계자와 이해관심사가 많고 영향을 주는 환경 요인이 다양하기 때문에 어떠한 시점과 관점에서 갈등이 해결되었는가를 정확하게 예측할 수 없기 때문이다. 개인심리나 조직심리처럼 핵심적인 심리적 해결기제 방안을 사용해서 갈등을 해결하기보다는 상대적으로 오랜 시간 동안 다양한 갈등관리 방안을 적용하거나 사전조사를 통해 적절한 갈등관리 방안을 조사분석해 상황에 맞는 갈등관리 방식을 적용한다.

이처럼 다양한 방식의 공공갈등관리가 적용되지간 협상과 조정은 모든 공공갈등관리 방식에 주로 사용되거나 관리 과정 중에 포함되어 사용된다. 협상의 경우 갈등영향분석의 실시 여부부터 인터뷰 과정까지 모든 이해관계자가 올바른 소통을 위해 기본적으로 지켜야 할 사항을 정리하는 과정에서 사용되며, 모든 이해관계 및 우려사항에 대한 정리 이후 우선순위를 선정하는 과정에서도 사용된다. 그뿐만 아니라 조정협의체에서도 기본적으로 사용되는 것이 협상이다. 협상을 위한 이해관계자의 우선적인 이해관심사 중 가장 핵심적인 사항을 선별해 조정의제로 제시하는 과정에서도 협상은 필요하며, 조정 방법이나 절차 등 조정의 규칙을 적용하는 과정에서도 협상은 사용된다. 이러한 경우 조정가의 협상 활용보다는 당사자 간 협상에 대한 활용이 더욱 높다.

물론 협상과 조정 자체를 주로 사용해서 갈등을 관리하는 경우도 많다. 하지만 전술한 바와 같이 공공갈등의 성격상 한 가지의 관리 방식으로 단정지어 밝히기에는 어려운 점이 있다. 또한 유사한 정책이나 공공시설로 인한 갈등도 주변 환경에 따라 협상이 성공적으로 적용될 수 있으며, 조정이 성공적일 수도 있거나 이외의 요소가 성공적일 수 있다.

이러한 이유로 협상과 조정 활용의 적절한 방향을 제시하기에는 쉽지가 않다. 중요한 점은 협상 또는 조정이 성공적으로 활용되어 갈등을 관리하기 위해서는 모든 이해관계자의 적극적인 참여와 상호간의 협조와 이해가 성립되어야 모두가 만족하는 결과를 이끌어 낼 수 있다는 것이다.

CHAPTER 13

PR과 정책 마케팅

제 1 절 PR과 행정관리

1. PR의 의의

PR이란 행정 주체(PR 주체)가 그의 정책 및 서비스에 대한 국민 전체 또는 어떤 특정한 집단(PR 객체)의 의견과 태도를 파악해 자기분석을 통한 개선책을 마련하고, 시정된 정책 및 서비스를 PR 객체에게 설득(광보)함으로써 PR 객체로부터 호의와 신뢰를 확보하는 활동 과정을 말한다.

PR의 개념을 이해하는 과정에서 한 가지 유의할 것은 PR은 조직의 대외적 커뮤니케이션의 한 유형으로서, 이것은 선전(propaganda)과는 그 방법 면에서 중요한 차이가 있다는 점이다. 양자가 다 같이 인간의 집단 의견에 영향을 미치려는 활동이란 점에서는 같지만, 선전에서는 일방적이고 선전자의 이익을 위해 공중(일반대중)의 태도와 의견에 영향을 미치려고 하며, 공중에 대해 모든 정보를 전부 제공하는 것이 아니라 선전자 자신의 견해에 호의적인 것만을 제공한다. 이에 반해 PR에서는 쌍방적인 교류를 통해 상호간에 영향을 미치고, 왜곡됨이 없는 사실상의 정보를 제공하는 것이다.

다양한 행정활동을 국민들에게 알려 이해를 구하고 이에 대한 적극적인 지지를 이끌어 내기 위해서는 행정관리자가 PR의 과정과 원칙 및 그 한계와 효율적 PR 방안을 올바로 이해하고 숙지해야 한다.

2. PR의 과정과 효과적 PR의 방안

1) PR의 과정

(1) 제1 단계: 사실의 파악

PR 활동은 우선 PR의 주체와 객체에 대한 사실과 문제의 파악으로부터 시작된다. PR 주체인 조직체의 활동이나 방침에 따라 영향을 받는 사람들의 의견, 태도, 반응 등을 조사하고 분석하며, 또한 그 조직체 자체의 문제와 사실을 발견하는 과정이다.

(2) 제2 단계: 대책의 입안

전술한 사실 파악(조사 내용)을 기초로 PR 대책을 입안하는 계단이다. PR의 방침(policies)과 목표(objectives)를 세우고, 목표를 달성하기 위한 계획을 마련하는 단계를 말한다.

(3) 제3 단계: PR 활동 방법(설득 방법)의 결정

입안된 PR계획을 공중에게 설득시키는 단계이다. PR계획을 실시하기 위해서는 먼저 PR 객체인 공중에 대한 활동 방법을 결정해야 한다.

(4) 제4 단계: 평가와 환류

PR 활동계획의 실시 결과와 사용된 방법·수단의 효과를 평가하고, 그 결과를 반영하는 단계이다. 여기서 특히 고려해야 할 점은 공중의 태도와 의견은 고정적인 것이거나 정태적인 것은 아니라는 사실이다. 오늘의 우호적인 관계가 장래에도 계속적으로 유지될 것인지는 확신할 수가 없다. PR 활동은 계속적인 분석과 조정을 필요로 한다.

2) PR의 원칙

(1) 공공 이익 합치의 원칙

PR 활동을 행하는 주체의 사회적 책임을 자각하고, 공중・여론의 배후에 있는 공공 이익의 존재를 인식하고, 거기에 합치된 행동을 취하도록 노력해야 한다.

(2) 커뮤니케이션에서 상호 교류의 원칙

민주정치에서는 민의(民意)의 소재를 파악해 그것을 행정에 반영해야 한다. 따라서 정부는 일방적으로 정보의 제공에만 관심을 기울일 것이 아니라, 그와 동시에 국민이 요망이나 의견을 널리 들음으로써 공중과의 사이에 상호 교류적인 커뮤니케이션을 실현하는 데에도 노력을 기울여야 한다.

(3) 진실성의 원칙

민주정치 체제 하에서 최종적인 판단을 행하는 것은 공중이라는 인식 위에서 사실에 기초를 둔 올바른 정보를 공중에게 제공해야 한다.

(4) 계몽성의 원칙

국민의 정치 의식이 향상되지 못하고, 또한 자기들의 정당한 권리마저 행사하지 못하는 나라에서는 PR이 국민에 대한 계몽적・교육적 역할도 수행할 수 있어야 한다.

(5) 이해도 증진의 원칙

PR이란 단순히 정보만을 일방적으로 전달하는 것이 아니라 PR 주체와 대상 간의 이해를 증진시키고 이를 바탕으로 PR 대상의 적극적 지원・지지를 이끌어 내기 위한 것이다. 그러므로 PR 주체는 PR 대상에게 얼마나 메시지를 쉽고 간결하며 명확하게 전달할 수 있겠는가를 항상 염두에 두고 PR 활동에 임해야 한다.

(6) 갈등 조정의 원칙

집단 간 분쟁이나 이해가 첨예하게 대립하는 관계에서는 조정 기능이 필수적이다.

특히 사회가 복잡해져 갈수록 이러한 분쟁이나 대립 관계는 더욱 빈번하고 격렬하게 나타날 것이다. PR을 실시하는 이유 중 하나도 정책 혹은 계획의 대상이 되는 집단 간 갈등을 줄이고 서로 간의 원만한 합의를 도출하기 위한 것이다. 따라서 PR 실무자는 상황에 대한 정확한 판단과 인식을 바탕으로 이러한 갈등 조정이 효과적으로 이루어질 수 있도록 PR을 시도해야 할 것이다(이현숙, 2004).

3) 효과적 PR의 방안

PR의 한계를 극복하고 효과적인 PR을 하기 위해서는 다음과 같은 과정을 거쳐야 한다(이현숙, 2004).

(1) 체계적 사전 분석의 실시

효율적 PR을 위해서는 우선 분석(factor finding)을 철저하고 체계적으로 해야 한다. 주어진 PR 사안에 대한 정확한 상황 판단을 위해 데이터(data)를 수집한다. 해당 조직의 방향성, 철학, 발전 단계, 활동 범위, 집행예산 규모와 인력, 운영 상황, 대외적 이미지를 분석한다. 이때 중요한 것은 다양한 관점이 반영될 수 있도록 정보의 수집이 다각도로 진행되어야 하며 전문성을 기반으로 정확한 평가가 이루어져야 한다. 이미지 분석을 위해서는 설문지조사, 브레인스토밍(brainstorming), 델파이 기법 등의 방법을 이용할 수 있을 것이다. 그리고 그 결과를 기초로 해서 조직이 처해 있는 문제점을 인식하고 주요 PR 메시지를 구성한다.

(2) PR의 신중한 기획

다음 단계는 PR의 신중한 기획이다. 이 단계에서 국민 혹은 고객에게 알리고자 하는 주요 메시지(key massage)를 구체화해야 한다. 구체적으로 목표를 설정하고 PR 대상을 구체화하며 메시지를 구성할 매체를 선별하는 것이 필요하다. 이때 중요한 것은 정확한 데이터가 중심이 되어야 한다는 것이며, 아울러 PR 대상의 특성을 정확히 파악하고 있어야 한다는 것이다. 예를 들어 PR 대상의 라이프 스타일(life style), 문화적 욕구, 인구 사회적 특성 등을 파악하고 이해할 필요가 있다. 그리고 PR을 기획하는 과정에서 이러한 사항을 반영하고, 매체의 특성에 맞게 메시지를 재구성할 수 있어야 한다.

3) 적절하며 상황적합적인 실행

PR 기획이 끝나면 이를 적절하게 실행(acting)해야 한다. PR을 실행에 옮길 때는 다양한 경험과 노하우(know-how) 및 순발력이 요구된다. 특히 상황 변화에 능동적으로 대처할 수 있어야 하므로 항상 PR의 진행 과정을 철저하게 점검해야 한다.

4) 객관적 평가의 실시

PR의 실행이 끝나면 객관적 평가(evaluation)를 실시해야 한다. 많은 경우 예산 부족 등의 이유로 이를 소홀히 하는 경우가 있는데, 실제 평가 결과는 다음의 PR 기획에서 중요한 기초 자료로 활용될 수 있으므로 평가는 반드시 필요하다. 따라서 PR의 효과가 어느 정도 나타나는지 정확하게 평가할 필요가 있으며, 이때 자의적인 해석이 되지 않도록 여러 가지 과학적 방법을 동원해야 한다. 구체적으로 여론조사, 개인 면담, 전화 인터뷰, 내용분석, 실험관찰 등의 방법을 활용할 수 있고, 경우에 따라 이들 방법을 하나의 과정에 포함시켜 진행할 필요가 있다.

제 2 절 정책 마케팅

1. 정책 마케팅의 의의

1) 정책 마케팅의 개념

마케팅은 경영학 분야에서 "이윤 추구를 위한 핵심 요인으로 소비자의 수요와 욕구에 초점"을 두고 활용되는 기법이다(Kotler, 1972, 김세훈, 2006: 60 재인용). 즉,

정책 마케팅의 가장 기본적인 개념은 공공 부문인 정책에 민간 부문이 경영에서 활용하는 마케팅 기법 도입을 전제하고 있다. 정책 마케팅은 권력적 강제보다는 상대방의 동의에 의존하는 비권력적 노력이라 지칭할 수 있다(박홍식 외, 1999). 국민의 자발적 참여와 호응, 협력을 이끌어 내는 노력으로, 법적 구속력이 아닌 시민이 행동을 간접적·심리적으로 유도하는 방법에 의존함을 뜻한다.

모크와(Mokwa, 1981)는 정책 마케팅을 정부 및 공공기관이 일반 국민을 대상으로 실시하는 "자발적인 가치의 교환에 관한 프로그램의 기획, 분석, 집행 및 통제에 관한 활동"으로 정의하며, 크럼턴과 램(Crompton & Lamb, 1986)은 정부가 일반 국민과의 관계에서 "교환을 용이하게 하고 촉진시키기 위한 일련의 활동"으로 규정하고 있다(정철현 외, 2011: 68).

이를 종합하면, 정책 마케팅은 "고객(국민)의 욕구를 충족시키고, 고객의 자발적인 가치 교환을 용이하도록 촉진시켜 정책을 성공으로 이끄는 일련의 활동"이라고 정의할 수 있다(김세훈, 2006: 60). 즉, 정책 마케팅은 마케팅 그 자체가 목적이 아니라 정책 목표의 달성을 촉진하기 위한 하나의 수단이라고 할 수 있다.

2) 공공정책 마케팅 필요성

(1) 국민의 '수요'와 '욕구'에 기초한 정책결정의 중요성 증대

시민사회의 성장과 더불어, 행정 서비스 제공 및 정부 의사결정 패러다임에 커다란 변화가 일어나고 있다. 과거 공급자 중심의 행정 서비스가 주를 이루었다면, 최근에는 현장 지향적인 거버넌스 중심의 행정 서비스 제공 및 정책 의사결정으로 전환이 이루어지고 있다. 정부 의사결정 패러다임의 변화는 '민주주의의 확대'와 '파트너십'을 강조하고 있으며(정철현·최미연, 2011: 65), 최근 우리 사회에 불어오는 '시민사회'의 변화와 직접민주주의의 열망 등은 국민 참여 수준을 한층 높이고 있다.

근래 진행된 '신고리 5,6호기 공론화위원회' 등 관련 이해관계 집단뿐만 아니라 일반 국민을 대상으로 실시되고 있는 참여형 의사결정 기법 등이 국민의 참여 요구에 부응하는 수단으로 활용되고 있다. 현대 사회의 정부 정책 과정은 "본질적으로 갈등의 가능성을 내포"하고 있으며, 이에 대한 적절한 대응은 "토론과 협의를 통해 합리적인 의사결정"이라고 할 수 있다(이인원, 2016: 67). 이렇듯, 정부 의사결정을 둘러싼 정책환경의 변화와 함께 국민 수요에 민감하게 반응해야 하는 정책 분야에서 마케팅의 필요성이 증대되고 있다.

(2) 고객(국민)의 전략적 세분화 필요

현대 사회 정책환경은 높은 불확실성(uncertainty)과 복잡성(complexity)으로 정의할 수 있다. 더 이상 정책환경은 전문적·과학적 기술에 의존한 예측이 어려우며, 동일한 '정책'에 대한 다양한 논쟁이 존재할 수 있는 특성을 가지고 있다.

예컨대 원자력 에너지는 대상을 바라보는 '가치', '이념' 등의 차이에 따라 다차원적인 관점이 존재할 수 있다. 원자력 에너지의 경제적 효율성을 논하는 주장과 원자력 에너지 위험의 불확실성, 환경적 측면에 더 주목하는 주장이 상존한다. 이러한 현대 사회의 높은 불확실성과 복잡성은 지극히 위험을 바라보는 인식에 '주관성'을 높이고 있다. 주관적 위험 인식은 정책에 대한 정확한 정보 제공뿐만 아니라, 정부와 국민 간의 끊임없는 커뮤니케이션을 통한 신뢰 형성을 통해 최소화할 수 있다(윤영민, 2007: 439).

이렇듯, 정부의 정책을 PR할 때는 소통을 통한 '신뢰'와 '믿음' 그리고 수요에 기반을 둔 '정확한 정보'를 제공할 필요성이 커지고 있다. 또한 일반 국민 및 이해관계자의 주관적 위험 인식을 정부가 바로 파악하고, 정책 목표 집단의 "인구학적, 지리적, 심리적, 행태적 특성에 따라 세분화해서 해당 정책을 위치시킨 다음, 마케팅 믹스(marketing mix)를 활용해 정책을 국민의 마음에 인식"시킬 필요가 있다(정철현 외, 2011: 70).

(3) 공공정책의 '정당성 관리' 필요성 증가

정책 목표 달성을 위한 가장 우선적인 일은 정책 대상 집단의 지지와 순응을 확보하는 것이다(강병모 외, 2008: 50). 그러나 현대 사회는 정부의 소통 부재, 부정확한 정보 제공 및 정보의 불투명성, 형식상의 주민 참여 등 다양한 요인으로 인한 정부에 대한 불신이 크다. 정부에 대한 신뢰 저하는 정부 정책의 '정당성' 확보를 어렵게 하며, 이는 곧 낮은 수용성으로 이어질 수 있기에 정책적 노력이 필요하다. 일반 국민 및 이해관계자 집단의 참여에 기초한 정부 결정은 그 정책 및 의사결정 과정에 정당성(legitimacy)을 부여하므로 정책의 긍정적 이미지 전달을 통해 정책의 정당성을 회복하기 위한 정부의 노력이 필요하다.

2. 정책 마케팅의 조건 및 구성

1) 정책 마케팅의 조건

경영 마케팅의 교환이라는 개념을 사용해 마케팅의 개념을 확장시켰는데, 그 내용을 보면 마케팅의 목적을 인간의 수요와 욕구를 교환을 통해서 만족시키는 것으로 정의되면서 마케팅에 적용될 다섯 가지 조건을 제시하고 있다(Scrivens, 1991; 정철현, 1999; 김세훈, 2006).

첫째, 적어도 둘 이상의 행위 주체가 있어야 하는데 정부와 주민이 포함된다.

둘째, 교환의 장에서 각 행위 주체는 상대에게 가치 있는 무언가를 하나 이상씩 가지고 있어야 하는데, 이때 정부는 '정책'을 주민은 그에 대한 '지불 의사'를 갖고 있어야 한다.

셋째, 사회적 교환의 장은 행위 주체의 의사소통을 전제하며, 이때 정부와 주민은 선거, 공청회 등을 통해 의사소통을 하며, 정부는 상대 행위 주체인 시민 또는 주민이 가치 있다고 판단하는 서비스를 정부정책 형식을 통해 제공하고, 시민은 세금으로 그 정책의 값을 지불해야 한다.

넷째, 교환의 행위 주체는 모두 상대의 오퍼(offer)를 거절 또는 받아들일 자유가 보장되어야 하기에, 정부 정책 과정에 국민의 참여가 전제되어야 한다. 이 과정을 통해 국민은 정책을 반대하거나 그 수혜를 거절할 수 있어야 한다.

다섯째, 각 행위 주체는 상대방과의 거래가 적절하다고 생각해야 하는데, 국민은 세금이 어디에 어떻게 쓰이는가에 대해 관심을 증대시키고 있으며, 정부는 정책평가를 통해 과연 정책이 국민 욕구를 충족시켰는가에 대한 정책 효과의 달성을 조사한다.

2) 정책 마케팅의 구성

(1) 정책 마케팅 대상 선정

정책 대상 집단은 더 이상 하나의 덩어리(mass)가 아니며, 이해관계와 정치적 입장에 따라 특정 정책에 대해 다양한 대응을 보인다(강병모 외, 2008: 50). 그러나 공공정책의 특정 대상을 선정하고 세분화한다는 것은 민간기업에 비해 상대적으로 어려운 측면이 존재한다.

다원화된 현대 사회에서 다양한 고객집단 간의 대립되는 정책 견해와 이해관계가 엇갈릴 수 있어, 특정 고객을 선정하는 것은 다른 가치와 입장을 가진 고객집단에게는 때로는 손실을 끼칠 수 있음을 의미한다(김세훈, 2006: 63). 즉, 한정된 자원을 가지고 첨예하게 대립하는 모든 집단을 만족시킨다는 것은 정부 정책 과정에서 해결하기 어려운 난제라고 할 수 있다. 이를 해결하기 위해 정책 마케팅은 정책 고객의 범위를 구체화시켜 유형을 분류하고, 고객세분화 기준을 정립해 집단별로 구체적인 접근 방법을 마련할 것을 제안하고 있다(김세훈, 2006: 63).

(2) 마케팅 믹스

마케팅 믹스(marketing mix)는 조직이 표적시장에서 원하는 반응을 얻기 위해 사용하는 통제 가능한 전술적인 마케팅 수단의 집합을 의미하고 있다(김세훈, 2006: 61). 정책 마케팅 분야의 '마케팅 믹스'는 코틀러(Kotler, 1994)가 제시한 3P에 맥카시(McCarthy, 1960)가 제시한 4P를 추가한 7P로 구성된다. 4P는 제품(product), 가격(price), 유통(place), 촉진(promotion)으로 구성되며, 3P는 과정(process), 사람(people), 물리적 징표(physical evidence)를 의미한다(정철현 외, 2011: 72).

(3) 마케팅 믹스의 변수 논의[1)]

① 제품

정책 대상자의 수요와 요구에 기초한 정부가 제공하는 유형적 산물, 행정 서비스,

1) 정철현 외(2011: 72-73), 강병모 외(2008: 59-63), 김세훈(2006: 60-63)의 마케팅 믹스(marketing mix) 논의를 토대로 재정리했음.

또는 정책 아이디어를 의미한다. 민간기업에서 제공하는 '상품'의 전략적 마케팅을 위해서는 타사와 차별된 이미지, 품질 등이 중요하듯이, 정부가 제공하는 '정책' 또한 품질과 차별화된 이미지 전략이 중요함을 의미한다. 즉, 정책대상자의 수요와 요구에 기초한 정책의 PR 및 정당성 관리, 이미지 회복 전략이 수반되어야 함을 뜻한다.

② 가격

공공 부문에서 가격은 실제 국민이 인식하는 정책상품의 가격으로 정책에 따라 행동할 때 지불하는 비용을 의미하며(강병모 외, 2008: 60) 시장에서 말하는 가격은 개인이 구입할 의사가 있는 제품 또는 서비스에 상응하는 금전적 대가를 지칭하고 있다. 그러나 공공 부문의 정책 및 행정 서비스는 원가 산정이 어렵고 비용과 편익 측정이 어려워 현실적으로 금전적 가격을 책정하는 것은 불가능하다(Lovelock, 1991; 정철현 외, 2011: 72 재인용). 따라서 공공 부문의 가격은 비금전적 가치인 기회비용을 통해 산정되며, '가치화(valuation)'의 개념이 적용된다. 즉, 공공 부문에서의 정책 비용은 시민 각자의 기회비용을 최소화하고 시민 저항을 최소화하도록 책정되어야 한다(정철현 외, 2011: 72).

③ 유통

공공 부문의 '유통'은 조직 또는 개인 간의 네트워크 관리를 의미한다. 기본적으로 유통은 화폐 또는 물품 등이 사적 영역에서 생산자에서 소비자로 옮겨가는 과정을 말한다. 즉, 실제 정부정책 또는 서비스를 필요로 하는 국민에게 정책상품이 적재적소에 전달될 수 있도록 네트워크 구축 및 경로 개발이 이루어져야 한다.

④ 촉진

공공 부문의 촉진은 '커뮤니케이션'을 뜻한다. 일반적으로 사적 영역에서 논의되는 촉진은 민간기업이 자신이 생산한 제품을 소비자들이 구매하도록 유인할 목적으로 '홍보' 또는 '광고'하는 것을 의미한다. 그러나 공공 부문에서의 촉진은 정부정책의 존재, 당위성, 유용성 등을 정책 대상자에게 알리고, 이를 수용하도록 설득하는 일련의 작업을 포함하고 있다. 공공 부문에서 활용 가능한 촉진의 방식은 광고(advertising), PR(public relations),[2] 인적 판매(personal selling) 등이 있으며, 인적 판매의 경우, 시민단체나 언론, 그리고 학계 등은 숫자가 비교적 적고 정부에게 알려진 집단이므로 개별적인 접촉을 통한 인적 판매가 효과적임을 나타내고 있다(강병모 외, 2008: 62).

⑤ 과정

정책 마케팅 과정에도 일련의 절차가 확립되어야 한다. 표준운영절차(standard opening procedures)를 만들고, 일선 공무원에게 재량권을 부여하며, 고객의 참여를 독려하고, 상세한 정보를 제공하는 것과 같은 과정을 확립해야 한다(정철현 외, 2011: 73). 일련의 표준화된 절차는 국민의 신뢰 확보 및 정책 과정의 일관성을 제공하는 장점을 가지고 있다.

⑥ 사람

여기서 사람은 마케팅의 주체를 의미한다. 정책의 생산과 판매의 역할을 담당하는 것은 인간이며, 그들은 선택적으로 채용되고, 훈련받으며, 동기부여되고 통제를 받는다(정철현 외, 2011: 72). 정책 과정과 결과에 영향을 미치는 주요 정책 관련자가 누구인가에 따라 정책 또한 달라질 수 있음을 의미한다. 즉, 정책 관련자(정부관료, 의원, 시민단체, 주민 등)를 대상으로 적절한 정책 마케팅 교육과 훈련이 이루어져야 하며, 효과적인 마케팅 달성을 위해 그들이 국민의 수요와 요구에 민감하게 반응하도록 적절한 통제가 이루어져야 함을 뜻한다.

⑦ 물리적 징표

공공정책 및 행정 서비스의 물리적 환경을 의미한다. 판매가 주목적인 일반 매장의 경우, 조명, 향기, 분위기 등이 판매에 영향을 미치는 것처럼 정책 서비스의 물리적 환경이 정책 효과에 영향을 미친다는 것을 의미한다(정철현 외, 2011: 73).

---

2) '정책홍보(public relations)'란, i) "정부와 대중 간의 전략적 커뮤니케이션을 통해 호혜적(reciprocal) 관계를 형성하고 관리하는 것을 의미"하며(Cutlip, et al., 2000), ii) "정책PR은 단순한 기술(technique) 차원의 커뮤니케이션 활동이 아니라(임성근 · 김윤권, 2011), 국정 운영, 즉 거버넌스를 구현하기 위한 수단적 측면"을 내포한다(이인원, 2016: 73). 정책홍보의 기본적 특성에서 확인했듯이 정책 마케팅은 정책홍보의 개념을 전제하고 있다.

3. 정책 마케팅의 적용과 전략

1) 정책 마케팅의 기본적 적용

(1) 고객지향성에 기초한 4C

코틀러(Kotler, 1994)는 기존 4P를 수용하되, 내용상의 추상성을 고객의 입장에서 구체화시킨 4C를 제시했다. 경영 마케팅에서 적용되는 4P는 원칙적으로 이윤 추구를 우선시하는 사기업을 대상으로 전략적으로 제시된 개념으로서, 공익을 우선하는 공공 부문에 그대로 적용하는 데 한계가 있다.

(2) 고객 욕구

고객 욕구(customer needs and wants)는 경영 마케팅의 제품(product)에 대응하는 개념으로서, 고객(국민)의 수요와 욕구에 기초한 정책이 고객(국민)의 수용성을 담보할 수 있다는 것을 의미한다. 현대 사회는 미래 상황에 대한 예측적 대응이 어려우며, 정책환경의 불확실성이 상존하는 시대이다. 이러한 현실에서 정확한 수요와 공급 간의 조화가 전제되지 않는다면, 정책으로 인한 갈등과 불균형의 현상은 보편화될 가능성이 높다고 볼 수 있다(유현정 외, 2008: 226). 따라서 정책 마케팅을 통한 정확한 고객 욕구 파악 및 수요자 관점에서 이를 정책에 적극 반영하려는 노력이 필요하다.

(3) 편의성

편의성(convenience)은 경영 마케팅의 유통(place)에 대응하는 개념으로서, 정책 대상자가 정부가 제공하는 서비스 및 정책을 수용하기에 접근성과 유용성이 높은 것 등과 관련되어 있다. 또한 편의성은 조직 및 개인의 네트워크 관리와 깊은 관련성을 가지고 있다. 즉, 정책 마케팅의 편의성은 정부정책 및 서비스 전달 체계의 효율성을 담보하며, 정책의 유통 전략을 위해 매스미디어, 인터넷, 자원봉사자, 시민단체 등의 효율적 이용이 필요하다(정철현 외, 2011: 72).

(4) 고객의 비용

고객의 비용(cost to the customer)은 4P의 가격(price)에 대응되는 개념으로서, 정책결정 및 정책의 효과를 고려할 때 비용의 측면이 함께 논의되어야 함을 의미한다. 공공정책은 민간기업과 달리, 정책에 투입되는 비용과 최종 산출과 효과에 대한 편익 측정이 어려운 특성을 가지고 있다. 공공정책을 입안하려면 국민이 부담 가능한 비용 수준을 정확하게 고려해야 하며, 비용에는 직접적인 비용뿐만 아니라, 육체적 · 심리적 간접비용도 함께 산정되어야 한다(김세훈, 2006: 63).

(5) 커뮤니케이션

커뮤니케이션은 4P의 촉진(promotion)에 대응되는 개념으로서, 정책 공급자와 정책 수용자 간의 의사 교환 채널의 유무와 활성화 정도를 의미한다(김세훈, 2006: 63). 정책행위자의 의식적인 커뮤니케이션은 대중에게 신뢰와 지지, 동질, 안정 등의 이미지를 전달하는 긍정적 작용을 한다(권향원 외, 2013: 226). 정부 커뮤니케이션의 목표는 정부정책에 대한 정확한 정보 전달 및 소통 부재와 정부 불신으로 인해 파생되는 부수적인 부정적 결과(갈등, 사회적 비용 등)를 최소화하는 것을 의미한다.

2) 정책 마케팅 전략

(1) 고객세분화 전략의 필요성

정책고객을 세분화할 때 발생할 수 있는 문제는 다양한 고객집단 사이에서 정책에 대한 상이한 견해와 이해관계가 엇갈려 특정 집단을 위한 정책은 곧 다른 정책고객 집단에게는 손실을 끼칠 수 있다. 예컨대 정책을 결정 · 집행할 때 직접적 수혜자(immediate clients)의 이익과 일반 국민의 이익을 동시에 고려해야 할 것이나, 양 집단의 이해관계는 상반된 것이기 쉽다(김세훈, 2006).

직접적 수혜자들은 높은 비용이 요구되는 양질의 정책 서비스를 원하게 되지만, 세금 부담자인 일반 국민의 입장에서는 비용의 최소화를 바랄 것이기 때문이다(Swiss, 1992: 358-359; Stewart & Clarke, 1987:168; 김세훈, 2006 재인용). 예를 들어 원자력 정책을 설명해 보면 원자력 에너지 정책에서도 이러한 정책 수혜자의 차이가 발생한다. 무엇보다 이념적인 측면에서도 고객들이 세분화되어 있어 원자력 에너지에 대한 고객은 더욱 전략적인 접근이 필요하다. 원자력 에너지 정책으로 인한 직접적인 수혜자가 누구인지, 간접적인 수혜자는 누구인지, 차기 수혜자는 누구인지 파악될 수 없기 때문이다. 송전탑의 경우도 다찬가지로 송전탑을 통해 전기를 받는 이해당사자는 따로 있지만 송전탑 주변의 주민은 이로 인한 피해만을 보고 있다는 점이 대표적인 예로 들 수 있다.

(2) 고객세분화 전략

① 정책 마케팅을 통한 고객 세분화

고객세분화의 논리는 마케팅과 커뮤니케이션 이론에서 찾을 수 있는데, 그중 대표적인 것이 그루닉(Grunig, 1977; 1982; 1989; 1992)이 제시한 상황이론(situational theory)이다. 그루닉과 레퍼(Grunig & Repper, 1992)는 고객세분화를 전체 시장 중에서 서로 간에 더 가까운 구성원을 찾아 다른 구성원과 구별되게 이들을 나누어 묶는 것이라고 규정하며 상황이론상의 고객세분화 원칙을 제시했다.

그루닉의 상황이론은 쟁점(issues)을 중심으로 한 이론이다((김세훈, 2006). 상황이론은 3개의 독립변수(상황변수)와 2개의 종속변수로 이루어져 있다. 독립변수는 문제 인식(problem recognition), 제약 인식(constraint recognition), 관여도(level of involvement)로 구성되어 있다. 한편 종속변수는 독립변수의 상황에 의한 대중의 커뮤니케이션 행동을 뜻하는 정보 추구(information seeking) 및 정보 처리(information processing) 행동으로 구성된다(김서훈, 2006). 문제 인식은 한 개인이 주변에서 특정한 문제를 인식해 다양한 행동 대안을 탐색하는 것이다. 제약 인식은 사회문제를 인식하기는 했으나 조치를 취할 수 있는 능력을 제한하는 장애가 있다고 느끼는 정도(Cutlip, Center, & Broom, 1994)를 말한다. 관여도는 상황과 개인의 관련 정도, 중요도로 이해할 수 있다(박이정 · 김태용, 2004: 20).

독립변수는 2개의 종속변수를 설명하게 되는데, 이는 적극적 커뮤니케이션 행동인 정보 추구와 소극적 커뮤니케이션 행동인 정보 처리를 말한다. 즉, 특정 쟁점에 대한 문제 인식이 높고 제약 인식이 낮으며, 관여도가 높으면 사람들은 적극적으로 정보를 추구(탐색)하고 처리할 가능성이 높다고 가정하는 것이다. 문제 인식과 제약 인식은 각각의 조합에 따라 개별적인 행동 양태를 소구(訴求)하게 되며, 이러한 행동 양태에 관여도의 개념이 포함될 때 구체적인 집단이 나타난다. 이들 집단이 정책 과정의 고객으로 상정된다면, 다음의 성격을 가진다고 해석할 수 있다(김세훈, 2006).

'활동적 집단'은 정책적 과제를 잘 알고 있으며, 본인과 관련성이 매우 높은 문제여서 적극적 정보 추구 및 정책 형성에 영향을 미칠 수 있는 행동(여론 형성, 조직화)을 보인다. '자각적 집단'은 활동적 집단과 유사하게 정책적 과제를 알고는 있으나, 본인과의 관련성과 제약 인식은 다소 낮아 적극적 활동은 하지 않는 집단으로 볼 수 있다. '잠재적 집단'은 정책 과제에 대한 문제와 효과는 잘 인지하고 있지 않으나, 제약 인식이 있어 행동은 보이더라도 소극적 집단이 될 것으로 본다. '비공중 집단'은 문제를 인식하는 정도가 낮고, 자신과의 관련성도 적으며 제약감까지 높은 집단으로 이에 기초해 매우 소극적 행동 또는 행동을 보이지 않는 집단이라 할 수 있다.

그림 13-1 문제 인식과 공중 유형에 따른 분류

문제 인식과 제약 인식에 따른 행동 분류	제약 인식	문제인식	
		높음	낮음
	높음	문제 인식은 있으나 제약감이 높아 행동이 다소 소극적인	문제 인식이 낮고, 제약감도 높아 행동이 매우 소극적인
	낮음	문제 인식도 높고, 제약감이 낮아 문제 해결을 적극적으로 행동함.	제약감이 낮아 행동 역량이 있지만 문제 인식이 낮아 행동이 소극적임.

문제 인식, 제약 인식, 관여도에 따른 집단 유형	구분	공중 유형	
		높은 관여	낮은 관여
	높은 문제 인식/낮은 제약 인식	활동적 집단	지각적/활동적 집단
	높은 문제 인식/높은 제약 인식	지각적/활동적 집단	잠재적/지각적 집단
	낮은 문제 인식/낮은 제약 인식	활동적 집단	비공중적/잠재적 집단
	낮은 문제 인식/높은 제약 인식	잠재적 집단	비공중적 집단

자료 1: 차동필(2002). Grunig과 Hallahan의 공중 분류 모델 비교연구. 『홍보학연구』. 제6-2호, 한국홍보학회.
자료 2: Grunig, J. & Hunt, T.(1984). Managing public relations. NY: Holt, Rinehart & Winston., p.15.

이상의 고객집단은 상황의 변화에 따라 그 유형이 달라질 수 있는데, 즉 문제 인식이 높고 제약 인식이 낮아도, 정책과 개인의 관여도가 낮다면, 문제가 무엇인지를 인식하는 수준에 그치는 자각적 집단에 머무르게 되는 것임을 뜻한다. 또한 제약된 행동에 머무를 집단이라도 정책이 추진되어 나가는 과정에서 본인과의 관련성이 높아진다면 제약 요인을 스스로 해소해 가면서 활동적 단계로 발전해 나갈 수 있는 것임을 지칭한다. 이러한 측면에서 그루닉의 상황이론은 공공정책에 대해 순응 또는 불응하는 집단 내의 계층적인 행태가 다르게 나타나는 이유를 설명하는 근거가 될 수 있다.

② 고객세분화의 분석 기준

코틀러(Kotler, 1994)가 제시한 4C(Customer needs and wants · Cost to the customer · Convenience · Communication)는 4P 개념과 연계해서 정책적으로 고객지향성을 수용하고 있다. 즉 4C는 기존 4P의 요인을 수용하되, 내용상의 추상성을 고객의 입장에서 구체화시킨 것이기 때문에 고객지향성의 확보를 위한 정책 마케팅의 구성 요소로 적용할 수 있는 가능성을 제시하고 있다. 4P에서 4C로 전환을 통한 구체적인 내용을 살펴보면 다음과 같다(김세훈, 2006).

첫째, 고객 욕구가 중심이 되어, 고객이 필요로 하는 것이 무엇인지 파악하고 이를 '제품'에 반영함으로써 고객의 자발적이고 적극적인 수용을 유도해야 한다. 따라서 정책 마케팅에서 또한 이를 반영해 고객의 욕구에 대한 정확한 정책적 반영이 전제되어야 한다. 이는 고객의 필요와 수용 가능한 정책을 수립하는가의 측면에서 정확성이라는 목표를 고려해야 한다.

둘째, 편의성이 고려되어야 한다. 즉, 일반 국민 누구나 정책을 실생활에서 쉽게 활용할 수 있도록 접근성을 높여야 하며, 요구에 부응함으로써 만족감을 가질 수 있는지 등을 고려해야 한다.

셋째, 고객의 비용은 정책 효과 적용 시의 비용을 고려해야 한다. 기본적으로 시장에서 소비자들은 실생활에 필요한 제품일지라도 그들의 소득 수준을 넘어서는 구매는 피하는 것처럼 공공 부문 또한 국민이 부담할 수 있는 비용 수준을 정확히 고려해서 산정해야 한다. 비용이 부담 가능한 수준인가는 (금전적) 직접비용과 기회비용으로서의 (육체적 · 심리적) 간접비용으로 판단할 수 있다.

넷째, 커뮤니케이션은 정책 공급자와 정책 수용자 간의 의사 교환 채널의 유무와 활성화 정도로 판단해 볼 수 있다.

CHAPTER

14 성과관리

제 1 절 성과관리의 의의

급변하는 행정환경은 지속적인 행정의 변화를 요구하고 있다. 일찍이 행정혁신을 시도하고 정착시킨 영국이나 호주의 경우에도 바로 이러한 경제적 · 사회적 · 정치적 환경의 변화가 정부의 변화 계기를 조성한 것이었다(Zifcak, 1994: 1). 우리나라의 경우 역시 마찬가지로 외환위기를 비롯한 경제적 환경의 변화는 정부의 혁신을 추구하지 않을 수 없게 만들었다. 그런데 근자에 발표되고 있는 행정개혁 내용은 주로 제도적 측면에 초점이 맞추어져 있고, 양적인 감축에만 치중하고 있는 것으로 보인다.[1)]그러나 성공적인 혁신은 양적 측면뿐만 아니라 질적 측면, 또 제도적 측면뿐만 아니라 관리 과정적 측면의 변화가 조화를 이루어야 가능하다.[2)]

새로운 결과 중심의 관리개혁을 추구하고 있는 대부분의 선진국에서는 조직의 관리자로 하여금 한정된 자원 내에서 성과 목표를 달성할 수 있도록 책임통제를 강화

1) 정부 기능의 재조정을 '정부 기능의 축소' 또는 '작은 정부로의 지향'으로 파악하는 견해가 있으나 이러한 획일적 접근법은 재고되어야 한다. 정부 재조정의 목표는 정부의 성과 향상이고 '작은 정부', '기능 축소'는 이러한 목표 달성의 수단적 개념이기 때문이다. 따라서 정부혁신은 목표를 효과적으로 달성하는 성과 지향적 정부를 추구하는 것으로 이해해야 한다(오연천, 1997: 5).

2) 우리나라의 행정개혁 내용을 음미해 보면 순수한 행정 논리 혹은 관리의 논리보다 정치 논리가 앞서는 감이 없지 않다. 물론 행정개혁은 정치의 논리와 행정의 논리가 교차하는 과정이라고 볼 수 있으나 행정개혁이라는 이름 밑에서 행하는 개혁인 한에는 당파적인 정책 논쟁으로부터 거리를 두고, 순수하게 행정의 논리로써 할 수 있는 사항에 개혁의 범위를 한정해야 한다는 주장이 설득력이 있음을 부인할 수 없다(西尾勝, 1993: 331-332).

하기 위한 성과관리 체제를 도입하고 있다. 이러한 성과관리의 실현은 현재 우리 정부가 추구하고 있는 효율적 행정(effective administration)의 조건이 된다. 왜냐하면 효율적 행정은 매우 역동적 과정으로서, 공공 목표를 달성하기 위한 가용 인적·물적 자원의 종합적 관리이기 때문이다(Daneke & Steiss, 1980: 2).

1. 성과관리의 개념

성과관리(performance management)라 함은 성과 향상을 위한 체계적 접근 방법으로서, 국가에 따라서는 '결과중심관리(management by result)', '사업계획관리' 등의 용어로 사용되기도 한다(오세덕, 1998). 원래 민간기업에서 활발하게 사용되는 성과관리 체제에는 일반적으로 중기전략계획, 연도별 운영계획, 성과측정 및 보고 등이 포함된다. 일반적으로 성과관리는 "정부 업무를 추진할 때 기관의 임무, 중장기 목표, 연도별 목표 및 성과지표를 수립하고, 그 집행 과정 및 결과를 경제성·능률성·효과성 등의 관점에서 관리하는 일련의 활동"으로 정의된다. 성과관리를 통해 조직구성원은 목표 지향적인 업무를 수행할 수 있으며 사회적·경제적 책임과 도덕 수준을 높일 수 있으며, 궁극적으로 개방적이고 투명하며 생산성 있는 정부를 만드는 토대로 기능할 수 있다(우광진, 2003: 75).

현재 대부분의 OECD 국가는 기관 목표의 재정의, 전략계획 절차의 확립, 성과지표 및 측정 기법 개발, 성과보고 및 평가 체계의 확립, 성과협약 제도의 개발 등을 도모하기 위해 범정부적인 노력을 계속하고 있다. 왜냐하면 성과를 측정하지 않기 때문에 정부는 바라는 목표를 좀처럼 달성할 수 없는 것이라는 데 인식을 같이 하고 있기 때문이다. 즉, 성과에 대한 정보가 거의 없는 상태에서, 정부는 연공서열, 관리 예산과 스태프의 규모, 권한의 수준에 기초해 공무원들에게 보상을 준다. 이 때문에 공무원은 더 많은 예산·스태프·권한을 추구하며, 자신들의 업무를 보호하고, 자신들의 제국 건설(empire-building)을 위해 노력하게 되는 것이다.

그러나 아직 공공 부문에 성과관리 제도를 정착시키는 데 극복해야 할 과제는 대단히 많다. 우선 성과측정의 문제는 조직의 성과와 책임에 관심을 가진 어떠한 사회에서도 가장 기본적 문제인데(Johnson & Lewin, 1984: 224), 공공 부문에서의 이러한 성과측정 기법이 불완전한 수준이기 때문에 여러 가지 역기능이 발생되기도 한다(Dulworth & Taylor, 1989: 143). 또한 영연방 국가를 비롯한 일부 국가에서 활용하고 있는 계약 제도는 그 자체가 또 하나의 경직된 제도로서 작용함으로써 행정관리상의 신축성 및 재량성을 저해하는 또 다른 문제점으로 지적받고 있다. 따라서 성과관리 제도는 단순한 조직의 구조조정으로 달성할 수 있는 것이 아니고, 행정개혁의 틀 안에서 다른 다양한 전략을 병행해야 성공할 수 있는 제도이다(Turner & Hulme, 1997: 105-130).

공공 부문에서의 '성과 향상'은 공공기관과 공공 프로그램의 생산성 · 품질 · 적시성 · 대응성 · 효과성 등의 향상을 의미한다(Wholey, 1989: 1). 이러한 성과관리 제도는 대체적으로 다음과 같은 다섯 가지 문제가 주요 사항으로 제기되고 있다(OECD, 1995: 102-107).

첫째, 각 조직별 임무와 목적을 명확히 재정의하고 정부사업에 대한 중기 및 연도별 성과 목표를 결정해 이를 국민에게 공표하는 문제이다. 대부분의 국가에서 전략기획 과정을 통해 현재의 상황과 미래의 진로를 평가하고, 각 조직의 임무와 목표를 개발해 임무 및 목표 달성에 필요한 사업활동의 전략을 설계하게 된다.

둘째, 사업을 책임 맡고 있는 조직 및 관리자에게 사업 성과 목표를 달성할 수 있도록 절차 및 관리상의 자유를 허용하는 문제이다. 대부분의 나라에서는 기관의 운영경비에 대한 중앙의 세부적인 통제와 정원상한제를 폐지하고 예산 총액의 한도 내에서 필요한 자원을 선택적으로 관리할 수 있는 권한을 부여해 주고 있다.

셋째, 목표 대비 실제 성과를 측정하고 이를 최고관리자와 중앙의 예산 및 인사관리기관에 보고하도록 하는 문제이다. 성과측정에 포함되는 두 가지 주된 요소는 성과 진도를 체계적으로 파악하는 데 사용될 성과지표의 작성과 사업활동에 대한 분석 및 평가작업이다. 전자는 흔히 비율(예: 산출 단위당 비용)을 표시하는 형식을 띠며, 능률성과 효과성 및 서비스의 질(예: 적시성 · 정확성 · 접근용이성)을 나타내 주는 척도 기준이다. 후자는 사업의 목표 달성 정도와 원인-효과 관계를 정밀하게 평가해 사업의 계속 · 확대 · 수정 · 폐지 여부를 판단하는 문제이다.

넷째, 성과측정 결과를 향후의 사업자금 배정, 사업 내용의 변경, 조직 및 개인 단위의 보상과 제재 등을 결정하는 데 환류(feedback)하는 문제이다. 이에 따라 한정된 재원이 더 효과적이고 우선순위가 높은 사업으로 재배정되도록 하며, 성과가 부진한 조직 또는 사업은 폐지하고, 개인에 대해서는 고용계약을 파기하거나 재계약을 거부하는 등 결과 책임을 명확히 할 수 있다.

다섯째, 성과정보를 의회(소관 상임위원회) 또는 외부 감사기관에 제공하고 그들의 심사 의견이 의사결정에 반영되도록 해야 한다. 아울러 국민에게 성과정보를 공개하도록 해야 한다.

이와 같은 성과관리적 개혁은 대부분 중앙예산기구에 의해 주도되며, 특히 예산절차와 전략적 기획절차를 서로 연계하는 것이 중요한 요소로 간주된다.[3] 왜냐하면 예산은 정부의 기본적 역할, 목표, 목표 달성 수단에 대한 하나의 해답(answer)이기 때문이다(Cozzetto, Kweit, & Kweit, 1995: 268). 즉, 행정활동의 제반 성과는 결국 능률성(efficiency)과 효과성(effectiveness)을 중심으로 측정되는데(本木弘, 1993: 158), 이는 현재의 프로그램으로 합의된 정책 목표를 달성했는지 여부, 제안된 프로그램이 확정된 목표를 적절히 달성할 수 있을지 여부 등에 대한 분석과 밀접한 관련이 있기 때문이다(Campbell, 1983: 202).

결국 국가의 전략적 목표가 구체적인 행정의 운영 목표에 정확히 투사되고 궁극적으로 성과에 직결되도록 하는 것이 행정관리의 가장 핵심 내용이며, 예산·인사·조직 등 모든 관리 체계(management system)가 이러한 행정의 임무와 목표 달성을 지원하는 구조로 재정립되어야 한다. 즉, 목표는 조직이 합당한 구조를 갖는 데 도움을 주며(박연호·오세덕, 2001: 83), 또한 목표는 의사결정 과정에도 영향을 줄 뿐만 아니라 모든 조직행동이 목표에 의해 구속을 받기 때문이다(Hall, 1977: 7).

2. 국가별 적용 현황

영국, 호주, 뉴질랜드 등은 이미 오래전부터 신공공관리론(new public management:

---

3) 예산은 정부사업에서의 우선순위를 반영하는데 이는 결국 전략적 기획과 연계되는 것이다. 또한 예산은 정부사업을 수행하는 데 시민에 대한 책임성을 확보하는 강력한 수단이 되며, 시민의 선호(preference)와 정부 산출(government outcomes)을 연계시키는 역할을 한다(Rubin, 1993: 1-2).

NPM)에 기초한 성과관리를 추구해 오면서 각 행정기관으로 하여금 그들의 임무와 사업 목표를 설정하고, 성과에 대한 측정 결과를 보고하도록 하고 있다(Mascarenhas, 1993: 319-328). 그리고 이러한 관리개혁을 뒷받침하기 위해 중앙의 규제를 완화하고 통제를 감소시켜 조직의 관리자로 하여금 사업 목표를 성취하는 데 필요한 재원 활용에서의 유연성을 확대해 왔다. 이들 국가는 대부분 내각제 정부 형태를 취하고 있는데, 이들 나라의 일반적인 특징은 기관 및 개인 단위의 성과 협약을 체결하는 계약제적 접근 방식을 시행하고 있다는 점이다.

우선 영국의 경우를 살펴보면, 개혁을 위한 조치로서 FMI(Financial Management Initiatives)가 도입되었고, 나중에 이를 수정·보완해 정부조직 관리 전반의 개혁을 시도한 '넥스트 스텝(Next Steps)' 조치를 시행했는데, 이는 성과(결과) 중심의 관리를 기본 내용으로 하는 정부관리 향상 방안이다(김근세, 1996: 137-138).[4] 1998년에는 종합지출 점검(Comprehensive Spending Review)과 행정서비스협약(Public Service Agreement) 작성을 의무화했다(이윤식 외, 2005: 200; 서필언, 2005: 473).

또한 가장 엄격한 성과관리 체제를 운영하고 있는 뉴질랜드의 경우 각 부처의 장관과 사무차관 간에 매년 고용계약을 맺고 부처의 산출(outputs) 결과를 관리함으로써 직원의 일상 업무가 산출 목표 달성에 기여하도록 연결시키는 체제를 갖고 있다(Ingraham, 1997: 328). 성과를 올리지 못하면 차관은 다음에 재계약을 할 수 없기 때문에 성과를 올리는 부하 직원에 대해서는 파격적인 승진과 급여를 제공한다. 또 공무원은 어떤 목표를 어떻게 시행해 어떤 결과를 달성하겠다는 계획서를 고용계약 시에 제출해야 한다. 이 계획서는 모두 공개되기 때문에 공무원의 성과 달성 여부를 누구나 알 수 있게 되고, 이에 따라 다음 계약 때의 재계약 여부도 함께 공개되고 있는 셈이다.

미국의 경우 과거에 결과 중심의 사업예산 관리를 도입하기 위한 개혁 노력이 여러 차례 시도되었으나 감당하기 어려운 수준의 계량적 측정과 분석정보를 요구함으로써 결국 뿌리를 내리지 못하고 실패한 선례가 있었다. 1960년대의 계획예산 제도(PPBS)는 범정부적으로 확산되지 못하고 현재 국방부에서만 명맥을 이어오고 있으

4) '넥스트 스텝(Next Steps)'에 대한 자세한 내용은 Zifcak(1994: 69-91), Dowding(1995: 71-78) 참조.

며, 뒤이어 1970년대에 등장한 목표관리(MBO) 제도와 영기준 예산(ZBB) 제도도 엄청난 노력을 낭비한 채 인위적인 가공품의 신세로 전락하고 만 감이 있다.

그러나 근래 추진되고 있는 미국의 성과관리 개혁은 과거와는 다른 양상을 보이고 있으며, 이는 정부조직을 성과 중심 조직으로 근본적으로 재편하려고 시도하고 있다(Roberts, 1997: 465-478). 이러한 맥락에서 1993년에 제정된 「행정 성과 및 결과에 관한 법률(Government Performance and Results Act: GPRA)」은 과거의 실패를 교훈삼고, 영국·뉴질랜드 등 외국의 사례와 미국 내 지방정부의 성공 사례를 본받아서 연방정부로 하여금 종합적이고 체계적인 성과관리를 확립하도록 법적 의무를 부여하고 있다.

「행정 성과 및 결과에 관한 법률」은 예산과 성과를 연계시키기 위해 제정된 법으로서 다음과 같은 목적으로 제정되었다.

첫째로 정부가 달성해야 할 성과를 구체적으로 설정하고 이를 달성할 수 있도록 예산편성 과정에서 배려하고자 하는 것이고, 둘째로 관리자에게는 목표 달성을 위한 관리상의 자율성을 부여하는 대신 예산·사업의 집행 성과를 계획된 목표 수준과 비교함으로써 사업의 능률성과 효과성을 엄격히 통제하겠다는 것이다.

이 법률은 연방기관이 달성하고자 하는 목표 수준을 구체적으로, 그리고 계량적 측정이 가능하게 설정함으로써 실제 달성된 성과를 측정해 목표와 사후 비교하도록 법률로써 의무화하고 있다. 만약 목표 미달의 경우에는 책임을 확보하는 한편, 추진하고자 하는 사업이 예산에 반영되지 못해 유명무실화되는 것을 방지하기 위해 관리예산처(OMB)는 각 부처의 계획을 종합해 범정부적인 사업계획을 수립하고 이를 예산편성에 반영하도록 의무화하고 있다.

한편, 프랑스는 2000년 신재정 구축(nouvelle constitution financière)에 따라 재정 운영의 책임성과 성과관리를 지향하고 있다. 예산을 150개의 부처별 사업으로 편성해 재정 운영자의 재량권 확대와 함께 책임성을 강화하고 성과를 제고한다는 것이다(윤광재, 2004: 287).

3. 목표관리와 성과관리의 비교

1) 목표관리의 문제점

목표관리(management by objectives: MBO)는 일반적으로 조직구성원이 그들의 감독자와 매년 함께 앉아 목표목록(list of objectives)을 놓고서 협상하는 것을 의미한다(Osborne & Gaebler, 1992: 156). 목표를 달성하거나 초과 달성한 구성원은 보너스나 임금 인상 중 하나를 획득할 자격을 갖게 된다. 이 접근법의 몇 가지 주요 문제점을 설명하면 다음과 같다(오세덕 · 여윤환, 2003: 480-481).

첫째, 종종 그 목표가 서비스의 양 · 질 · 비용과 같은 조직의 핵심적 결과와 거의 무관하게 된다는 사실이다. 또 이는 주관주의(subjectivity)와 편의주의(favoritism)로 변질되기 쉽다(Osborne & Gaebler, 1992: 156-157).

둘째, 전형적인 목표관리 체제를 갖고 있는 조직의 관리자들은 목표 달성을 쉽게 하기 위해 목표를 일부러 낮게 설정하는 경향이 있다. 좀 더 구체적으로 장기적 · 질적 목표보다 단기적 · 양적 목표에 치중하게 되며, 가시적이고 달성과 측정이 용이한 목표에만 관심을 기울일 가능성이 매우 큰 것이다. 조직의 관리자는 조직의 좀 더 근본적 목표인 서비스의 질을 희생시키고 달성이 용이한 인위적 목표를 달성하려는 경향이 있다. 예컨대, 경찰이 도망자 체포 건수를 올리기 위해 일반 형사범 도망자보다 찾아내기 쉬운 군 탈영병 체포에 관심을 기울인다면, 경찰의 근본적 목표인 치안 질서가 문란해진다는 것은 명약관화한 일이다(Wilson, 1989).

셋째, 지나치게 엄격한 목표관리는 조직의 최종 목표인 고객 만족을 저하시킬 가능성이 있다.[5] 즉, 조직의 각 부서는 고객 만족을 가로막는 근본적 문제의 해결을 시도하는 것이 아니라 숫자를 맞추는 데만 관심을 가지게 되기 때문이다. 즉, 목표관리는 '숫자중심관리(management by numbers)'가 될 가능성이 있는 것이다.

넷째, 권위적 분위기 속에서 목표관리는 '억압에 의한 관리(management by terror)'로 변질될 수 있다. 조직구성원이 목표를 달성하는 데 두려움을 느끼고 스트레스를

5) 고객 만족은 단순히 고객의 기본적 욕구만을 충족시킴을 의미하는 것이 아니라 고객의 기쁨을 이끌어내는 고객 감동을 실현시킴을 의미한다(DuBrin, 1994: 128).

느끼게 되면 그들은 최종적 목표를 달성하지 못함은 물론 여러 가지 개인적 차원의 부작용도 함께 경험하게 되는 것이다(Mealiea & Latham, 1996: 180).

2) 성과관리의 효과

성과관리는 전통적인 목표관리보다 진일보한 것으로 볼 수 있다. 미국 서니베일(Sunnyvale) 시에서 실제 이를 사용해 본 결과, 성과의 측면에서 볼 때 성과관리 혹은 결과중심관리(management by results)는 '어림짐작에 의한 관리(management by guesswork)'나 목표관리보다 효과적이었다. 물론 이 역시 개선의 여지가 많은 것은 사실이나(Osborne & Gaebler, 1992: 159), 성과관리는 모든 조직이 업적평가 정보(performance information)를 수용하고, 여기에 따라 행동하도록 만들 수 있는 효과적 수단이 된다는 장점이 있다.

아울러 이러한 성과관리를 효과적으로 만드는 것이 바로 예산과의 연계이다. 성과지향적 조직은 궁극적으로 투입보다 성과에 기초해 재원을 제공하는 예산 제도를 개발해야 한다는 필요성을 인지하는 것을 기초로 한다.

이를 실행하는 데에는 여러 가지 방법이 있는데, 그 첫 번째 방법은 예산에 대해 투입과 성과를 측정하는 것이다. 여기서 성과측정이란 실제로 생산된 것의 양과 질의 측정을 말한다. 이러한 평가 방법은 가장 뛰어난 결과를 가져온 업무를 보상하도록 하고, 성과가 떨어질 경우 인원 교체, 자원 보충, 개선 노력 촉구 중 어떠한 방법으로 개입할 것인지에 대해 필요한 정보를 관리자에게 제공해 준다(Osborne & Gaebler, 1992: 161). 두 번째 방법은 요구되는 서비스 수준에 따라 예산을 책정하는 것으로서 일정 수준의 양과 질을 돈을 지불하고 얻는 것을 의미한다. 이 접근법이 유용하게 쓰일 수 있는 예는 청소 업무나 교육훈련과 같이 확실하고 가시적인 서비스일 경우이다.

제 2 절 성과관리의 접근 방식

각국에서의 성과관리의 실제 활용은 주로 성과계약을 통해 이루어지고 있다. 그리고 이러한 성과계약의 존립 기반이 되는 것은 적절한 성과측정이다. 신뢰성과 타당성이 없는 성과측정은 성과관리의 성공적 수행을 어렵게 하리라는 것은 자명하기 때문이다.

1. 성과계약

성과관리에 대한 각국의 접근법은 대부분 사전에 합의된 재원 수준과 관리상의 융통성에 대한 대가로서 특정한 수준의 성과 목표를 달성해 줄 것을 약정하는 공식적 또는 준(準)공식적인 계약 장치를 도입하는 것이다. 여기서 계약제란 상대방의 의무를 공식화하고 이에 따라서 보상과 벌칙을 준다는 것을 의미한다. 각국에서 발전되어 온 계약제 방식은 다음과 같은 다섯 가지 유형으로 구분해 볼 수 있다(OECD, 1995: 105-106, 총무처 직무분석기획단, 1997: 149-151).

첫째, 중앙예산기관과 부처 간에 합의된 성과 목표의 수준에 대한 대가로서 일정한 규모의 재원을 할당해 준다는 협약이다. 이 방식은 비록 법적 효력은 없으나 두 당사자 간의 예산 협상 과정에서 공식화된 부분으로 자리잡고 있다. 호주의 경우 재무부에서 각 부처에 대규모의 자본비용을 배정할 때 그에 상응한 직원 감축과 효율성 증대를 목표로 부여하는 재원협약(resource agreement) 제도를 활용하고 있으며, 캐나다에서도 재정위원회 사무처와 각 부처의 사무차관 사이에 주요 사업관리에 관한 성과협약이 이루어지고 있다.

둘째, 뉴질랜드의 경우 민간기업에서와 같은 산출예산(output budgeting) 제도를 도입함으로써 각 기관과 합의된 산출 수준에 기초해 공식적인 세출 법안을 작성하고 있다. 목표 대비 성과에 대한 심사가 이루어지고 있으나, 어떤 제재나 보상이 적용되는지에 대해서는 명확하지 않으며, 아직 다른 나라에서는 이러한 산출예산 제도를 채택하지 않고 있다.

셋째, 장관과 소속기관 사이에 해당 기관이 제공하는 서비스의 수준과 달성해야 할 성과 수준에 대해 기관 단위의 공식적인 성과협약을 체결하는 것이다. 영국을 비롯한 대부분의 국가에서 책임운영기관(Executive Agency)에 대해 매년 성과협약을 체결함으로써 이러한 접근 방식을 사용하고 있다.

넷째, 주로 내각제 국가에서 활용되는 방식으로는 사무차관이나 집행기관의 장 등 특정 직책을 보유한 개인과 소속 부처의 장관 또는 중앙인사기관 사이에 맺어지는 성과협약이 있다. 우선 집행기관(agency) 형태로 전환된 조직에 대해서는 각국(미국도 포함)이 공통적으로 기관 단위의 성과협약과 병행해 기관책임자(chief executive)와 소속 장관과의 사이에 개인적인 성과협약을 공식적으로 체결하고 있다. 일반적으로 사무차관이나 집행기관의 책임자와 장관 사이에 이루어지는 성과계약에는 해당 부처·기관의 전략적 계획에 근거해 조직의 사업활동 전반에 대한 구체적인 책임을 명시하고 있으며, 성과 문제뿐만 아니라 절차와 업무 개선에 대해서도 초점을 두는 경우가 있다. 결과에 따른 보상과 제재는 고용계약 기간(임기) 및 보수와 관련해 규정되고 있으며, 이 경우 책임자 개인의 이해와 성과는 기관의 이해 및 성과와 동일한 것으로 간주된다. 뉴질랜드와 영국의 경우 사무차관뿐만 아니라 고위직 공무원에 대해서도 계약제 임용 방식과 엄격한 성과관리 제도를 도입한 바 있다.

다섯째, 집행기관의 책임자 또는 사무차관과 그 아래의 고위관리자 사이에 이루어지는 성과협약이 있다. 이는 현재 대부분의 국가에서 공통적으로 활용되고 있으며, 기관 단위의 종합적인 전략계획 절차를 통해 각 부서의 목표와 기관 전체의 목표를 연결시키게 된다. 일반적으로 근무평정 절차의 일부분으로 매년 중·상위 관리계층의 상하급자 간에 조직 목표와 연계된 개인 단위의 성과협약을 맺는 형태를 취하고 있다. 여기에는 달성해야 할 성과 수준을 명시할 뿐만 아니라 특정 과업의 완성 또는 행태 변화를 포함하는 경우도 있다.

지금까지 살펴본 성과협약은 기본적으로 조직의 관리자에게 관리의 권한과 책임을 명확히 부여한다는 점에서 매우 중요한 의의를 가진다. 그러나 여기에 수반되는 문제점도 상당히 많은 것으로 지적된다. 특히 협약에 명시된 성과의 측정을 어떻게 객관적으로 할 것이냐는 완전히 풀지 못한 과제로 남아 있고, 이러한 상태에서 실적평가 결과에 바탕을 둔 인사관리는 공정성이 결여되어 있다는 주장이 제기되는 것이다.

2. 성과측정

공공 부문에서의 성과측정(performance measurement)은 예정된 결과 지향적 목표(results oriented goals)의 달성을 측정하는 방법이다(Starling, 1998: 445). 그리고 이러한 성과측정은 조직의 사명과 직결되어 있어야 하고, 향상이 가능한 영역에 사용되어야 하며, 그 측정 대상은 주로 생산성과 고객 요구의 만족 등이다. [그림 14-1]에서 보는 것처럼 성과측정은 환류되어 조직의 전반적 측면, 즉 의사결정, 조직설계, 조직 기술, 조직 목표 등에 중요한 영향을 미치기 때문이다.

그런데 이러한 공공 부문에서의 성과측정은 민간기업의 경우보다 어렵고 주관성을 내포할 가능성이 많다. 우선 운영 목표를 정하는 것 자체도 쉽지 않을 뿐만 아니라, 여러 가지 목표 간에 중요도가 서로 다르며 나아가 상충되는 경우도 많다. 따라서 여기에서는 성과측정에 사용되는 성과지표와 성과측정의 어려움과 이의 극복 방향 등에 대해 알아보고자 한다.

그림 14-1 공공 부문에서 성과측정의 역할

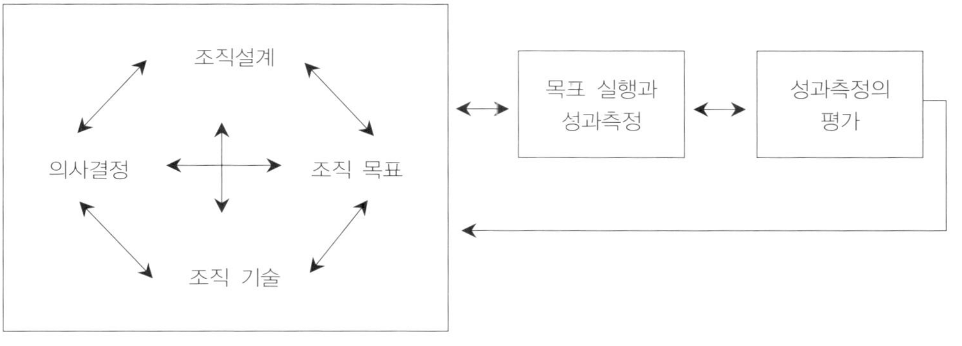

1) 성과지표

성과측정은 계량적인 성과지표(performance indicators)를 활용해 사업의 성과를 분석 평가하는 작업이다. 그러나 각국의 경험에 비추어볼 때 이러한 성과지표를 개발할 때는 사업 성과의 모든 측면을 포함하려고 무리하게 추진할 것이 아니라 중요한 성과에 대한 핵심적 지표를 만들어 내는 데 역점을 두어야 한다. 또한 성과측정의 과정도 될 수 있으면 단순하게 유지하는 것이 중요하다. 선진국에서도 초기에는 비용과 절차 면에 초점을 두고 성과지표를 개발하는 경향이 많았으나, 산출과 결과에 연계되도록 해야 한다. 그리고 개발된 지표는 지속적으로 재검토하면서 다듬어 나가야 하며, 관리자의 역기능적인 행태를 유발하지 않도록 신중하게 선택해야 한다.

목표 설정과 성과측정에서 사용하는 척도로는 전통적으로 투입(input), 산출(output), 능률성(efficiency) 등의 기준이 활용되어 왔으나, 최근에는 전략적 목표의 달성 여부와 관련한 궁극적 결과(outcomes)를 중요시하고 있다. 성과관리에서는 이러한 '산출'과 '결과'의 개념 구분을 이해하는 것이 중요하다. <표 14-1>은 일반적으로 사용되고 있는 성과측정 기준의 네 가지 유형과 적용 예를 보여 준다.

표 14-1 성과측정 기준의 네 가지 유형과 적용 예

유형	용어 정의	예시
투입(input)	일정 기간 사업 수행에 사용된 자원	사용된 인원 수, 장비의 양, 예산지출 금액
산출(output)	일정 기간 수행한 업무 또는 제공된 서비스의 양	복지급여 신청 처리 건수, 근로자 보상 청구에 대한 지급 건수, 직업훈련을 시킨 교육생 수
능률(efficiency)	산출 또는 서비스 단위당 비용(인건비 또는 재료비)	고객 1인당 비용, 평방 마일당 청소에 사용된 장비 비용
결과(outcome)	사업 목표의 달성 정도 또는 고객 요구 충족도	10대 임신율의 저하 비율, 납세자 서비스에 대한 고객만족도 증가율, 직업훈련 수료 이후 실제 취업한 사람의 수 또는 실질임금 상승률

자료: GAO(1994: 11).

이러한 사업의 결과를 측정하는 방법은 국가마다 다르고, 또 부처마다 다양한 기준을 적용하고 있다. 우선 성과의 두 가지 측면, 즉 제공된 서비스의 양과 질을 나타내는 산출(outputs)과 궁극적인 사회적 효과를 나타내는 결과(outcomes)에 대한 인식과 강조하는 정도에 차이가 있다. 뉴질랜드와 영국의 경우 '산출에 대한 책임'과 '결과에 대한 책임'을 엄격히 구별한다. 즉, 장관은 '결과'에 대한 책임을 지는 한편,

관료는 '산출'에 대해서만 책임을 지는 것이다. 반면 호주와 캐나다의 경우 이러한 구분 자체는 인정하지만, 두 가지 책임의 경계가 분명하지 않다. 따라서 성과관리에도 뉴질랜드와 영국의 경우 계량적 표현이 상대적으로 쉬운 산출 측면에 중점을 두고 있는 반면, 호주와 캐나다의 경우에는 산출뿐만 아니라 결과의 측면도 함께 강조하고 있다. 미국의 경우는 가능한 한 객관적이고 측정 가능한 목표치를 설정하되 그것이 곤란할 경우 질적인 설명을 포함하도록 하고 있다(총무처 직무분석기획단, 1997: 155).

각국에서 실제로 많이 사용하고 있는 성과측정의 구체적인 기준으로는 제공되는 서비스의 양과 질(예: 적시성 · 정확성), 능률성, 재정적 목표의 충족 등이 있다. 일반적으로 대민 서비스 중심의 사업에 대해서는 수량 · 질 · 비용 · 능률성 등 '산출'을 기준으로 성과를 측정하는 방법을 발전시켜 오고 있는 한편, 실업자에 대한 재정 보조의 경우처럼 사회적인 효과를 목적으로 하는 사업에 대해서는 '결과' 중심의 측정기준을 활용하려는 경향을 보인다.

또한 대민 서비스의 질을 향상시키기 위해서 시민헌장(Citizen's Charter)이나 서비스 기준(Service Standards) 제도를 추진해 오고 있는 영국 · 캐나다 · 호주 · 미국에서는 적시성 · 정확성 · 신뢰성 · 대응성 · 적용성 · 고객만족도 등 질적인 측면의 성과 기준을 설정해 이를 국민에게 공표하고 있으며, 이러한 서비스 기준의 성취 여부에 대한 결과를 측정해 국민에게 보고하도록 함으로써 행정기관의 성과 책임을 확보하려는 접근법을 채택하고 있다.

2) 성과평가

사업분석 · 평가(program analysis/evaluation)는 사업의 효과성, 즉 사업 목표를 얼마나 달성했는가를 심도 있게 평가하고, 원인-효과 관계를 확인해 특정 수준의 성과를 내게 된 이유를 분석하는 작업이다(OECD, 1995: 36). 그 목적은 사업의 계속 · 확장 · 폐지 · 수정 등의 여부를 결정하는 데 도움을 주자는 데 있다. 이러한 성과측정의 이점 또는 정당성을 정리해 보면 다음과 같다(Osborne & Gaebler, 1992: 146-155).

첫째, 성과측정 그 자체가 하나의 실행 효과를 나타낸다. 미국 매사추세츠 주 복지부에서 사무실별 오류율을 측정한 사례가 좋은 예이다. 즉, 사무실별 오류율을 측정해 이를 공개하여 책임 소재가 명확해지기 시작하자 오류율의 비율이 12개월 만에 23%에서 12%로 감소한 것이다. 다시 6개월 후 감독관별 오류율을 측정하자 그 비율은 8%로 감소했던 것이다. '뉴욕시재단(Fund for the City of New York)'이라는 독립재단은 업무 훈련과 배치, 가정보호 서비스 등의 프로그램 성과에 대한 측정 방법을 개발해 평가한 바 있는데, 이 재단의 이사인 패럴(G. Farrell)은 "공공기관이건 민간기관이건 대규모 조직에서 실적은 측정되기 마련이고 측정된 것은 중요한 의미를 지닌다. 측정 결과는 조직의 행태를 규정하고 이에 영향을 주며 공공정책을 실행 가능하도록 만든다"라고 주장한다. 이렇게 측정 방법을 정하는 것만으로도 많은 조직에 교육적 효과를 줄 수 있으며, 조직 목표를 명확히 해주는 데 기여한다고 볼 수 있다.

둘째, 결과를 측정하면 실패와 성공을 구별할 수 있다. 대다수의 공직자는 여러 프로그램 중 어떤 것이 성공한 것이고, 어떤 것이 실패한 것인지를 알지 못한다. 성과목표에 대한 정보가 없는 상태에서 정치적 고려 하에서 정책결정이 이루어지는 경우가 허다하다. 따라서 결과를 정확히 측정하기 위해서 초기의 목표를 구체화하고 이에 입각해 평가하게 되므로 목표의 성공적 달성 여부를 쉽게 알 수 있게 된다.

셋째, 성공을 구분해 내지 못한다면 이를 적절히 보상해 줄 수 없게 된다. 이렇게 되었을 경우 조직구성원에 대해 다음 번의 프로그램 추진에 대한 성공적 동기부여가 이루어질 수 없게 된다(Hodgetts, 1996: 57). 미국의 서니베일(Sunnyvale)시의 경우 성공적인 관리자를 보상함으로써 생산성을 연 4%씩 증가시켰다. 이는 성과측정을 정확히 했을 때만 가능하다.

넷째, 성공을 적절히 보상하지 않는 것은 실패를 보상하는 결과를 초래한다. 성공을 보상하는 것은 상식적인 일이지만 일반적으로 잘 실행되지 않으며, 오히려 실패하면 더 많은 예산이 주어지는 경우가 많다. 예컨대 범죄율이 높아지면 경찰 예산이 더 많이 배정되는 것 같은 경우이다. 이러한 실패에 대한 보상은 조직구성원으로 하여금 현상 유지에 급급하게 만들며 문제의 근본적 원인을 무시하게 만들고 근본적 활동 프로세스를 개선하는 노력을 경시하게 만든다. 복지정책을 예로 들면, 가난한 사람들에게 제공되는 각종 복지 제도는 대부분 실패에 대한 보상의 예로 볼 수 있다.

왜냐하면 그러한 혜택은 가난한 상태에 그대로 남아 있는 사람에게만 제공되기 때문이다. 미국의 경우 점차로 성과평가를 이러한 빈민 프로그램에 도입하기 시작했다. 예를 들어, 미네소타 주의 '학습요구법안'은 학교 적령기의 10대 미혼모들에게 복지혜택을 받으려면 학교에 출석하도록 요구하고 있다.

다섯째, 성공을 발견할 수 없으면 성공을 통해 배울 수 없다는 점이다. 현대 사회가 요구하는 조직은 학습조직(learning organization)이다(Senge, 1990). 즉, 조직은 계속적으로 새로운 것을 실험하고 효과적인 것과 비효과적인 것을 찾아내고, 경험을 통해서도 학습한다. 그런데 어떤 조직이 결과를 측정하지 않으면 성공하더라도 그것을 발견할 길이 없어지며, 그 경우 조직이 성공을 통해서 배울 수 있는 것은 아무것도 없게 된다. 즉, 결과에 대한 적절한 환류가 없으면 혁신이 일어날 수 없는 것이다. 일찍이 드러커(Peter Drucker)가 충고했듯이 조직에서 혁신을 위한 최대의 기회는 '기대하지 않았던 성공(unexpected successes)'이다. 어떤 제품이나 서비스가 기대 이상으로 부각되면, 필연적으로 중요한 교훈을 배우게 되는 것이고 같은 원리가 정부에도 모두 적용된다.

여섯째, 실패를 인지하지 못하면 이를 시정할 수 없게 된다. 지금까지 행정활동의 결과를 제대로 측정하지 않았기 때문에 관료제 외부에 있는 사람은 어느 누구도 정부가 가치 있는 일을 하고 있는지 여부에 대해 정확히 알 길이 없다. 따라서 결과 중심으로 관리를 할 경우 성과 달성에 대해 정확히 관료조직 내외부의 사람들이 알 수 있게 되므로 프로그램의 성공 여부를 파악하게 되고 성공적이라고 판단되지 않을 경우 이의 즉각적 시정에 나설 수 있게 되는 것이다.

일곱째, 성과를 보여 주어야 정부정책이 지지를 받게 된다. 1990년 미국의 '플로리다 세금감시단(Florida Tax Watch)'이라는 단체가 성과 달성과 대중의 지지도 간의 관계를 가능한 한 밀착해서 조사하기 위해 결성되었다. 이 단체는 지지도를 측정하기 위해 628명의 유권자를 상대로 여론조사를 실시했다. 유권자 중 57%가 주의 교통 체계를 '보통' 또는 '나쁨'으로 평가했다. 그리고 주의회가 개선 비용 조달을 위해 세금을 증액해야 하는가의 질문에 대해 단지 43%만이 찬성했다. 그 이유는 주민 중 2/3가 주정부가 세금의 20% 이상을 낭비하고 있다고 믿기 때문이었다. 그래서 설문 표현을 바꾸어 "플로리다주 교통 당국이 업무 실적을 향상시켰다고 평가될 때에만 의회가 예산 증액을 허용해 준다면 4%의 세금 인상에 찬성합니까?"라고 묻자 이번에는 59%가 찬성했다. 이는 업무 실적과 직결된 예산 배정은 대다수의 국민이 찬성하며, 이러한 확신이 없는 예산 배정은 지지받지 못할 것이라는 사실을 시사해 준다(Osborne & Gaebler, 1992).

제 3 절 성과측정의 한계와 지침

1. 성과측정의 문제점

대부분의 국가에서 경험한 내용을 보면 사업평가 결과 정책 변경이 아무리 중요하다고 인정하더라도, 실제로 매년 예산 지출의 통제 과정에서 사후 평가 결과가 차지하는 역할은 매우 제한적인 것으로 나타났다. 여기에는 다양한 원인이 있을 수 있으나 특히 성과측정의 한계로 인한 어려움 때문일 것이다.

이러한 공공 부문에서의 성과측정의 기술적 어려움을 구체적으로 열거하면 다음과 같다(이선우, 1997: 95-97).

첫째, 객관적 척도의 확보가 어렵다. 누구나 수긍하고 받아들일 수 있는 객관적 평가 기준을 만들기 위해 많은 노력이 있어 왔지만, 각각의 개발된 평정 척도가 나름대로의 장점에도 불구하고 약점도 동시에 내포하고 있기 때문에 공무원이 자신의 성과(실적)평가 결과에 대해 신뢰하지 못하는 상황이 존재해 왔음은 사실이다.

둘째, 공정한 성과평가에 어려움이 있다. 공정한 평가를 위해 여러 가지 방법이 고안되어 왔으나 평정자와 확인자가 조직구성원의 업무 성적을 과연 정확히 평가할 능력과 자격을 갖추었고, 평가 기간 내의 모든 업무 처리 과정과 결과, 업무 결과 나타나는 효과 등을 면밀히 관찰하고 평가할 시간과 열정을 갖고 있는지 의문이다.

셋째, 성과평가의 투명성을 유지하기 어렵다는 점도 들 수 있다. 어떤 기준과 자료에 바탕을 두고 조직구성원에게 특정 평가점수가 주어지는지에 대한 평가 기준을 공개해야 하는데 이것이 제대로 지켜지기 힘들다는 현실적 어려움이 있다.

넷째, 이러한 어려움 외에도 발생된 결과가 사업의 결과인지 다른 외부 요인의 결과인지를 명확히 구분하기 곤란하다는 점도 공공 부문에서의 성과평가를 어렵게 하는 한 가지 요인이 된다. 한 예로서 호주의 경우 공무원이 사업의 결과를 측정하는 데 많은 어려움을 제기하고 있는데, 사업활동으로 인한 효과를 다른 외부 요인으로 인한 효과와 구별해 내기가 쉽지 않기 때문이다(GAO, 1995: 27).

결론적으로 공공 부문에서의 성과에 관한 정보를 활용하는 데는 주관적 가치판단이 사용되므로, 성과측정은 그것이 안고 있는 개념 및 실제상의 한계를 인식하면서 수행해야 할 것이다. 특히 하나의 성과측정 그 자체간으로는 아무런 의미를 가질 수 없으며, 다양한 복합적 · 다면적인 기준에 기초를 둔 다른 부문과의 비교평가를 실시해야 한다. 즉, 성과평가의 핵심적 요소 중 하나는 적절한 벤치마킹(benchmarking)이며, 이러한 벤치마킹을 발전시키는 데에는 성과지표들을 시계열상으로 구성해 보고 또 유사한 다른 조직과 비교해 보는 방식이 필수적이다(OECD, 1995: 36).

2. 성공적 성과측정을 위한 지침

지금까지 살펴본 바와 같이 정부 부문의 성과를 측정하는 것은 여러 가지 문제점이 많다. 그러나 어렵다고 이를 포기할 수는 없는 것이다. 따라서 지금까지 나타난 문제점으로부터 성공적 성과측정을 위한 지침을 이끌어 내는 것은 상당히 의미 있는 일이 될 것이다. 여기에서는 미국 공공 부문의 사례를 중심으로 이러한 지침을 정리하고자 한다. 우선 기본적 사고의 전환이 필요한데, 다음과 같이 두 가지로 정리할 수 있다(Osborne & Gaebler, 1992: 350-354).

첫째, 측정한 산출과 결과 간에는 큰 차이가 난다는 점을 숙지하고 있어야 한다. 즉, 대부분의 관리자는 관리 과정이 얼마나 잘 수행되고 있는지를 측정하는 목록(list)을 뽑아내 산출물의 양을 측정한다. 그러나 이러한 산출이 성과를 보장한다고 볼 수는 없는 것이다. 예컨대, 직업학교에서 많은 학생을 성공적으로 교육시켜 졸업시킬 수 있지만 그 졸업생들이 사회에 진출해 직업을 구하지 못한다면 진정한 성과가 나타났다고 볼 수 없는 것이다. 이는 어떠한 긍정적인 성과가 나타나지 않고도 인상적인 산출이 이루어질 수 있음을 보여 주는 예일 것이다. 이는 행정 프로그램의 성과와 좀 더 광범위한 정책의 성과 간에는 큰 차이가 존재한다는 점과 일맥상통하는 말이다.

둘째, 능률성과 효과성을 측정하는 것에는 커다란 차이가 있다는 점을 망각해서는 안 된다. 능률성은 단위 원가당 얼마나 산출을 하는가에 관련된 문제이다. 효과성은 이러한 산출의 질을 측정하는 것으로, 효과성을 측정하면 투자 가치가 있는지를 알 수 있다. 더 이상 해서는 안 되는 일을 능률적으로 한다는 것만큼 어리석은 일도 없을 것이다. 그런데 흔히 정부 부문의 성과를 측정할 때 측정의 용이성 때문에 능률성의 측정에 치우치는 감이 없지 않아 있다. 그러나 정부가 과도하게 단위당 작업 원가를 강조하면 이를 무리하게 추진해야 하는 공무원의 지적 능력이나 기술은 떨어지기 쉽다. 아울러 국민은 능률적인 정부를 원하지만 더 효과적인 정부를 원한다는 것도 유념해야 한다.

지금까지 살펴본 전제에 바탕을 두고 오스본과 게블러(Osborne & Gaebler, 1992: 355-359)는 다음과 같이 성과측정의 지침을 제시하고 있다.

첫째, 양적·질적 분석을 병행해야 한다. 공공 부문에는 특히 양적으로 평가할 수 없는 성과도 상당수 있다. 양적 평가가 가능한 것도 있지만 그 측정 방법이 측정하고자 하는 사업에 적합한 방법인지에 대해 아무도 확신할 수 없다. 이러한 이유로 인해 양적 측정과 질적 평가를 결합시키는 것이 중요하다.

둘째, 부풀리기(creaming)에 주의해야 한다. 이는 실질적인 효과성을 추구해야 한다는 의미이다. 만약 1천 명의 실업자를 취업시켜야 한다고 했을 때 취업시키기가 용이한 1천 명을 찾아내 훈련시켜서 곧 그만둘 가능성이 높은 열악한 일자리를 얻어주면 아무런 실질적 의미가 없다.

셋째, 강력한 저항을 예상해야 한다. 성과측정은 경쟁력이 없는 조직이나 조직구성원들에게는 혐오의 대상이 될 수 있다는 점을 기억해야 한다.

넷째, 올바른 측정 방법을 개발하는 데 많은 사람을 참여시켜야 한다. 왜냐하면 부적절한 방법을 가지고 측정을 할 경우 저항을 유발하고, 사기를 저하시키며, 속임수나 부풀리기를 조장하게 되기 때문이다.

다섯째, 매년 측정 수단 및 결과를 검토하고 수정해야 한다. 완벽한 측정은 존재하지 않고 단지 최대 근사치만이 존재하기 때문이다.

여섯째, 적절한 양의 측정이 필요하다. 어떤 조직이 너무 적은 측정을 한다면 모든 목표를 반영시키지 못할 것이며, 반면 너무 자주 측정된다면 측정 능력이 약화된다. 즉, 조직구성원은 무엇을 우선시할지 혼동을 일으키게 되고, 관리자는 세부적 자료와 통계에 압도될 것이다.

일곱째, 잘못된 동기부여에 유의해야 한다. 앞에서 보았듯이 부적절한 성과측정은 부풀리기를 조장한다. 이를 피하기 위해 조직은 현명한 제공자들이 얼마나 반응할 것인가를 예상하면서 측정하기 전에 새로운 측정법을 시도해 보아야 한다.

여덟째, 정치적으로 독립되어 있고 공정한 기구가 측정해야 한다. 자료의 객관성 유지가 무엇보다 중요하기 때문이다.

아홉째, 성과자료를 최대한 이용하는 데 초점을 맞추어야 한다. 정부의 관리자는 정치적 압력 등 여러 요인 때문에 성과평가 정보를 충분히 활용하지 못할 가능성이 농후하므로 이를 보완하고 자료를 관리에 반영할 수 있도록 해야 한다.

제 4 절 성과관리와 균형성과표(BSC)

1. 균형성과표(BSC)의 의의와 관점

1) BSC의 개념

BSC(Balanced Scorecard: 균형성과표)는 1992년 캐플란(Robert S. Kaplan)과 노튼(David P. Norton)이 공동으로 개발한 것으로 성과평가의 수단으로 제안된 것이다. 이들은 재무, 고객, 내부 프로세스, 혁신과 학습이라는 네 가지 시각으로 구성된 지표를 제시하고 조직의 전략적 목표를 일련의 성과지표로 전환시킬 수 있는 종합적 틀로 BSC를 체계화했다. 캐플란과 노튼은 BSC가 조직관리자가 조직 내에서의 상호관계를 이해하도록 지원하며, 목표 달성을 위한 기능적 장애 요인을 파악하게 함으로써 의사결정과 문제 해결 능력을 향상시킨다고 주장한다.

한편, 우리나라에서는 1990년대 중반에 도입되어 2000년대부터 도입 조직의 수가 크게 늘어나고 있는 추세이다. 이를 도입한 조직들은 KT, 포스코, 한국타이어, SK텔레콤, 금호그룹, 대림정보통신, 전북대병원, 해양경찰청 등 제조업 및 서비스업과 비영리조직, 공공 부문에 걸쳐 다양하다. 그러나 이들 조직의 상당수가 BSC의 본질을 제대로 이해하지 못하고 있으며, BSC의 핵심 도구인 전략지도(strategic map)를 적절히 활용하지 못하는 상황이라고 평가받고 있다(신홍철 · 김육덕, 2003: 2).

2) BSC의 네 가지 관점의 이해

BSC는 미래를 내다보며 재무, 고객, 학습과 성장, 내부 비즈니스 프로세스라는 기업 활동에서 기본 관점을 중시하여 관리해 나가는 시스템이라고 평가할 수 있다. [그림 14-2]의 네 가지 관점은 독립적으로 전재하는 것이 아니라 전략적 관점에서 서로 유기적으로 연계되어 있다.

[그림 14-2]의 이해를 위해 [그림 14-3]을 상술해 보면, 네 가지 관점은 상호 연계하며 균형을 유지하고 있다(이재실 · 김선엽, 2004: 38-39).

그림 14-2 캐플란과 노튼의 BSC 네 가지 관점

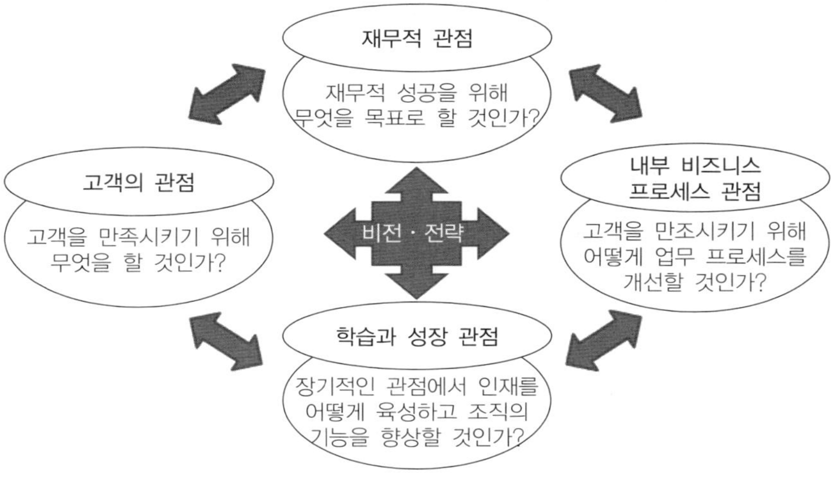

그림 14-3 BSC 네 가지 관점의 연계와 균형

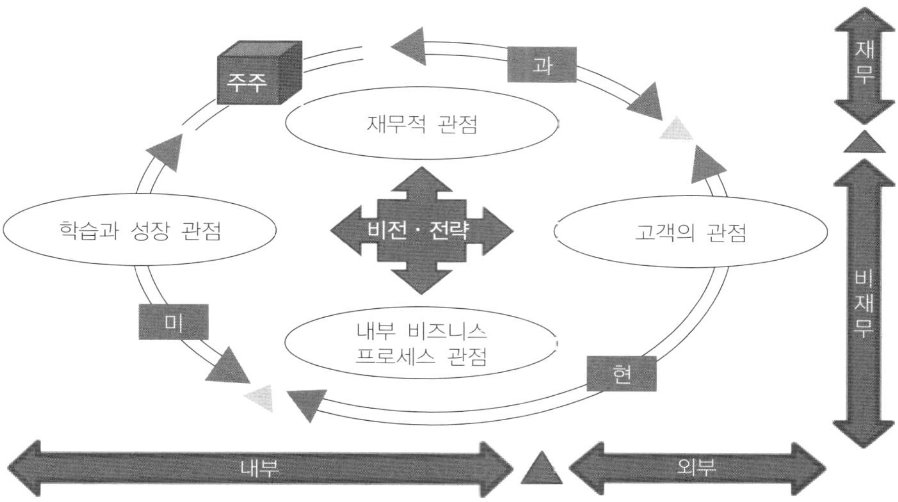

예를 들어 연계의 의미는 이익률을 높이기 위해서는 고객을 만족시키고 계속적인 지지를 얻어야만 한다. 그러기 위해서는 영업, 생산, 고객 불만에 대한 대응 등 내부 비즈니스 프로세스를 상시 개선할 필요가 있고 고품질의 제품이나 서비스를 제공할 필요가 있다. 그리고 이를 위해서는 학습과 성장 관점에서 종업원의 기술, 동기 등을 고양하는 인재 육성의 시스템이나 인사 제도가 필요하다. 이러한 전략의 연계를 의식적으로 관리할 수 있는 것이 특징이다.

또한 균형의 의미는 네 가지 관점이 몇 개의 포인트에서 상관 관계가 있다. 재무와 비재무, 기업 내부와 외부, 과거와 현재 · 미래 등이며, 이것들은 상호 연관되지 않으면 안 된다. 외부와 내부라는 것은 고객(외부)으로부터 만족을 얻기 위해 과도한 서비스를 하면 업무(내부)가 복잡해지고 과대한 비용이 들며, 이에 경영의 균형 판단이 필요한 것이다.

2. BSC의 구축 및 운영

대부분의 BSC에 의한 관리는 구체적으로 [그림 14-3]과 같은 절차를 통해 이루어진다. 우선 기본적으로 SWOT분석 등 환경분석을 실행하는 것이 바람직하다. 그리고 이를 기초로 자사의 비전(미래상)과 전략을 책정한다.

그 다음에 책정한 비전이나 전략에 근거해 BSC의 네 가지 관점에서 전략 전개의 구체적 작전을 세워 나간다. 이 과정이 BSC의 핵심적인 부문이라고 할 수 있다. 이때 전략지도라고 불리는 전략 목표 간의 연계(인과 관계)를 명시하는 도표를 작성한다. 그리고 이것을 통해 일상 업무로서 의식할 수 있는 목표로 현실화한다. 구체적으로는 중요 성공 요인(CSF)을 고려해서 이것을 실현하기 위해서는 어떠한 지표로 측정할 것인가, 즉 주요 평가지표(KPI)를 설정한다. 동시에 어느 정도, 언제까지 실행할 것인가라는 평가 기준을 결정하는 것이 중요하다. 이것을 달성하기 위한 구체적인 활동계획도 검토해서 BSC의 기본표를 작성한다.

다음은 BSC 기본표에 기술한 목표를 달성해야 하는 전략을 추진 · 실행한다. 적어도 월차 베이스로 검증해 가는 것이 필요하다. 마지막으로는 결과의 분석과 평가이며, 다음 연도에 검토해야 할 항목이 또한 여기에서 결정된다.

이러한 반복에 의해서 전략을 확실하게 실행할 수 있는 체제를 구축해 간다. BSC는 전략을 책정하고 추진해 결과를 평가할 수 있는 시스템이다. 전략을 설명할 수 없으면 전략의 실행 등도 불가능한 것이다. BSC는 일관된 통찰에 의한 방법으로 전략을 설명하고 전달하기 위한 구조를 제공해야 한다. BSC를 종래의 목표관리나 성과관리와 비교해 보면 회사의 성과를 올리고자 하는 의도는 같지만, 비전 · 전략 등 최고경영자의 업무에서부터 일상 업무까지 일관된 관점으로 관리할 수 있는 시스템이라는 것이 BSC의 장점이다.

3. BSC의 공공 부문 도입

BSC는 원래 민간기업을 위해 개발된 기법이지만 개발 초기부터 공공기관으로부터 주목을 받아왔다. 미국 연방정부의 경우 고어(Al Gore) 전 부통령 하에서 추진되어온 국가업적보고서(National Performance Review: NPR)의 일환으로서 연방조달 시스템의 평가를 시작으로 해서 BSC가 활용되었다. 민간기업을 대상으로 설계된 BSC는 공공 부문에 적용하기 어려운 점도 있기 때문에 도입에 어려움을 겪는 기관이 있는 것도 사실이다. 공공 부문에서도 효과를 발휘하기 위해서는 다음과 같은 정책적 방안을 적용할 필요가 있다.

첫째, 목표의 명확화가 요구된다. 기업조직의 BSC는 재무의 관점을 최종 목적으로 구축된다. 이에 비해 공공 부문의 경우 재무는 제약 조건의 하나이며 서비스 측면에서 고객만족도 또는 조직 비전 중에서 어느 것인가를 최종 목표로 삼아 구축할 필요가 있다.

둘째, 기존 시스템과 연계가 필요하다. 많은 공공기관에서는 종합계획, 사무사업 평가 시스템, 재정평가 시스템, 성과평가 시스템 등 기존의 계획·평가 시스템을 가지고 있는 경우가 많다. BSC를 도입할 때는 이러한 기존 시스템과의 관계를 충분히 정리해 그 효과를 향상시키는 정보 공유의 단층화로서 자리매김을 명확하게 해야만 한다. 즉, 기존 시스템의 발전형으로서 BSC를 구축하는 것이 중요하다.

셋째, 정보 시스템의 구축이 필요하다. 지자체 등 공공기관의 업무로서 사무작업은 매년 수천 건에 이르며, 또 관련 조직 수도 아주 많다. 이러한 사무사업, 조직에 관한 기초 데이터를 활용하기 위해서는 데이터의 종합화나 문제점의 검색을 가능하게 하는 데이터베이스로서 BSC를 구축할 필요가 있다. 그리고 정보 공유의 단층구조로서 기능시키기 위해 인트라넷과 연결시킨 시스템을 갖추는 것이 중요하다.

넷째, 지속적인 관리가 요구된다. BSC는 전략과 일상 업무를 연결해서 성과평가(과거의 결과)가 아닌 전략 추진 평가(미래를 향한 평가)를 행하는 점이 큰 특징이다. 그러므로 초기 시점의 구체적인 목표와 그 달성 수준을 결정해 놓는 것이 중요하다. 특히 관리자가 관리하고자 하는 중요한 일이 망라되어 있는 구조적 요소로서 네 가지 관점의 연계와 균형의 유지관리가 필수적이며, 전략을 일상 업무에 연결해서 항시 그것을 추적하는 계속적인 활동을 추구해 나가는 행동적 요소가 BSC의 필수 사항이라고 할 수 있다.

제 5 절 성과관리의 적용 방향

성과관리를 추구하는 각국의 경험을 고찰해 보면 성과를 측정하는 데 상당한 기술적 어려움을 겪어 왔으며, 적정한 성과지표의 개발에도 만족한 성과를 거두고 있지 못한 것으로 판단된다. 그러므로 이와 같은 공공 부문에서의 성과측정이 가지는 제한점을 고려해 볼 때, 우리나라에서 성과관리를 정착시키기 위해서는 다음과 같은 몇 가지 제안은 매우 유용한 것으로 판단된다(오세덕, 1998: 24-25).

첫째, 성과 목표와 지표를 개발해 나가는 데 구성원들의 참여와 합의를 바탕으로 결정하는 것이 중요하다. 왜냐하면 타율적인 성과관리는 조직구성원으로 하여금 표리부동의 기회주의적 행태를 보이게 만들 것이기 때문이다.

둘째, 성과 척도가 모호하거나 찾아내기 어려울 경우에는 고객 및 구성원을 상대로 한 만족도 조사 등을 통해 조직의 건강 및 취약 상태를 평가해 보는 실험이 필요하다. 즉, 정확한 조직진단(organizational diagnosis)이 선행되어야 한다는 것으로서, 이것이 정확히 이루어져야 더욱 정확하고 구체적인 조직상이 도출될 수 있기 때문이다.

셋째, 종합적인 성과관리 체제가 아직 제도화되어 있지 않은 경우 모든 사업에 대한 사업평가를 시도하기보다는 평가의 수를 제한해 선택적으로 실시해 보는 것이 효과적일 수 있다. 부분적 활용이 성공적으로 완수되었을 때 전면적 시행을 시도하는 점진적 접근 방법이 유용할 수 있다.

넷째, 성과정보를 판단하고 이를 사용할 때 비난과 문책을 위한 부정적인 방식보다는 문제를 해결하기 위한 긍정적인 방향으로 활용하도록 신중을 기해야 한다. 평가의 궁극적 목적은 성과의 향상에 있기 때문이다.

성과관리는 조직과 개인 목표의 구체화, 명확한 책임 배분, 목표의 설정, 적절한 유인(incentive)의 제공, 성과의 객관적 측정 및 평가, 필요한 사후관리 조치 등이 확립되어야 소기의 기능을 수행할 수 있는 제도이다. 그런데 공공 부문의 특성상 이러한 조건을 완전히 구비하기란 어려운 점이 많다. 이러한 여러 가지 한계에도 불구하고 신뢰할 수 있는 성과관리 체제를 정착시켜 나가는 것이야말로 절차와 규정 준수에 치우친다고 비판받고 있는 공공 부문을 성과와 결과 지향으로 바꾸어 나가는 데

결정적으로 필요한 작업이다(오세덕 · 여윤환, 2000: 493).

결론적으로 공공 부문의 성과 개념을 재정립하고 새로운 측정 모형을 개발해 이를 중심으로 공공 부문을 관리하는 것은 공행정의 기능과 임무에 비추어 큰 의의가 있다. 특히 공공 부문의 상대적 역할과 비중이 매우 큰 우리나라 행정의 전반적 성과를 향상시키기 위해 앞으로 최적의 적용 모형을 개발하는 데 노력을 기울여야 할 것이다.

PART
5

변화와 혁신관리

CHAPTER

15 변화관리

제 1 절 조직 변화의 의의

1. 조직 변화의 개념

조직 변화(organizational change)는 그 자체로서는 중립적인 개념이다. 변화라는 것이 항상 바람직한 방향으로만 일어나는 것이 아니기 때문이다. 그러나 여기에서 다루는 변화란 계획적 · 의도적 변화로서 조직을 현재보다 개선된 상태로 바꾸기 위한 노력이라고 할 수 있다. 그러므로 조직에서의 변화관리(change management)란 조직을 쇄신하고 개선해 나감으로써 조직의 생존력을 높이고 나아가 발전을 도모하는 관리 노력이라고 할 수 있다(Luftman, 2004: 263).

이와 같은 변화의 대상으로는 조직구성원, 기술, 조직구조, 조직 업무 등 다양하다(Hellriegel & Slocum, Jr., 1996: 691). 이러한 대상에 따라 업무 · 기술적 접근법, 구조적 접근법, 행태적 접근법 등으로 변화의 접근법을 구분할 수 있다(Lussier, 1996: 381-382). 그런데 일반적으로 이 중 어느 하나만을 사용하기보다는 이들을 종합적으로 사용하는 종합적 접근법을 시도하게 된다(오세덕 · 이명재 · 임영제, 2004: 329).

조직 변화를 관리하는 개념과 유사한 것으로는 조직혁신, 조직개혁, 조직동태화, 조직 발전 등을 들 수 있다.

첫째, 조직혁신과 조직개혁은 같은 개념이라고 볼 수 있는데, 이것은 계획적이고 의도적인 조직 변화, 즉 현재의 환경 속에서 그 조직의 생존과 발전을 도모하는 관리 정향을 주로 의미한다. 혁신은 제도 혹은 관행이라고 일컫는 역할의 패턴을 변경하는 것이다(Merritt, 1985: 20; 이혜영, 2006: 129). 따라서 조직혁신은 조직의 핵심적 임무에서 독창적이고 근본적인 변환을 의미한다고 할 수 있으며(Behn, 1997: 7), 조직 성과 또는 효과성을 제고하기 위해 수행되거나 조직의 타성을 극복하기 위해 수행된다(이혜영, 2006: 131).

둘째, 조직동태화는 고정되고 경직화된 조직을 환경 변화에 신축성 있게 적응해 문제를 해결하고 쇄신과 창의성을 도입·활용해 나가는 과정을 의미하며, 조직 발전(OD)은 조직혁신의 한 가지 방법으로서 주로 인간적 측면의 개선을 통해 조직의 건강성과 효과성을 높이려고 시도하는 전략 혹은 기법이라고 볼 수 있다.

2. 조직 변화의 특징

오늘날 조직을 둘러싼 환경이나 조직 내에서 발생하는 변화는 잠행성·불연속성·총체성을 띤다. 이들을 자세히 설명하면 다음과 같다(김봉식, 1995: 17-117).

오늘날 조직이 직면하는 변화의 첫 번째 특징은 잠행성이다. 오늘날 나타나고 있는 대부분의 변화는 오랜 기간 동안 잠행하고 있다가 어느 시점에 이르면 가속력이 붙고 걷잡을 수 없는 기하급수적 결과를 보이는 양태를 갖고 있다. 또 그것이 미치는 영향의 범위나 심도도 넓고 크기 때문에 이를 올바로 이해하고 설명하는 것이 쉬운 일이 아니다. 이러한 변화의 잠행적 성격을 설명하는 노력의 일환으로서 지수적 성장 개념이 사용되고 있다. 이는 기하급수적 성격의 급격한 변화도 시초에는 눈에 띄지 않을 정도로 완만한 속도로 이루어지다가 일정한 시점에 도달하면서 맹위를 떨치는 현상을 지칭한다.

변화의 또 다른 특성은 불연속성이다. 불연속적 변화는 첨예한 대립과 강도 높은 긴장 상황 속에서 균형이 파괴되고 안정이 깨어져 질서가 문란하게 되는 현상이다. 따라서 이러한 무질서한 상황에서 적절히 대처하는 불연속관리가 중요한 의미를 갖게 된다. 예를 들어, 기존의 기술과 새로운 기술 간의 단절 현상이 일반화되었는데, 이에 따라 기존의 기술이 언제 그 수명을 다하게 되고 이를 계승할 새 기술이 언제

쯤 나타나게 될 것인가를 미리 예측하고 여기에 대비하는 일이 조직 활동의 성패를 가름하는 중요한 척도가 된 것이다.

변화의 총체성 역시 변화의 주요 특성이라고 할 수 있다. 총체적 변화(holistic change)란 조직환경이 개별적・독립적・단편적 사물의 취합으로 이루어진 혼성체가 아니고 제일적(齊一的)인 법칙에 의해 규율되고 있는 질서잡힌 총합체의 성격을 띠고 있다는 인식을 바탕으로 하는 개념이다. 따라서 변화 및 변화에 연결되어 파생되는 모든 문제나 쟁점은 체계적인 관점에서 접근해 이들 문제와 쟁점 상호간에 설정되어 있는 유기적인 관계를 밝히려고 할 때 그 해결 방안을 더 쉽게 찾아낼 수 있다는 것이다.

3. 조직 변화의 유형

조직 변화의 유형은 속도와 폭 및 조직구성원의 참여 여부 등에 따라 그 유형을 구분할 수 있다. 관리자가 어떠한 유형을 택할 것인지는 상황과 조직의 특성을 고려해서 합리적으로 판단해야 할 것이다.

첫째, 변화의 속도와 폭에 따라 점진적 변화와 급진적 변화로 구분할 수 있다(임창희, 2010: 376-378). 점진적 변화란 조직전략이나 조직구조 등 근본적인 체제는 그대로 둔 채 환경이 변하는 대로 적응해 가면서 변화를 추구하는 방법이다. 즉, 조직의 균형을 유지하기 위해 지속적으로 개선하는 것이며, 조직의 일부분에서 변화가 발생한다(Daft, 2013: 430). 반면 급진적 변화는 조직의 구조와 전략을 근본적 차원에서 폭넓고 빠르게 변화를 시도하는 방법이다. 업무 프로세스를 근본적으로 바꾸는 리엔지니어링(reengineering), 리스트럭처링(restructuring), 조직 목표나 전략의 개편 등이 여기 속한다.

둘째, 변화의 시기에 따라 반응적 변화와 예측적 변화로 구분할 수 있다(김인수, 2007: 480-481). 반응적 변화는 외부 환경 변화나 특정 사건이 일어난 후 이에 대응하기 위한 조직 변화를 의미하며, 사후적 변화로 볼 수 있다. 예측적 변화는 미래에 예상되는 환경 변화에 미리 대비하는 것이 바람직하다는 판단 하에 미래 지향적으로 조직을 변화시키는 것으로 사전적 변화라 할 수 있다.

셋째, 변화에 대한 구성원의 참여 허용 범위에 따라 참여적 변화와 강압적 변화로 구분할 수 있다(임창희, 2010: 379-381). 구성원의 자발적 참여를 장려하면서 변화를 시도하는 것이 참여적 변화이다. 변화에 대한 필요성과 변화의 대상을 구성원이 결정하도록 하거나, 구성원 전체에게 토의시키고 변화 과정을 상세히 설명하면서 진행해 나가는 방식이다. 그런데 참여적 조직 변화는 완전히 새로운 패러다임이 요구되는 경우 한계를 보이게 된다. 이 경우 조직 상층부에서 이상적인 변화모형을 만들어 일방적으로 추진하는 것이 더 효과적일 수도 있다. 또 변화는 관련자들 간의 이해관계의 조정이 필요한 경우가 대부분인데 이 경우 관리층의 권위적인 명령이나 강압적 변화가 더 효과적일 수 있다. 강압적 변화는 이렇게 대폭적인 변화가 요구되고 급진적 변화가 요구될 때 및 구성원의 이해관계가 충돌해 이를 대화와 협상을 통해 조정하기가 곤란한 경우 유용하게 사용할 수 있는 방법이라고 볼 수 있다.

4. 조직변화이론의 전개

조직이론의 발달과 함께 조직 변화의 이론도 많은 발전을 보이고 있는데, 이를 간략히 정리하면 다음과 같다(박광량, 1994: 15-17).

첫째, 총체적 혁신론(large-scaleed change)을 강조하고 있다. 초기 조직 변화의 노력들은 개인이라든가 집단 단위의 변화, 업무재설계 활동, 분임조(QC) 활동, 팀제 운영 등 미시적이고 부분적인 변화에 초점을 맞추었으나 최근에는 조직의 변화는 전체 체제 수준에서 일시에 복합적으로 전개되어야 한다는 총체적 혁신론으로 옮겨가고 있다. 이러한 추세는 최근에 조직행동론(organizational behavior)에서 거시적 변수가 부각되는 것과도 관련이 있다.

둘째, 한계적 조직적응론을 강조한다. 최근의 또 하나의 추세는 조직 자체의 관성, 역사적 경험의 영향력, 환경의 제약성과 중요성, 변화의 불확실성과 모호성, 의도하지 않았던 변화 등의 영향을 받아 과거의 의도적·계획적 변화로서 조직혁신론 자체가 한계적 조직적응론으로 옮겨가고 있는 것이다.

셋째, 조직학습론과의 연계를 강조한다. 최근 들어 조직 변화와 조직학습(organizational learning) 간의 연계 연구가 활발히 이루어지고 있다. 이러한 추세에 따라

학습조직(learning organization)의 개념이 불확실성이 높은 현재의 조직환경에서 이상적인 조직모형으로 부각되는 경향이 있다. 학습조직이란 "격변하는 외부 환경에 대처하기 위해 조직구성원이 새로운 지식을 창조·습득·전파하는 체계적 활동을 통해 조직의 문제 해결 능력을 신장시킴은 물론 미래의 비전 및 관리전략을 체계적으로 정립하는 조직"이라고 할 수 있다. 이러한 조직변화이론과 조직학습이론과의 연계는 그동안 전개되어 오던 몇 가지 조직변화이론을 둘러싼 쟁점을 해소하고 새로운 조직 변화 이해의 패러다임을 제시하고 있다.

이와 같은 조직 변화 연구의 변화를 역사적 관점에서 요약하면 미시적 변화에서 거시적 변화로, 점진적 변화에서 급진적 변화로, 예측적 변화에서 역동적 변화로 관점의 전이가 있었다고 볼 수 있다. 또한 학습조직모형에서 볼 수 있듯이 끊임없는 자기 변화 자체의 중요성이 강조되는 추세라고 할 수 있다.

제 2 절 조직 변화의 접근법

1. 구조적 접근법

1) 구조적 접근법의 주요 내용

조직 변화의 주요한 접근법인 구조적 접근법(structural approach)은 조직의 구조적 요인을 주요 대상으로 하는 접근법으로서 책임의 명확화, 통솔 범위의 재조정, 분권화의 확대, 의사결정권의 재검토, 커뮤니케이션 통로의 수정 등을 통해 조직을 변화시키려는 것이다(Short, 1973: 53-61). 구조적 접근법을 구체적으로 나누어 설명하면 다음과 같다(박연호·오세덕, 2001: 348).

첫째, 전통적 접근법이 있다. 이는 이상적 구조를 가진 조직은 그 업적도 올라간다는 사고 방식이다. 구체적으로는 통솔의 범위, 권위와 책임 영역의 명확한 구획을 강조한다. 이 접근법에 내재된 가치는 질서·규율·체제의 안정, 권위의 수락, 계층제에 의한 조정, 일관성 등이며 갈등의 존재는 용납되지 않는다.

둘째, 공학적 접근법이 있는데, 이는 굴드너(Alvin W. Gouldner)가 주장한 접근법이다(Gouldner, 1956: 173-181). 업무 수준의 향상을 위해서는 인간 행동을 수정하지 않으면 안 되고 이러한 인간 행동의 수정을 위해서는 구조(작업의 흐름에서 구조적 변수)를 수정하지 않으면 안 된다고 주장한다.

셋째, 의사전달망 접근법이 있다. 글랜저(Glanzer)와 그레이서(Graser) 등이 주창한 것으로서 의사전달망을 어떻게 형성하는가가 일상적(routine) 업무와 비일상적 업무 수행의 수준을 결정한다고 보고, 업무의 유형에 따라 이에 맞는 의사전달 구조가 각각 상이하다고 생각한다. 즉, 일상적·반복적 업무에서는 집권화된 의사전달 구조가 능률 향상에 기여하며, 비일상적·비반복적 업무에서는 개방되고 다양한 의사전달망과 통로 및 구성원 간의 분업화 수준이 낮은 것이 더 효과적이라는 것이다.

2) 구조적 접근 방법의 문제점

구조적 접근 방법의 문제점으로는 다음과 같은 것을 지적할 수 있다.

첫째, 행정조직의 구조·기술·절차의 변동에만 치중하고 인간적 요인을 과소 평가하고 있다.

둘째, 조직의 동태적 성격과 환경적 요인을 충분히 고려하지 않고 있다.

셋째, 구조와 기능 및 제도와 실제 간에 심한 괴리 현상을 나타내고 있는 후진국에는 충분한 실효성이 없다.

2. 관리·기술적 접근법

1) 관리·기술적 접근법의 주요 내용

관리·기술적 접근법(managerial and technological approach)은 과학적 관리법과 관리과학의 기법을 활용해 업무 처리·의사결정의 합리화를 추구하는 방법이며, 행정사무 관리의 개선에 주요 목표를 두는 방법이다.

첫째, 과학적 관리법은 1900년대부터 시작해 업무측정 기법의 개발과 함께 촉진되었다. 이것은 주로 육체노동 분야에 관해 인간적 요소를 제거하고 생리적 요소만을 대상으로 개발되었고, 직무분석과 평가, 문서 양식과 처리 절차, 원가계산, 급여 계산, 행정사무의 전산화, 시간동작 연구, 사무실 배치 연구 등도 이 접근법과 관련된다.

둘째, 관리과학은 계량적 모형을 사용하는 OR(operation research), 관리정보 체계(MIS) 등을 활용해 조직 내의 과정 또는 일의 흐름을 개선하려는 방법(process or work flow approach)이다. OR의 기법을 적용해 해결할 수 있는 과정적 문제의 예로는 재고관리, 자원 배분, 우선순위 결정(sequencing) 등을 들 수 있다. 관리정보 체계를 활용할 때 자료 처리를 신속화하고 조직 전체에서 필요로 하는 정보의 통합적 관리가 가능하게 됨으로써 정보 유통의 효율화를 기대할 수 있다. 즉, 조직 내의 계층이나 각 단위 간에 존재하는 장벽을 제거하고 의사결정에 필요한 정보를 조직 전체에 원활하게 공급할 수 있다.

2) 관리 · 기술적 접근 방법의 문제점

관리 · 기술적 접근 방법의 문제점으로는 다음과 같은 것이 있다.

첫째, 양적 모형을 사용함으로써 현실 세계를 지나치게 단순화하고 너무나 많은 연관 조건을 아는 것을 가정하거나 주어진 상수로 가정한다는 것이다. 계량적 모형은 기계적 모형이기 때문에 그 이용처를 적절히 제한해야 할 것이다.

둘째, 전산화된 관리정보 체계의 도입은 전통적 정보 체제에 근본적인 변화를 초래할 뿐만 아니라 인적 · 구조적 요소에도 상응하는 변화를 요구한다. 조직 참여자의 업무 내용, 구성원의 기술과 태도 등이 새로운 관리정보 체계에 적합하게 변화되지 않으면 그 목적하는 바를 제대로 달성하기 어렵다.

3. 행태적 접근법

1) 행태적 접근법의 주요 내용

행태적 접근법(behavioral approach)은 조직구성원의 행동과 가치관 등을 변화시킴으로써 조직의 계획적 변화를 추구하는 방법이다. 즉, 인간 행동의 변화를 통해 새로운 기법을 창의적으로 개발할 수도 있고 조직의 구조도 변화시킬 수 있다고 본다.

이렇게 함으로써 궁극적으로는 조직의 업무 수행 수준도 높이고 개인의 성장과 자아실현도 기할 수 있다는 것이다. 이 접근법은 집단역학(group dynamics), 소집단론(small groups), 인간관계론(human relations)을 배경으로 성립되었다.

행태적 접근법은 조직 발전(OD)이론에 적용되고 있다. 조직 발전은 조직의 인간적 측면에 착안해 인간의 잠재력을 최대한으로 개발함으로써 조직 전체의 혁신을 도모하려는 접근법이며, 응용행태과학에 의존한다.

2) 행태적 접근법의 문제점

행태적 접근법의 문제점으로는 다음과 같은 네 가지를 들 수 있다.

첫째, 행정조직은 사기업과 달리 상대적으로 공식적 · 계층제적 성격이 강하고 법적 규제를 받으므로 비공식적 · 감정적 · 정서적 측면에 치중하는 이 방법의 전면적인 적용은 어렵다.

둘째, 인간 행태의 변화는 짧은 기간에 이루어지기 힘들다. 따라서 행태적 접근법을 이용한 변화 노력에 제한이 있을 수 있다.

셋째, 자유로운 의사소통이나 참여 의식이 불충분하고 권위적인 행정문화가 지배적인 국가에서는 애로가 많다.

넷째, 행태과학에 관한 연구나 지식이 많이 요구된다는 점에서 제약이 따른다.

지금까지 세 가지 접근법에 대해 검토했으나 우리는 종합적 접근법의 입장을 취하는 것이 바람직하다고 생각된다. 구조적 접근법이 비록 과거의 전통적 이론을 배경으로 한다고 해서 간과할 수 있는 것도 아니며, 관리 · 기술적 접근법의 효용성도 부인할 수 없는 것이다. 또 행태적 접근법이 아무리 강조된다 하더라도 그것만을 독립변수로 취급할 수 없다. 그러므로 구조 · 과정 · 인간 · 환경을 종합적으로 고려하는 종합적 접근법의 입장을 취하는 것이 필요하다.

제 3 절 조직 변화의 단계와 담당자

1. 조직 변화의 단계

조직 변화의 단계는 여러 가지로 설명될 수 있으나 여기에서는 레빈(Kurt Lewin)의 이론을 중심으로 설명하겠다. 레빈은 조직 변화의 과정을 해빙(unfreezing), 변화(changing), 재결빙(refreezing)의 3단계로 나누어 설명하고 있다(Lewin, 1947: 5-41).

1) 해빙 단계

이 단계는 태도 변화의 필요성을 인식하는 단계로서 변화를 수용할 마음의 준비 단계이다. 다시 말해서, 변화의 필요성을 인식시키기 위해 얼음을 녹이듯이 개인의 태도와 감정을 누그러뜨리는 단계이다. 이러한 해빙 단계에서 구성원은 자신들의 폐쇄적 관점, 불신적 태도, 안일한 과업 수행 등 고정된 기존 가치 의식과 행동 경향에 대해 자신의 인식도를 높이게 된다(박연호, 1998: 477).

2) 변화 단계

이 단계에서는 새로운 패턴으로의 변화를 위해 순종(compliance), 동일화(identification), 내면화(internalization)가 나타난다. 순종은 보상을 기대하거나 처벌을 회피하기 위해 타인이나 다른 집단의 영향력을 수용하는 것이다. 동일화는 타인이나 다른 집단과의 관계에서 타인의 행동에 대해 만족하거나 자아상(自我像, self-image)과 합치된다고 보고 수용하는 경우이다. 내면화는 타인의 가치관을 받아들여 자신의 행동을 변화하려는 경우에 나타난다.

3) 재결빙 단계

재결빙 단계는 타인으로부터 새로이 획득한 태도나 지식, 행동이 개인의 성격에 고정되는 단계이다. 이 단계에서 평가는 중요한 요소이다. 평가를 하게 됨으로써 변화의 손익에 대한 자료를 제공하고 체계적인 변화를 지속해 나갈 수 있게 되기 때문이다(박연호, 1998: 477). 관리자는 이때 습득된 새로운 행동 유형이 시간이 지나도 소멸되지 않도록 충분히 배려해야 한다.

2. 조직 변화의 담당자

계획적 · 의도적 조직 변화, 즉 조직혁신의 담당자는 혁신자(innovators)라고 할 수 있는데 이는 조직혁신을 주도하는 사람들을 말하며, 착상자(initiator), 창도자(advocator), 채택자(adaptor)를 포함하는 의미로 사용된다. 이러한 혁신담당자의 자격으로서 요청되는 것은 현상에 만족하지 않고 언제나 비판적인 입장에서 분석을 정확히 하는 발전지향성을 지녀야 한다는 점이다(Bennis, 1969: 39).

1) 착상자

혁신에 관한 새로운 아이디어, 새로운 개념, 새로운 방법, 새로운 행동 양식 등을 창조적 소수인(creative minority)을 말한다. 이들은 혁신의 원천이 되는 사람들로서 사회의 보통 사람이나 보통의 조직구성원과는 다른 통찰력 · 창의력 · 집념을 가져야 한다. 기존의 조직 규범이나 방법에 얽매이지 않고 새로운 것을 추구하는 정신적 비범성을 소유한 사람들이어야 한다. 흔히 이러한 착상자로서 역할은 참모기관이 수행한다고 볼 수 있다.

2) 창도자

착상된 새로운 아이디어나 개념을 조직에 도입할 것을 주장하고 나서는 선견지명이 있으며 진취적인 사람을 말한다. 아무리 훌륭한 아이디어를 고안하고 착상했다

하더라도 이를 포착해 조직에 도입할 것을 제창하는 사람이 없다면 그것은 아무런 효용성이 없을 것이다. 창도자로서 역할은 주로 중간관리층이 담당해야 할 것이다. 즉, 그들은 조직 내에서 착상되는 아이디어와 창조를 신속히 포착하고 판단해 최고관리층에 이를 채택할 것을 건의하고 유도해야 한다.

3) 채택자

착상되고 창도된 새로운 아이디어를 남보다 먼저 조직에 채택하는 실천적인 사람을 말한다. 채택자는 권위 있는 의사결정의 힘과 설득력 및 집행력이 있어야 한다. 새로운 아이디어를 채택·적용할 때는 흔히 많은 저항과 갈등을 수반하는 것이 일반적이기 때문이다. 조직에서 채택자는 보통 정치 엘리트나 최고관리층이 된다.

제 4 절 변화의 성공 요소와 변화전략의 결정

1. 변화의 성공 요소

조직 변화가 성공적으로 이루어지기 위해 필요한 요소는 조직이 처한 상황과 조직 특성에 따라 조금씩 차이가 날 수 있으나, 대체적으로 다음과 같은 것이 공통적으로 요구된다((Daft, 2013: 434-436).

첫째, 새롭고 창의적인 아이디어(idea)가 필요하다. 변화는 새로운 아이디어의 외적 표현이라고 할 수 있다. 이러한 아이디어는 새로운 행동 양식, 새로운 제품과 서비스, 새로운 관리 방식 및 운영 절차 등이 모두 포함된다.

둘째, 변화의 필요성(need)의 인지이다. 변화의 필요성을 인지하지 않으면, 아이디어는 진지하게 고려되지 못할 수도 있다. 관리자는 일반적으로 성과와 목표 간의 차이가 존재할 때 변화의 필요성을 지각하는데, 이를 전체 구성원에게 효과적으로 전달해야 한다.

셋째, 대안의 채택이 필요하다. 변화를 실행하기 위해서는 관리층과 일선 구성원 간의 동의가 요구된다. 특히 대규모 변화를 시도하려면 이에 대한 최고관리층의 동의는 필수적이다.

넷째, 대안의 실질적 집행(implementation)은 필수적인데, 변화의 집행은 변화 과정에서 가장 어려운 단계이다. 집행은 구성원이 새로운 아이디어, 기법, 행동 양식 등을 실제로 활용하는 것을 말하는데, 과거의 관습, 관행, 타성, 보수적 행태 등이 이를 가로막기 때문이다.

다섯째, 변화에 필요한 자원을 적시에 확보할 수 있어야 한다. 새로운 아이디어를 창출하고 실행하기 위해서는 시간과 자원이 필요하다. 변화를 추진하는 데에는 사람들의 에너지와 활동이 필요하고 이는 충분한 시간과 자원을 요구한다.

2. 변화전략의 결정

조직 변화를 추진해 나가기 위해 변화전략을 결정해야 한다. 이때 우선적으로 고려되는 것이 전체 조직구성원의 참여를 통한 협력적 접근, 즉 상향적 전략을 취할 것인가 아니면 최고관리자를 중심으로 한 권위적이고 강압적인 접근, 즉 하향적 전략을 선택할 것인가의 문제이다. 통상 상향적 전략은 점진적 변화를 추진할 때 사용될 가능성이 높고, 하향적 전략은 급진적인 변화를 추진할 때 쓰일 가능성이 높을 것이다. 그러나 전략 선택의 모범 답안은 존재하지 않으며, 조직이 처한 상황이나 조직의 특성을 고려하는 상황적합적 선택이 필요할 것으로 보인다.

1) 상향적 전략

상향적(bottom-up) 전략은 조직의 구성원이 변화 과정에 참여함으로써 변화 필요성에 대한 인식을 높이고 변화 프로그램에 대한 몰입을 강화할 수 있게 한다. 이를 통해 변화에 대한 저항을 줄이고 새로운 해결책을 모색하는 데 더욱 열성적으로 만들 수 있는 것이다(홍용기, 2007: 352). 또 구성원의 공유 가치에 근거한 공통의 비전 개발을 촉진할 수 있고, 조직 변화 이후의 노사 간의 불필요한 잡음도 줄일 수 있는 장점이 있다(김인수, 2007: 482).

2) 하향적 전략

하향적(top-down) 전략은 최고관리층에서 새로운 목표가 설정되어 조직의 각 부서나 일선 구성원에게 전달되는 것을 주 내용으로 한다. 이를 통해 구성원은 조직 변화의 필요성이나 변화 프로그램에 대해 구체적으로 알게 되는 것이다. 하향적 전략의 유용성을 강조하는 학자들은 조직의 이해관계자 측면에서 볼 때 조직구성원은 단지 일부 이해관계자에 불과하고, 상향적 전략은 외부 고객, 외부 조직 등 다른 이해관계자의 입장이 배제되기 때문에 적합하지 않다고 주장한다. 또한 조직 변화에 수반되는 정치적 역동성의 문제가 있기 때문에 강제적이고 권위적인 하향적 전략이 더 효과적이라는 것이다.

제 5 절 변화에 대한 저항 원인과 대응 전략

1. 저항의 원인

이따금 개인을 변화시키려는 노력은 부메랑 효과(boomerang effect), 즉 반대 방향의 변화를 초래할 수도 있다. 브렘(J. W. Brehm)은 사람들이 자유를 위협당한다고 느낄 때 심리적 감응 저항이 나타난다고 지적한다. 사람들은 태도의 변화에 의한 자유의 침해에 반대하는 경향이 있다. 일반적으로 변화의 강도가 강할수록 저항도 심화된다(Brehm, 1972).

그러나 변화에 대한 모든 시도가 저항을 야기하지 않는다. 저항은 가장 중요한 자유가 위협받는다고 지각될 때 발생한다. 사람들은 자아 개념의 중심이 되는 태도에 관해 자유를 지키려고 한다. 또한 자유에 대한 침해는 이데올로기를 포함하는 다른 태도와 밀접하게 관련된 태도에 대한 도전이다. 만약 태도가 직무 성과와 별로 관련이 없다면 변화의 위험을 무릅쓸 필요가 없다. 태도가 자아 개념, 이데올로기, 자기 방어의 중심이라면 태도를 변화시키려는 시도는 얻는 것보다 잃는 것이 많을 것이다. 설득적인 메시지와 수정은 태도 변화의 초기에는 중요하지만 최종 단계에서는 사람들이 변화를 좋아하고 수용할 때 태도가 변화한다.

조직 변화는 언제나 다소간의 저항이 일어나게 마련이다. 일반적인 저항 원인을 보면 다음과 같다(박연호 · 오세덕, 2001: 358-359).

1) 기득권에 대한 침해

현재의 행정 상태 또는 기구에 대해 기득권을 가지고 있는 자는 새로운 변동에 저항하게 된다. 조직의 구성원은 지위, 보수, 위신이 떨어지거나 권한이 축소되지 않을까 우려하며, 외부의 각종 수익자집단은 혁신으로 말미암아 기득권이 침해될 것을 우려해 저항하게 된다.

2) 혁신안 내용의 불명확성

변화의 내용을 구성원이 잘 알 수 없는 경우에 저항이 발생한다. 커뮤니케이션의 장애로 혁신의 필요성과 목적을 이해해야 할 사람들에게 그 내용이 전달되지 않거나 그 내용을 잘못 이해할 때 저항 또는 무관심의 태도를 보이게 된다.

3) 혁신에 대비할 능력 부족

조직구성원이 혁신안이 마련한 새로운 집무 절차나 방법에 관해 전문적 지식이나 특수 기술을 가지고 있지 못해 자기의 능력으로는 감당할 수 없을 것이라고 생각하는 경우 저항이 일어난다.

4) 인정감 · 자존심의 손상

조직 변화의 주체가 일방적으로 변화를 추진하면서 구성원의 과거 실적을 비난하거나 특정 개인을 지목해 개혁의 대상으로 삼을 때, 그리고 혁신안을 공격적인 방법으로 제시할 때는 인정감과 자존심의 손상으로 저항이 일어나게 된다.

5) 혁신 성과에 대한 회의

조직 변화의 필요와 성과에 대해 의문을 가진 자들은 저항하게 된다. 혁신으로 초래되는 상태가 기존 상태보다 더 나을 것이 없다고 생각하거나 다른 개혁안이 더 성과가 있다고 생각할 때 저항이 나타난다.

2. 저항의 대응 전략

조직 변화에 대한 저항을 극복하는 전략과 수단은 다양하지만, 일반적인 것을 보면 다음과 같다(Jones, 1966: 320-342; Caiden, 1969; Kaufman, 1971: 41).

1) 강제적 전략

혁신 주체가 일방적으로 권력을 통해 제재를 가함으로써 저항을 극복하려는 전략이다. 강제적 전략(coercive strategy)은 저항을 근본적으로 극복하지 못하고 단지 단기적 · 피상적으로 저항을 억압하는 데 그칠 뿐이므로 장래에 더 큰 저항을 초래할 위험이 있다. 오늘날 이 전략은 바람직하지 못한 저항 극복의 방법이라는 것이 일반적인 견해이다.

2) 규범적 · 사회적 전략

규범적 · 사회적 전략(normative-social strategy)은 적절한 상징조작과 사회적 · 심리적 지원을 통해 자발적인 협력과 혁신의 수용을 유도하려는 전략이다. 즉, 참여기회의 확대, 사명감의 고취와 심리적 불안의 해소, 개혁 분위기의 조성 등에 의한 방법이다.

3) 공리적 · 기술적 전략

공리적 · 기술적 전략(utilitarian-technological strategy)은 혁신으로 인한 손실을 보상하거나 또는 혁신 시기를 고려한 추진이나 실정에 부합되는 인사 배치를 함으로써 저항을 극복하려는 전략이다.

3. 저항의 극복 방안

변화에 대한 저항을 다루는 일반적인 방법으로는 다음과 같은 방법을 고려해 볼 수 있다(Schermerhorn, Hunt, & Osborn, 1985: 640-641).

1) 교육과 의사소통

변화에 대해 조직구성원에게 사전에 교육을 시키기 위해 그리고 변화의 논리성을 구성원에게 의사소통을 통해 이해하도록 하기 위해 대면 접촉을 통해 면담을 하거나 메모를 하거나 또는 보고서 작성 및 증명하는 방법을 사용한다.

2) 참여와 개입

조직구성원은 일반적으로 변화에 참여하기를 원한다(Benton, 1998: 458). 따라서 조직구성원으로 하여금 변화를 설계하고 집행하는 데 참여케 하고, 각 구성원으로 하여금 아이디어와 조언을 제시하도록 하고, 변화를 집행할 위원회 또는 태스크포스(task-force) 등을 구성해 대처한다.

3) 촉진과 지원

변화의 어려움을 극복하기 위한 사회 정서적 지원을 제공하고 문제점과 불평 등을 실질적으로 경청하고, 새로운 방법으로 교육훈련을 실시하고 성과 달성의 압력을 극복하도록 도와준다.

4) 협상과 동의

실질적이거나 잠재적인 저항에 대해 인센티브를 제공하고 조직구성원으로 하여금 변화는 불가피하다는 것을 확신하게 하도록 협상을 통해 특별한 이익을 제공한다.

5) 조작과 협력

다른 사람에게 영향을 미치도록 은밀한 방법을 사용한다. 즉, 선택적으로 정보를 제공하고 의도된 변화가 최대한 지지를 얻는 사건이 되도록 의도적으로 사건을 조작한다.

6) 명백하고 암묵적인 강압

조직구성원으로 하여금 변화를 받아들이도록 힘을 사용한다. 즉, 만일 조직구성원이 계획에 동조하지 않는다면 바람직하지 못한 결과들이 초래될 것이라는 것을 주지시키면서 위협을 한다.

지금까지 설명한 바와 같은 저항 극복 방안의 장·단점을 정리해 보면 다음 〈표 15-1〉과 같다.

이러한 방안을 사용하는 관리자는 변화에 대한 저항은 당연한 것이고 두려움의 대상이라기보다는 바람직한 것이라는 것을 이해해야 한다. 또한 저항이라는 것은 변화가 야기할 상황 속에서 더 잘 적응하려는 조직구성원의 행태라고 할 수 있는 것이다. 따라서 관리자는 이러한 환류(feedback)에 대해 경청하고 주의 깊은 관리를 해야 한다.

4. 변화의 사후관리

변화가 원래의 계획대로 실천되어 소기의 목표가 달성되었다면 여기에 따른 충분한 물질적·심리적 보상이 이루어져야 함은 물론이고, 다음과 같은 사후관리 과정을 거치는 것이 바람직하다(김봉식, 1995: 342-343).

표 15-3 상황에 따른 저항의 극복 방안과 장·단점

방안	적용 상황	장점	단점
교육과 의사소통	정보가 부족하거나 정확치 않은 정보와 정보분석이 존재하는 경우	구성원이 일단 설득되면 변화의 집행을 돕는다.	구성원이 많은 경우 시간이 많이 소요된다.
참여와 개입	변화담당자가 변화를 기획하기에 필요한 모든 정보를 가지고 있지 못한 경우, 그리고 변화 주체 세력 이외의 구성원이 힘을 가진 저항 세력인 경우	참여자는 변화를 지지하고 필요한 정보를 제공할 것이다.	참가자가 부적절한 계획을 할 경우 많은 시간이 소요된다.
촉진과 지원	조정 문제로 인해 저항이 있는 경우	조정 문제에 대해서는 촉진과 지원보다 더 좋은 방법은 없다.	많은 시간과 비용이 소요되고, 실패할 가능성이 높다.
협상과 동의	어떤 개인이나 집단이 변화로 인해 상당한 손실이 명백한 경우나 상당한 저항 세력을 형성한 경우	주요 저항을 피하기 위한 비교적 손쉬운 방법이다.	협상이 진척이 안 될 경우 많은 비용이 소요될 수 있다.
조작과 협력	다른 전략이 효과를 발휘하지 못하거나 비용이 너무 비싼 경우	저항에 대한 비교적 신속하고 저렴한 해결책이다.	구성원이 조작되었다고 느끼면 장래에 어려움이 많다.
명백하고 암묵적인 강압	빠른 해결이 요구되고 변화 주체 세력이 상당한 힘을 가지고 있는 경우	신속하고 어떠한 종류의 저항도 극복할 수 있다.	무모한 강압으로 인한 위험에 빠질 수 있다.

자료: Kotter & Schlesinger(1979: 111).

1) 평가

변화의 모든 과정을 통해 잘된 점과 잘못된 점, 만족스러운 점과 불만족스러운 점, 기준 이상의 성과를 낸 점과 기준 미달의 성과를 낸 점, 기타 특수한 문제점에 대한 엄밀한 평가작업이 뒤따라야 한다. 이를 위해 점검목록(check list)을 작성해 체계적이고 객관적인 평가를 하는 것이 공정한 평가에 도움이 된다.

2) 유지계획의 수립

유지계획은 변화의 결과로 나타난 새로운 입지의 유지 상태를 점검하는 데 도움이 된다. 유지 상태가 불만족스럽다면 즉시 시정 조치를 취하면 되고, 만족스러우면 그

것으로써 변화는 종결된다.

3) 새로운 변화 과제의 선정

하나의 변화 과정이 종결되는 것으로 모든 변화가 끝나는 것이 아니다. 변화는 일종의 순환 과정으로서, 현재의 변화 작업이 종결됨과 동시에 현재의 상태를 좀 더 개선할 수 있는 다음 변화 과제를 선정하는 작업에 즉시 돌입해야 한다. 다음번의 변화 과제가 선정되면 변화 과정은 처음부터 다시 반복된다.

CHAPTER

16 위기관리와 감축관리

제 1 절 위기관리의 의의

개인이든 조직이든 항상 예기치 못한 혹은 예기된 위기를 맞이하게 된다. 그런데 거의 모든 위기는 그 속에 실패의 뿌리와 함께 성공의 씨앗을 함께 가지고 있다. 이러한 잠재적 성공 가능성을 찾아내어 그것을 키워서 결실을 기하게 하는 것이 위기관리(crisis management)의 본질이다.

위기관리란 "이미 발생했거나 발생할 것이 예측되는 위기에 대한 통제의 획득"을 의미한다(DuBrin, 1994: 44). 또한 우리가 특히 주목해야 할 점은 잘못된 위기관리는 좋지 않은 상황에 처해 그것을 더욱더 악화시키는 경향이 있다는 점이다. 예를 들어, 미국의 닉슨(Richard M. Nixon) 대통령은 워터게이트사건을 은폐하려다가 그 사건 자체가 조성했을 위기를 가일층 확대시켰다. 이와 같은 위기관리가 중요시되는 이유는 위기가 기본적인 사회적, 제도적 및 조직구조는 물론 본질적인 가치와 규범에 심각한 위협을 가하기 때문이다(박우순, 1996: 446).

개인의 인생에서와 마찬가지로 조직에서도 위기는 마치 감기만큼이나 다양하고 빈번하다. 워낙 다양하기 때문에 그 종류를 일일이 열거한다는 것이 불가능하다. 조직이 직면하는 위기에는 여러 가지가 있는데, 천재지변과 같은 자연적 현상에 기인한 것부터 사회적·경제적 불안, 국제 분쟁, 기업의 도산 위기와 같은 인위적 현상까지 그 종류가 다양하다. 이러한 다양한 위기의 공통점은 조직에 대한 심각한 위협,

절박한 시간적 압박, 장래의 불확실성 고조 등이다. 궁지에 빠졌을 때 조직은 그 위기로부터 스스로 빠져나오기 위해 노력해야 한다(오세덕 · 여윤환, 2000: 494).

1. 위기의 개념

위기의 개념은 그 사용 빈도에 비해 정확히 합의된 정의는 존재하지 않는다. 특히 용어에서도 사고, 갈등, 기술적 결함, 재난 등과 혼용되고 있다. 특히 재난의 경우 위기와 거의 같은 개념으로 받아들이는 경우가 있는데 이를 구분하면 재난(disaster)은 위기에 비해 협의의 개념으로 상대적으로 우발적이며 비구조적인 단기적 사건을 의미한다고 볼 수 있다. 이러한 재난에는 홍수, 태풍, 지진과 같은 자연적 재난, 각종 대형 구조물의 붕괴 및 대형사고와 같은 인위 · 기술적 재난, 고의적인 범죄의 성격을 띤 경우 혹은 집단행동으로 인한 우발적 성격의 사회적 재난이 있다(이재은 외, 2006: 60-61).

여기에 비해 위기란 재난을 포함하는 광의의 개념으로서 우발적 사건뿐만 아니라 의도적이며 구조적인 장기적 사건을 모두 포함하는 개념이다. 즉, 위기의 개념이 가장 광의의 개념이며, 이러한 위기가 조직에서 발생하기 위해서는 다음의 두 가지 조건이 충족되어야 한다(박우순, 1996: 447-448).

첫째, 위기가 발생하기 위해서는 물리적인 균열이 체제 전체의 수준에 이르러야 한다.

둘째, 체제 구성원의 기본적 가정에 도전하는 것이라야 한다. 즉, 구성원이 공유하고 있는 주관적 세계와 세계관에 혼란을 주는 것이라야 한다.

2. 위기의 원인

조직을 위기에 취약하게 만드는 원인은 여러 가지가 있다. 예를 들어 편협한 사고방식, 복잡한 문제를 무리하게 분편화(分片化)해 현실을 올바로 인지하지 못하는 경우, 부문적 문제에 집착해 다른 중요한 문제를 경시하는 경우 등 매우 다양한 원인을 열거할 수 있다. 이와 함께 위기의 원인에 대해서도 일치된 견해가 없을 정도로 다양하다(박우순, 1996: 448). 경제적 측면에서는 인플레이션, 스태그플레이션, 실업, 경기 침체 등이 위기로 규정되고 있고, 정치적 측면에서는 정치적 리더십의 부재, 정쟁의 격화 등을 위기로 지적한다. 한편 사회적 측면에서는 사회적 불평등의 증대, 전통적 규범의 파괴, 가치 혼란 등이 위기의 원인으로 지적할 수 있고, 심리적 측면에서는 개인의 정체성 상실 또는 자아 의식의 상실에 위기의 원인이 있다고 보고 있다(오세덕 · 여윤환, 2000: 496).

문제는 위기의 원인이 어디 있든 간에 조직은 위기를 생존에 기여하는 긍정적인 요인으로 수용할 필요가 있다. 즉, 위기의 파괴적 측면이 조직의 발전에 전제 조건이 될 수 있다는 것이다.

제 2 절 위기관리의 변수와 지침

1. 위기관리의 변수

가장 효과적인 위기관리 방안을 마련하기 위해서는 각각의 변수가 어떤 역할을 해야 하는지를 잘 이해해야 한다. 이러한 변수를 구체적으로 살펴보면 다음과 같다(이성우, 1996: 15-17).

1) 유형의 확인

잠재적인 위기나 그 변형의 종류는 이루 헤아릴 수 없이 많기 때문에 아무리 예산 규모와 확보된 자원이 크다 해도 모든 위기에 효과적으로 대응할 수 있는 조직은 없다. “어떤 위기에 대응해야 하는가” 하는 질문은 조직의 위기 대비 계획을 어떤 범위에 맞추어야 하는지에 대한 질문이다. 또한 업무의 종류나 목적에 상관없이 위기 대비 계획에서 반드시 다루어야 하는 위기의 종류로는 어떤 것이 있는가와 어떤 위기에 대비해야 하고 어떤 것은 무시해도 좋은지를 확실하게 해 주는 근거는 무엇인지도 확인해야 한다.

2) 단계의 확인

모든 위기는 시간의 흐름에 따라 일정한 단계를 거치며 진행하는 것인지, 만약 그렇다면 그러한 단계는 어떤 것이 있는지를 확인할 수 있어야 한다. 이러한 것을 확인한 후 단계별로 관리해야 하는 사항은 어떤 것이 있는가, 구체적 활동은 무엇인가 등을 수립해야 한다.

3) 시스템의 확인

각종 사건을 보면 공통적으로 그 하위 요소가 그 위기의 원인이나 배경으로 중요하게 작용했다는 것을 알 수 있다. 여기에서 하위 요소란 기술 요소, 조직 요소, 인간 요소, 문화 요소, 감정 요소 등을 포함한다. 따라서 하위 요소란 무엇이며, 이들이 어떻게 상호작용하는가를 우선적으로 검토하고, 위기관리를 잘하는 조직과 그렇지 않은 조직을 구분하는 기준은 무엇인가 등을 파악할 수 있어야 한다.

4) 이해관계인의 확인

조직의 위기관리에 의해 영향을 받거나 영향을 주는 관계자들(개인, 조직, 단체 포함)은 누구인가를 우선 확인하고, 이들 가운데 누가 특정한 위기와 관련이 있는지를 미리 알아서 체계적으로 분석해야 한다.

2. 위기관리조직

위기가 닥친 때일수록 차분히 위기관리 방안을 숙고할 필요가 있다. 물론 방안이 결정되면 행동은 신속해야 한다. 그러기 위해서는 기존의 대규모 조직 형태로는 불가능한 것이 많다. 기획실을 중심으로 한 참모부서만의 아이디어로는 위기 대처 계획이 제대로 수립될 수도 없고 실행될 수도 없다. 그래서 위기 상황에서는 차분히 계획을 세우고 신속히 집행할 수 있는 비상조직이 필요하다(한경비지니스, No. 110).

전문가들은 기존의 기획실 등 참모부서와는 완전히 다른 형태로 위기관리조직을 구성해야 한다고 조언한다. 핵심은 참모부서와 라인부서의 인원을 골고루 뽑아 조직을 편성해야 한다는 점이다. 이때 차출 인원은 최소화하되 각 분야의 최고 전문가를 우선 선발해야 한다. 이같이 모든 조직구성원이 참여해 위기 대책을 수립해야 위기 대응에 대한 조직 내의 공감대가 형성되고 성공적인 집행도 가능해지는 것이다. 이때 위기관리조직의 최고책임자는 최고관리자가 맡아야 의사결정의 신속성 및 집행의 효과성이 확보될 수 있다.

마지막으로 강조하고자 하는 것은 위기관리조직과 기존 참모부서와의 역할 분담의 중요성이다. 위기 상황이 긴박성을 가질 때 위기관리 조직을 한시적으로 정규화해서 계획 수립과 집행을 전담하도록 하고, 다소 여유가 있을 때는 비정규 조직화해서 계획만 수립하고 집행은 기존의 참모조직에 맡기는 형태가 바람직하다. 최고관리자는 기존의 조직과 위기관리조직이 서로 괴리되지 않도록 통합 관리하는 데 노력해야 한다. 또 이를 위해서는 명확한 역할 분담과 기능 조정이 필수적이다.[1)]

3. 위기 발생 초기의 지침

위기가 발생했을 때는 몇 가지 행위를 동시에 수행해야 한다. 위기 초기의 위기관리자의 중요한 책임으로서 사실의 발견, 분석, 의사소통, 최악의 시나리오 가정 등을 들 수 있다(이성우, 1996: 30-32).

1) 사실의 발견

사실 발견의 일차적인 목표는 손실의 정도를 파악하는 것이다. 주변 환경에 대한 손실은 어느 정도인가, 업무 관련 시설에는 어느 정도의 손실이 발생했는가 등을 파악한다.

---

1) 그렇지 않을 경우 위기관리조직이 조직 내 옥상옥(屋上屋)이 되거나 조직 분열을 조장해 오히려 위기를 증폭시킬 위험이 있다.

2) 분석

이 단계에서는 위기의 원인을 밝혀내는 것이 중요하다. 문제의 위기가 어떻게 발생했는가, 그 책임 소재는 어떻게 되는가, 조직의 하부 시스템이나 조직문화에는 어떤 영향을 얼마나 주었는가 등을 파악하는 것이다. 이렇게 하지 않으면 잘못된 위기 억제 기제가 작동되어 또 다른 위기를 일으키게 될 것이기 때문이다.

3) 위기 대비 의사소통망의 확립

조직의 위기관리 담당 부서는 위기의 신호가 최초로 나타났을 때 가능한 한 빨리 이 사실을 통보받아야 하며 이에 따라 체제를 정비해야 한다. 이것이 가능하려면 위기관리 담당 부서 구성원의 의사소통망(연락망)이 체계화되어 있고 실제 작동 가능해야 한다. 또 내부의 이해관계인 가운데 위기관리 담당 부서의 업무를 쉽게 처리할 책임자나 조직 전체의 입장을 대변하는 인물을 선정해 주는 것도 바람직하다. 책임자는 위기관리에 관한 정보를 수집하거나 널리 알리는 일과 관련해 결정하고 책임져야 할 일에서 중심 인물의 역할을 한다. 대변인의 주된 임무는 조직 내・외부의 중요한 이해관계인과 쉽고 평이한 용어로 효과적인 의사소통을 하는 일이다.[2]

4) 최악의 시나리오 설정

최악의 시나리오(worst scenario)라 함은 가장 드물게 일어나는 위기가 준비나 계획이 전혀 되어 있지 않는 때에 시간과 장소로 보아서도 최악의 조건에서 발생하는 경우를 가정해 보는 것이다.

첫째, 위기의 유형 면에서 볼 때 최악의 시나리오는 해당 조직이 전혀 준비하지 않았거나 철저히 도외시해 온 위기가 한 가지 이상 발생하는 사태를 말한다.

둘째, 위기관리의 단계 면에서 보면 최악의 시나리오는 위기가 임박했음을 알려

2) 대변인에 대한 신뢰도는 어떠한 대형사고의 와중에서 모든 사실을 빠짐없이 알고 있는 것보다 훨씬 중요하다. 결국 위기 상황에서는 듣는 사람들도 필요한 정보를 모두 입수하는 경우가 지극히 어렵다는 것을 이해하기 때문이다.

주는 초기의 신호를 놓친 경우를 말한다.

셋째, 시스템의 측면에서 보면 최악의 시나리오는 조직의 핵심 기술의 실패인가 아닌가에 대한 분석에 오류가 발생한 경우를 의미한다.

넷째, 이해관계자에 대해서도 최악의 시나리오는 해당 조직의 비판자가 던지는 치명적인 비난이 사실로 드러나는 경우를 가정한다.

제 3 절 위기관리의 단계

위기관리의 단계는 학자들에 따라 다양하게 제시되고 있다. 여기에서는 위기에 대응하는 단계를 여섯 단계로 나누어 설명하고자 한다(Augustine, 1995). 이때 조직의 위기에 대한 이러한 각 단계의 반응이 어느 정도 효과적인가는 다음과 같은 요인에 달려 있다(Mileti & Sorenson, 1987: 13-21).

첫째, 조직의 구성원이 위기에 대응할 수 있는 정보와 자원을 확보할 수 있어야 한다.

둘째, 구성원이 정규 업무와 위기 업무를 구분하고, 위기 업무를 수행하면서 정규 업무를 유지해야 한다.

셋째, 조직은 의사결정과 운영에서 관리자가 불확실성과 자율성 및 통제의 상실에 즉각적으로 대응할 수 있도록 신축성을 보여야 한다.

1. 제1 단계: 위기의 예방

위기를 맞이했을 때 첫 단계는 위기를 예방하는 것이다. 이것이야말로 잠재적 위기를 관리하는 가장 값싸고도 간단한 방법이다. 그럼에도 불구하고 이는 종종 위기관리의 단계에서 고려되지 않는 것은 잘못된 것이다.

이러한 예방 노력은 조직에 문제를 야기할 수 있는 모든 것의 목록을 작성하는 일에서 시작된다. 그리고나서 그것이 초래할 수 있는 결과를 검토하고 예방하는 데 필요한 비용을 추정해 보아야 한다. 이러한 일이 중요한 의미를 가지게 되는 것은 문제의 원천이 힘이 미치지 않는 데 있다고 해서 그로 인한 결과와의 공존을 면하게 되는 것은 아니기 때문이다.

예방 단계에서 조직의 관리자가 해야 할 일은 위험을 극소화하도록 노력하며 무릅써야 할 위험이 기대되는 성과와 걸맞은 것이라는 점을 확인하는 것이다. 피할 수 없는 위험에 대해서는 적절한 대응책을 강구해야 한다. 그러나 진짜 문제는 완벽한 예방이란 절대로 있을 수 없다는 사실이다.

2. 제2 단계: 위기관리 준비

조직의 관리자는 대개의 경우 현재의 상황에 골몰하다 보니 미래의 위기에 대한 계획 수립은 별로 생각하려고 하지 않는다. 위기관리의 제2단계는 예방 노력이 효과가 없을 경우의 상황에 대비하는 것, 다시 말하서 위기가 닥쳤을 때의 다양한 달갑잖은 결과에 대처할 계획을 수립하는 것이다. 즉, 모든 사람이 죽음과 세금을 불가피한 것으로 보고 이에 대한 계획을 세우는 것과 동일한 방법으로 위기의 불가피성을 생각하고 이에 대비해야 한다.

위기에 대처하기 위한 계획에는 구체적 행동계획(action plan), 커뮤니케이션 계획, 필수적인 관계 정립 등이 포함되어 있어야 한다. 그리고 불가피한 것에 대한 대책을 수립할 때는 실제 연습이 매우 중요하다. 그렇지 않을 경우, 실제 상황에 직면했을 때 예기치 못했던 사태에는 당황해서 적절히 대응할 수 없는 경우가 발생할 수 있기 때문이다. 경험은 격변에 대처하기 위한 여러 가지 준비 사항을 시사해 준다. 위기대책본부의 설치, 비상계획의 수립, 위기대책반 구성원의 사전 선정, 예비 커뮤니케이션 체제 확보, 커뮤니케이션 체제의 실험 등이 바로 그것이다.

3. 제3 단계: 위기의 인지

실제로 위기에 직면했을 때 사람들은 이를 잘 인지하지 못하는 경우가 종종 있다. 일반적으로 어떤 문제에 대해 다른 사람들은 어떻게 인식하고 있는지를 알아둘 필요가 있으며 그것에 비추어 자기 자신의 인식을 따져봐야 한다. 그런데 종종 임박한 위기에 대한 강도 높은 경고마저 도외시되기도 한다. 이러한 경고에 대한 무시는 결국 미국의 우주왕복선 챌린저 호 참사와 같은 사태를 발생시킨다.

위기에 대한 정보를 수집할 때, 조직의 모든 계층 사람들에게서 이를 얻어내려는 노력을 게을리해서는 안 된다. 인식 단계에서는 상황에 대한 인식을 돕기 위해 내부에서의 조사와 함께 독립적인 입장에 서 있는 외부 초빙 조사자의 조사가 병행되어야 한다. 왜냐하면 문제 예방을 책임진 사람에게 문제의 존재 여부를 묻는다는 것은 고양이에게 생선을 맡기는 격이 되기 때문이다.

4. 제4 단계: 위기의 수습

이 단계에서 요구되는 것은 우선순위의 결정이다. 우선 급한 일부터 처리해야 하는 것은 재론의 여지가 없는 자명한 것이다. 이것은 어려운 결정을 내려야 할 때, 그 결정은 신속히 이루어져야 한다는 것을 의미한다. 이 단계에서는 결단성이 대단히 중요하므로 타당성 있는 결정적 행동이 매우 중요하다.

이 단계에서의 문제는 일반적으로 자신이 알지 못하고 있는 것이 무엇인지를 잘 모르는 데 있다. 특히 정보가 과다하거나 과소할 때 무엇이 중요한 것인지를 판단하기가 곤란한 경우가 있는 것이다. 정보가 충분히 이해할 수 있는 명확한 형태로 제시되어야 한다.

5. 제5 단계: 위기의 해결

이 단계에서는 신속성이 핵심 요인이 된다. 한마디로 위기는 기다려 주지 않는다. 즉, 위기를 인지하고 수습을 위한 준비가 되었다면 즉시 행동에 옮기는 것이 중요하다.

문제는 행정조직의 경우 관료제적 규칙과 절차에 따라 운용되기 때문에 위기 상황에 신속하게 대응하기가 쉽지 않다는 데 있다. 그리고 또 다른 문제는 이때 신속성을 강조하다 보면 조직의 의사결정이 집권화될 가능성이 커진다는 점이다(Hart, Rosenthal, & Kouzmin, 1993: 12).

6. 제6 단계: 위기로부터의 이익 창출

위기관리의 최종 단계는 위기로부터 최대한의 이익을 이끌어 내는 활동이다. 만약 조직이 지금까지의 위기관리 단계를 적절히 수행했다면 제6단계는 적어도 손실의 일부나마 보충하고 혼란을 수습할 기회를 제공해 준다. 이때 무엇보다 중요한 것이 조직의 리더의 역할이다. 조직의 최고관리층의 역량을 측정할 수 있는 시기는 조직에 위기가 도래했을 때인 것이다.

두말할 나위 없이 무엇보다 중요한 것은 조직이 의기 상황에 빠지지 않도록 만드는 것이다. 그러나 일단 위기에 빠져들었다면 그 사실을 인정하고 관리하면서 비전의 초점을 장기적인 데 두도록 노력해야 한다.

제 4 절 위기관리와 쇠퇴관리

1. 쇠퇴관리의 의의

위기에 취약한 조직은 결국 쇠퇴의 길을 걷게 된다. 쇠퇴란 가장 극단적으로는 조직의 사망을 뜻하겠지만, 침체나 감축(cutback)의 필요가 발생하는 경우를 주로 일컫는다.[3] 조직쇠퇴이론(organizational decline theory)은 바로 이러한 조직의 침체나 축소가 있을 것이라는 것을 인식하고 이를 적절히 관리하는 것을 추구하는 것을 체계화한 것이라고 할 수 있다.

조직의 쇠퇴관리란 성장관리의 상대 개념이라고 볼 수도 있다. 조직 성장(organizational growth)이란 조직이 여러 제약 조건 속에서드 유기체적인 조직이 장기적으로 그 규모가 확장되어 가는 것을 의미한다(박연호 · 오세덕, 2001: 383). 그런데 조직의 성장 단계에는 위기 요소가 있는데, 이러한 위기를 극복하지 못할 경우 조직은 쇠퇴하게 된다.

3) 조직의 쇠퇴, 즉 침체나 축소의 상황 역시 모두 위기의 개념에 포함되는 것이라고 볼 수 있다.

최근에는 조직의 외형적 성장에 대해 다소 부정적 반응이 나오게 되고, 실제로 현재 성장하고 있는 조직이 향후 그러한 성장 추세를 지속시킬 수 있는지에 대한 회의적인 연구 결과가 나타나고 있다(Starry & McGaughey, 1988: 69-74). 이는 제반 환경의 불확실성의 증대 및 악화에 기인하는 것이라고 볼 수 있으며, 이러한 이유 때문에 성장관리 못지않게 조직의 쇠퇴관리의 필요성이 제기된 것이다.[4] 요컨대 조직의 쇠퇴관리란 "조직환경의 악화로 인한 조직의 침체 및 축소에 직면한 조직이 이에 슬기롭게 대응해 조직의 생명을 유지하고, 나아가 성장과 발전을 위한 재도약의 기회를 창출해 나가는 활동"이라고 정의할 수 있겠다.

2. 쇠퇴의 원인

조직이 일반적으로 쇠퇴하는 원인으로 대프트(Richard L. Daft)는 다음과 같은 세 가지를 들고 있다(Daft, 2013: 563-564).

첫째, 조직의 위축(atrophy)이다. 위축은 조직이 오래되고 비능률적이 되며 과도하게 관료화될 때 발생한다. 이러한 위축은 종종 오랜 기간 동안의 성공 후에도 나타나는데, 그 이유는 과거의 타성과 구조에 젖어 있어 환경 변화에 적절히 대응하는 데 실패했기 때문이다.

둘째, 취약성(vulnerability)인데, 이는 주어진 환경에서 전략적으로 무능한 조직의 특징이다. 취약성은 아직 견고하게 자리잡지 못한 소규모 조직에서 종종 발생한다. 이러한 조직은 그들이 직면한 환경에 적절한 전략을 수립하지 못하기 때문에 취약함이 나타나는 경우가 많으므로 그들의 환경 영역(environmental domain)에 대한 재정립이 요구된다.

셋째, 환경적 쇠퇴와 경쟁이다. 환경적 쇠퇴란 조직을 유지해 줄 에너지와 자원의 감소를 의미한다. 또한 새로운 경쟁은 새로운 문제를 야기하는데, 특히 소규모 조직의 경우 축적해 놓은 자원이 충분하지 못하기 때문에 문제는 더 심각할 수 있다.

이 밖에도 여러 학자가 제시하는 조직 쇠퇴의 원인을 열거하면 다음과 같다.

---

4) 조직의 쇠퇴관리는 특히 1970년대 이후 학자들의 관심이 집중되기 시작했다.

조직의 쇠퇴는 종종 조직의 규모가 지나치게 거대해졌기 때문에 일어나기도 한다. 즉, 조직효과성을 극대화할 수 있는 규모보다 조직 구모가 더 커졌을 때 조직의 쇠퇴는 발생하며, 대표적인 예로서 IBM이나 크라이슬러(Chrysler)사 등의 조직을 들 수 있다(Jones: 2007: 319). 조직의 규모가 커지고 복잡해지면서 비능률, 경직성, 환경에 대한 반응성 저하 등이 발생하기 때문이다.

조직환경에의 부적응은 조직 쇠퇴의 주요 원인이다. 조직환경은 조직에 성장의 기회를 주기도 하지만 동시에 성장을 제약하거나 위협하는 요인이 되기도 한다. 그러므로 외부 환경 변화에 효과적으로 대응하고 환경의 다양한 욕구를 충족시킬 수 있어야 조직의 존속과 성장이 가능한 것이다(홍용기, 2004: 324).

조직정신의 추락 역시 조직 쇠퇴의 주요원인이 된다. 조직정신의 추락이란 조직정신이 약화되고 사기가 상실되며 조직윤리가 부패하는 현상을 의미한다(홍용기, 2004: 328). 조직구성원 간의 응집성이 지나치게 약화되고 협조정신이 저하된 조직, 사기가 낮고 윤리 의식이 실종된 조직은 성장은 고사하고 그 존속 자체도 기대하기 어렵다고 할 수 있다.

3. 조직 쇠퇴의 유형

조직의 쇠퇴 형태를 분류하기 위해 밀러(Danny Miller)는 조직의 활동 영역(scope) 차원과 변화(change) 차원의 두 차원을 제시했다(Miller, 1990). 그리고 성공한 조직이 이 두 차원의 각 극단으로 진전되면서 쇠퇴하는 유형을 집중형 쇠퇴, 모험형 쇠퇴, 발명형 쇠퇴, 이완형 쇠퇴의 네 가지로 제시했다(홍용기, 2007: 322-324; 김인수, 2007: 511-520).

첫째, 집중형(focusing) 쇠퇴는 장인형 조직에서 수선공형(tinker) 조직으로의 전락을 의미한다. 장인형(craftman) 조직이란 어느 한 가지를 잘 하는데 몰두하는 조직을 말한다. 이들이 사소한 기술적 세부 사항에 매몰되어 극도의 완벽과 절감을 추구하다가 수선공형 조직으로 전락하는 것이다.

둘째, 모험형(venturing) 쇠퇴는 건축가형(builder) 조직에서 제국주의자형(imperialist) 조직으로 변환되는 경우이다. 건축가형 조직은 급격히 성장하면서 최고관리층의 진취적 특성, 기업가적 자질을 특성으로 한다. 이들이 무문별하게 확장을 시도하고 탐욕과 과신에 휩쓸리게 되면 제국주의자형 조직으로 전락하게 된다.

셋째, 발명형(inventing) 쇠퇴는 개척자형(pioneer) 조직이 현실도피자형(escapist) 조직으로 변하는 유형이다. 개척자형 조직은 새로운 영역을 개척하고 새로운 기술을 창출하는 조직을 말한다. 이러한 조직이 기술 우위만을 과신해서 고객 욕구하는 동떨어진 행동을 하다가 차츰 경쟁에서 뒤지는 현실도피자형 조직이 되는 쇠퇴 유형이다.

표 16-1 조직 쇠퇴의 유형

집중형 쇠퇴

	장인형 조직		수선공형 조직
전략	품질 혹은 원가 주도형	⇒	기술적 수선공형
목표	품질 혹은 원가		완벽주의
문화	공학적 문화		기술관료적 조직문화
구조	집권화		초집권화

모험형 쇠퇴

	건축가형 조직		제국주의자형 조직
전략	팽창	⇒	극단적 팽창
목표	성장		지나친 규모
문화	기업가정신		사냥꾼 정신
구조	사업부제		확장 구조

발명형 쇠퇴

	개척가형 조직		현실도피자형 조직
전략	기술혁신	⇒	비현실적 하이테크 추구
목표	과학 중시		기술지상주의
문화	연구개발		두뇌집단 중심
구조	유기적 구조		무질서 구조

이완형 쇠퇴

	영업사원형 조직		표류자형 조직
전략	고도의 마케팅	⇒	무분별한 확산, 생산
목표	시장점유율		분기별 목표 수치
문화	조직일체형 문화		정치적 문화
구조	분권화된 관료제 구조		과도한 관료제 구조

자료: Miller(1990: 5); 김인수(2007: 519)에서 재인용.

넷째, 이완형(decoupling) 쇠퇴란 영업사원형(salesman) 조직이 표류자형(drifter) 조직으로 전락하는 유형이다. 영업사원형 조직은 폭넓은 유통망을 기반으로 집중적인 홍보와 탁월한 서비스로 이미지 차별화가 주요 전략인 조직이다. 표류자형 조직은 무질서한 팽창으로 업무 수행이 혼란스럽고 혼선이 생겨 조직 전체적 차원의 통합된 전략이 불가능하게 됨으로써 조직이 쇠퇴하고 결국 몰락하는 유형이다.

4. 쇠퇴에 대한 관리자의 반응

조직이 쇠퇴하는 원인은 여러 가지를 들 수 있겠으나, 가장 대표적인 것이 바로 관리자의 문제이다. 즉, 최고관리자의 환경을 보는 시각, 자기합리화, 자기 과신, 방어 체계 등이다(김인수, 2005: 604-605). 또 적절한 쇠퇴관리를 위해서는 조직의 관리자가 조직의 쇠퇴에 대해 어떤 반응을 보이고 대응하는가가 상당히 중요하다.

쇠퇴에 대한 관리자의 반응은 환경 변화에 대해 긍정적인가 부정적인가에 따라 [그림 16-1]에서 보는 것처럼 생성적 반응(generative attitude), 감응적 반응(responding attitude), 방어적 반응(defending attitude), 예방적 반응(preventing attitude)으로 나뉜다(양창삼, 1994: 653-654; 조석준, 1986: 459-460).

그림 16-1 환경 변화에 대한 관리자의 반응

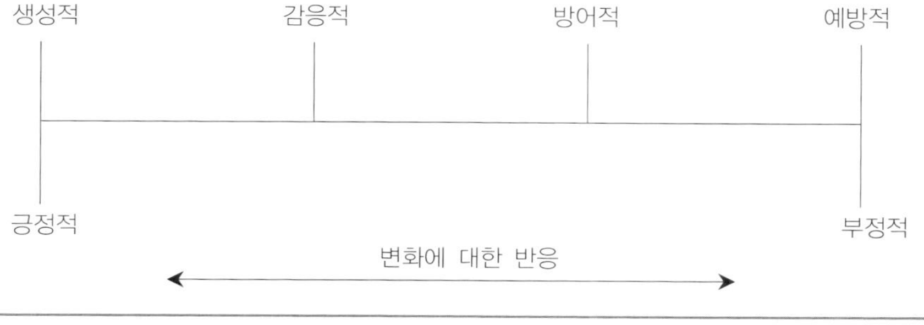

자료: 조석준(1986: 459).

1) 방어적 반응

고도의 관리적 조직이나 이념 조직 등에서 주로 나타나는 반응 형태이다. 환경 변화에 따른 축소 및 삭감 조치에 대해 각종 사실과 계수 및 정치적 · 사회적으로 미칠 영향을 들어 방어하는 태도를 보이게 된다.

2) 감응적 반응

이는 갑자기 급선회하기보다는 문제 중심으로 탐색해 자체 내에서 해결책을 찾는 반응 형태를 말한다. 구체적으로 환경의 위협에 대해 획일적으로 일정률을 감축하든지, 선임 순위에 따라 해고하든지, 상담역을 고용해 점증적인 대응 방법을 취하게 된다. 또 이를 위해 특별위원회를 만들거나 외부로부터 상담역을 고용할 수도 있다. 점진적인 대처 방법을 취하는 것도 여기에 속한다. 또 사이어트(Richard M. Cyert)와 마치(James G. March)의 말대로 문제 중심의 탐색을 하는 것도 여기에 속한다. 그러니까 갑자기 급선회하는 조치도 하지 않고, 현재 당면한 문제를 전혀 떠나서 딴 곳에서 해결책을 찾는 일도 없다.

3) 예방적 반응

조직이 자기에게 유리한 환경을 조성하기 위해 능동적으로 작용해 비교 우위에 서려 하고, 잠재적 위협 요소를 사전에 제거한다. 때로는 불법 관행도 저지르고 정치적 영향력을 돈으로 사기도 한다. 또 여론을 조작하고, 소비자 기호에 대해 영향을 가한다. 조직의 관리자는 불확실성을 제거하기 위해 또한 환경에 의한 타율적 변화에 반응을 해야 하는 경우를 당하지 않기 위해 예방을 위한 여러 가지 방법을 강구하게 되는 것이다.

4) 생성적 반응

이는 변화를 오히려 적극적으로 활용하는 반응 유형으로 변화를 회피하지 않고 포용한다. 학자들은 이렇게 할 수 있는 조직을 자기설계적 조직(self-designing organization)이라 부른다. 이와 같은 조직의 특성은 실험적·비공식적 커뮤니케이션, 여유 자원, 업적평가 기준의 유연성, 가끔 있을 수 있는 실수에 대한 용인, 직원의 조직 내 및 조직 간 순환, 최소한의 합의도, 최소한의 만족, 최소한의 일관성, 최소한의 합리성, 고도의 혁신 등이라 한다. 그러나 이러한 조건을 모두 갖춘 조직이 실제로 현실화하기에는 어려운 점이 많을 것이며, 특히 조직이 위기에 처해 있을 때 이러한 특성을 적용할 수 있을지 의문시된다.

지금까지 살펴본 바와 같이 조직의 해체와 같은 비극을 막고자 한다면 조직의 쇠퇴를 적절히 관리하는 것이 필수적이다. 조직의 관리자는 조직 쇠퇴의 신호를 탐지하고 인정하며, 적절한 조치를 취함으로써 상황을 반전시켜야 할 책임이 있다.

제 5 절 감축관리

1. 감축관리의 개념

감축관리란 과거에 중복되어 있거나 불필요한 인력·사업·기구·기능 및 정책 등을 의도적으로 정비함으로써 새로운 절약 윤리에 의해 자원의 효과성 극대화를 도모하는 것을 의미한다. 일종의 대형 감량으로 군살빼기란 뜻과 유사한 것으로 비대한 조직을 적정한 규모로 줄인다는 의미이다. 조직이 너무 크면 능률이 저하되고 민첩하게 대응하는 데 걸림돌이 된다는 이론이기도 하다(오세덕·여윤환, 2000: 437).

이처럼 감축관리란 행정조직 내에서 역기능적이거나 중복·과다하고 불필요한 기능·기구·인력·예산·정책·사업·절차 등을 의도적이고 계획적으로 축소·정비하는 결정과 그것의 집행을 의미하는 행정계획의 실천적 접근 방법 중의 하나이다. 정책종결의 관점에서 볼 때, 감축관리는 ① 정책에 관련된 활동 및 이로 인한 효과 발생의 종식(정책 기능의 종결), ② 정책에 관련된 활동을 수행하는 기관의 소멸(정책조직의 종결), ③ 이 두 가지 종결 방법의 여러 가지 조합 등에 의해 적절치 못한 정책을 전반적 또는 부분적으로 정비하는 것을 의미한다(Bothun & Comer, 1979: 540-568; 허범, 1982: 282-283).

여기서 유의할 것은 감축관리는 감축을 하되 불필요한 부분, 낭비되는 부분을 감축하는 것이지 필수불가결한 것을 감축하는 것은 아니라는 점이다. 행정조직이 담당하게 됨으로써 낭비가 발생되는 업무는 민영화(民營化, privatization)함으로써 행정재원의 효율적 활용을 기한다든가, 인력과 기구를 줄이되 잉여 인력과 잉여조직을 줄인다는 것이지 '위민(爲民)'하고자 '설관(設官)'된 조직을 감축하는 것은 아니라는 것이다(이규환, 1993: 73). 따라서 감축관리는 불필요한 조직활동을 줄이는 조직변혁관리이며, 새로운 변화를 위한 개혁관리임과 동시에, 조직과 사업의 축소 · 폐지에서 수반되는 갈등과 마찰, 설득과 타협을 거치는 정치적 과정이 수반된다는 특징을 갖는다는 점을 이해해야 한다(윤재풍, 1991: 110).

그러나 무조건의 작은 정부의 실현 또는 민간기업식의 경영 기법의 도입에는 주의가 요구된다. 행정관리론에서 보는 감축관리는 민간기업의 대형 감량(downsizing) 또는 리엔지니어링(reengineering)과는 다른 차원에서 접근해야 한다. 즉, 시민에 대한 봉사가 기본인 정부라는 조직에서는 단지 예산을 늘리거나 줄인다고 문제가 해결되는 것이 아니라는 것이다. 이를테면 감축관리는 행정조직의 유전인자(DNA)를 바꾸는 것이다. 단순한 조직의 통폐합이 능사가 아니고 행정조직의 유전인자를 바꾸어 효율적이고 생산적인 미래형 조직을 어떻게 만들어 나가느냐 하는 것이 감축관리의 핵심 요체이다(Osborne & Plastrik, 1997).

2. 감축관리의 원인

리바인(Charles H. Levine)은 행정조직에서 그 기구나 사업의 축소 또는 그로 인한 예산의 감축을 가져오는 요인을 〈표 16-2〉에서 보는 바와 같이 네 가지로 유형화하면서 설명하고 있다(Levine, 1980: 17). 그는 조직 감축의 요인이 조직 내부 상황에 기인하는가, 조직 외부 상황에 기인하는가 하는 차원과 그 요인이 정치적 산물인가, 경제적 · 기술적 산물인가 하는 차원으로 분류해 설명하면서 감축관리의 가장 큰 요인으로 조직의 쇠퇴를 들고 있다.

표 16-2 행정 부문의 감축 원인

조직 외부/조직 내부	내부 상황 요인	외부 상황 요인
정치적 산물	정치적 취약성	문제의 소멸
경제적 기술적 산물	조직적 쇠퇴	환경적 쇠퇴

자료: Levine(1980: 17).

1) 정치적 취약성

정치적 취약성(political vulnerability)은 조직이 조직의 환경으로부터 오는 축소 요구에 대해 대항하는 능력이 매우 빈약함으로써 조직이 폐지 혹은 축소되는 것을 의미한다. 이러한 조직의 정치적 취약성의 원인에는 여러 가지가 있겠으나 조직의 소규모, 조직의 내부적 갈등, 리더십의 변동, 전문성 기반의 취약, 긍정적 이미지의 제시 부족, 조직의 역사성 부족 등을 들 수 있는데, 그중에서도 가장 중요한 것으로는 조직의 역사성을 들 수 있다.

사람의 연령과 같은 생물학적 연령과는 반대로 행정조직의 역사성은 많을수록, 즉 긴 역사를 가진 조직일수록 새로운 조직보다 적응력이 크므로 환경의 변화에 따라 축소하거나 소멸되는 일이 아주 드물다. 따라서 한 조직이나 기구를 축소하거나 소멸시킬 수 있는 가장 좋은 시기는 그 기구가 생긴 직후이다. 따라서 기존의 조직을 축소 혹은 폐지하는 것은 정치적인 지지 기반의 취약성 여부에 달려 있음을 의미한다.

2) 조직적 쇠퇴

이것은 모든 조직에 나타나는 조직의 내부적 요인에 의한 현상이지만 특히 행정조직에서 쉽게 찾아볼 수 있는 것이 조직의 쇠퇴이다. 쇠퇴 현상은 모든 조직에서 찾아볼 수 있으나 정부나 지방자치단체 조직에서는 조직의 쇠퇴가 빈번하게 발생할 수 있는데 공공조직은 판매 수입이 없는 경우가 많기 때문에 조직의 고장이나 책임의 소재를 즉시 파악할 수 없는 까닭이다.

정부조직에서 조직적 쇠퇴(organizational entropy)가 발생하는 것은 역할 분담의 모호성, 책임 한계의 불명확, 지나친 법령, 감독의 소홀, 하의상달적 의사전달 통로의 차단, 자기개혁 능력의 부족, 높은 이직률, 전례답습에의 집착, 변화에 적응하는 능력의 부족 등이 그 원인이라고 볼 수 있다.

따라서 국가에서도 경영 차원에서 조직의 생존 의미가 없을 때는 소멸 또는 감소시키는 것이 요구된다. 민간조직은 경영 차원에서 조직의 생존 의미가 없을 때 조직을 축소 혹은 폐지하는 것이 용이하나, 공공조직은 법규 및 정치적인 반발로 인해 변경시키는 것이 용이하지 않다. 그러나 조직의 성과를 향상시키기 위해 조직의 쇠퇴가 필요할 때는 이를 조속히 실시하는 것이 국가 경영전략 차원에서 요구된다.

3) 문제의 소멸

행정조직은 개인이 해결할 수 없거나 해결하려 하지 않는 공익성에 바탕을 두고 사회 문제 또는 공공 문제의 해결에 주안점을 두고 있다. 따라서 행정조직은 사회 문제나 공공 문제가 없어지면 그 존립 근거가 없어져서 행정조직의 소멸을 가져온다. 문제의 소멸(problem deportation)이란 이처럼 행정조직이 해결해야 할 과제인 사회 문제 또는 공공 문제가 축소 또는 고갈되는 것을 의미한다. 이는 마치 사회 문제화되지 않던 이슈가 사회 문제화됨으로써 그에 상응하는 행정조직이 생겨나는 조직 생성의 원리와 같은 것으로서 근시적인 성격을 갖는다.

문제의 소멸을 재촉하는 원인으로는 인구의 이동(demographic shift), 문제의 재정의(problem redefinition), 정책의 종결(policy termination) 등을 들 수 있다. 인구의 이동은 미국의 경우, 남부 지역에서는 인구 급증으로 조직의 성장 현상을 가져오는 반면, 동북부 지역에서는 극심한 인구 감소로 많은 행정조직, 특히 교육행정 조직이 소멸되는 현상이 나타나고 있는 것이 그 좋은 예이다. 우리나라에서도 도시와 농촌지역에서는 인구의 감소로 학생 수의 부족에 따라 초등학교가 폐쇄되는 경우가 그 좋은 예라 하겠다.

문제의 재정의란 주로 사회 문제에 대한 행정적 · 법적 정의의 재규정을 의미한다. 예를 들면, 범법자에 대한 정의가 시대나 사회의 지배적 이데올로기에 따라 변함으로써 나타나는 교도행정 조직의 팽창 또는 축소를 들 수 있다. 즉, 단순 시위 가담자를 범법자로 규정하는 사회나 시대에서는 교도행정 조직이 팽창하지만 범법자로 보지 않는 사회에서는 교도행정 조직의 축소가 불가피하다.

정책의 종결은 정책 과정의 최종 단계로서 정부의 특정한 정책을 의도적으로 중지 또는 종식시키는 것으로서 일몰법에 따른 정책이나 사업의 자동 종료나 해당 정책 수행이 완료됨으로써 조직의 소멸을 가져오는 것이다.

결론적으로 외부적 요인으로 사회의 변동 속에서 정책이나 사업의 타당성과 적시성을 확보하기 위해서는 정책 종결을 통한 조직이나 정책의 재구성이 요구된다. 즉, 사회가 변화함으로써 과거에 시의적정성과 유효성이 있던 정책이 이제는 불필요하며 낭비적인 정책·사업으로 바뀔 수가 있는 것이다. 이 경우 감축관리의 필요성이 강력하게 제기된다.

4) 환경적 쇠퇴

엔트로피(entropy)란 부(負)의 에너지라는 말로서 조직의 생성·발전에 대항해 끊임없이 부과되는 환경의 반작용적 힘이라고 할 수 있다. 따라서 환경의 엔트로피란 행정조직이 주위 환경으로부터 끊임없이 소멸과 축소를 향한 압력을 받고 있다는 것을 의미한다. 환경적 쇠퇴(environmental entropy)는 환경의 능력이 저하해 행정조직을 현 수준에서 유지할 수 없을 때 발생하는 것으로 조직의 존립 목적의 원천이 되는 환경적 세력이 약화되는 경우를 말한다.

이러한 경우는 재정 능력의 감소 혹은 지역의 경제 기반이 쇠퇴해 갈 때 발생하는 것으로 주로 시장과 기술의 변화에 따라서 발생한다고 볼 수 있다. 예를 들면, 미국에서는 산업구조 변화와 외국과의 경쟁으로 인해 특정 지역이 경제 위기에 빠져 그 지역의 행정조직이 축소 또는 소멸되는 경우가 발생하고 있다. 즉, 남부의 방직산업 지역, 동북부의 제철과 자동차산업 지역에서는 노동 인구의 변화와 국제 경쟁력의 약화로 그러한 기업조직이 쇠퇴해 가고 있으며, 따라서 이들을 지원·통제해 주던 행정조직 또한 쇠퇴해 가고 있는 현상이 바로 그것이다.

또한 확대·강화된 행정 기능을 수행하고 행정조직을 유지하기 위해서는 그에 상응하는 재원을 필요로 하나 오히려 현재의 재원이 한정되고 부족한 실정으로 말미암아 재정적 위기 상태에 처한 정부가 많아졌다. 행정 기능의 확대 강화에 따른 행정의 비대화와 새로운 수요의 창출은 과중한 재정적 부담을 불가피하게 하나 자원은 비례해서 늘어나지 않자 이러한 위기를 극복하기 위한 감축관리의 필요성이 대두되었다.

3. 감축관리의 한계

정책 · 사업 · 인원 · 기구 등의 축소는 그 확대와 달리 매우 어려우며 그 방법이 일정하게 체계화되어 있는 것도 아니다. 이에 드레온(Peter deLeon)은 정책 종결을 기획하고 집행하는 것이 특별히 어려운 이유를 ① 지적 저항감, ② 행정조직의 영구성, ③ 역동적 보수주의, ④ 반대자들의 정치적 연합, ⑤ 법적 장애, ⑥ 높은 비용 등을 들고 있다(deLeon, 1978: 286-293).

또한 축소되어 가는 조직에서 관리층이 당면하게 되는 여러 가지 현실적 애로 사항을 들 수 있다. 즉, ① 전체 내의 각 부분은 서로 불가분의 관계가 있기 때문에 어느 부분을 감축하기 어렵고, ② 조직에 기여하지 않고 혜택만 받는 사람을 골라 제외시키고 진정으로 기여하는 사람에게만 보상을 주는 것이 생각보다는 어렵고, ③ 각 부분마다 똑같이 감축해 버리기 쉬운 경향이 나타나고, ④ 감축은 다년간의 계획에 의해 하는 것이 좋으나 공공 분야에서는 이것이 어려우며, ⑤ 법령 등에 따라 필수적으로 해야 할 일이 있으나 필요한 자금이 없다는 것도 문제되며, ⑥ 능률적인 운영으로 절약한 조직에 보상이 돌아가지 않는 것도 문제가 된다(김영식, 1995: 785). 이상의 내용을 다음의 몇 가지로 나누어 요약할 수 있다.

1) 조직의 생존 본능

행정조직이 갖고 있는 속성 중의 하나는 항구성(恒久性)이다. 조직은 변동과 소멸에 대한 저항력을 지니고 있고, 모든 조직은 다른 생물체와 마찬가지로 생존 본능이 강하다. 이것은 조직의 항구성에 기인하는 것으로 조직은 하나의 자연 체제로서 생존 · 적응 기능을 갖는다. 따라서 조직은 일단 설립되면 항구성을 지닌 실체로서 존재하는 까닭에 쉽사리 소멸하지 않는다. 조직은 모든 사회집단의 경우와 같이 '생존'이라는 지상 과제를 안고 있다. 이 지상 과제 때문에 조직은 때때로 조직 목표를 등한히 하는가 하면 목표를 왜곡하기도 한다. 일단 조직의 목표 달성이 되어도 새로운 목표를 찾아서 존속하려고 할 때 때로는 조직 목표의 승계, 때로는 조직 목표의 대치로 나타난다. 행정조직은 이처럼 보수성을 지니고 있기 때문에 감축관리를 제도화하기 위해서는 조직이 갖는 이러한 문제가 선결 과제로 제기된다.

2) 기존 세력의 저항

감축관리는 조직적 측면에서는 기구의 폐지나 축소를 의미하기 때문에 감축관리에 의해 영향을 받을 가능성이 있는 기존의 사업이나 조직의 수혜자에게 미치는 영향은 심각하다. 일반적으로 사람들은 일단 조직을 설립하고 사업을 벌이게 되면 그것을 감축하거나 종결시키는 변혁에 대해 강한 심리적 저항감을 갖는다. 실제로 기존의 사업으로부터 혜택을 누리는 정책입안자 집단이나 행정 담당자들의 저항은 감축관리의 성패를 결정짓는 핵심이 된다.

사업·조직·정책을 새로 시작하기는 쉬워도 이들을 종결하거나 감축하기는 심리적으로 어려운 것이 인간 심리이다. 감축으로 일자리를 잃는 구성원은 개인적으로는 '경제적 사형선고'를 당한 것이나 다름없게 된다. 삶을 영위할 기반을 상실함으로써 생계마저 위협받을 수밖에 없는 것이다. 이러한 까닭에 환경의 변화로 인해 사업이나 정책을 끝내야 함에도 불구하고 끝내지 못하는 경우가 많다.

3) 비용 문제

조직이나 정책의 감축을 실시하는 과정에서 가장 큰 문제는 많은 비용(cost)이 소요된다는 점이다. 새로운 대안의 개발에 직접 소요되는 경제 비용이나 부작용에서 오는 여러 가지 비용은 감축관리를 저해한다. 즉, 실시에 소요되는 경비의 부담, 예를 들면, 폐쇄된 건물이나 비품의 청산에 대한 처분 비용, 미해결된 서비스에 대한 보상 비용, 실직자들의 피해구제 비용 등이 그것이다.

이처럼 조직이나 정책의 감축은 많은 비용을 소요로 하는데, 이때 경제적 비용뿐만 아니라 정치적 희생을 요구하는 경우가 많다. 왜냐하면 정책결정자가 정책의 실패를 인정해야 하는데 실패를 인정하기를 원하는 정책결정자가 많지 않기 때문이다. 더구나 정책사업을 종결하거나 감축하기 위해서는 대안을 제시해야 하는 경우가 많은데 대안의 제시가 어렵거나 비용을 유발하는 경우가 많다.

4) 동태적 보수주의

조직은 동태적인 실체이다. 조직은 일단 설정된 목표가 달성되거나 환경적 요인으로 목표 달성이 불가능한 경우 조직은 새로운 목표를 발견하고 설정해 환경의 개조를 시도한다. 우리는 이러한 현상을 동태적 보수주의(dynamic conservatism)라고 한다.

5) 정치적 요인

감축의 주요 장애 요인으로서 감축을 반대하는 세력의 정치적 연합을 지적할 수 있다. 어떤 조직이나 그 조직이 담당하는 사업 시책이 감축의 위협에 직면하면 조직 내부나 외부의 집단이 그들의 힘과 전술을 동원해 감축을 반대하는 것이 일반적인 현상인데, 특히 조직 내부의 세력과 외부의 세력이 연합전선을 형성할 때 그 힘은 막강해진다.

6) 법적 제약

어떤 조직이나 정책 및 사업을 감축하거나 폐지하고자 해도 그것을 행하기 위한 선행 조건으로서 법을 개정하는 일 자체가 어려운 경우가 많다(윤재풍, 1991: 116). 우리나라의 경우 1972년까지만 하더라도 정부 각 부처의 국(局)을 폐지하는 일은 정부조직법을 개정해야 했기 때문에 지극히 어려운 작업이었다. 한편, 미국에서는 법원의 개입이 감축을 어렵게 만드는 경우가 많다. 감축관리의 실천상 장애 요인으로는 관련 법규의 정비에 소요되는 시간적인 문제, 관련된 다른 법규와의 조정 문제, 절차의 복잡성 등을 들 수 있다.

4. 감축관리의 전략

1) 능률성 전략과 형평성 전략

감축관리의 방법에서 가장 어려운 선택은 능률이냐 형평이냐 하는 문제라 하겠다. 정부의 서비스에 가장 많이 의존하는 계층이 영세민, 신체장애자, 노약자 등인데, 이들에 대한 서비스의 전달의 단위 원가가 높은 것도 사실이다.

생산성 기준에 의거한 맹목적인 예산 절감은 정부 보조에 가장 의존하는 영세민층에 가장 불리하게 작용할 수 있다. 감축이 불가피할 경우에 정치적 영향력이 가장 약한 계층의 예산을 삭감하는 경향이 있어 왔고, 또 이러한 사실을 감추기 위해 생산성이라는 기준을 사용하게 되는 경우가 있다. 다시 말해서, 지나친 능률성과 생산성 강조는 또 다른 형평성의 문제를 야기한다는 사실을 잊어서는 안 되겠다.

2) 점진적 전략과 대폭적 전략

감축관리 전략을 설정할 때 고려해야 할 것으로 정부나 지방자치단체가 감축을 하는 경우에 일시에 대폭적으로 감축할 것인가, 아니면 매년 조금씩 감축하는 것인가 하는 문제가 있다. 감축이 불가피하면 일시에 대폭적으로 감축하고 조직을 이에 맞추어 재정비한다는 장점이 있을 수 있다.

그러나 일시 대폭 감축의 단점은 후에 원상 복귀하는 데 필요한 자원을 획득할 수 없을지도 모른다는 위험이 따른다는 사실이다. 이에 반해 매년 점차적으로 감축하는 방안은 언젠가는 감축의 필요성이 없어져서 감축이 중단될 것이라는 기대 속에 감축의 영향을 최소화하자는 데 그 목적이 있다. 한마디로 말해서 일시적 · 대폭적 감축 방안은 가장 합리적인 관리전략이라고 할 수 있는데 대해 점차적 감축 방안은 합리적 정치전략(political strategy)이 될 수 있을지 모른다.

3) 균일 전략과 대상 선정 전략

감축을 단행할 리더십이 있고 사기나 정치적 · 사회적 환경이 성숙되었을 때는 전면적으로 감축을 실시하고, 그렇지 않을 때는 부분적·점진적으로 감축해야 하는데 이때 일률적으로 모든 하부기관이나 사업에 감축의 부담을 나누어 지게 할 것인가, 아니면 특정한 하부기관이나 사업만을 감축의 대상으로 삼을 것인가 하는 것이 문제가 된다.

감축의 고통을 균등하게 분배하는 방안은 감축의 고통을 최소한도로 줄일 수 있으며, 사기 저하를 방지하고 조직의 단결력을 공고히 하는 장점은 있으나 책임 있는 방안이라 할 수는 없다. 조직의 모든 하부 단위가 목표의 실현을 위해 똑같이 공헌하는 것이 아니기 때문이다. 감축의 초기 단계에는 모든 기관이 감축의 고통을 나누어 지게 하는 것이 갈등을 줄일 뿐만 아니라 용이하기도 하다. 이것이 신규 채용 동결이나 자발적인 사임 등의 방법을 활용할 수 있는 까닭이다. 그러나 감축이 더욱 심해지면 사업의 우선순위 등에 따라서 감축을 단행할 수밖에 없게 된다. 우선순위에 의한 감축이란 어려운 작업이며 아주 용감하거나 우둔한 공무원이 아니면 가급적 이러한 방법을 피하려고 할 것이다. 그러나 상황이 악화되고 균등한 감축이 불가능한 지경에 이르면 최고관리자는 부득이 우선순위 등의 방법에 의해 감축의 대상을 한정할 수밖에 없게 된다.

5. 감축관리의 방법

감축관리를 성공적으로 추진하기 위한 관건으로는 재창조 개혁에의 확고한 의지가 있는 최고관리자의 지속적인 관심과 성공에 대한 확고한 신념과 계획성 있는 실무 팀이 구성되어야 감축관리가 성공적으로 이루어질 것이다. 그리고 감축관리의 대상이 되면 패배감에 빠지기 쉬우므로, 감축관리로 인해 얻는 자와 잃는 자를 명확히 구분하고 통제보다는 유인 체제에 초점을 맞춰 대처할 필요가 있다.

감축관리의 기법으로서 여러 가지를 들 수 있으나 많은 기법 선택에서 가장 중요한 것은 앞서 고찰한 저항의 극소화를 유지하는 것이어야 한다. 현재 당면하고 있거나 장차 다가올 자원 위기를 대비하고, 행정의 비능률과 낭비를 제거하고 감축관리의 성공적인 추진 방법으로는 다음과 같은 것이 있다.

1) 영기준 예산제도

영기준 예산(Zero Base Budgeting: ZBB)제도는 예산을 편성할 때 전 회계연도의 예산에 구애됨이 없이 조직의 모든 사업·활동에 대해 영기준을 적용해서 각각의 효율성을 체계적으로 분석하고, 그에 따라 우선순위가 높은 사업을 선택해 실행예산을 결정하는 제도를 말한다. 여기서 영기준이란 예산을 편성할 때 점증주의적 방법을 극복하기 위해서 영(零)의 수준으로부터 새로 출발한다는 것을 말한다(윤영진, 2006: 422; 박연호·이종호·임영제, 2006: 420).

영기준 예산제도는 미국 농무부가 1964년에 예산요구서에 적용한 것이 시초이고, 민간 부문에서는 1969년 처음으로 Texas Instrument Company에서 성공적으로 활용했고, 이에 자극받은 미국 조지아 주지사 카터(James E. Carter, Jr.)가 조지아 주에서 이를 실시했다. 이후 대통령에 당선된 카터가 이를 1979년 미연방정부 예산안 편성에 적용했다(Wildavsky & Hammann, 1965: 321-346; Pyhr, 1970: 76-84).[1] 이 제도는 전년도의 예산에 관계없이 조직의 모든 사업과 활동에 대해 체계적으로 분석해 현시점에서 우선순위가 높은 사업과 활동 순으로 자원을 재배분함으로써 종전의 점증주의적인 예산 운영 전략을 극복할 수 있어 감축관리의 중요한 전략이 될 수 있다(하연섭, 1994: 417-431).

2) 일몰법

일몰법(sunset law)은 흔히 '일몰심사법'으로도 번역되며, 이 법안은 미국 의회가 정책 종결을 목적으로 연방정부의 주요 사업과 기관을 심사한다는 취지로 되어 있다. 이 법안은 1978년에 처음 미상원을 통과했고 현재 많은 주에서 이미 비슷한 취지의 '일몰법'을 채택하고 있다. 일몰법의 일반적인 형태는 일단의 사업계획·행정기관 또는 법률을 조사하기 위한 일정표를 작성하는 형식을 취한다. 이들이 만약 법령에 의해 재승인받지 못하면 그 설정된 일자에 자동적으로 종식된다.

---

1) 1981년 레이건(Ronald W. Reagan) 행정부가 들어서자 ZBB는 공식적으로 폐기되었다. 우리나라의 경우 1982년도 예산집행 시부터 ZBB 도입을 부분적으로 시도했으며, 1983년도 예산편성부터 부분적이긴 하지만 공식적으로 도입한 바 있다(윤영진, 2006: 423).

이러한 일몰법은 해마다 증가하는 세출 규모와 이에 따라 감세를 요구하는 세출 방식으로 대두된 것으로서 행정활동을 정기적·종합적으로 의회가 감시하는 것을 제도화한 행정관리법의 하나이다. 즉, 정부기관이나 보조금 사업 등에는 폐지 예정일이 설정되어 있어서 일정 기간이 경과되면 자동적으로 폐기하고 만일 의회가 이를 계속하려고 할 때는 적극적인 행동에 의해 일출(日出, sun-rise)시키는 예산 절감 제도이다(박연호·이종호·임영제, 2018: 400).

3) 민영화

민영화(privatization)는 무상이나 저가로 이전에 정부가 수행했던 기능을 수요가 분명하고 생산비의 전액을 가격에 반영하는 민간 부문에로의 이양을 의미한다. 이러한 민영화는 다음과 같은 세 가지 형태로 대별된다(Cook & Kirkpatrick, 1988: 3-4).

첫째, 민영화란 용어가 가장 보편적으로 사용되는 경우로서 공기업의 민간 부문에로의 매각을 들 수 있다. 공기업의 민영화는 이처럼 정부 기능 민영화의 주요 유형 중 하나라고 할 수 있는데, 이는 공기업의 비능률성을 제거하기 위한 방법으로 제기되고 또한 지지를 받아 왔다.[2]

둘째, 민영화는 이전에 공기업에 한정되었던 활동을 민간 부문에 개방하는 규제 철폐란 의미로 사용될 수 있다.

셋째, 민영화는 정부가 서비스 공급의 책임은 유지하되, 서비스나 재화의 공급권을 민간 부문으로 이전하는 것을 의미하기도 한다.

이 밖에도 보조금수취권 제도(voucher) 등이 민영화의 한 형태로 거론되고 있다.

1970년대 이후 미국과 일본에서 국가와 지방정부의 심각했던 재정 위기를 배경으로 거기에 대응할 자치단체의 행·재정개혁론으로 대두된 것이 '행정한계론' 또는 '공사분담론'이다. 소득 수준의 향상과 급속한 산업화와 도시화로 인해 국민의 기본생활 수요도 급격하게 늘어남에 따라 행정 기능의 확대가 불가피한 현실에서 더욱

2) 공기업의 민영화는 좁은 의미에서는 공기업을 민간에 매각하는 것을 의미하나 근래에는 여기에 공사를 주식회사로 전환하고 그 주식의 상당 부분을 민간에 매각하는 것까지를 포함하고 나아가 자율화의 요청까지 포함하는 폭넓은 개념으로 간주되고 있다.

중요한 과제가 아닐 수 없다. 행정한계론은 민간재(private goods)와 공공재(public goods)를 구분해 행정의 책임 분야를 재검토함으로써 공공의 비용으로 담당해야 할 분야를 다시 수정하는 것과 본래 개인이나 가정 및 사회에서 해결해야 할 것에 대해서는 주민자치의 영역에 위임하거나 민간 부문의 시장 메커니즘에 맡겨 두는 것을 의미한다.

민영화를 통한 위탁 공급이 능률적인 이유는 민간기업의 경우 이윤 추구라는 인센티브를 가진다는 데 있다. 따라서 가격 개념이 적용되는 일부 수익성 사업에 대해 이를 민영화시키거나 민간자본을 유치하도록 하는 것이다. 민영화와 관련한 또 한 가지의 방법은 특정 사업의 공사화이다. 예컨대 지방정부의 활동은 일반적으로 크게 일반 행정 활동과 기업 활동으로 구분되는데 기업활동에 의한 서비스의 공급을 독립된 법인체인 공사가 담당케 함으로써 기업성을 제고하면서 자치단체의 행정 수비 범위를 그만큼 축소시킬 수 있는 것이다.

표 16-3 소유와 시장구조의 매트릭스

		시장	
		독점	경쟁
소유	공공	A	B
	민간	C	D

주: D는 A, B, C보다 우월; C는 A보다 우월, B보다 우월, 열등, 동등; B는 A보다 우월, C보다 우월, 열등, 동등.

요컨대 민영화는 경쟁이 존재하는 민간 부문에서 가장 효율성이 높다는 전제 혹은 논리에 바탕을 두고 추진된다. 하틀리와 파커(Hartley & Parker, 1991: 13)는 〈표 16-3〉과 같은 소유와 시장구조의 매트릭스를 제시하면서, 경쟁시장 내에서 민간의 소유에 기업이 존재할 때 성과 면에서 우월할 수 있다고 주장한다.

그러나 민영화는 이러한 긍정적인 효과와 함께 부정적인 측면을 아울러 갖고 있음을 지적하는 견해가 있다. 즉, 민영화는 시민의 헌법상 권리를 위협하는, 시민권의 보호와는 상호 배타적인 목표라는 것이다(Sullivan, 1987: 466). 또 민영화는 최악의 경우 정부의 비용을 오히려 증대시킬 수 있고, 평등(equity), 품질(quality), 책임성

(accountability)과 같은 다른 중요한 가치를 손상시킬 수 있으며 잠재적인 실직 가능성을 발생시킬 수 있다고 한다(Gormley, 1991: 3; Suggs, 1986: 14).

민영화의 방법은 여러 가지가 다양하게 논의되고 있으나, 그 방법 여하에 따라 국가 경제에 주는 영향이 상이할 것이므로 그 적용 방법이 달라져야 할 것이다. 일반적으로 가장 많이 제시되고 있는 민영화의 방법으로는 주식 매각, 정부 규제 완화 또는 자유화(liberalization), 계약 제도, 보조금수취권 제도 등이 있다(박연호·이종호·임영제, 2018: 81).

첫째, 주식 매각은 정부 보유 주식을 민간에게 매각함으로써 정부 소유 지분을 이전하는 방법이다. 정부가 보유 주식을 매각하고자 할 때에는 기업 공개를 함으로써 증권시장을 이용하는 방법과 비공개 법인일 경우 장외시장을 이용하는 방법이 있다. 이때 주식 매각의 정도에 따라 완전 민영화와 부분적 민영화로 구분된다.

둘째, 정부 규제 완화 또는 자유화란 공기업에 대한 경쟁을 제한하는 여러 가지 법적 규제를 제거하거나 완화하고, 현재 정부 또는 공기업이 독점하고 있는 재화나 서비스의 공급을 민간 영역에서도 공급할 수 있도록 허용함으로써 경쟁이 가능하도록 하는 것을 뜻한다. 또한 이러한 조치는 공기업의 민영화 이후에도 필수적으로 요구된다. 왜냐하면 대부분의 공기업은 경쟁이 없는 시장독점 상태에서 재화나 서비스를 공급해 왔으므로 민영화 이후 독점자본화될 우려가 있기 때문이다.

셋째, 계약 제도(contracting out)란 재화나 서비스에 대한 생산을 일정 기간 민간기업에서 담당하되 그에 필요한 재원은 정부가 담당하는 제도를 말한다. 이와 같은 계약 제도는 우리나라를 비롯한 세계 각국에서 도시 쓰레기 처리 등의 부문에서 폭넓게 활용되고 있다. 그러나 만약 이 제도가 단지 정부의 독점을 민간 부문의 독점으로 전환하는 것에 지나지 않는다면 그것은 아무런 의미가 없다. 계약 제도에는 프렌차이즈 제도와 대여 제도 등이 포함된다. 프렌차이즈 제도는 재화나 서비스의 배분이나 공급권을 일정 기간 동안 특정 개인 또는 집단에게 부여하는 방법을 말한다. 대여란 정부가 기업을 소유하되 기업 전체를 사기업체로 전환 대여를 해서 사기업의 장점을 모두 취할 수 있도록 해 주는 제도이다.

넷째, 보조금 수취권 제도(voucher)는 정부가 재화 및 서비스의 공급에 필요한 자금은 부담하지만, 프랜차이즈(franchise) 제도에서와 같이 특정한 기업으로 하여금 이를 제공하도록 계약을 맺는 게 아니라 사용자가 시장에서 재화 및 서비스를 구매할 수 있는 보조금 수취권을 대상자에게 지급해 각 개인이 이를 이용할 수 있도록 하는 제도이다.

4) 조직과 인원의 정비

조직의 규모와 정원의 수는 예산액과 직결되어 있으므로 감축관리를 추진하고 실시하는 데 중요한 전략적 수단이 된다. 즉, 서로 다른 여러 개의 국(局)이나 과(課)에서 같은 목적의 사업이나 사무를 수행하는 경우 이를 통폐합함으로써 많은 경비를 절약하는 방법이 될 수 있다. 행정 업무의 중복 현상은 주로 한계 업무(marginal service area)에서 발생되기 쉽다. 따라서 조직에 긴밀한 협조 체제가 구축되면 좀 더 합리적인 감축을 가져올 수 있다.

감축관리에서 사용되는 또 하나의 방법은 현재의 공무원 수가 필요 이상으로 많은 경우 인원을 현재 수준으로 동결하고 일정 기간 새로운 충원을 금함으로써 감원 조치를 취할 수 있다. 신규 채용 동결은 결원이 있어도 충원하지 않는 방법이므로 단기적으로 볼 때 가장 편리한 방법이나 장기적으로 볼 때 능률적이지 못할 뿐만 아니라 형평을 잃을 수 있다. 신규 채용 동결은 현직 공무원을 감원하지 않아도 된다는 점에서 편리할지는 모르나 어떤 직책에 있는 어떤 사람을 해임할 것이냐 하는 결정권을 관리자로부터 박탈하는 결과가 되며 합리적인 장기적 감축계획을 어렵게 할 뿐만 아니라 유능한 공무원을 확보할 수 없는 문제가 있다.

낭비적이거나 위인설관식의 조직 또는 정원을 줄이는 것이나 신규 채용 동결의 방법도 예산의 절감이 수반되므로 가장 기초적인 감축관리 전략이 될 것이다. 그러나 이러한 방안이 합리적인 기준 없이 획일적으로 추진될 경우 오히려 구성원의 불안감을 초래할 수 있으며, 신규 채용 동결의 경우는 단기적인 관점에서 조직에 고용되어 있는 누구에게도 해를 입히지 않지만 장기적인 관점에서는 조직 규모를 줄이는 데 평등하지도 능률적이지도 못하다는 단점이 있다.

5) 수익자 부담

서비스의 공급으로 인한 수익자가 그 공급 비용의 일부 또는 전부를 부담하게 하는 수익자 부담(user charges)의 원칙은 현재 미국의 많은 주에서 채택하고 있는 전략이다. 지방재정의 합리화·효율화에 대해서는 '선택과 부담'이라는 슬로건 하에 수익과 부담의 명확화란 관점에서 수익자 부담금 제도가 상당한 관심을 끌고 있다. 최근 수익자 부담의 개념은 원인자 부담, 개발자 부담, 오염자 부담 등 협의의 수익자 부담 개념을 넘어 사용자 부담을 포함시키는 것이 지배적인 경향이다.

도시계획사업, 토지구획정리사업, 도시재개발사업 등 지방자치단체가 시행하는 사업 중에는 자치단체의 막대한 재원 부담을 요하는 반면, 그 지역의 일부 주민에게 지가 상승 등 엄청난 개발 이익을 주는 것이 적지 않다. 이러한 사업을 조세 등 일반재원으로 충당하는 경우에는 특정한 주민에게는 엄청난 불로소득을 주는 반면 주민 전체의 세 부담은 과중해지는 모순을 낳게 된다. 따라서 주민 상호간의 부담의 공평을 기하고, 불로소득적 개발이익을 그 지역사회에 환원시키기 위해 이 제도는 매우 중요하다. 수익자 부담은 이익을 받는 자가, 사용자 부담은 일정한 서비스를 공급받는 자가 대가(fees)를 지불하는 것이기 때문에 공정성(justice)을 확보할 수 있으나 부담 대상이 잘못 선정되거나 기준이 잘못될 경우 오히려 사회적 형평(social equity)을 상실할 우려가 있다.

CHAPTER

17 전략관리

제 1 절 전략관리와 전략의 의의

1. 전략관리의 개념

급격한 환경 변화에 효과적으로 대응한다는 것은 조직의 환경 변화 예측 능력과 예측에 따른 효과적 관리전략의 수립을 의미한다(여윤환 · 임영제, 1997: 237). 이러한 배경에서 행정 부문에서의 전략관리(strategic management)가 최근 많은 관심을 받고 있는데, 그 이론적 초점은 "미래 지향적 행정기관의 방향을 결정하는 비반복적 의사결정과 선택 및 행동의 유형"에 있다(Frost-Kumpt, et al., 1993: 137).[1] 전략관리는 이윤 추구를 주목적으로 하는 기업조직에서 출발해 1970년대에 부분적으로 도입되기도 했으나, 정부의 혁신적인 관리 기법으로 자리 잡게 된 것은 1980년대 이후부터이다(Wechsler & Backoff, 1986: 321-327).

특히 1990년대를 전후한 시기에 행정조직의 특성에 알맞은 전략적 개념과 과정을 체계화하고자 하는 데 많은 관심을 기울여 왔다(Koteen, 1989; Backoff & Nutt, 1992; Mercer, 1992; Moore, 1995). 이렇게 관심의 초점이 되고 있는 전략관리에 대해 살펴보는 것은 현재 활발히 논의되고 있는 민간 관리 기법의 도입을 통한 행정

1) 몇몇 학자는 행정기관에서의 전략의 연구는 독특한 행정조직이론의 성립의 기초가 된다고 주장하기도 한다.

경쟁력 제고의 논의와 맥을 같이하는 것이기도 하다(여윤환·임영제, 1997).

전략관리는 조직의 장기적인 성과를 좌우하는 일련의 결정과 행동을 말한다. 따라서 전략관리는 환경의 탐색(environmental scanning), 전략 형성, 전략집행, 평가 및 통제를 포함한다. 프렌치와 벨(French & Bell, 1990: 165-166)은 전략관리를 현재와 미래의 조직적 요구와 관련된 조직의 거시적 설계 또는 전체 전략의 개발과 집행으로 정의하고 있다. 다시 말해서, 전략관리는 전략에 관련된 의사결정과 행동의 총체적인 집합으로서 조직의 목표 달성을 위해 전략을 수립·실행·통제하는 과정을 의미한다(허문구·김종진, 2003: 20).

이러한 전략관리는 전략적 기획과 혼용되어 사용되기도 하나, 전략적 기획을 포괄하는 개념으로 환경과의 역동적 상호작용을 강조하는 더욱 총괄적인 개념으로 이해하는 것이 일반적이다(McCaffery, 1989: 194).[2] 전략관리는 왜 어떤 조직은 성장·발전하는 반면 또 다른 조직은 침체하거나 쇠퇴·사멸하는가에 대한 해답을 제시하려고 한다. 따라서 전략관리는 특히 조직의 최고관리자가 직면하는 문제와 기회를 분석하는 데 초점을 둔다.

이와 같은 기본적 성격을 가진 전략관리의 특징을 구체적으로 열거하면 다음과 같다(오세덕·여윤환, 2000: 506-507).

첫째, 전략관리는 기업의 목표와 조직 경계를 포함한 조직활동의 모든 영역에 걸쳐 있다.

둘째, 전략관리는 조직활동을 환경에 부합시키는 데 관심을 둔다.

셋째, 전략관리는 조직의 내부구조·관행·절차 등이 조직의 목표를 달성할 수 있게 만드는 데 초점을 둔다.

넷째, 전략관리는 조직활동을 자원 능력에 부합시키고, 기회의 이점을 제공하며, 환경의 위협을 회피할 수 있는 충분한 자원의 동원 여부를 평가한다.

다섯째, 전략관리는 자원의 획득·박탈·재배분에 관심을 둔다.

여섯째, 전략관리는 조직이 직면한 복잡하고 동태적인 내외의 변수를 실천에 옮길 수 있도록 일단의 명료하고 구조화된 미래 목표로 전환시키는 데 초점을 둔다.

---

2) 전략관리는 총체적 품질관리(TQM)와도 밀접한 관련이 있다(Jreisat, 1993: 166)

2. 전략과 전략 유형

1) 전략의 의의

전략(strategy)은 조직이 목표를 달성하기 위해 경쟁적인 외부 환경과 상호작용을 어떻게 할 것인가에 관한 계획(plan)이다. 목표는 '조직이 원하는 것'이고 전략은 '그것을 어떻게 달성할 것'인가와 관련된 것이다. 전략은 외부로부터 주어지는 것이 아닌 우리 스스로의 조건으로 미래를 대비하는 것을 우리에게 가능하게 해 주는 현재의 실제적 행동대안을 제시한다.

전략은 의사결정자로 하여금 변화에 대응할 수 있게 해 주는 도구이다. 전략은 비전을 가지고 미래를 기획할 수 있게 해 주고, 이해할 수 있게 해 주며 궁극적으로 변화를 창출해 낸다(Shenkman, 1992). 즉, 전략은 행동의 일반적 설계(design) 혹은 계획(plan)을 의미한다. 따라서 전략은 "행동과 이를 지시하는 정책, 그리고 주어진 목표를 달성하기 위한 활동계획안의 집합"이라고 정의할 수 있다.

조직의 전략은 조직이 직면한 기회와 위험에 조직의 자원과 기술을 잘 부합시키는 것이다. 전략은 조직이 환경의 위협과 기회에 적응하기 위한 계획을 수립하고 조직 효과성을 유지하는 행동 방향을 나타낸다. 따라서 조직의 전략은 조직의 전반적인 방향을 제공하고 조직의 영역을 분명하게 해 준다.

2) 전략 개념의 구성 요소

전략의 개념에는 공통적으로 다음과 같은 요소를 포함하고 있다(허문구 · 김종진, 2003: 14-15).

(1) 영역

영역(scope)은 조직과 환경의 상호작용 정도를 나타내며, 조직의 사업 영역 또는 활동 영역을 의미한다.

(2) 자원 동원

자원 동원(resource deployment)은 조직의 목표 달성을 위해 자원이나 능력을 결합・배분하는 것을 말한다. 이는 조직의 독특한 능력(distinctive competence)으로 나타나게 된다.

(3) 경쟁 우위

경쟁 우위(competitive advantage)는 조직의 활동 영역과 자원 동원에 대한 의사결정을 통해 해당 기업이 경쟁자에 비교해 가지고 있는 독특한 경쟁적 위상을 의미한다.

(4) 시너지

이는 조직의 활동 영역 선택과 자원 동원을 통해 조직이 추구하는 상승 효과(synergy effect)를 말한다. 일반적으로 시너지는 조직 내 하위 부문 간에 자원을 공유함으로써 창출된다.

3) 전략적 사고

전략적 사고(strategic thinking)란 조직이 추구하는 전략적 사업 영역(domain)의 설정, 환경분석, 능력분석, 사업 성공 인자분석을 통해 격변하는 환경 속에서 창조적이며, 미래 지향적으로, 혁신성을 가지고 기동성 있는 전략적 의사결정을 하는 것을 말한다. 전략적 사고는 문제의 핵심을 선택하고 핵심을 해결하고자 하는 사고의 선택과 집중을 요구한다(박홍윤, 2009: 23)

효율성에 입각한 전략, 인간성이 무시되지 않는 전략도 전략적 사고의 주요 부분이다. 전략적 사고는 환경이 불안정한 가운데 조직의 혁신이 필요할 때 더욱 강조된다. 이러한 전략적 사고가 높을수록 조직은 활성화된다(양창삼, 1994: 887). 전략적 사고는 종합적인 성격이 강하며, 이것은 직관과 창조력을 수반한다. 전략적 사고의 결과는 조직에 대한 총괄적인 시각을 제시한다. 이러한 총괄적 시각이란 지나치게 구체적으로 방향이 설정되어 있지 않은 비전을 의미한다(Mintzberg, 1994).

리드카(Liedkar, 1998)는 전략적 사고의 주요한 속성으로 다음과 같은 사항을 제시한다(박홍윤, 2009: 23-24).

첫째, 전략적 사고는 시스템적 관점을 기반으로 형성된다. 즉, 어떤 한 부분을 개별적 활동의 단순한 합으로 이해하지 않고 더 큰 시스템의 가치를 창조하는 데 기여하는 것으로 생각한다.

둘째, 전략적 사고는 목적 지향적이다. 전략적 목적을 달성할 수 있도록 구성원의 에너지를 활용하고, 관심의 분산을 억제하고 목적에 집중할 수 있도록 한다.

셋째, 전략적으로 사고하는 것은 과거, 현재, 미래를 연계해서 생각하는 것으로, 현재와 미래에 추구하는 것 간의 차이가 이들 관심의 핵심이 된다.

넷째, 전략적 사고는 본질적으로 창조적이고 비판적인 성향을 갖는다. 따라서 지속적으로 새로운 아이디어를 추구하고 핵심적인 행위로 가설을 만들어 이를 끊임없는 검증하고 개선한다.

다섯째, 전략적 사고는 항상 기존의 것과는 다른 새로운 전략이 있을 수 있다는 가능성을 열어 두는 지적 기회주의를 지향한다.

4) 전략적 방향 설정

중·장기적 측면의 전략적 목표나 전략적 방향이 체계적으로 수립되었는지를 분석·검토해서 미션과 비전을 달성하기 위한 조직의 전략적 방향이나 주요 방침을 체계적으로 설정하는 과정이 전략적 방향 설정이다. 전략적 방향 설정을 위한 대상이 되는 조직은 조직 전체이며 산하기관, 소속기관을 포함할 수 있다. 전략적 방향 설정 시에는 전략적 방향이 조직의 미션과 비전을 달성하는 데 목적-수단 관계의 계층적 일관성과 상호연계성을 갖추고 있는지에 대한 검토가 일차적이다. 전략적 방향 설정을 할 때 지켜야 할 요소는 다음과 같다.

첫째, 미션 및 비전을 달성할 수 있는 주요 수단으로서 전략적 방향을 설정하고 구체화하도록 한다.

둘째, 전략적 방향은 조직 전체의 맥락에서 특정 기간 동안 선택과 집중의 원리에 의해 달성하고자 하는 의지가 표현되어 도출되는 것으로 일반적으로는 핵심적인

5~10개 정도를 선정한다.

셋째, 전략적 방향은 미션과 비전을 달성하기 위한 수단으로서 전략적 방향 간에는 균형적인 수준을 유지해야 한다.

넷째, 전략적 방향으로부터 조직이 중장기적으로 달성하고자 하는 전략 과제가 도출되므로 이는 거시적이고 체계적이면서 통합적 관점에서 접근해야 한다.

그림 17-1 전략적 방향 설정의 절차

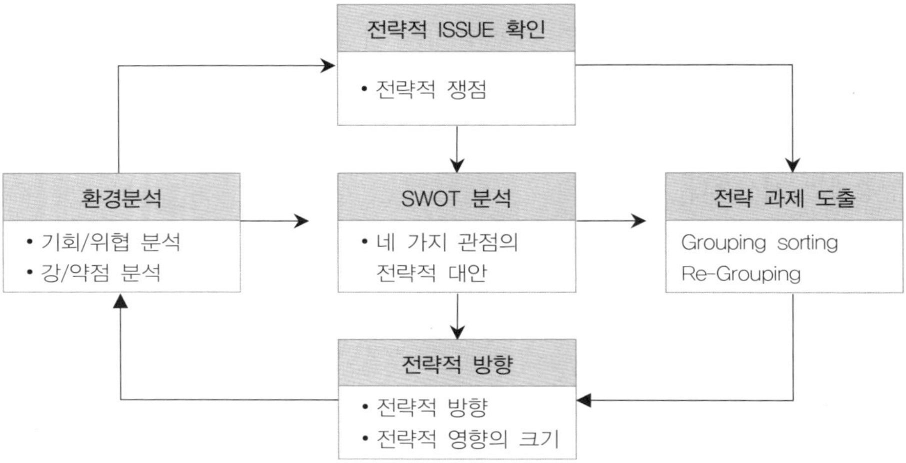

자료: 행정자치부(2006. 122).

5) 전략의 유형

포터(Lyman W. Porter)는 조직의 경쟁전략을 저원가(low cost leadership)전략, 차별화(differentiation)전략, 집중화(focus)전략으로 제시했다. 집중화전략은 집중화된 저원가전략, 집중화된 차별화전략으로 구분된다. 관리자는 이 모형을 이용해 경쟁우위(competitive advantage)와 경쟁의 범위(competitive scope)를 평가할 수 있다. 저원가전략은 경쟁자에 비해 가격을 낮게 책정함으로써 시장점유율을 증가시키는 전략이다. 차별화전략은 산업 내 다른 경쟁자에 비해 독특한 제품이나 서비스를 제공하는 전략이다. 집중화전략은 특정 지역이나 고객에 집중하는 전략이다. 이 경우 조직은 좁게 설정된 목표시장을 대상으로 저원가전략이나 차별화를 시도할 수 있다. 관리자가 경쟁전략에 실패할 경우 조직은 경쟁 우위와 성과를 얻을 수 없다. 포터는 경쟁전략을 채택하지 않은 기업은 의도적으로 추구하는 기업에 비해 평균 수익이 낮다는 것을 발견했다.

그림 17-2 포터의 경쟁 전략 유형

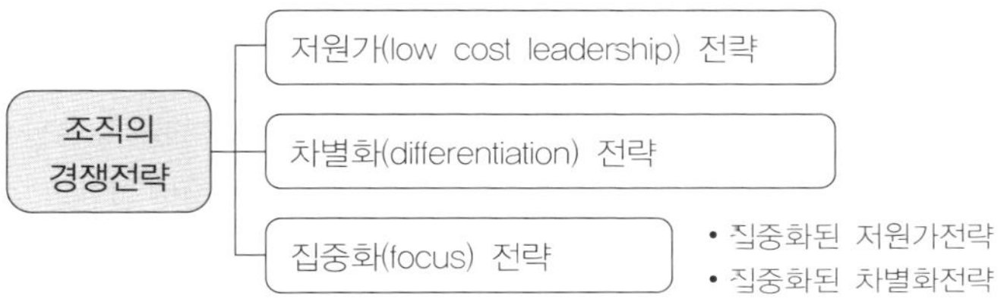

마일스와 스노우(Miles & Snow, 1978)는 관리자는 환경에 적합한 전략을 수립한다는 생각을 근거로 하고 있다. 이들은 전략을 공격형(prospector), 방어형(defender), 분석형(analyzer), 반응형(reactor) 등 네 가지로 구분했다. 공격형 전략은 혁신, 위험감수, 새로운 기회 탐색, 성장 등을 추구하는 전략으로, 동태적이고 급변하는 환경에서 적합한 전략이다. 방어형 전략은 위험을 추구하거나 새로운 기회를 탐색하기보다는 안정성을 중요시하는 전략으로, 쇠퇴기에 있는 산업이나 안전적인 환경에 있는 조직에 적합한 전략이다. 분석형 전략은 부분적으로 혁신을 추구하고 다른 한편으로는 안정성을 추구하는 전략이다. 반응형 전략은 환경의 기회와 위협에 대해 그때그때마다 임시적으로 대응하는 것을 말한다.

한편, 긴터 외(Ginter, et. al., 1998)는 전략의 우형을 〈표 17-1〉에 제시된 것과 같이 지향전략(directional strategy), 적응전략(adaptive strategy), 진입전략(entery strategy), 입지전략(positioning strategy), 운영전략(operational strategy) 등 다섯 가지로 구분하는데, 이러한 구분은 조직전략의 단계와 관련이 있다(한상일, 2015: 153-154).

표 17-1 긴터 등이 제시한 전략의 유형

전략 유형	개념
지향전략	조직이 나아갈 방향을 제시하는 전략으로 조직의 미션과 비전을 정한다. 이 전략을 통해 조직이 지향하는 가치를 파악할 수 있다.
적응전략	조직의 비전을 실현하기 위해 어떻게 해야 할 것인지를 결정하는 전략이다. 조직이 운영하고 있는 사업을 확장 또는 축소할 것인지, 아니면 현재의 상황을 안정화시킬 것인지 등을 결정한다.
진입전략	협력이나 발전을 통하여 현재 진행하는 사업을 확장하거나 안정화해 나가는 것과 관련된 전략이다. 이 전략을 통해 새로운 영역으로 진입할지를 결정하게 되는데, 만일 축소전략을 선택한다면 이 전략은 필요 없다.
입지전략	조직이 다른 조직과 어떤 관계를 맺고 어떤 입지를 차지할 것인가와 관련된 결정을 하는 전략이다. 이 전략은 동일한 업무를 수행하는 다른 조직과의 경쟁전략과도 연관된다.
운영전략	조직의 개별 분야별로 개발하는 전략이다. 마케팅, 재정, 정보 체계의 수립, 인적자원관리 등의 문제를 포괄적으로 다루는 전략이다.

자료: 한상일(2015: 154).

제 2 절 전략 형성의 전제로서 환경분석

1. 포트폴리오 분석

전략 형성의 전제로서 환경분석 중 유용한 기법 중 하나가 포트폴리오 전략(portfolio strategy)인데, 이는 조직의 환경 위험을 분석해서 이에 적응할 수 있는 조직의 잠재 능력을, 그리고 경쟁자와의 경쟁적 관계에서 자기 조직의 잠재력을 개발하기 위한 전략을 의미한다. 이것은 전략 요소인 성장·점유를 포트폴리오 차원으로 하는 제품 및 사업전략으로서 경험곡선(experience curve)에 의한 비용 체감 법칙과 PIMS(profit impact of market strategies) 모형에 의한 시장점유율과 투자수익률(ROI)의 결정 법칙 등을 결합해 현재의 잠재력 있는 전략적 사업 단위(SBU)를 발견하고 이에 대해 투자 또는 환수를 결정하는 전략이다(양창삼, 1994: 487-488).

포트폴리오 전략은 복수사업 단위로 구성된 조직을 대상으로 안정성·수익성 등을 기준으로 현재 및 장래의 사업을 판단하고 전략계획을 수립함으로써 상승 효과

(synergy effect)를 높인다는 데 그 특징이 있다. 이 전략은 주로 포트폴리오 매트릭스(portfolio matrix)를 사용하는데 이는 성장과 점유 등 두 가지 차원의 검토가 동시에 이루어질 수 있기 때문이다. 이러한 포트폴리오 전략에 속하는 전략 유형은 매우 다양한데 그중에서 가장 대표적인 성장·점유 포트폴리오 전략에 대해 살펴보기로 한다.[3]

BCG에서 만든 성장·점유 매트릭스는 BCG가 경험곡선과 PIMS모형을 이용해 제품 또는 사업 단위에 대해 시장성장률과 상대적 시장점유율의 두 전략 요인을 포트폴리오 차원으로 선정해 만든 2×2 매트릭스를 말한다(Hedley, 1977: 9-14). 매트릭스의 각 칸에 SBU의 종류를 두 가지 전략 요인에 따라 배치한 것이 [그림 17-3]이다.

그림 17-3 BCG 포트폴리오 매트릭스

시장 성장률	높음 (상대적 시장점유율)	낮음 (상대적 시장점유율)
높음	별(stars) 인기사업 현상유지전략	문제아(wild cats) 문제사업 확대전략
낮음	황금젖소(cash cows) 황금산업 수확전략	개(dogs) 패퇴산업 회수전략

자료: 양창삼(1994: 487).

이들 각 SBU의 내용을 살펴보면 다음과 같다(Nutt & Backoff, 1992: 102).

첫째, 별사업은 급속히 성장하는 시장 속에서 높은 시장점유율, 즉 강력한 경쟁적 지위를 가진 것으로 이익률은 높지만 경쟁적 지위를 유지하고 강화하기 위해 추가 투자를 해야 하는 사업 영역이다.

3) 성장·점유 매트릭스는 1972년 GE(General Elecric)사의 요청에 따라 BCG(Boston Consulting Group)에서 개발했기 때문에 BCG 매트릭스라고도 한다.

둘째, 황금젖소사업은 낮은 시장 성장 속에서 높은 시장점유율을 차지하는 사업이다. 적은 투자로 많은 이익을 창출한다.

셋째, 문제아사업은 높은 시장성장률과 낮은 시장점유율을 가진 사업으로, 주의 깊은 투자가 요구되는 모험사업을 의미한다.

넷째, 개사업은 낮은 성장률과 낮은 시장점유율을 가진 전망이 열악한 사업을 지칭한다.

지금까지 설명한 내용은 기업조직에 BCG 매트릭스를 적용한 것이고, 이를 행정부문의 이슈 관리(issue management)에 적용할 수 있다(Nutt & Backoff, 1992: 104-105). 이러한 적용에서는 관련된 제3자의 지지(relative stakeholder support)와 취급 용이성(tractability)이 시장점유율과 시장성장률을 대체한다. 분석의 대상은 재화나 서비스가 아닌 공공 이슈(issues)이다.

취급 용이성이란 이슈가 조직에 의해 성공적으로 취급될 가능성을 의미한다. 낮은 취급 용이성을 가진 AIDS 같은 이슈는 성공적 취급이 희박하며, 대상 집단이 다양한 사람들로 혼합되어 있고, 거대한 잠재집단을 가지고 있으며, 확산이나 재발 방지를 위한 생활 스타일의 변화를 요구하나 사람들이 잘 받아들이지 않는다. 반면 높은 취급 용이성을 가진 신장병 문제와 같은 것은 성공적 취급이 낙관적이며 대상집단이 명확하고 생활 스타일 변화의 요구를 잘 수용한다. 한편, 관련 제3자의 지지는 요구를 가진 사람들을 도와주기 위한 기관의 행동에 의해 영향을 받게 될 사람들의 태

그림 17-4 공공 영역에서 이슈 포트폴리오 매트릭스

취급 용이성 \ 관련된 제3자의 지지	높음	낮음
높음	앉은 오리(sitting ducks)	다크호스(dark horses)
낮음	성난 호랑이(angry tigers)	잠자는 개(sleeping dogs)

자료: Nutt & Backoff(1992: 105); McCaffery(1989: 203).

도를 말한다. 예컨대, 신장병을 앓는 환자는 공공의 지지를 잘 이끌어 내지만 AIDS 보균자의 경우 그렇지 않다.

취급 용이성과 제3자의 지지는 [그림 17-4]와 같이 구성될 수 있다. 공공 영역의 관리자는 이러한 분류를 조직이 직면한 이슈를 분류하고 이슈관리를 위한 충고를 이끌어 내는 데 사용할 수 있다.

[그림 17-4]의 내용을 구체적으로 설명하면 다음과 같다. 첫째, 앉은 오리는 의미 그대로 '손쉬운 목표'로서 높은 취급 용이성과 높은 공공의 지지를 받아 관리가 용이한 이슈이다. 둘째, 성난 호랑이는 낮은 취급 용이성과 높은 공공의 지지를 받는 이슈이다. 셋째, 다크호스는 이슈는 취급이 용이한데 공공의 지지를 받기 힘든 이슈 영역이다. 넷째, 잠자는 개는 취급 용이성이 낮고 공공이 지지를 기피하는 이슈로서 행정관리자의 입장에서 보았을 때 그야말로 쓸모없는 '불쾌한 이슈'이다.

2. SWOT 분석

SWOT 분석은 환경에서 나타나는 기회와 위협을 파악하고 조직의 강점과 약점을 인식해 전략적 도전 방법을 찾아내어 여러 형태의 전략적 반응을 유도하기 위한 방법이다. SWOT는 강점(strengths), 약점(weaknesses), 기회(opportunities), 위협(threats)의 약자를 합성한 말로 TOWS 분석이라고도 한다. 이 방법은 과거와는 달리 기회와 위협이 불연속적으로 오는 환경을 전략적으로 분석해서 미리 대비하고 나아가 위협을 극복하고 기회를 포착하는 분석 기법이다.

SWOT 분석을 위해 [그림 17-5]과 같은 '긴장 영역 렌즈' 모형을 사용할 수 있다. '긴장 영역(tention field)'이란 조직의 강점과 약점으로 구체화되는 능력 및 위협과 기회로 구체화되는 잠재 영역을 의미한다. 이러한 긴장 영역은 조직의 강점과 약점이 환경으로부터의 기회와 위협과 상호작용해 미래의 상황을 예측하게 하고, 조직의 방향 설정을 하게 하는 렌즈와 같은 역할을 하게 되는 것이다. 그리고 나아가 바람직한 미래를 형성하기 위해서는 긴장 영역 요소(SWOTs)를 행동에 의해 관리해야 한다. 즉, 강점을 신장시키고, 기회를 이용하고, 위협을 감소시키고, 약점을 극복해야 하는 것이다.

그림 17-5 긴장 영역 렌즈 모형

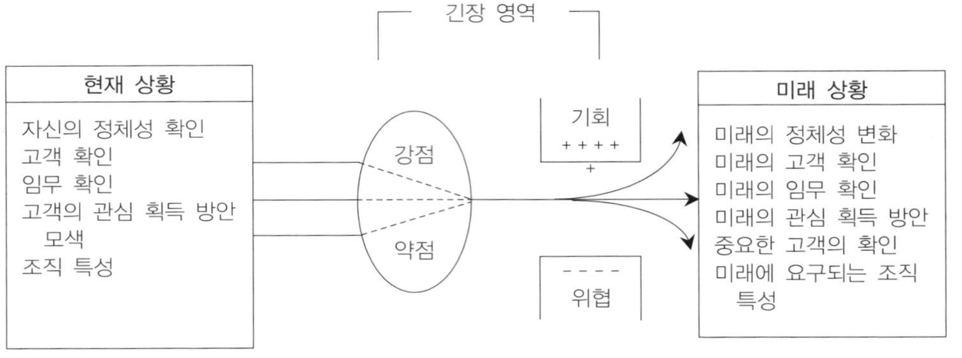

자료: Nutt & Backoff(1992: 158)의 내용을 수정해 재작성.

이러한 분석 결과는 조직의 전략적 지향에 대한 확인과 비판을 하게 함으로써 조직 변화의 도구로서 유용하게 쓰일 수 있는데, 구체적인 SWOT의 분석 절차 및 이의 결과 산출되는 전략을 표로 정리한 것이 〈표 17-2〉이며, 각 전략의 내용은 다음과 같다.

1) WT전략(mini-mini)

일반적으로 WT전략의 목적은 약점(weaknesses)과 위협(threats) 모두를 최소화하는 데 있다. 조직이 외부의 위협에 노출되어 있고 이에 대응할 능력이 없는 상태, 즉 내부 약점이 존재한다면 이는 조직을 쇠퇴하게 만드는 매우 불안정한 상태이고, 따라서 조직의 생존을 우선시하는 WT전략을 선택할 수밖에 없다. 기업조직의 경우 전통적 업종을 주력으로 하는 기업이나 사양산업에 종사하는 기업 등이 이러한 WT전략을 종종 사용하게 된다(Weihrich, 1985: 53). 행정조직 역시 마찬가지로 앞에서 나열한 다양한 요소를 검토하고 급변하는 환경에 적응할 여유가 없거나 준비가 미흡할 때 채택할 수 있는 전략이다.

표 17-2 SWOT 분석 매트릭스

<table>
<tr><td colspan="4">제1단계: 조직 프로필(profile)의 준비
1) 업무의 종류
2) 지리적 위치와 특성
3) 경쟁적 상황
4) 최고관리층의 지향성(orientation)</td></tr>
<tr><td></td><td colspan="3">제4단계: SW의 분석 및 평가
1) 관리와 조직, 2) 운경, 3) 재정, 4) 기타 요소</td></tr>
<tr><td>내부 요인
외부 요인 → ↓</td><td>제5단계: 대안(alternatives)의 탐색/개발
제6단계: 전략적 선택
제7단계: 상황적응적(contingency) 계획의 수립</td><td>내부 강점의 열거(S) : (제4단계)
S1________
S2________
S3________
S4________</td><td>내부 약점의 열거(W) : (제4단계)
W1________
W2________
W3________
W4________</td></tr>
<tr><td>제2 단계: 경제적 요소, 사회적 요소, 정치적 요소, 인구통계적 요소, 재화와 기술, 시장과 경쟁 요소의 확인과 평가</td><td>외부 기회의 열거(O) : (제2, 3단계)
O1________
O2________
O3________
O4________</td><td>SO: maxi-maxi
(제5, 6단계)</td><td>WO: mini-maxi
(제5, 6단계)</td></tr>
<tr><td>제3 단계: 미래예측(forecast)과 사정(assessment)의 시행</td><td>외부 위협의 열거(T) : (제2, 3단계)
T1________
T2________
T3________
T4________</td><td>ST: maxi-mini
(제5, 6단계)</td><td>WT: mini-mini
(제5, 6단계)</td></tr>
</table>

자료 : Weihrich(1985: 52).

2) WO전략(mini-maxi)

WO전략은 약점(weakness)을 최소화하고 기회(opportunities)를 최대화하는 전략이다. 어떤 조직이 외부 환경에서의 기회를 맞이했으나 이러한 기회를 활용해 조직의 발전과 성장을 추구하는 것을 가로막는 내부의 약점을 가지고 있을 경우가 많다. 예를 들어, 어떤 자동차 부품회사가 마이크로 컴퓨터로 제어되는 자동연료 분사장치를 대량으로 요구하는 주문을 받았을 때, 이러한 장치를 생산할 수 있는 기술이 미흡한 경우, 모처럼의 기회를 활용하지 못하고 조직의 발전과 성장의 기회를 사장하게 되는 것이다(Weihrich, 1985: 53-54). 이러한 불행한 사태를 미연에 방지하기 위해서는 SWOT의 분석을 기반으로 삼아 조직의 약점을 최소화하고 핵심 역량(core competence)/조직 역량(organizational capability)을 구축할 수 있어야 한다.[4)] 예컨대 인적 자원 분야의 경우 장기적 차원으로는 적실성 있는 교육훈련의 실시로 우수한 인적 자원을 확보할 수 있고, 단기적 차원에서는 민간 부문의 인적 자원을 유치하는 방안을 고려해 볼 수 있는 것이다.

3) ST전략(maxi-mini)

이 전략은 환경으로부터의 위협(threats)에 능히 대처할 수 있는 조직의 강점(strenths)에 기초를 두고 있다. 즉, ST전략의 목적은 강점을 극대화하고 위협 요소를 극소화하는 데 있다. 이는 강력한 조직이 일거에 정면으로 환경으로부터의 위협에 직면하게 됨을 의미하는 것은 물론 아니다. 그러나 강력한 조직이라도 1960년대에 미국의 GM(General Motors)이 겪었던 것 같은 경우를 당할 수도 있다. 즉, GM은 당시 네이더(Ralph Nader)라는 변호사가 결함차(缺陷車)를 고발함으로써 예상하지 못했던 많은 문제에 직면했던 적이 있다(Weihrich, 1985: 54). 이 사례가 관리자에게 주는 교훈은 자신의 강점만을 너무 의식하고 과신한 나머지 부적절한 대응을 해서는 안 되며, 강점이 가끔씩은 창조적이며 유연한 대응에 거대한 제약으로 작용하므로 신중하게 판단할 필요가 있다는 것이다.

4) SO전략(maxi-maxi)

SO전략은 SWOT분석 결과 파악된 자신의 강점(strengths)과 기회(opportunities)를 극대화하려는 전략이다. 어떠한 조직이라도 자신의 강점과 기회를 극대화하려고 하는 것은 너무 당연하다. 이러한 조직은 자신의 강점을 발판으로 조직의 성장과 발전을 위해 생산활동과 서비스 산출에 자원을 동원하고 활용한다. 성공적 조직(successful organization)은 — 비록 이들이 앞에서 언급한 세 가지 전략을 일시적으

---

4) 여기에서 핵심 역량/조직 역량이란 특정 조직이 보유하고 있는 우월적 내부 역량으로서 경쟁조직과 차별화될 뿐만 아니라 조직의 성장과 발전으로 이끄는 힘을 말한다(Galbraith, 1994: 1-5). 이러한 핵심 역량을 키우기 위해서는 조직이 보유하고 있는 내부 역량을 세밀하게 분석 평가해 이의 구체화와 강화를 지속적으로 추진해야 한다.

로 사용했을지라도 — 항상 당면한 기회를 잡기 위해 자신의 강점을 활용할 준비가 되어 있는 조직이다. 만약 약점이 발견되었다면 성공적 조직은 이를 극복하고 강점으로 전환시킨다. 또 위협에 직면하게 되면 이에 적절히 대처함으로써 위기 뒤에 찾아오는 기회를 놓치지 않는 것이다.

제 3 절 전략관리의 과정

1. 전략적 프로그램화로서 계획 수립

계획을 수립하는 것만으로는 올바른 관리전략을 수립했다고 할 수 없다. 계획을 수립하고, 이를 정교화하며, 나아가 이를 변환할 수 있어야 한다. 즉, 전략적 프로그램화는 전략의 성문화, 정교화, 변환의 세 단계를 거쳐야 한다(Mintzberg, 1994: 124-126).

그 첫 단계인 성문화란 공식적으로 언제든지 사용할 수 있을 정도로 충분히 명확한 단어로 관리전략을 명료하게 표현하는 것을 말한다.

두 번째 단계는 정교화인데 이는 성문화된 관리전략을 하위 전략이나 특별 프로그램으로 구체화할 뿐 아니라, 각각의 전략을 실현해 나가는 데 필요한 사항을 열거한 전반적인 행동계획을 수립하는 것을 의미한다.

마지막 단계인 변환은 전략적 변화가 조직의 운영에 미치는 영향을 고려하는 것을 뜻한다. 이러한 전략적 프로그램화에서 항상 명심해야 하는 점은 이것이 유일무이의 최선의 방안은 아니라는 점이다. 즉, 관리자는 그들 자신의 전략을 때로는 광활한 비전의 상태로 남겨두어 변화하는 환경에 잘 적응할 수 있도록 해야 하는 것이다. 조직이 당면하고 있는 환경이 비교적 안정성이 있다고 확신하고 있고 복잡한 운영 과정을 조정할 필요가 있을 때 이러한 전략적 프로그램이 효과적으로 적절히 사용될 수 있다.

2. 전략관리의 단계

전략관리를 수행하는 과정은 다양하고 복잡한 절차를 거친다. 학자들마다 각각 상이하게 단계를 구분해 설명하고 있으나 여기에서는 이를 종합해 보편성을 띤 일반적 단계로 나누어 설명하기로 한다.

보통 전략관리 과정에 포함되는 내용을 보면 일반적으로 다음과 같은 단계를 거친다.

1) 제1 단계: 사명/임무의 명세서 작성

조직의 사명과 임무의 간결하면서도 총괄적인 명세서의 작성은 관리 과정에서 어려운 단계이다. 구체적인 임무의 명세서는 미래의 결정을 위한 지침 및 특정한 행동을 측정하기 위한 기준과 함께 조직 정체성을 제공한다(Denhardt & Grubbs, 2003: 259). 임무명세서의 작성은 확실한 전략들을 함축하기 때문에 조직 목표에 대한 대

그림 17-6 전략관리의 과정

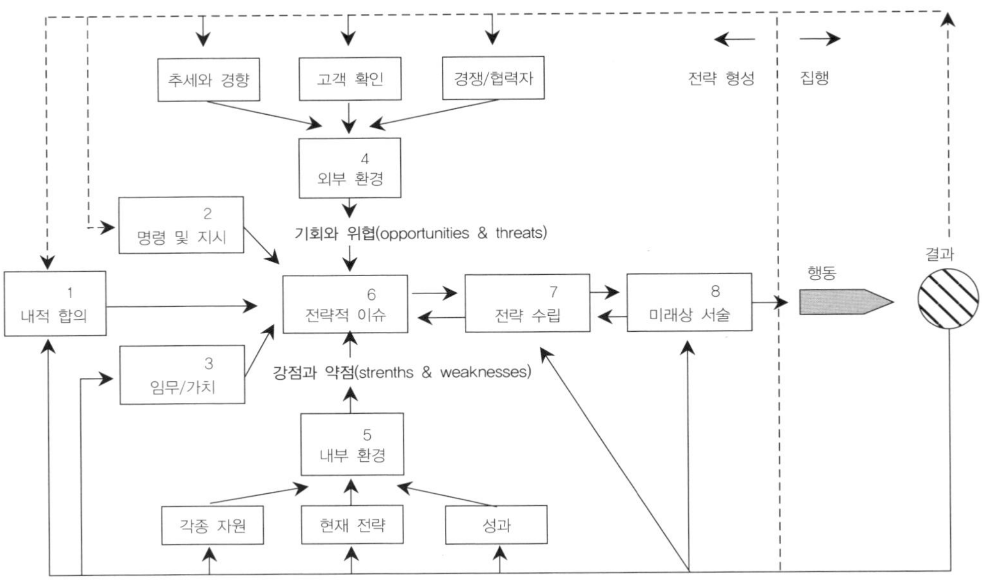

안적 접근 방법을 고려하기 위한 주의(배려)가 요구된다. 예를 들어, 임무명세서는 지방정부가 폭넓은 산업적 기반을 추구하는지 아니면 관광산업이나 하이테크 산업과 같은 특정한 유형의 사업을 추구하는지를 지시해 줄 것이다. 마찬가지로, 대학연구소의 임무명세서는 연구소가 모든 영역에서의 광범한 프로젝트를 추구하는지 아니면 높은 수준을 요구하는 극히 제한된 프로젝트를 추구하는지를 나타내 줄 것이다. 이러한 임무명세서는 고객 요구의 범위, 환경 변화에 대한 반응, 또는 서비스의 질에 대해서 설명해 줄 것이다. 임무명세서는 〈표 17-3〉을 이용해 체계적으로 작성할 수 있다.

표 17-3 임무명세서의 예

1. 나(우리 조직)는 누구인가?

2. 우리 조직의 철학과 핵심적 가치는 무엇인가?

3. 우리 조직을 다른 조직과 차별화시켜 주는 것은 무엇인가?

4. 우리가 충족시켜야 할 사회적 요구는 무엇인가(우리가 해결해야 할 기본적인 사회적 문제는 무엇인가)?

5. 이들 문제나 요구를 인식 또는 예측하기 위해 그리고 이에 대응하기 위해 우리는 무엇을 해야 하고 동원할 수 있는 방법은 무엇인가?
   1)
   2)
   3)

6. 핵심적인 이해관계자에 대해 우리는 어떻게 대응해야 하는가?
   1)
   2)
   3)

자료: 서울시정개발연구원(2003: 157-158)을 재작성.

2) 제2 단계: 환경의 분석(조직의 강점/약점 분석)

전략관리의 제2 단계는 환경의 분석이다. 왜냐하면 조직은 개방 체제이며, 따라서 조직의 분석에서 환경과의 연계 관계를 고찰하는 것은 필수적이기 때문이다(Hanna,

1988: 8-17). 벡하드(Richard Beckhard)는 다음과 같이 지적한다. 조직의 독립성이라는 것은 하나의 신화이다. 조직의 리더는 점차적으로 그들이 관리하는 조직은 개방 시스템(open system)이라는 사실을 인식하게 되었다. 조직의 내부 구조, 의사결정, 집단 간 상호관계 등의 탐색에만 전적으로 의존하는 조직의 개선전략은 조직의 진단과 변화전략에서 불완전한 방법이다. 오늘날 환경에서 좀 더 적절한 방법은 조직과 그 핵심 하위 시스템(key subsystem)이 다양한 환경에 어떻게 관계하는가 하는 것을 검토함으로써 시작된다(French & Bell, Jr., 1990: 168-169).

이러한 환경의 평가는 법적·정치적 고려, 사회적·문화적 경향, 경제적 환경, 기술적 개발, 적절한 조직의 경쟁 관계 또는 '거래' 위치를 모두 포괄한다. 각 영역은 현재의 환경과 미래에 그것이 어떻게 변화할 것인가의 측면에서 검토해야 한다. 분석은 가능한 한 즉시적이며 포괄적이어야 하며, 재정적 자원, 인적 자원(정치적·관리적 강점과 약점을 포함), 기술적·조직적 체제의 운영, 작업의 질을 고려해야 한다.

3) 제3 단계: 조직 리더의 가치관 확인

전략적 대안을 개발하기 위한 바로 전 단계는 조직을 미래로 인도하는 지도자의 가치(관)·관심·열망 등을 고려하는 것이다(Denhardt & Grubbs, 2003: 260). 사람들은 상이한 방법으로 동일한 환경적·조직적 분석에 반응한다. 예를 들어, 사업에서 어떤 사람은 안정된 시장 점유율에 전적으로 만족하는 반면 어떤 사람은 좀 더 큰 이익을 기대하고 커다란 위험을 기꺼이 감수한다. 그러므로 계획을 효과적으로 집행하기 위해서는 조직의 미래를 형성하는 데 주요 역할을 하는 사람들의 관심과 이익을 숙고해야 하는 것이다.

4) 제4 단계: 전략의 개발과 선정

이 단계에서 전략관리팀은 대안적 전략을 구체적으로 형성하게 된다. 이러한 전략은 몇 가지 형태를 취할 수 있다. 그러나 한 가지 유용한 방법은 조직이 5년, 10년 또는 20년 미래를 어떻게 될 것인가를 제시하는 대안적 '미래의 시나리오'를 작성하는 것이다. 시나리오는 미래의 회의적 · 실제적 · 낙관적 해석 및 이 같은 미래의 유형에 영향을 줄 요인과 조직이 취할 새로운 방향을 나타내 주어야 한다. 그리고 시나리오의 토론을 통해 몇 가지 다양한 전략이 나타나게 된다. 이를 검토하고 나면 주어진 조직의 기회와 제약, 조직의 강점과 약점, 리더십의 가치, 관심 등을 고려해서 조직이 가장 효과적으로 임무를 달성할 수 있는 전략이 선정될 것이다. 전략을 개발하고 선정한 후, 전략을 집행하기 위한 구체적 행동 단계를 확인해야 한다. 예를 들어, 지방정부의 직업훈련 프로그램은 조직의 강점과 약점뿐만 아니라 환경의 기회와 제약의 철저한 분석을 포함한 광범한 기획 훈련을 행해야 한다.

5) 제5 단계: 조직의 미래상 서술

미래를 과학적으로 예측하는 것과 직관을 바탕으로 결정을 내리는 것은 전혀 다른 일이다. 본질적으로 전략관리는 조직이나 그 지역의 현황을 조사하고 미래를 전망해 목표를 설정하고, 이러한 목표를 성취할 수 있는 전략을 개발해 실행한 후 그 성과를 피드백하는 과정이다(Osborne & Gaebler, 1992: 232).

예를 들어, 뉴욕시재단(The Fund for the City of New York)은 일본의 도쿄시와 교환 프로그램(exchange program)을 운영하고 있는데 뉴욕시 직원들은 도쿄시의 직원들이 진지하게 미래를 계획하고 있는 것에 대해 얼마간 위압감을 느끼고 돌아온다고 한다. 즉, 일본인은 항상 21세기에 대해 이야기하고 있다는 것이다. 실제로 도쿄시는 21세기에 추구해야 할 비전을 바탕으로 장기기획을 하고 구체적 목표와 예산을 가지고 운영 및 투자 프로젝트에 대한 10개년계획을 개발한다. 그리고 이에 따라 3~4개년 행정 및 재정계획이 상세한 수준으로 수립된다. 미국의 오클라호마주 역시 5개년 전략적 계획안을 '오클라호마의 미래(Oklahoma Futures)'라고 불리는 민관 합동 조직을 통해 수립했다. 이 계획은 수십 개의 행정조직 및 민간조직의 목표를 설정한다. 이러한 조직의 미래상의 서술은 조직구성원 간의 전략관리 과정에 대한 자발적 몰입을 이끌어 내고 주민과 의회의 정치적 지지를 이끌어 내는 데 효과적이기 때문에 전략관리를 실행하는 데 매우 중요하다(Osborne & Gaebler, 1992: 233).

6) 제6 단계: 전략의 집행

집행 단계는 소기의 성과를 달성하기 위해 수립된 전략에 따라 구체화된 운영계획을 실행에 옮기는 단계이다. 이때 행정관리자의 리더십의 발휘 및 적절한 자원관리가 뒷받침되어야 한다. 자원 배분 및 관리는 인적 자원을 비롯한 필요한 물적·재정적 자원을 요구되는 시간과 장소 및 부서에 조직의 비전과 임무, 전략과 운영계획에 따라 적절히 배정하는 활동을 말한다.

전략적 계획의 집행은 운영기획 과정(operational planning process)과 결합되지 않는다면 효과적인 것이 될 수 없다. 이를 가장 효과적으로 수행하는 방법은 전략적 계획안을 매년 운영예산 과정에 연계하는 것이다. 관련 자원을 동원하고 이를 집행하는 것이 운영계획의 주요 내용이다.

7) 제7 단계: 집행 결과의 평가

평가는 의도적·합목적적인 조직관리의 필수적인 과정이다. 조직이 소기의 목적을 성공적으로 달성하고 이를 유지하기 위해서는 현상에 대한 성과와 잘못을 분석하고 진단하는 활동, 즉 평가활동을 통해 개선 노력을 되풀이하지 않으면 안 된다. 전략관리에서의 평가에는 ① 평가 대상(여기에서는 전략적 운영 프로그램)의 장점이나 가치를 판단하고 결정하는 평가활동, ② 의도했던 목표나 요구를 어느 정도 달성했는가 하는 효과성의 결정, ③ 의사결정에의 기여도 내용의 평가를 행해야 한다. 이와 같은 평가의 과정은 평가 목적의 설정, 효과성 개념의 정의, 측정 영역의 결정, 측정 모형의 설정, 측정 변수의 선정, 수집될 자료의 확인과 구체적인 수집, 자료의 분석과 판단으로 정리할 수 있다(Nadler & Tushman, 1990: 261-268).

제 4 절 행정 부문에서 전략관리의 적용

1. 전략관리의 제약 요인

행정 부문에서 전략관리의 제약 요인으로는 기본적 가정의 오류에서 기인하는 제약 요인과과 행정 부문과 민간 부문의 차이에서 오는 행정조직 고유의 특성에 기인한 제약 요인으로 구분할 수 있다.

1) 전략관리의 기본적 가정의 오류

전략관리가 내재하고 있는 기본적 가정의 오류는 다음과 같은 세 가지로 요약된다(Mintzberg, 1994: 128).

첫째는 예측의 오류이다. 계절 변화와 같은 반복적 현상은 예측이 가능할지 몰라도 기술혁신, 물가 상승 등과 같은 비연속적 현상을 예측하는 것은 사실상 불가능하다.

둘째는 유리(遊離)의 오류이다. 진정한 전략은 새로운 아이디어를 찾아내기 위해 힘들여 노력하고, 진정한 관리전략은 그러한 노력의 와중에서 이따금씩 얻는 수확이 모여 수립되는 것이다. 그러나 전략관리 주창자는 흔히 관리 시스템이 독자적으로 사고를 하고 조직의 전략은 조직의 운영과는 유리되고 전략 수립과 집행과도 분리되는 것으로 주장하는데 이는 명백한 오류이다.

셋째는 공식화의 오류이다. 공식화란 관리상의 절차를 통한 분석으로부터 시작해 궁극적인 행동에 이르기까지의 합리적인 연속 과정을 의미한다. 그러나 전략 수립의 과정은 그 반대로 진행될 수도 있는 것이다. 공식화된 절차로는 불연속적인 사건을 미리 예측하거나 관리자에게 정보를 전달한다든지 또는 훌륭한 관리전략을 창출해 내는 것은 결코 불가능한 일이다. 따라서 우리는 전략관리의 과정을 지나치게 경직된 과정을 공식화함으로써 유연성을 잃는 것보다 이를 느슨하게 신축성을 갖춘 과정으로 풀어 줄 필요가 있다.

2) 행정조직 특성상의 제약

기업조직에서 활용되던 전략관리가 정부조직을 비롯한 비영리조직에 적용되어 많은 성과를 거두고 있는 것은 사실이나, 조직 특성의 본질적인 차이로 인해 많은 제약점을 드러내고 있다. 정부조직과 비영리조직의 전략관리에 영향을 미치는 제약 요인은 여러 가지가 있을 수 있는데(Koteen, 1989: 10-16; McCaffery, 1989: 206-207; Roberts, 1993: 157-166), 이를 행정조직의 관리적 측면, 자원적(인적 · 물적) 측면, 정치적 측면으로 구분해 살펴보면 다음과 같다(오세덕 · 여윤환, 2000: 520-522).

(1) 관리적 측면

첫째, 서비스가 일반적으로 무형적이기 때문에 측정하기 곤란하다. 이러한 문제는 다양한 고객의 욕구를 충족시키기 위해 내세우는 복수의 목표 때문에 발생한다. 더구나 조직의 산출을 객관적으로 측정하기 어렵기 때문에 문제는 더욱 심각해진다.

둘째, 신뢰할 만한 분석은 종종 다루기 힘들며 비용이 많이 소요된다. 더구나 비용 · 편익분석과 같은 계량적 측정 수단은 많은 무형의 주관적 요소를 간과하기 쉽다. 주관적 투입은 사기업에서의 전략관리의 경우보다 공공 부문에서의 전략관리에서 큰 비중을 차지할 것이다.

셋째, 행정조직은 문제 해결(problem-solving)이나 팀 형성(team building)과 같은 비공식적 조직 과정에 사기업의 경우 좀 덜 익숙할 것이고 계층제적 사고, 문서과다 등에 더 익숙할 것이다. 창의성 · 비공식성 · 신축성 등은 사기업의 경우보다 육성하기 어렵다.

(2) 자원적 측면

첫째, 고객 또는 수혜자의 영향력이 미약하다(Eldridge, 1992: 323-324). 기업조직은 상품과 서비스의 판매를 통해 수익을 얻기 때문에 고객의 만족을 위해 최선을 다하지만 행정조직의 경우 다양한 독점적 원천이 있기 때문에 이런 점에서 고객, 즉 시민에 대한 고려가 약해질 수밖에 없다.

둘째, 자금을 제공하고 비용을 부담하는 개인 또는 조직이 정부조직의 내부관리에 간섭한다.

셋째, 보상과 제재를 행사하는 데 제약을 받는다. 기업조직의 관리자는 조직구조의 변경, 업무 배열, 재정, 회계 정보 시스템 등 전략 집행에 요구되는 책임을 많이 갖고 있으나, 행정 부문 관리자의 경우 이와 대조적으로 전략 집행에서 민간 부문의 관리자만큼 자율권을 갖고 있지 못하다. 즉, 새로운 전략적 목표에 부합되는 조직구조의 변경이나, 필요한 인적 자원의 선발·배치·해고 등에서 거의 힘을 발휘하지 못한다.

넷째, 예산 과정의 제약이 따른다. 이러한 예산 문제의 전형적 패턴은 "해결에 20년이 소요될 문제를 1년간 쓸 예산으로 2년의 임기를 가진 행정관리자가 5년의 계획으로 해결하려고 하는 모습"으로 표현할 수 있다. 또한 단기적 시야와 예산의 제한에 기인해, 행정 부문에서 전략적 기획 업무는 낭비적인 것으로 인식되기 쉽다.

(3) 정치적 측면

첫째, 정부는 임기의 제약이 있다. 즉, 일반적으로 2년 내지 4년 정도밖에는 시간적 여유가 없다. 이러한 사례는 미국의 플로리다 주의 사례가 잘 보여 준다. 그레이엄(Bob Graham)이 주지사로 재임하면서 주 종합계획, 부처별 10개년 계획 및 지역계획을 포괄하는 야심 찬 장기 기획 체계를 주 의회에서 통과시켰다. 그러나 후임 주지사가 된 마르티네즈(Bob Martinez)가 이를 무시해 버렸고, 결국 엄청난 시간과 예산을 낭비한 결과만 초래했다.

둘째, 전략관리에서 공공기획이란 사기업의 경우와는 달리 공적 투명성을 요구하며 참여를 요구한다. 참여적 과정은 공공의 수용도를 향상시킬 것이지만, 집행 단계를 복잡하게 하고 때로는 지연시킨다.

물론 이와 같은 다양한 제약 요인이 기업조직에서는 전혀 나타나지 않는다는 것은 아니며, 다만 공공조직에 훨씬 빈번하게 나타난다는 것이다. 그리고 이러한 제약 요인은 전략관리의 현실적인 적용에 많은 영향을 미친다. 또한 이러한 제약 요인은 물론 전략관리의 문제만은 아니며, 모든 장기적 변화 노력의 경우와 동일하다.

2. 전략관리의 이점과 비판

많은 학자가 전략관리의 행정 부문 적용에서의 제약점에 대해 지적하고 있음에도 불구하고 또한 이의 도입과 적용을 적극적으로 권장하고 있기도 하다. 이러한 권유의 밑바탕에는 관리 과정의 기본은 기업조직이나 행정조직이나 동일하다는 전제가 깔려 있다. 즉, 양 조직의 목적은 비록 다를지 몰라도 목표를 달성하기 위한 수단은 대동소이하다는 것이다(Roberts, 1993: 154). 전략관리는 구체적으로 다음과 같은 이점을 조직에 가져온다(Jauch & Glueck, 1988: 18-19).

첫째, 전략적으로 사고하게 하고 효과적 전략을 개발하도록 하여 미래의 방향을 명확히 해 주고, 우선순위를 설정하도록 도와준다. 이는 의사결정을 위한 일관되고 옹호할 수 있는 기반을 개발하도록 해 주는 것이며, 조직의 통제 영역에서의 최대의 자유재량권을 발휘하도록 도와준다. 그 결과 조직계층과 부서를 초월하는 의사결정을 할 수 있도록 해 주며 궁극적으로 조직의 주요 문제를 해결하도록 도움을 주어 조직의 성과를 향상시킨다.

둘째, 급변하는 조직환경을 효과적으로 예측하고 대응할 수 있도록 도와준다. 조직은 새로운 추세가 출현하는 초기 단계에서 행동을 취할 수 있고, 효과적인 관리를 위한 여유 시간을 확보할 수 있게 해 준다. 무엇보다도 전략적 과정을 거쳐 창출된 계획은 예측하지 못한 변화에 대응할 수 있는 충분한 신축성을 갖는다.

셋째, 최선의 전략적 기획은 조직문화 속에 깊이 침투해서 조직구성원들로 하여금 조직이 어디로 가야 하고 무엇이 중요한가를 알 수 있게 해 주는 직관력을 제공해 준다. 즉, 중요한 것은 전략적 기획 그 자체가 아니라 전략적 사고와 행동이다.

넷째, 전략관리는 조직 내적 네트워크를 활용하기 때문에 조직 내적 커뮤니케이션과 조정을 활성화시킨다. 그 결과로 조직구성원이 팀워크(teamwork)와 전문 기술을 키울 수 있게 만든다. 요컨대 전략관리는 구체적 산출물이 아니라 과정이다(Mercer, 1992: 35).

다섯째, 전략관리를 통해 조직은 전략적 조직(strategic organization)의 형태로 변신할 수 있다. 흔히 정부조직을 비능률적이며, 환경 변화에 무감각하고 심지어 변화에 적대적이기 때문에 시민의 다양한 요구를 수용하지 못한다고 비난하게 되는데,

이는 관료제적 조직관리가 지닌 전형적인 단점이다. 이러한 단점을 보완하고 환경에 대한 주시와 반응 능력을 갖고 있는 조직관리 유형이 전략적 조직관리인 것이다. 이러한 효과적인 전략적 조직은 전략적 문화(strategic culture)에 의한 질(quality)과 서비스에 대한 몰입을 가져오며, 탁월한 정보와 통제 시스템을 갖추게 된다. 또 무엇보다 주목할 만한 점은 안정과 변화 지향 세력 간의 창조적 긴장을 견지하게 된다는 점이다(Korten, 1984: 343-344).

여섯째, 조직 목표는 미래의 욕구를 예측하고 이것을 달성하게끔 행동을 마련해 주는 전략적 기획의 맥락에서 수립되었을 때 효과적이다(Jreisat, 1993: 157). 전략관리는 조직이 직면한 두 가지 긴급성에 대한 유용한 응답을 해 준다. 그 하나는 불확실성(uncertainty)과 그것이 조직 성과에 잠재적인 부정적 결과를 줄 것인가 하는 문제이고, 다른 하나는 조직의 운영과 통제를 어떻게 유지할 것인가 하는 문제이다.

물론 전략관리를 채택한다고 해서 이러한 이점이 모두 보장되는 것은 아니다. 전략관리는 단지 개념, 절차 및 다수의 기법의 집합이기 때문이다. 이들 기법이 동등한 효과가 있는 것은 아니며, 각각의 기법이 적절하게 들어맞는 조직환경이 제각기 다르기 때문이다. 또한 재정 상태가 부실한 조직이나, 의사결정자 혹은 관리자의 기술·자원·헌신이 부족할 때 전략적 기획의 시도는 시간 낭비일 뿐이다.

아울러 전략관리가 지나치게 많은 시간과 비용을 소요하게 한다고 비판한다. 또 많은 조직이 아직도 전략관리의 과정을 거치는 것보다는 천성적으로 타고난 극도로 우수한 리더의 능력에 의존하려고 한다. 많은 조직에서 아직까지도 점진적(muddling) 결정만이 가장 현실적 방법이라고 생각한다는 점도 전략관리를 도입·적용하는 데 장애 요인으로 작용한다. 이와 함께 효과적 집행 능력이 부족할 때나 달성 가능성이 희박할 때는 전략적 기획의 채택은 의미를 퇴색시키게 된다.

3. 전략관리의 확산과 적용

1) 전략관리의 확산 요인

앞에서 언급한 제약 요인을 극복하고 이를 성공적으로 도입할 수 있는 전략관리의 확산 요인을 베리(Berry, 1994: 322-330)는 다음과 같이 제시하고 있다. 그는 미국의 주정부를 대상으로 연구한 결과 정부조직에 전략관리를 채택하게 되는 요인을 조직의 자원, 리더십의 사이클(cycle), 사업과 지역주민에 대한 정향(orientation), 지역적 확산의 네 가지로 요약한다.

첫째, 조직이 전략관리를 채택하게 되는 가장 주요한 이유는 자원, 특히 재정자원이 필요한 지출을 초과하는 조직의 재정적 건전성(fiscal health)에 있다는 것이다. 이것은 재정 위기를 극복하기 위해 장기계획을 수립한다는 기존의 관점과는 반대되는 것이다. 그러나 조직이 풍부한 자원을 갖고 있는 경우에는 혁신을 감행할 여유를 갖는 것이 일반적인데, 전략관리는 조직의 혁신적인 변동을 요구하기 때문이다.

둘째, 리더십이 조직 변화에 중요한 역할을 하는 것은 주지의 사실이다. 본래 모든 조직 변화는 리더의 적극적 관심과 지지 없이는 이루어질 수 없다. 특히 새로운 리더는 조직 변화를 리더십의 상징으로 활용하는 경향이 있다. 즉, 전략관리를 통한 조직 변동을 자신의 리더십의 중요한 상징으로 간주하고 이를 적극적으로 확산시키려 한다.

셋째, 환경에 대한 조직의 정향이 전략관리의 채택 여부를 결정한다는 것이다. 전략관리는 환경과의 관계를 중요시한다. 이것은 환경과 지속적이고 규칙적으로 상호작용하는 조직은 전략관리를 채택할 가능성이 높아진다는 의미이다.

넷째, 지리적으로 인접한 조직이 전략관리를 채택하는 경우 주위의 지방정부가 이를 채택할 가능성이 높아진다. 이는 정부조직의 혁신을 수행하는 데 의사결정의 과정을 단순화하기 위해 인접 조직의 행동을 모방하는 것을 의미한다.

2) 전략관리의 적용 방안

행정조직에 전략관리를 성공적으로 적용하기 위한 구체적이고 실천적인 방안을 추가적으로 살펴보면 다음과 같다(Mercer, 1992: 148-149).

첫째, 집행에서의 과정은 엄격해야 하나, 변화하는 환경과 상황에 대한 대응은 유연하게 해야 한다. 그리고 기간이 길어질수록 불확실성이 증대되므로 집행(전술적) 계획은 2~4년간에 달성될 수 있는 내용으로 구성해야 한다.

둘째, 조직구성원이 '옳은 일을 수행하고 있다'는 확신을 가질 수 있도록 적절한 인정감 부여와 보상 시스템을 마련해야 한다. 아울러 부서의 관리자는 과정 수행에서 인내심과 참을성을 보여 주어야 한다.

셋째, 행정에서의 전략관리에 필수적으로 프함해야 하는 요소는 합의(consensus)이다. 왜냐하면 정부에는 기업보다 더 많은 관련자가 있고 변화를 위해서는 이들 관련자 대다수가 동의해야 하기 때문이다.

넷째, 조직의 임무를 확실히 하는 것은 성공적인 조직에 필수적이다. 이러한 임무의 설정이 효과적이 되기 위해서는 반드시 조직 내부에서 창출해야 한다. 즉, 조직 내의 가장 뛰어난 기획 능력을 가진 사람들뿐만 아니라, 모든 구성원이 이에 적극적으로 참여해야 한다. 구성원 모두를 참여시키는 과정이 완성된 사명선언서 그 자체 못지않게 중요하고, 선언의 실천을 위한 필수 조건이 되는 것이다.

다섯째, 전략적 행정가는 가용자원과 제약 조건 및 상황을 고려해 조직의 목표 달성 능력을 명확히 파악할 수 있어야 한다. 이를 위해 관리자는 조직의 환경을 조직 내적 시각에서뿐만 아니라 조직 외적 시각으로 평가해야 한다.

여섯째, 성공적 적용의 조건은 전략 형성에서의 분석 과정 못지않은 집행 단계의 실제적 문제에 대한 주목이다. 포트폴리오 분석과 같은 정교한 기법에 대한 지나친 신뢰는 오히려 성공적 전략 집행을 방해할 수 있다. 그리고 전략 형성과 선정 단계에서처럼 집행 단계에서도 여러 가지 인간적 요인이 광범하게 드러날 수 있음을 유의해야 한다. 사람들은 환경을 인지하고 사건의 중요성을 판단할 뿐만 아니라 행동의 대안 중 하나를 선택하고, 집행에 소요되는 이해 · 몰입 · 시간과 같은 귀중한 자원을 공급한다. 이러한 인적 요인이 오래전부터 인식되어 왔지만 이에 대한 심각한 고려에 기반을 둔 통합적 접근법은 종종 경시되기 쉽다(Edie, 1983: 448).

일곱째, 전략관리 과정은 다년간의 과정으로 보아야 한다. 일단 시작은 제한된 기반에서 하지만 점차적으로 적용의 폭을 확대해 경험을 축적하고 다양한 기법을 사용할 수 있는 능력을 키워야 한다.

여덟째, 관리 기술 · 기간 · 예산 등 조직의 자원은 한정되어 있으므로 전략관리는 특히 조직의 기본 운영 기반 구조와의 관련성을 고려해서 적용해야 한다.

CHAPTER

18 경쟁력관리

제 1 절 국가경쟁력의 의의와 원천

1. 국가경쟁력의 의의

1) 국가경쟁력의 중요성

오늘날 행정은 국가적 관리 차원에서 국가경쟁력 강화를 도모하기 위해 혼신의 힘을 다하는 것이 불가피하게 되었다. 따라서 국가경쟁력 강화가 곧 정부행정의 주된 목적이 되고 있다. 오늘날 강조되고 있는 정부혁신론이나 행정개혁론은 바로 이러한 경쟁력 강화와 맥을 같이한다.

경쟁력관리란 과감한 혁신을 통한 경쟁 우위(competitive advantage)를 확보하는 전략적 관리로 볼 수 있다(오세덕 · 여윤환, 2000: 528). 국가경쟁력 강화에 대한 논의는 우리 경제가 겪고 있는 어려움으로 말미암아 경제 · 사회 모든 분야에 걸쳐서 더욱 심도 있게 전개될 전망이다.[1] '고비용-저효율 구조' 그리고 국내외 여건 변화 등 여러 가지 난관에 직면해 사회 전반적으로 낭비와 비효율적 요소를 우려하는 목소리가 더욱 높아지고 있는 실정이다.

---

1) 미국의 경우 이미 1984년 당시 대통령이던 레이건(Ronald W. Reagan)의 지시로 산업지도자, 노조지도자, 학자들로 구성된 산업경쟁력위원회(Commision on Industrial Competitiveness)가 구성되어 활동을 개시했다(Callon, 1995: 25).

1980년대 이후 영국, 뉴질랜드, 호주, 캐나다, 미국 등 OECD 국가들은 사회경제의 근본적인 변화를 겪으면서 새로운 공공관리 체제의 구축을 위한 혁신 노력을 지속해 오고 있다. 그것은 엄청난 규모의 재정적자 누적으로 국가 경영(governance) 능력이 심각한 도전을 받게 되고, 세계화의 급속한 진전에 따라 공공 부문의 효율성이 국가경쟁력을 좌우하는 중요한 요소로 부각되고 있기 때문이다. 개혁의 절박성, 국민문화, 국가 발전 단계, 정치행정 체제 등은 상이하지만 OECD 각국의 정부혁신 전략과 과제는 여러 가지 면에서 공통점을 보이고 있다. 이들 국가에서의 정부혁신은 정부와 시민과 기업 간의 바람직한 관계, 공공 서비스 제공 방법, 정부 고유 기능의 범위 등 기본적인 문제를 재검토하는 일에서부터 시작했다. 이제 공공 부문에서도 기업경영 방식과 시장 원칙을 도입하고 단순한 절차 준수보다는 결과를 강조하고 있다. 집권화된 계층제 구조와 규정 중심의 전통적 행정에서 벗어나 성과 · 고객 지향으로 특징지어지는 '기업가형 정부'를 창조하는 데에 개혁의 초점을 두고 있다. 이것은 정부 역할과 기능에 대한 근본적인 패러다임의 전환을 의미하는 것이다(총무처 직무분석기획단, 1997: 3).

2) 국가경쟁력의 개념

기업 수준의 경쟁력에 대한 논의를 국가 수준으로 확장한 것이라는 점에서 국가경쟁력은 산업경쟁력 혹은 경제적 차원에서의 경쟁력의 의미를 강하게 내포한 개념으로 주로 사용된다. 그러나 기업의 경쟁력과는 다르게 국가경쟁력은 더 폭넓은 변수를 고려해야 하는 개념이다.

타이슨(Laura D'Andrea Tyson)의 경우, 국가경쟁력이란 "생산 제품, 과학기술, 국민생활 전반을 지속적으로 높은 수준을 유지하면서, 제품과 서비스를 국제시장의 수준에 맞게 생산할 수 있는 능력이나 사회 내 모든 부문의 경쟁력 총합"으로 정의하고 있다(Tyson, 1992: 21).[2] 한편 삼성경제연구소(1994: 56)의 경우, 국가경쟁력을 한 국가가 가지고 있으면서 동원 가능한 각종 인적 · 물적 자원과 이를 바탕으로 정

2) 미국의 산업경쟁력위원회도 유사한 정의를 내리고 있다(The Report of the President's Commission on Industrial Competitiveness, 1985: 6).

부·기업·국민이 개별적으로 혹은 삼위일체가 되어 만들어 내는 창출 요소로서 국가경영력, 산업경쟁력, 사회문화력으로 구성되는 국가의 총체적 잠재력으로 정의하고 있다. 이러한 여러 학자의 견해를 종합해 볼 때 국가경쟁력이란 "국가의 제반 구성 요소의 총화로서 경쟁 우위를 유지하는 역량"이라고 정의할 수 있다(박응격, 1996: 4).

2. 국가경쟁력의 창출 원천

국가경쟁력의 원천이 무엇인지를 파악해야 그에 따라 정부는 국가경쟁력을 높이기 위한 전략과 정책을 사용할 수 있다. 국가경쟁력의 창출 요소로 포터(Michael E. Porter)는 요소 조건, 수요 조건, 관련 및 지원사업, 조직전략·구조 및 경쟁의 네 가지 변수를 국가경쟁력 창출의 근본 요인으로, 나머지 두 가지 변수(정부와 우발적 요인)를 이에 간접적으로 영향을 미칠 수 있는 외생변수로 들고 있다(Porter, 1990: 4). 그리고 이들 요소 요건 중 중요한 요소로는 인적 자원, 물리적 자원, 재정적 자원 및 사회간접자본을 들고 있다.

한편, 산업연구원의 연구 결과에 따르면, 국가경쟁력 창출 요소는 기초 요인, 창출 요인, 수요 조건, 정치사회적 여건 등 포터와 유사한 조건을 들고 있는데, 기초 요인이란 천연자원, 국토 규모, 인구 및 단순 인력 규모 등이고, 창출 요인은 인적 자본, 기술 수준, 물적 자본, 재무자원 등을 말한다. 또 수요 조건은 국내 및 해외 시장 규모, 수요의 질 등을 들 수 있고, 정치사회적 여건은 정부정책, 경영자 의식, 근로 의식 등을 포함한다.

이와 같은 국가경쟁력 원천의 구성 요소를 국가관리 시스템, 경제정책, 자연자원, 인적 자원, 기술, 금융 시스템, 경영 시스템, 유통, 각종 기반시설, 사회문화 의식 등으로 구분하고 각 경쟁력 원천별로 구성 요소와 관련 주체 행동을 식별하면 〈표 18-1〉와 같이 국가경쟁력을 평가할 수 있는 기초를 마련할 수 있다(노화준, 1995: 530).

표 18-1 국가 경쟁력 원천의 구성 요소

경쟁력 원천		구성 요소	정부	기업	국민
국가 경영력	국가관리 시스템	정치, 행정 서비스, 법률, 제도, 규제, 공기업, 통상외교	●		
	경제정책	경쟁 촉진, 재정조세, 산업 거시경제 운용	●	◇	
산업 경쟁력	자연자원	지정학적 위치, 토지, 광물 에너지 자원	◇	●	
	인적 자원	교육, 노동자의 공급과 질	◇	◇	●
	기술	기초 및 산업기술, 지적 재산권	◇	◇	●
	금융	자본 비용, 자금 조달, 금융 서비스	◇	●	
	기업경영 시스템	기업 규모, 기업 간 경쟁 협력 관계, 기업가, 기업전략과 경영 능력, 국제화	◇	●	
	유통	유통비용, 유통구조, 시장 개방 정도	◇	●	◇
	인프라	도로, 항만, 통신 등 국가 기반시설	●	◇	
사회문화력	사회문화 의식	보건, 주택, 문화, 치안, 의식구조, 관습	◇	●	

주: ●는 경쟁력 창출의 핵심 주체, ◇는 관련 주체
자료: 삼성경제연구소(1994: 58).

제 2 절 경쟁력의 이론모형과 측정 방법

1. 국가경쟁력의 이론모형

국가경쟁력 이론의 대표적 학자라 할 수 있는 포터(Michael E. Porter)의 국가경쟁력모형과 미국의 산업경쟁력위원회(Commission on Industrial Competetiveness)의 모형을 살펴보면 다음과 같다.

1) 미국 산업경쟁력위원회의 모형

미국 산업경쟁력위원회가 제시하고 있는 국가경쟁력의 이론 모형은 [그림 18-1]과 같이 구성된다.

[그림 18-1]에서 보는 것처럼 민간 부문 기업에 의해 제공되는 인적 자원(human

그림 18-1 국가경쟁력: 국가 목표와의 연계

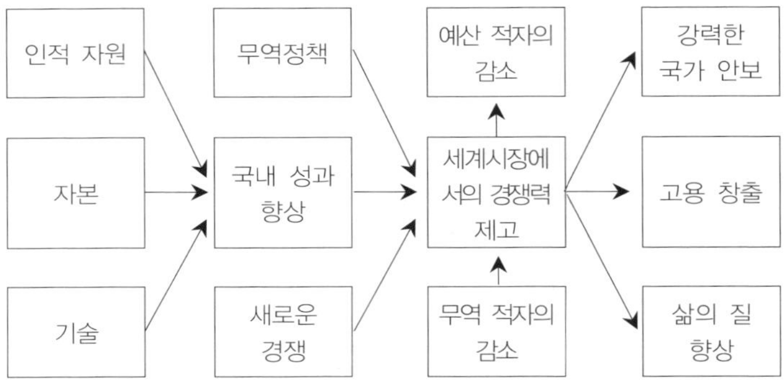

자료: The Report of the President's Commission on Industrial Competitiveness(1985: 6).

resources), 자본(capital), 기술(skill)의 세 가지의 중요한 국내 성과 향상 요인이 있다. 여기서 인적 자원이라는 것은 질적 개념이지 양적 개념이 아니다(Callon, 1996: 25). 사람의 교육과 기술 수준이 주요 경쟁력 요소가 되는 것이다. 자본은 자금의 동원력을 말하며, 기술은 기계설계 시스템에서 정보기술(information technology)까지 모든 기술을 포함하는 개념이다.

그런데 여기에 무역정책(trade policy)과 새로운 경쟁의 등장이라는 두 가지 변수가 가미되는데, 이들 변수는 이러한 성과 향상을 방해하는 역할을 한다. 이어서 이와 같은 국내 성과를 바탕으로 세계시장에서의 경쟁력을 향상시키고 이를 통해 예산 적자 감소와 무역 적자의 감소를 기할 수 있다. 그리고 최종적으로 국내적·국외적으로 이러한 성과 향상은 국가안보의 강화(stronger national security), 고용 창출의 활성화(more and better jobs), 삶의 질 향상(increased standard of living)을 낳는 것이다.

미국의 산업경쟁력위원회는 이러한 모형을 바탕으로 경쟁력 향상을 위해 ① 기술개발, ② 새로운 산업의 개발과 기존 산업의 재생, ③ 기술을 통한 생산성 향상, ④ 자본비용 감소, ⑤ 숙련되고 의욕 있는 인적 자원 개발, ⑥ 국가 우선순위에 의한 교역 등과 같은 여섯 가지의 건의를 하고 있다.

2) 포터의 국가경쟁력 모형

포터는 국가경쟁력 이론을 수립하고 검증하기 위해 덴마크, 독일, 이탈리아, 한국, 일본, 싱가포르, 스웨덴, 미국, 영국, 스위스 등 10개국을 대상으로 연구해 「국가 경쟁우위론」이라는 논문을 발표했다. 먼저 그가 모형화한 국가경쟁력 구성 요소를 간단히 나타내 보면 [그림 18-2]와 같다.

포터는 다이아몬드 모형(diamond model)이라는 산업의 구조적 분석을 통해 특정 산업에서의 특정 조직이 지속적으로 경쟁 우위(competitive advantage)를 창출하고 유지함으로써 세계적 경쟁에 성공할 수 있다고 주장했다. 포터의 다이아몬드 모형은 다음 사항을 기본 가정으로 한다.

첫째, 국제 시장에서 경쟁하는 주체는 실질적으로 국가가 아니라 기업이다. 따라서 국가경쟁력을 이해하기 위한 기본적인 분석 단위는 국가 자체가 아니라 해당 국가 내 기업의 집단인 산업이어야 한다. 어떤 국가의 산업이 국제적 경쟁력을 지니는 이유를 찾는 것이 국가경쟁력의 강화를 위한 중요한 실마리가 된다는 것이다.

둘째, 기업이 경쟁력을 가지는 것은 낮은 원가, 차별화, 포지셔닝 등이다. 어떤 국가의 산업은 다른 나라에 비해 낮은 원가, 차별화, 포지셔닝 등의 우위를 보이고 있

그림 18-2 포터의 국가경쟁력 다이아몬드 모형

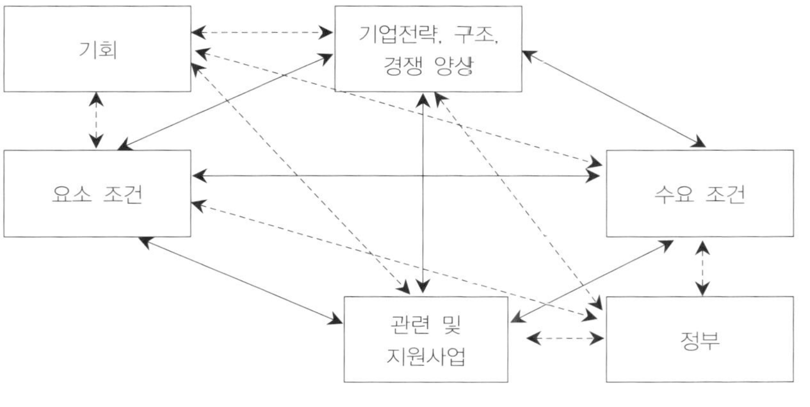

자료: Porter(1990: 77).

으며, 이렇게 국가경쟁력을 지니는 산업 내에서도 기업에 따라 경쟁력이 있는 기업, 경쟁력이 없는 기업이 존재한다. 이와 같이 한 국가의 산업이 다른 나라들에 비해 낮은 원가, 차별화 등의 우위를 보이는 원인이 무엇인가 하는 것이 국가경쟁력을 찾는 기본적 방법이다.

셋째, 국가경쟁력은 한 산업 부문에만 특화되는 것이지 모든 산업 부문에서 국가경쟁력을 가지는 것은 아니다. 그리고 한 국가의 경쟁력은 계속 변화한다. 국가경쟁력은 외부 조건으로 주어지는 것이 아니며, 올바른 전략, 접근 방법으로 획득할 수 있는 것이다. 즉, 요소 조건, 기업의 전략, 조직 및 경쟁 양상, 관련 산업 및 지원, 수요 조건 등의 주요 변수가 국제경쟁력을 결정짓는 근본 요인이라고 파악한 것이다. 이러한 네 가지 결정 변수를 간략히 설명하면 다음과 같다(Callon, 1996: 30).

(1) 요소 조건

요소 조건(factor conditions)은 특정 산업에서 경쟁을 하는 데 요구되는 가장 기본적 요소이다. 즉, 철도, 통신 시스템, 수송 시스템 등과 같은 사회 기반 요소(infrastructure)를 말한다.

(2) 수요 조건

수요 조건(demand conditions)이란 고객의 요구(customer demand)를 의미한다. 이러한 고객 수요의 정교화는 경쟁 수준(level of competition)의 결정에 중요한 역할을 한다.

(3) 관련 및 지원 산업

관련 및 지원 산업(related and support industries)은 국내에서는 원료를 제공한다는 점에서 유력한 공급자가 될 수 있지만 국제 수준에서는 강력한 경쟁자가 될 수 있다는 점에서 경쟁력을 결정짓는 주요 변수가 된다.

(4) 기업의 전략 · 구조 및 경쟁 양상

기업의 전략 · 구조 및 경쟁 양상(firm strategy, structure and rivaly)은 기업이 어

떻게 창출되며, 조직화되고 관리될 것인가에 관한 것이다. 그리고 이는 또한 어떻게 기업이 국내 시장에서 경쟁할 것인가를 결정하는 것이기도 하다.

포터는 정부가 국가경쟁력을 높이기 위한 적절한 지원 역할을 수행하기 위해 반드시 지켜야 할 기본 원칙은 변화를 자극하고 국내 경쟁을 촉진하며 혁신하는 것이라고 주장한다(Porter, 2006: 226). 또 그는 한 국가가 경쟁 우위를 확보하고자 할 때 필요한 몇 가지 구체적인 정책적 지침을 〈표 18-2〉와 같이 제시한다.

표 18-2 포터의 경쟁 우위를 위한 정책적 지침

○ 전문화된 요소 창출에 초점을 맞추어라. ○ 요소 시장 및 환시장에 개입하지 말라. ○ 제품, 안전, 환경 기준 관리를 철저히 하라. ○ 산업 내 경쟁자 간의 협력 기준을 명확히 하라. ○ 지속적인 투자를 유발하는 유인책을 만들어라. ○ 경쟁에 대한 규제를 풀어라. ○ 국내 독점금지 정책을 강화하라. ○ 관리무역을 거부하라.

자료: Porter(2006: 228-233).

이러한 포터의 경쟁력 이론모형은 경쟁 우위의 창조가 가능하다는 점을 보여 주었다는 점에서 큰 의의가 있으나, 근본적으로 경쟁 우위의 조건이 산업의 경제적·기술적 특성에 의해 나타난다고 보아 정부의 산업과 기업구조에 대한 영향을 소홀히 하고 있다는 비판을 받고 있다.[3] 또한 이 이론은 서구의 자유주의 정신과 선진 경제에 바탕을 두고 있는 이론으로 개발도상국과 같이 외국의 자본과 기술을 이용, 정부의 효율적 정책으로 성장한 경우에는 설명력이 부족하다고 평가할 수 있다. 이러한 한계에 대해 다이아몬드 이론을 수정 보완한 국가경쟁력 이론이 개발되었는데, 대표적인 것이 더블 다이아몬드 이론이다(Moonetal, 1998; 문휘창, 1998; 최성락, 2009). 이 이론은 한 국가의 경쟁력은 부분적으로는 국내 다이아몬드에 의존하고, 부분적으로는 국제 다이아몬드에 의존하게 된다는 이론으로서, 국내 조건에 대한 내부 다이

3) 특히 선진국들과는 달리 우리나라와 같이 민간 부문에 대한 정부의 영향력이 상대적으로 큰 국가에서는 더욱 이론의 현실적합성이 제한받는다고 볼 수 있겠다.

아몬드와 국제 조건에 대한 외부 다이아몬드 등 두 개의 다이아몬드로 국가경쟁력을 설명한다(김미정 외, 2006).

포터의 다이아몬드 모형은 다양한 변형을 거치면서 국가경쟁력을 측정하는 모형으로 발전했다. 국제경영개발대학원(IMD), 세계경제포럼(WEF, Davos Forum) 등 국가경쟁력 평가기관은 포터의 다이아몬드 모형을 기반으로 국가경쟁력에 영향을 미치는 요소를 선정하고, 이들 요소에 대한 점수를 부여해 합산하는 방식으로 국가경쟁력을 측정하고 있다(최성락, 2009).

2. 국가경쟁력의 측정 방법

연구기관의 경쟁력 개념 또는 연구 목적에 따라 경쟁력 지수 작성에 사용되는 기초자료의 성격과 각종 요인에 대한 가중치가 다르다. 여기에서는 국제경영개발대학원(International Institute for Management Development: IMD)과 세계경제포럼(World Economic Forum: WEF)의 경쟁력 지표 작성 방법을 소개함으로써 이들 지표의 내용을 검토한다(장근호, 1997: 31-36).

1) IMD 지수

IMD가 작성하는 『세계경제연감』에 따르면, 경쟁력이란 단순히 국내총생산 또는 생산성을 의미하지 않고 당해 국가의 정치·경제·사회·교육 등의 환경적 요인이 기업활동에 얼마나 도움 또는 방해가 되는지에 달린 것이다. 다시 말하면, 경쟁력이란 한 국가가 자원과 생산 공정, 국제 교역상의 매력, 적극성, 세계화 그리고 국내 경제 관리와 모든 요인의 경제적·사회적 통합을 통해 부가가치를 창출하고 국부를 배양할 수 있는 능력을 의미한다. IMD는 경쟁력을 "기업의 경쟁력을 지속시킬 수 있는 제반 여건을 창출하고 유지할 수 있는 국가의 능력"으로 정의하고, 경쟁력 분야를 크게 경제 운영 성과, 정부행정 효율, 기업경영 효율, 발전 인프라 등 네 가지로 구분하고, 다시 각 분야를 5개 부문으로 분류해 총 20개 부문에 대해 314개 항목을 가지고 평가한다(최영출, 2007).

2) WEF 지수

WEF의 『국가경쟁력보고서』는 IMD와 마찬가지로 세계 주요국을 대상으로 경쟁력을 측정하고 있는데, WEF는 국가경쟁력이란 "지속적 경제 성장과 장기적인 번영을 가능하게 하는 정책 · 제도 및 제반 요소"라고 정의한다. WEF의 경쟁력 지수는 경제발전이론과 회귀분석 결과를 토대로 해서 IMD에 비해 좀 더 경제학적인 접근 방식으로 개발되었다고 평가된다. 물론 아직도 이러한 지수 작성에서 판단의 자의 성이 개재될 수밖에 없다. 다시 말하면, 이론의 불완전성, 가중치의 부정확성, 측정오차 등에 의해 경쟁력 추정치의 편의(偏倚)가 나타날 수밖에 없다(장근호, 1997: 31-36).

WEF는 국가경쟁력을 경제 성장 경쟁력의 3개 분야(거시경제환경, 공공기관, 기술력)와, 기업경영 경쟁력 2개 분야(기업경영전략 정교화, 국내기업 경영환경의 질)를 합쳐 5개 분야로 구분하고 이를 7개 부문, 93가 항목(경성자료 14개, 설문자료 79개)을 적용해 평가하고 있다(최영출, 2007).

표 18-3 IMD와 WEF의 국가경쟁력 평가 방법

평가기관	주요 평가 부문	평가 국가	평가 방법
IMD(2006)	경제 성과 정부효율성 경영효율성 사회 인프라	61가 국가	126개 통계자료와 113개 분야 설문자료를 분야별로 점수화
WEF(2005)	거시환경 공공 부문 기술 부문	117거 국가	거시환경, 공공 부문, 기술의 3개 부문으로 나누며, 이는 다시 8개 항목으로 평가

자료: 최영출(2007).

제 3 절 국가경쟁력 강화 방안

국제화 시대, 세계화 시대에는 국가의 역할에 대한 근본적인 인식 변화와 함께 경쟁력을 약화시키는 요인에 대한 반성과 그것을 극복할 수 있는 신사고(新思考)와 새

로운 전략을 수행해야 한다. 이는 결국 행정개혁의 추진으로 연결될 수밖에 없다.

1. 행정개혁의 추진

1990년대 이후 전 세계적으로 주요 국가에서 공공 부문의 비효율성을 제거하고 행정 기능의 재조정을 꾀하면서 정부의 경쟁력을 강화하려는 움직임이 있었다. 이러한 움직임은 '정부조직의 리엔지니어링(reengineering), 정부 재창조(reinventing government) 등 다양한 용어로 명명되었는데(Osborne & Gaebler, 1993), 결국 행정개혁(administrative reform)을 지칭하는 새로운 용어일 뿐 기본적 내용의 혁신적 변화는 별로 없었다.[4)]

실로 세계 각국은 공공 부문의 비효율성이 총체적 국가경쟁력 제고에 걸림돌이 되고 있음을 인식하고 전면적인 행정개혁을 시도하고 있다. 우리나라도 1993년 4월 대통령 직속 자문기구로 '행정쇄신위원회'가 활동을 개시해 과거 권위주의적인 행정 제도와 관행을 바로잡고, 종합적이며 근원적인 제도 개선과 지속적인 규제 완화의 추진으로 국가경쟁력을 높이는 데 노력해 왔다(행정쇄신위원회, 1995: 15). 결국 이러한 행정개혁은 매우 포괄적이며 또한 시대의 변화에 따라 환경에 적응하는 과정으로 이해해야 할 것이다(이종수 · 윤영진 외, 2005: 669).

행정개혁이라 함은 "행정을 현재의 상태보다 나은 바람직한 상태로의 변동을 혁신적으로 도모하는 것"을 말한다. 즉, 행정개혁이란 행정에서 새로운 아이디어를 창출하고 과감하게 이를 도입 · 실천하는 과정이라고 할 수 있다(Thompson, 1965: 2). 이와 같은 행정개혁은 다음과 같은 특징을 갖는다(이종수 · 윤영진, 2012: 582-583).

첫째, 행정개혁은 행정을 인위적 · 의식적 · 계획적으로 변화시키려는 것이며, 이해관계의 변화를 가져와 불가피하게 관련자의 저항을 수반한다.

둘째, 행정개혁은 일시적 · 즉흥적이 아닌 계속적 과정이다. 새로운 조치가 정착되기 위해서는 지속적인 노력이 필요하다.

셋째, 행정개혁은 성공 여부에 대한 불확실성과 위험 속에서 새로운 방법을 고안

4) 우리나라의 경우에도 행정개혁, 서정쇄신, 행정쇄신 등 다양한 용어를 이미 사용했거나 사용하고 있다.

해 적용하고 실천하는 동태적 · 의식적 과정이다. 따라서 의도하지 않았던 결과가 나타나기도 하며 부작용과 저항, 실패도 나타날 수 있다.

넷째, 행정개혁은 조직관리의 기술적인 속성과 함께 권력 투쟁 · 타협 · 설득이 병행되는 정치적 · 사회심리적 과정이다. 이에 따라 행정개혁은 정치 이념의 합리화, 참여, 정치 제도, 설득과 양보 등과 같은 정치적 요소를 수반하는 정치 과정이라고 할 수 있다.

그런데 오늘날의 행정개혁은 그 이전의 행정개혁과는 다른 몇 가지 특징을 발견할 수 있다.

첫째, 행정과 경영의 동질성을 강조하고 있다. 과거의 행정개혁은 행정과 경영의 차별성을 인정하고 행정의 특수 환경을 전제로 한 바탕 위에서 입안된 것인 데 비해 최근의 동향은 행정에도 경영 마인드를 도입하고 시장 원리를 도입하는 등 행정의 경영화를 추구하고 있다.

둘째, 정부혁신에 정보기술(information technology)을 광범위하게 사용하고 있다. 감축된 인력과 적은 비용으로 행정 서비스의 수준을 높이는 것은 얼핏 이율배반적으로 보이나 정보혁명으로 인해 발전된 정보기술을 활용할 경우 이러한 문제를 해결할 수 있다. 정보사회에서의 정부혁신은 과거와는 달리 좀 더 다양화된 수단을 활용할 수 있게 됨에 따라 성공 가능성을 더욱 높일 수 있다.

셋째, 정부혁신의 중점을 구조적 외형(hardware)보다 운영기술(software)에 두고 있다. 정부 기능의 상업화, 민영화를 통해 많은 규제 기능을 폐지함으로써 민간경제에 활력을 불어넣는 것이 그 예이다. 과거의 행정개혁은 정부부처 개편과 거의 동의어로 사용될 정도로 정부기구나 구조의 재조정에 중점이 두어졌다. 그러나 최근의 정부혁신은 국가 기능 전반에 대한 재검토 및 기능 수행 체계의 재조정 과정이라는 특성을 보인다.

2. 정부혁신의 공통적 방향

OECD 국가들의 정부혁신 노력의 공통적 특징을 살펴보면 다음과 같다(총무처 직무분석기획단, 1997: 44-49).

1) 인력 감축 및 조직구조 개편

공공 부채 및 재정수지의 악화를 해결하라는 정치적 압력은 OECD 국가들로 하여금 인력 감축과 조직 축소 등 정부 규모 자체를 가시적으로 줄이는 데에 가장 높은 우선순위를 두게 만들었다. 이에 따라 많은 국가에서 개혁 초기에 인력 감축의 목표치를 미리 정해 두고 대량의 조기퇴직 조치를 추진하거나(예: 영국, 미국), 부처 통폐합 등 대대적인 내각조직의 개편을 단행했다(예: 호주, 캐나다). 그러나 대부분의 경우 개혁 추진이 심화되면서 정부 최소화와 성과 책임의 확보라는 전략 목표 아래 기존의 정치적·관료적인 이해관계를 탈피하고 정부 기능의 폐지, 민영화 또는 민간 이양, 공기업화, 외부 계약, 집행 기능에 대한 책임경영 조직(agency) 형태로의 분리 전환, 민간 부문 및 정부기관 간의 경쟁 도입 등 체계적인 의사결정의 우선순위를 설정해 놓고 이에 따라 정부의 기능과 사업 전반에 대한 엄격한 재검토 작업을 실시하는 접근법을 사용해 오고 있다.

이와 함께, 종래의 피라미드형 계층제 구조의 경직성을 탈피해 관리·감독 계층을 축소하고 중복 기능을 통합하는 한편, 업무 중심의 자율적 팀제 운영을 확대함으로써 더욱 평면화된 조직구조를 지향하고 있다. 이러한 조직재편(restructuring) 원칙을 적용함으로써 업무의 성격에 따라 정부의 조직 형태에 대한 선택 범위가 다양해지고 있으며, 통제 위주의 관료 편의주의적인 조직구조에서 산출·고객 중심으로 재편되는 결과를 낳고 있다.

2) 성과 중심으로의 전환

이전보다 성과(performance)를 더 많이 강조하고 있다. 지금까지 중점을 두어 온 투입과 절차뿐만 아니라 산출(outputs)과 결과(results)에도 중점을 두도록 하자는 것이다. 여기에는 목표의 명확화, 결과 달성을 위한 명확한 책임 할당, 목표치의 설정, 적절한 신호와 인센티브의 제공, 성과의 측정 및 보고, 필요한 사후관리 조치 등에 관한 틀을 확립하는 일이 포함된다.

이러한 성과 중심의 개혁은 개인 단위와 조직 단위에 모두 적용되며, 뒤에 설명하는 다른 모든 개혁 조치의 핵심적인 토대로 작용한다. 성과 중심의 관리 체제를 확립하는 데에는 관리 능력의 개발과 훈련이 매우 주요한 역할을 하며, 인적 자원 관리 전반에 걸친 개선이 요구된다.

3) 비용가치의 증대

비용가치를 높이려는 개혁 노력은 더 적은 비용으로 더 많은 일을 하라는 압력의 직접적인 소산이다. 이를 위해 능률성(efficiency)을 증가시키고, 낭비를 줄이며, 효과성(effectiveness)을 향상시키려는 방도가 강구되고 있다. 여기에는 정부의 사업과 방식에 대한 비판적인 재평가 작업이 포함된다. 전통적인 공공 부문 독점 공급 체제가 도전을 받고 있으며, 공공기관 간의 경쟁이나 민간 부문의 참여 확대 등을 통해 경쟁적 요소가 도입되고 있다. 특히, 서비스 제공 방식에 시장형 메커니즘을 적용하기 위해 공공 부문 내부 공급에 대한 가격 책정, 사용자 부담, 민간 부문의 영리/비영리기관에 의한 서비스 공급 계약, 파트너십 방식 등 다양한 선택 가능성이 중점적으로 고려되고 있다.

4) 권한위임과 융통성 부여

중앙의 조정과 통제의 성격을 바꾸어서 공공 부문의 탄력성을 높이자는 것이 중요한 개혁 방향이 되고 있다. 각 조직의 관리자에게 권한을 부여함으로써 혁신과 창의를 고취시키자는 것이다. 여러 가지 형태의 권한이양(devolution) 조치가 도입되었으며, 운영 사항에 관한 결정권을 서비스의 공급 지점에 좀 더 가깝게 두도록 하는 데 주된 목적이 있다.

세부적인 중앙의 통제 방식을 좀 더 개괄적인 통제로 전환해 총괄적으로 배정된 예산 범위 내에서 합의된 목표를 성취할 수 있도록 현지 기관의 융통성을 높여 주자는 것이다. 이와 연계해서 인적 자원 관리에서도 중앙인사관리기관의 권한을 위임해 각 기관의 융통성을 더 많이 부여하고, 성과 중심의 인센티브를 제공하려는 개혁을 추진해 왔다. 이와 함께 정부 내에 새로운 형태의 집행 조직 도입, 정부의 상업적 기능에 대해서는 민영화나 공기업화를 추진하고 있다.

5) 책임과 통제의 강화

권한위임과 융통성이 증대될수록 책임성의 확보는 더욱 그 중요성이 커진다. 더 큰 자율성을 주는 대신 행동 결과에 대해 책임을 지도록 해야 한다. 이를 위해 성과관리 체제가 확립되어야 하는데, 여기에는 포괄적인 목표를 구체적인 운영 목표로 전환하고, 결과 달성의 책임 소재를 명확히 밝히며, 합의된 성과 기준에 대한 정보를 원활히 교환하고, 대내외적으로 실적에 관한 보고 체제를 확립시키는 것 등이 포함된다.

6) 경쟁 및 서비스 지향

정부혁신이 주된 목표로 삼고 있는 또 한 가지는 고객과 서비스 중심의 공공 부문을 확립하는 일로서 내부 지향적이 아니라 좀 더 외부 지향적인 목표이다. 고객에 대한 대응성(responsiveness)과 서비스의 질을 향상시키기 위해 상당한 노력을 기울여 왔는데, 이제 공직자들이 그들의 고객을 대하는 방식에서 진정한 문화적 변화가 일어나고 있다. 좀더 손쉬운 접근, 단순화된 절차, 좀 더 친절한 서비스, 투명성 제고와 정보 제공 등이 공통된 요소이다.

고객의 선택 폭을 넓혀 주는 것은 주요한 목표이며, 이를 위해 경쟁 원리와 시장형 메커니즘을 도입하고 내부 시장의 형성을 추진하는 것이 필요하다. 여기서 고객이라 함은 국민뿐만 아니라 정부기관도 포함된다. 즉, 서비스 공급에서 특정 기관의 독점적 지위를 더 이상 인정하지 않고 민간 부문 및 다른 정부기관과 경쟁적인 관계에 놓이도록 하고 대민 서비스에서뿐만 아니라 정부기관 간의 서비스 제공에 대해서도 가격을 책정하고 사용료를 부과하는 등 상업적 환경을 조성해 나가고 있는 실정이다. 이와 함께 많은 국가의 공공기관이 자신이 공급하는 서비스의 기준을 공표하고 이를 일종의 시민의 권리로 약속하고 있다. 여기에는 고객 상담, 서비스 만족도 조사와 결과의 반영, 고객 불만의 접수 및 시정 장치의 개발 등이 포함된다.

7) 정부 규제의 개혁

정부혁신의 초점은 정부의 활동과 규제가 경제 전반의 효율성에 미치는 영향에 맞추어져 있다. 각국 정부는 자국의 국제경쟁력 향상을 위해 조세 부담뿐만 아니라 규제에 따른 준수 및 행정비용 등으로 인한 민간 부문의 부담을 줄이기 위해 고심하고 있다. 정부 규제의 개혁 조치는 고객으로서의 기업에 대한 서비스의 질, 기업경영 환경의 관리, 규제 준수 비용과 행정 부담의 축소 등에 중점을 두고 있다. 또 최근 규제에 대한 통합적인 관리 기능을 확립하는 문제가 특별한 관심을 받고 있다. 이와 함께 규제에 대한 원칙과 통제를 강화했으며, 정부 기능과 활동의 근거에 대한 근본적인 재평가 작업이 진행되고 있다.

8) 지방정부 · 국제기구 등 정부간 협력

대부분의 국가에서 분권화된 서비스 제공을 확대해 고객과의 거리를 가깝게 함으로써 지역 민주주의를 향상시킬 뿐만 아니라 고객의 수요를 좀 더 정확히 파악하고 기호에 맞는 서비스를 제공하려고 노력하고 있다. 미국의 클린턴(Bill Clinton) 행정부의 경우 주정부에의 권한이양과 파트너십을 강조해 지방정부에 결과 달성을 위한 융통성을 더 많이 부여했다. 한편, 모든 국가가 날로 증가하는 국제적 그룹 형성 등 여러 형태의 국제 협력에 따라 발생하는 새로운 기회와 제약 및 의무에 적응하는 일에도 활발하게 대처하고 있다.

9) 중앙의 전략 및 정책 능력 강화

더 많은 권한위임과 융통성을 하위기관에 부여함에 따라 중앙관리기구는 상대적으로 전략과 정책을 구상하는 데 집중할 수 있는 여유가 생기게 되었다. 그러나 중앙에서 집행 기능에 대한 관여를 덜하게 됨에 따라 운영기관으로부터의 적절한 환류를 확보하는 것이 주요 당면 과제로 나타난다. 정책 조정의 메커니즘도 정부 내의 권한위임과 과거와 다른 국제적 또는 지방적 역할 수행자와의 연관 등 새로워진 환경에 맞추어 변화되고 있다. 따라서 이러한 변화 상황 속에서는 정부활동의 응집력을 확보하기 위해 중앙의 전략적 능력 확립이 매우 중요하다.

3. 국가경쟁력 강화의 실천적 방안

경쟁력 강화를 위한 행정개혁은 우선 다음과 같은 실천적 자세가 전제되어야 한다(김판석: 1994).

첫째, 정부는 국가의 발전 방향을 재점검해서 국가 자원을 전략적으로 운영할 수 있는 비전(vision)을 구체화해야 한다.

둘째, 경쟁력 창출 원천 간의 시너지적(synergistic) 작용을 촉진하는 것이 중요하다.

셋째, 즉각적인 실천과 개선이 중요하다. 한번 결정하고 목표를 세운 일이면 꾸준하게 실행에 옮겨 이를 사회에 깊숙이 정착시켜야 한다.

넷째, 국가 전체의 경쟁력 창출 패러다임 전환이 요구된다. 국가관리를 집권화에서 자율화로, 경제정책을 경쟁 제한에서 경쟁 촉진으로, 인사정책을 학력 위주에서 전문 능력 위주로, 기술 정책을 모방 추격에서 한계 돌파로, 경영관리를 양적 팽창에서 질적 고도화로 전환해야 한다(삼성경제연구소, 1994: 364).

위와 같은 국가경쟁력 강화를 위한 전향적 자세를 기초로 국가경쟁력을 강화하기 위한 구체적 방안을 제시해 보면 다음과 같다.

첫째, 국가의 핵심 역량(core competence)의 창출이 필요하다. 핵심 역량이란 특정 조직 또는 국가가 소유하고 있는 우월적 내부 역량으로서 경쟁조직 또는 국가와 차별화될 뿐만 아니라 조직 또는 국가를 성장과 발전으로 이끄는 힘을 의미한다(Galbraith, 1994: 1-5). 이러한 핵심 역량을 키우기 위해서는 조직 또는 국가의 강점(strengths)과 약점(weaknesses)에 대한 치밀한 분석과 평가가 전제되어야 한다. 아울러 직면해 있는 위기와 기회를 파악해 전자를 피하고 후자를 최대한 활용할 수 있도록 그 내부 역량을 구체화하고 지속적으로 강화해야 한다.

둘째, 행정조직의 전략적 조직(strategic organization)으로의 변신이 요구된다. 전략적 조직이란 전략적 문화에 의한 질과 서비스에 대한 몰입을 하며, 탁월한 정보 시스템과 통제 시스템을 갖추고 있는 조직을 말한다(Korten, 1984: 343-344). 흔히 정부조직을 비능률적이고 변화에 적절히 대응하지 못할 뿐만 아니라 심지어 변화에 저항하는 보수적 · 현상 유지적 조직이라 비판하는데 이는 전형적 관료제적 조직이 지닌 불가피한 치명적 약점이다. 이러한 형태의 조직구조로는 치열한 국제경쟁 시대에 승자가 될 수 없음은 물론 그 생존도 보장받기 어렵다.

셋째, 인적 자원 관리(human resources management)의 혁신이 요구된다. 우선, 경쟁은 사람이 하는 것이므로 인적 자원을 적절하게 이용할 수 있는 거시적 교육개혁이 요구된다(김판석, 1994: 1538). 이와 함께 정부 내에서는 직업공무원의 전문화를 제고함으로써 행정 서비스의 질과 생산성을 국제적 수준으로 끌어올려야 한다. 이를 위해 경직된 직업공무원 제도를 보완할 필요가 제기되고 있다. 또 변화하는 행정환경에 전략적으로 대처할 수 있는 교육훈련의 강화 역시 이에 못지않게 중요하다. 요컨대 전략적 인적 자원 관리(strategic human resource management)와 인적 자원의 질적 관리(quality management)가 요구된다(Petrick & Furr, 1995).

넷째, 불필요한 행정 규제의 철폐가 시급하다. 이제는 개방적 공정경쟁 체제를 확립하고, 간접 규제 방식이나 시장경제의 활성화로 전환해야 한다. 이것이 실현되었을 때만이 우리 경제구조가 자생력을 가지고 경쟁력을 찾을 수 있을 것이다.

다섯째, 경쟁정책 당국은 규정과 법집행의 실효성 · 전문성 · 독립성을 제고해 경쟁정책의 국제 규범화에 따른 대응전략을 제고해야 한다(한국개발연구원, 1994: 10).

여섯째, 중앙정부의 행정개혁 노력을 지속적으로 추진해야 하고, 아울러 이러한 개혁작업이 중앙정부 각 부처나 지방정부에 확산되어야 한다. 그리고 이를 뒷받침하기 위해서는 구조적 조직 개편과 함께 조직구성원의 행태 변화와 관리 과정 등의 복합적 혁신이 요구된다.

참고 문헌

[국내 문헌]

강근복(1996). 『정책분석론』. 서울: 대영문화사.
강영기(1994). 자치행정의 품질관리제도: 일본 자치체의 품질관리제도를 중심으로. 『한국행정학보』, 28(3).
강정애 외(2010). 『리더십』. 서울: 시그마프레스.
강제상 · 임영제(2002). 거버넌스 논의와 행정개혁에 주는 함의. 『한국정책과학학회보』, 6(2).
김강민 외(2018). 『갈등관리와 협상』. 서울: 노스보스.
김규정(1986, 1999). 『행정학원론』. 서울: 법문사.
김근세(1996). Sayre법칙의 종말?: 영국 신관리주의의 본질과 한계. 『한국행정연구』, 5(2).
김번웅 · 김동현 · 김판석(1997). 『한국행정개혁론』. 서울: 법문사.
김봉식(1986). 『기획론』. 서울: 박영사.
______(1995). 『변화 · 저항 · 발전 전략』. 서울: 다산미디어.
______(1985). 전략기획의 기법. 『사회과학논총』, 3.
김석준(2000). 뉴 거버넌스의 이론과 사이버 거버넌스. *New Governance and Cyber Governance*. 이화여자대학교 뉴거버넌스 교육연구단 콜로키움 자료집: 3-21.
김세훈(2006). 고객지향성 확보를 위한 정책마케팅 적용 방안 연구, 경희대학교 대학원 행정학과 박사학위논문.
김수곤(1992). 『한국노사관계론』. 서울: 경문사.
김신복(1988, 1995). 『발전기획론』. 서울: 박영사.
김신복 외(2000). 신거버넌스와 인사개혁의 방향. 『행정논총』, 38(1).
김영석(2000). 『디지털미디어와 사회』. 서울: 나남출판.
김영섭(1982). 『사회개발계획론』. 서울: 법문사.
김영식(1995). 『행정학』. 서울: 대명출판사.
김영임 · 김유경 · 유세경(2002). 『인간과 커뮤니케이션』. 서울: 한국방송대학교출판부.
김　인(1989). 사회계층별 공공서비스 수요와 자원의 배분. 『지방과 행정연구』, 1(2).

김 인 · 김학노 · 김성국(1989). 사회계층에 따른 주민의 공공서비스 수요와 서비스 분배에 있어 관료제적 의사결정규칙: 사회적 균등의 관점에서. 『한국행정학보』, 23(2).
김인수(1991, 1997, 2005, 2007). 『거시조직이론』. 서울: 무역경영사.
김정애 외(2010). 『리더십』. 서울: 시그마프레스.
김태룡(2010). 『행정이론』. 서울: 대영문화사.
김판석(1994a). 관리혁신과 행태 변화를 통한 새로운 행정개혁의 방향 모색. 『한국행정학보』, 28(3).
______(1994b). 세계화 시대의 정부부문 경쟁력 제고. 『한국행정학보』, 28(4).
김호섭(1992). 지방자치를 위한 주민참여의 제도화. 『성곡논총』, 23.
김호섭 외(2002). 『조직행태의 이해』. 서울: 대영문화사.
김호정(2001). 변혁적 리더십과 전통적 리더십의 관계 및 바람직한 리더십 모형: 공 · 사조직의 중간관리층을 대상으로. 『한국정책학회보』, 10(3).
나기산(1998). Cybernetics 관점에서 본 한국의 복지정책. 한국행정학회. 『한국민주행정론』. 서울: 고시원.
노화준(1995). 지역 종합개발에 있어서 경쟁력 강화를 위한 전략적 우선순위 설정 연구. 『한국행정학보』, 29(2).,
대통령자문지속가능발전위원회(2005). 『공공갈등관리의 이론과 기법(상 · 하)』. 서울: 논형.
문병기(2000). 거버넌스의 접근 방법과 유형. *New Governance and Cyber Governance*. 이화여자대학교 뉴거버넌스 교육연구단 콜로키움 자료집: 22－43.
박광량(1994). 『조직혁신: 조직개발적 접근』, 서울: 경문사.
박내회(1989, 1993, 2004). 『조직행동론』. 서울: 박영사.
박동서(1993). 『한국행정론』. 서울: 법문사.
박문옥(1982). 『행정학』. 서울: 신천사.
박연호(1994, 1998). 『현대인간관계론』. 서울: 박영사.
______(2000). 『조직행동론』. 서울: 박영사.
______(1994, 2003). 『행정학신론』. 서울: 박영사.
박연호 · 오세덕(1982). 『조직관리론』. 서울: 법문사.
______(1996, 2000). 『현대조직관리론』. 서울: 법문사.
박연호 · 이상국(1984, 2000). 『현대행정관리론』. 서울: 박영사.
박연호 · 이종호 · 임영제(2018). 『행정학개론』. 서울: 박영사.
박연호 · 임영제(2000). 『현대사무관리론』. 서울: 법문사.
박우순(1996). 『현대조직론』. 서울: 법문사.
박원우(1992). 집단의사결정상의 문제점과 그 개선책에 관련된 용어. 『인재개발』, 12.
박중훈 · 류현숙(2011). 『공정사회와 갈등관리』. 서울: 박영사.
박홍윤(2009). 『전략적 기획론』. 서울: 대영문화사.

박희봉 · 강제상(1999). 말콤 볼드리지 모델을 이용한 지방자치단체 조직평가: 포천군 공무원의 자체평가를 중심으로. 『한국행정학보』, 33(3).
백기복(1994, 1996, 2002, 2007). 『조직행동연구』. 서울: 법문사.
삼성경제연구소(1994). 『21세기를 향한 한국의 국가경쟁력』. 서울: 삼성경제연구소.
설기문(2002). 『인간관계와 정신건강』. 서울: 학지사.
신유근(1989, 1990). 『조직행위론』. 서울: 다산출판사.
신창현(2005). 『갈등영향분석 이렇게 한다』. 서울: 예지.
심준섭(2014). 『협상의 이해와 실제』. 서울: 교보문고.
안문석(1995). 『계량행정론』. 서울: 박영사.
안해균(1983, 1987). 『현대행정학』. 서울: 다산출판사.
양도기 역(1991). 『좋은 생각이 난다: 문제 해결을 위한 창조적 사고의 기법』. 서울: 정신세계사.
양창삼(1992, 1994). 『조직이론』. 서울: 박영사.
______(1999). 『최신조직이론』. 서울: 법경사.
여윤환 · 임영제(1996a). 지방행정관리에 있어서의 전략적 기획의 활용. 『지역개발연구』, 3(1).
______(1996b). 총체적 품질관리의 행정부문 적용에 관한 이른적 검토. 『행정문제연구』, 3(1).
______(1997). 전략적 관리의 과정과 기법에 관한 이론적 고찰. 『행정문제연구』, 4(1).
오석홍(1978). MBO가 시사하는 개선의 방향. 제14회 국가정책세미나. 서울대 행정대학원.
______(1984). 현대 행정학의 두 가지 반발적 기류, 공공선택론과 신행정학. 『행정논총』, XXII(2).
______(1990, 2003, 2011). 『조직이론』. 서울: 박영사.
오세덕(1987). 갈등모형과 갈등관리전략에 관한 연구. 『경희법학』, 22(1).
______(1998). 성과중심관리의 활용에 관한 연구. 『행정문제연구』, 5(1).
______(1999). 지방정부의 주민참여 활성화 방안. 『헝정문제연구』, 6(1).
오세덕 · 여윤환(2000). 『현대행정관리론』. 서울: 동림사.
오세덕 · 이명재 · 임영제(2004). 『조직행태론』. 서울: 동림사.
오세덕 외(2018). 『조직행태론』. 서울: 윤성사.
오연천(1997). 2000년대를 향한 정부 역할의 전망과 재정 기능의 조정. 『한국행정연구』, 6(2).
유종해(1988). 『현대조직관리』. 서울: 박영사.
윤재풍(1991). 감축관리. 『고시계』, 3.
______(1986, 1990). 『조직학원론』. 서울: 박영사.
이규환(1993). 미국의 감축관리와 그 추진전략. 『지방재정』, 5.
이명석(2001). "신공공관리론, 신거버넌스론, 그리고 김대중 정부의 행정개혁", 한국행정학회, 2001년도 춘계학술대회 발표논문집.
이상호(2001). 경영학계의 주요 리더십이론 및 국내 연구 동향 : 세 가지의 리더십 관점에서의 검토 및 제안. 『인사관리연구』, 24(2).

이선우(2000). 뉴 거버넌스와 새로운 정부 역할의 조명. *New Governance and Cyber Governance.* 이화여자대학교 뉴거버넌스 교육연구단 콜로키움 자료집: 44-67.
이성우(1996). 『행정의 위기관리 능력 제고 방안』. 서울: 한국행정연구원.
이윤식(1990). 정보관리와 정책과정. 『한국행정학보』, 24(2).
이종수(2010). 『새 미래의 행정』. 서울: 대영문화사.
이재규(1998). 『조직갈등관리론』. 서울: 박영사.
이종수 · 윤영진 외(1994, 2006, 2012). 『새행정학』. 서울: 대영문화사.
이창원 · 명승환 · 임영제(2004). 『정보사회와 현대조직』. 서울: 대영문화사.
이창원 · 임영제(2004). 정보기술의 도입이 행정조직의 변화와 조직효과성에 미치는 영향. 『한국행정학보』, 38(1).
이창원 · 최창현(1996, 2006, 2012). 『새 조직론』. 서울: 대영문화사.
이학종(1991, 1993). 『조직행동론』. 서울: 세경사.
______(2000). 『정보기술과 현대경영』. 서울: 박영사.
이학종 · 박헌준(2004). 『조직행동론』. 서울: 법문사.
임영제(1997). 『행정조직 내 정보기술의 활성화 방안에 관한 연구』. 경희대학교 대학원 박사학위 논문.
임영제 외(2003, 2007). 『인간관계의 이해』. 서울: 법문사.
임창희(2010). 『조직론』. 서울: 학현사
장근호(1997). 우리나라 국가경쟁력과 정부 운영. 『재정포럼』 3월호.
정병걸 · 염재호(2007). 정부혁신 · 정부경쟁력 · 국가경쟁력. 한국행정학회, 하계학술대회 발표논문집.
정정길(2000). 새로운 시대의 행정관리. 한국행정학회, 2000년 하계학술대회 발표논문집.
정철현(1999). 공공정책 마케팅에 관한 연구, 『사회과학논집』 제30집 연세대학교 사회과학연구소
정철현 · 최미연(2011). 공공정책마케팅 사례연구. 『사회과학논집』. 42(1): 65-84.
조석준(1977, 1986, 1993). 『조직론』. 서울: 법문사.
천대윤(2005, 2011). 『갈등관리와 협상전략론』. 서울: 선학사.
총무처 직무분석기획단(1997). 『신정부혁신론』. 서울: 동명사.
최성락(2011). 한국 LED조명의 국가경쟁력 분석. 한국행정학회, 추계학술대회 발표논문집.
최신융 · 임영제 외(2010). 『행정기획론』. 서울: 박영사.
최영출(2006). 국가경쟁력의 결정 요인. 한국행정학회, 하계학술대회 발표논문집.
최창호(1997). 한국에서의 행정수요 변동의 예측과 그에 따른 지방행정조직 정비의 방향. 『행정연구』, 3.
최호준(1987). 『시민행정학』. 서울: 거목사.
______(1984). 『참가와 능률의 행정학』. 서울: 삼영사.
하연섭(1994). 예산위기의 정치경제. 『한국행정학보』, 28(2).

한국개발연구원(1994). 『국제화시대의 경쟁정책』. 서울: 한국개발연구원.

한국행정학회(2000). 거버넌스의 새로운 방향과 과지. 하계 학술대회 자료집.

한세억(1998). 이음새 없는 행정: 정책연계성에 대한 고찰과 실천적 적용가능성. 『한국행정학보』, 32(3).

행정쇄신위원회(1995). 『행정쇄신백서 제2집』.

허 범(1982). 기본정책의 관점에서 본 한국 행정의 감측관리. 김운태 편, 『한국 정치행정의 체계』. 서울: 박영사.

홍용기(2007). 『조직론』. 서울: 형성출판사.

황하현(1995). 『재정강의』. 서울: 박영사.

[국외 문헌]

Adams, J. Stacy(1963). Toward on Understanding of inequity. *Journal of Abnormal and Social Psychology*, 67.

Adler, Ronald B. & Proctor, Ⅱ, R. F.(2011). *Looking Out Looking In*. New York: Harcourt Brace College Publishers.

Alderfer, Clayton P.(1972). *Existence, Relatedness and Growth*, New York: The Free Press.

______(1972). *Existence, Relations and Growth*. New York: The Free Press.

Aldrich, Howard E.(1979). *Organizations and Environment*, New Jersey: McGraw－Hill.

Aquoa, Ronald(1982). Transgorming Needs into Services : The Japanese Case, in Richard C. Rich(ed.), *The Politics of Urban Public Services*. Lexington : D.C. Heath and Co.

Argyris, Chris(1957). *Personality and Organization*. New York: Harper & Row.

______(1962). *Interpersonal Competence and Organizational Effectiveness*. Homewood, Ill: Irwin－Dorsey Press.

Argyris, Chris & Schön, D. A.(1974). *Theory in Practice: Increasing Professional Effectiveness*. San Francisco, California: Jossey－Bass Publishers.

______(1978). *Organizatonal Learning: A Theory of Action Perspective*. Reading, Mass.: Addison－Wesley, Publishing Co.

Assal, Henry(1969). Constructive Role of Interorganizational Conflict. *Administrative Science Quarterly*, 14(4).

Augustine, Norman R.(1995). Managing the Crisis You Tried to Prevent. *Harvard Business Review*, 6.

Backoff, R. W. & Nutt, P. C.(1992). *Strategic Management of Public and Third Sector Organizations*. San Francisco: Jossey－Bass Publishers.

Barbour, Ian G.(1993). *Ethics in an Age of Technology*. New York: Harper Collins Publishers.

Barnard, Chester I.(1938). *The Functions of the Executive*. Mass.: Harvard University Press.

Bass, Bernard M.(1985). *Leadership and Performance Beyond Expectations*. New York: Free Press.

______(1990). *Bass & Stogdill's Handbook of Leadership*. New York: The Free Press

Bass, B. M. & Avolio, B. J.(1990). *Transformational Leadership Development: Manual or the Multifactor Leadership Questionnaire*. Palo Alto, Cal.: Consulting Psychologists Press.

Bavelas, Alex(1950). Communication Patterns in Task－Oriented Groups. *Accounstical Society of America Journal*, 22.

Behn, Robert D.(1980). Leadership for Cutback Management: The Use of Corporate Strategy, *Public Administration Review*, 40(6).

Bell, Daniel(1976). *The Coming of Post－Industrial Society: A Venture in Social Forecasting*. New York : Basic Books.

Bennis, Warren G.(1969). *Organization Development: Its Natures, Origins and Prospects*. California: Addison－Wesley Publishing Co.

Benton, Douglas A.(1998). *Applied Human Relations*. New Jersey: Prentice－Hall.

Benveniste, G.(1994). *The Twenty－First Century Organization*. CA: Jossey－Bass Publishers.

Berkman, H. W. & Neider, L. L.(1987). *The Human Relations of Organizations*. Boston, MA : Kent Publishing Co.

Berlo, David K.(1960). *The Process of Communication*. New York: Rinehart & Winston.

Berman, E. M. & West, J. P.(1995). Municipal Commitment to Total Quality Management : A Survey of Recent Progress. *Public Administration Review*, 55(1).

Berry, F. S.(1994). Innovation in Public Management: The Adaption of Strategic Planning. *Public Administration Review*, 54(4).

Blake, Robert R. & Mouton, Jane S. (1964). *The Managerial Grid*. Houston: Gulf Publishing Co.

Bolman L. G. & Deal, T. E.(1991). *Reframing Organizations : Artistry, Choice, and Leadership*. CA.: Jossey－Bass.

Bornstein, M.(1975). *Economic Planning : East and West* . Cambridge, Mass.: Ballinger Publishing Co.

Bothun, D. B. & Comer, J. C.(1979). The Politics of Termination: Concept and Process. *Policy Studies Journal*, 7.

Boulding, Kenneth(1952). *Conflict and Defense*. New York : Harper & Row.

Bowditch, James L. & Buono, Anthony F.(1985). *A Primer on Organizational Behavior*. New York: John Wiley & Sons.

Bowman, J. S.(1994). At Last, an Alternative to Performance Appraisal: Total Quality

Management. *Public Administration Review*, 52(2).

Bozeman, Barry(1984). Dimentions of Publicness, in B. Bozeman & J. Strausman(ed.), *New Directions in Public Administration*. California: Books/Cole Publishing Co.

Brehm, J. W.(1972). *Responses to Lose of Freedom: A Theory of Psychological Reactance*. New York: General Learning Press.

Brion, J. M.(1989). *Organizational Leadership of Human Resources*. London: Jai Press, Inc.

Brooking, Annie(1997). The Management of Intellectual Capital. *Long Lange Planning*, 30(3).

Burgess, Ralph L.(1968). Communication Networks: An Experimental Reevaluation. *Journal of Experimental Social Psychology*, 4.

Burns, John M.(1978). *Leadership*. New York: Harper & Row.

Caiden, Gerald E.(1969). *Administrative Reform*. Chicago: Aldine Publishing Co.

______(1994). Administrative Reform: American Style. *Public Administration Review*, 54(2).

Callon, J. D.(1996). *Competitive Advantage through Information Technology*. New York: McGraw－Hill.

Camp, R.(1989). *Benchmarking: The Search for Industry Best Practices That Lead to Superior Performance*. New York: Quality Resources.

Campbell, Colin(1983). *Governments under Stress*. Toronto: University of Toronto Press.

Caroll, Jr., S. J. & Tosi, Jr. H. L.(1973). *Management by Objectives: Applications and Research*. New York: McMillan Co.

Carr, D. K. & Littman, I. D.(1993). *Excellence in Government: Total Quality Management in the 1990s*. VA.: Coopers & Lybrand.

Cartwright, Dorwin & Zander, Alvin(1968). *Group Dynamics: Research & Theory*. New York: Harper.

Chardean, Newell(1993). *The Effective Local Government Manager*. USA: ICMA.

Chell, E.(1985). *Participation and Organization*. London: Macmillan.

Clemmer, J.(1991). How Total is Your Quality Management. *Canadian Business Review*.

Cohen, Michael D., March, James G., & Olsen, Johan P.(1972). A Garbage Can Model of Organizational Choice. *Administrative Science Quarterly*, 17(1).

Cohen, S. & Brand, R.(1993). *Total Quality Management in Government: A Practical Guide for the Real World*. San Francisco: Jossey－Bass Publishers.

Cohen S. & Eimicke, W.(1994). Project－Focused Total Quality Management in New York City Department of Parks and Recreation. *Public Administration Review*, 54(5).

Cole, R. E.(1985). Target Information for Competitive Performance. *Harvard Business Review*, May/June.

Conger, Jay A. & Kanungo, Robindra N. (1987). Toward a Behavioral Theory of Charismatic Leadership in Organizational Settings. *Academy of Management Review*, 12(4).

Coser, Lewis(1936). *The Functions of Social Conflict*. New York: The Free Press.

Covey, S. R. (1992). *Principle−Centered Leadership*. New York: Simon & Schuster.

Cozzetto, Don A., Kweit, M. G., & Kweit, Robert W(1995). *Public Budgeting: Politics, Institutions, and Processes*. New York: Longman.

Creech, B.(1994). *The Five Pillars of TQM: How to Make Total Quality Management Work for You*. New York: Truman Tallcy Books.

Crocker, Olga L. et. al.(1984). *Quality Circles: A Guide to Participation and Productivity*. New York: Mentor Book.

Cutlip, Scott M. & Center, Allen H.(1958). *Effective Public Relations*. Englewood Cliffs, New Jersey: Prentice-Hall.

Cyert, Richard M. & March, James G.(1963). *A Behavioral Theory of the Firm*. Englewood Cliffs, New Jersey: Prentice−Hall.

Daft, Richard L.(2007, 2013). *Understanding the Theory and Design of Organizations*. Mason, OH: South−Western.

Daneke, G. A. & Steiss, A. W.(1980). *Performance Administration: Improved Responsiveness and Effectiveness in Public Serve*. MA.: Lexinton Books.

Dahrendorf, Ralf(1958). Out of Utopia: Toward a Reorientation of Sociological Analysis. *American Journal of Sociology*, 64(2): 115−127.

Davis, Kieth(1953). A Method of Studying Communication Patterns in Organizations. *Personnel Psychology*, 6.

Davis, Keith & Newstrom, J. W.(1989). *Human Behavior at Work*. NY: McGraw−Hill.

Deal, T. & Kennedy, A.(1982). *Corporate Cultures: The Rites and Rituals of Corporate Life*. Reading, MA: Addison−Wesley.

DeCenzo, David A. & Silhanek, Beth(2002). *Human Relations*. New Jersey: Prentice−Hall.

DeLeon, Peter(1978). A Theory of Policy Termination, in J.V. May & A. B. Wildavsky(ed.), *The Policy Cycle*. Beverly Hills: Sage.

Denhardt, Janet V. & Denhardt, Robert B(2003). *The New Public Service*. NY: M. E. Sharpe.

Denhardt, Robert B.(1991). *Public Administration: An Action Orientation*. California: Brooks/Cole Publishing Co.

______(1993). *The Pursuit of Significance: Strategies for Managerial Success in Public Organizations*. California: Wadsworth Publishing Co.

______(2004). *Theories of Public Organization*. Belmont, CA: Wadworth Publishing Co.

Denhardt, Robert B. & Denhardt, Janet V. (2009). *Public Administration: An Action Or−*

ientation. California: Wadsworth/Thomson Learning.

Denhardt, Robert B. & Grubbs, J. W.(2003). *Public Administration: An Action Orientation*. California: Wadsworth/Thomson Learning.

Dessler, Gary(1980). *Organization Theory*. Englewood Cliffs, New Jersey: Prentice-Hall.

Dimock, Marshall E. & Dimock, Gladys O.(1969). *Public Administration*. New York: Holt, Rinehart and Winston.

Donnelly, J. H., Gibson, J. L., & Ivancevich, J. M.(1987). *Fundamentals of Management*. Illinois: BPI Irwin.

Dowding, Kieth(1995). *The Civil Service*. London: Routledge.

Downs, Anthony(1967). *Inside Bureaucracy*. Boston: Little Brown.

Dror, Yehezkel(1963). The Planning Process: A Fact Design. *International Review of Administrative Science*, XXIX(1). Brussel: International Institute of Administrative Science.

______(1968). *Public Policy–Making Reexamined*. San Francisco: Chandler Publishing Co.

Drucker, Peter(1954). *The Practice of Management*. New York: Harper & Brothers.

______(1973). *Management: Tasks, Responsibilities, Practices*. New York, Harper & Row.

______(1995). The Information Executives Truly Need. *Harvard Business Review*. January–February.

DuBrin, Andrew J.(1994). *Contemporary Applied Management: Skills for Managers*. Burr Ridge, Illinois: Irwin.

Dulworth, M. R. & Taylor, R. C.(1989). Assessing and Improving Organizational Productivity. in Joseph S. Wholey, K.E. Newcomer & Associates(ed.), *Improving Government Performance*. California: Jossey–Bass.

Durant, R. F. & Wilson, L. A.(1993). Public Management, TQM, and Quality Improvement: Toward a Contingency Strategy. *American Review of Public Administration*, 23(3).

Edie, Douglas C.(1983). Putting a Powerful Tool to Practical Use: The Application of Strategic Planning in the Public Sector. *Public Administration Review*, 43(5).

Eldridge, William H.(1989). Why Angels Fear to Tread: A Practitioner's Observations and Solutions on Introducing Strategic Management to a Government Culture, in J. Ravin, G. J. Miller & W.B. Hildreth(ed.).

Etzioni, Amitai(1961). *A Comparative Analysis of Complex Organizations*. New York: Free Press.

______(1964). *Modern Organizations*. Englewood Cliffs, New Jersey: Prentice–Hall.

______(1967). Mixed–Scanning: A 'Third' Approach to Decision–Making. *Public Administration Review*, 27(6).

______(1968). *The Active Society*. New York: The Free Press.

Farace, R. V., Monge, P. R., & Russell, H. M.(1977). *Communicating and Organizing*. Reading, Mass.: Addison−Wesley.

Farnham, David & Horton, Sylvia(1993). *Managing the New Public Sevices*. London; Macmillan Press.

Farnum, N. R.(1994). *Modern Statistical Quality Control and Improvement*. California: Duxbury Press.

Fayol, Henri(1949). *General and Industrial Management*. London: Pitman.

Fiedler, Fred E. (1967). *A Theory of Leadership Effectiveness*. New York: McGraw−Hill.

Fiedler, Fred E. & Garcia, J.(1987). *New Approaches to Effective Leadership*. New York: Wiley.

Filley, Alan C. & House, Robert J.(1965). *Managerial Process and Organizational Behavior*. Illinois: Scott, Foreman & Co.

Fink, F. Clinton(1968). Some Conceptual Difficulties in the Theory of Social Conflict. *Journal of Conflict Resolution*, XII(4).

Fisher, B. A.(1978). *Perspectives on Human Communication*. New York: Macmillan.

Flippo, Edwin B.(1961). *Principles of Personnel Management*. New York: McGraw-Hill.

Frederickson, Horace G.(1976). Public Administration in the 1970s. *Public Administration Review*, 36.

French, Wendell L. & Bell, Jr., C. H.(1990). *Organization Development*. New Jersey: Prentice−Hall.

Galbraith, Jay R.(1994). *Competing with Flexible Laternal Organizations*. M.A.: Addison−Wesley.

Galbraith, Jay R. & Lawler, III, Edward E.(1993). *Organizing for the Future : The New Logic for Managing Complex Organizations*. California: Jossey−Bass Publishers.

______(1993). Conclusion: Effective Organization. in Jay R. Galbraith & E. E. Lawler III(ed.), *Organizing for the Future*. California: Jossey−Bass Publishers.

Garfield, C.(1992). *Second to None : How Our Smartest Companies Put People First*. Ill.: Business One Irwin.

Garvin, David A.(1993). Building a Learning Organization. *Harvard Business Review*, July−August.

General Accounting Office(1995). *Managing for Results: Experiences Abroad Suggests Insights for Federal Management Reforms*, GGD−95−120.

Gerloff, Edwin A.(1985). *Organizational Theory and Design: A Strategic Approach for Management*. New York : McGraw−Hill.

Gibson, James L., Ivancevich, John M., & Donnelly, Jr., James H.(1978, 1982, 1988, 1991).

Organizations. Behavior, Structure, Process. Dallas, TX: Business Publications.

______(1991). *Organizations*. Boston, MA: Irwin.

Gordon, Gerald J.(1992). *Public Administration in America*. New York : St. Martin's Press.

Griffin, R. W.(1987). *Management*. Boston: Houghton Mifflin.

Griffin, R. W. & Moorhead, G.(2014). *Organizational Behavior*. Canada: South Western, Cengage Learning.

Grunig, James E. (1977), Communication Situations and Cognitive Strategies in Resolving Environmental Issues. *Journalism Quarterly*, 54: 713–720.

______(1982), The Message–Attitude–Behavior Relationship: Communication Behaviors of Organizations. *Communication Research*, 9(2): 63–200.

______(1989), Sierra Club Study Shows Who Become Activists. *Public Relations Review*, 15(3): 3–24.

______(1992), Evaluation of Public Relations Programs: What the Literaturetells Us about Their Effects. Hillsdale: Lawrence Erlbaum Associates.

Grunig, James E. & Hunt, T. (1984). *Managing public relations*. New York: Holt, Rinehart & Winston.

Grunig, James E., Nelson, C. L., Richburg, S. J. & White, T. J. (1988), Communication by Agricultural Publics: Internal and External Orientations. *Journalism Quarterly*, 65: 26~38.

Grunig, James E. & Repper, F. C. (1992), Strategic Management, publics, and issues. In J. E. Grunig(ed), *Excellence in Public Relations and Communication Management*: 117–157. Hillsdale, New Jersey: Lawrence Erlbaum.

Guetzkow, Harold(1965). Communication in Organizations, in James G. March(ed.), *Handbook of Organizations*. Chicago: Rand NcNally.

Gyford, John(1991). *Citizen, Consumers and Councils*. London: Macmillan.

Haimam, T. & Scott, W. G.(1974). *Management in the Modern Organization*. Boston: Houghton Mifflin.

Hall, Richard H.(1991, 2002). *Organizations: Structures, Processes, and Outcomes*, New Jersey: Prentice–Hall.

Hall, Richard H. & Tolbert, P. S.(2005). *Organizations: Structures, Processes, and Outcomes*, New Jersey: Prentice–Hall.

Halloran, Jack & Benton, Douglas(1987). *Applied Human Relations: An Organizational and Skill Development Approach*. New Jersey: Prentice–Hall.

Hammer, Michael & Champy, James(1993). *Reengineering the Corporation*. London: Nicholas Brealey Publishing.

Hamner, W. & Organ, D.(1987). *Organizational Behavior: An Applied Psychological Approach*. Dallas, TX: Business Pub.

Hanna, David P.(1988). *Designing Organizations for High Performance*. M.A.: Addison－Wesley.

Harmon, Frederick G.(1997). Future Present in F. Hesselbein etc(ed.), *The Organization of the Future*. California: Jossey－Bass Publisher.

Harmon, Michael M. & Mayer, R. T.(1986). *Organization Theory for Public Administration*. Boston: Little, Brown and Co.

Hart, P., Rosenthal, U., & Kouzmin, M. T.(1993). Crisis Decision Making. *Administration & Society*, 25(1).

Hartley, K. & Parker, D.(1991). Privatization: A Conceptual Framework in K. Hartley & A. Ott(eds). *Privatization and Economic Efficiency*. Aldershot: Edward Elgar.

Hedley, Barry(1977). Strategy and Business Portfolio. *Long Range Planning*, 10(1).

Heller, Frank, et al.(1998). *Organizational Participation*. Oxford: Oxford University Press.

Hellriegel, Don & Slocum, Jr., J. W. (1996). *Management*. Ohio, Cincinnati: South－Western College Publishing.

Hellriegel, Don, Slocum, Jr., John W., & Woodman, R. W.(1989). *Organizational Behavior*. MN, St. Paul, West Publishing Co.

Henry, Nicholas(1975, 1992). *Public Administration and Public Affairs*. Englewood Cliffs, New Jersey: Prentice－Hall.

Hersey, Paul(1984). *The Situational Leader*. New York: Warner Books.

Hersey, Paul & Blanchard, Kenneth H.(1982, 1984). *Management of Organizational Behavior: Utilizing Human Resources*. Englewood Cliffs, New Jersey: Prentice－Hall.

Herzberg, Frederick(1964). The Motivation－Hygine Concept and Problems of Manpower. *Personnel Administration*.

______(1966). *Work and the Nature of Man*. New York: World Publishing Co.

Herzberg, Frederick, Manusner, B., & Synderman, B.(1959). *The Motivation to Work*. New York: John Wiley & Sons, Inc.

Hodgetts, Richard M.(1996). *Modern Human Relations at Work*. Florida: The Dryden Press.

House, Robert J.(1971). A Path－Goal Theory of Leader Effectiveness. *Administrative Science Quarterly*, September.

______(1977). A 1976 Theory of Charismatic Leadership, in J. G. Hunt & L. L. Larson, *Leadership: The Cutting Edge*. Carbondale, Ill: Southern Illinois University Press.

House, Robert J. & Mitchell, Terence R.(1974). Path－Goal Theory of Leadership. *Journal of Contemporary Business*, Autumn.

Hunt, V. D.(1993). *Quality Management for Government: A Guide to Federal, State, and Local Implementation*. Wisconsin: ASQC Quality Press.

Hussain, Donna S. & Hussain, K. M.(1992). *Information Management: Organization, Management and Control of Computer Processing*. New York: Prentice-Hall.

Ingraham, P. W.(1997). Play It Again, Sam; It's Still Not Right: Searching for the Right Notes in Administrative Reform. *Public Administration Review*, 57(4).

Jablin, Fredric M. & Putnam, Linda L.(1987). Communication Theory and Organizational Communication: Multiple perspective, in *Handbook of Organizational Communication*. Sage.

Janis, I.(1982). *Groupthink*. Boston: Houghton Mifflin.

Jauch, L. R. & Glueck, W. F.(1988). *Strategic Management and Business Policy*. New York: McGraw-Hill.

Johnson, D. W. (2013). *Reaching Out: Interpersonal Effectiveness and Self Actualization*. Upper Saddle River, New Jersey: Pearson.

Johnson, Ronald W. & Lewin, Arie Y.(1984). Management and Accountability Models of Public Sector Performance, in Trudi C. Miller(ed.), *Public Sector Performance*. Maryland: The Johns Hopkins University Press.

Jones, G. N.(1966). Strategies and Tactics of Planned Organizational Change. *Philippine Journal of Public Administration*, 10(4).

Jreisat, J. E.(1993). *Managing Public Organizations*. New York: Paragon House.

Jung, J. S.(1976). *Management by Objectives in Government: Theory and Practice*. SAGE Publications, Inc.

Kast, Fremont E., & Rosenzweig, James E.(1970, 1974, 1979). *Organization and Management*. London: McGraw-Hill.

Katz, Daniel & Kahn, Robert L.(1966, 1978). *The Social Psychology of Organizations*. New York: John Wiley.

Katzenbach, Jon R., & Smith, Douglas K.(1993). *The Wisdom of Teams*. New York: McGraw-Hill.

Kaufman, Herbert(1971). *The Limits of Organizational Change*. Alabama: University of Alabama Press.

Keeling, D.(1972). *Management in Government*. London: George Allen and Urwin Ltd.

Kerr, S. & Jermier, John M.(1978). Substitutes for Leadership: Their Meaning and Measurement. *Organizational Behavior and Human Performance*, 22: 375-403.

Kline, J. J.(1992). Total Quality Managrment in Local Government. *Government Finance Review*, 8.

Knapp, Mark L. & Vangelisti, A. L.(1996, 2009). *Interpersonal Communication and Human Relationships*. Boston: Allyn and Bacon.

Koehler, Jerry W. & Pankowski, J. M.(1996). *Teams in Government: A Handbook for Team-Based Organizations*. Florida: St. Lucie Press.

Koontz, H. & O'Donnell, C.(1955, 1959, 1972, 1980). *Principles of Management*. New York: McGraw-Hill.

Koontz, Harold, O'Donnell, Cyrill & Weihrich, Heinz(1984, 1986). *Management*. New York: McGraw-Hill.

Korten, David C.(1984). Strategic Organization for People-Centered Development. *Public Administration Review*, 44(4).

Koteen, Jack(1989). *Strategic Management in Public and Nonprofit Organizations*. New York: Praeger.

Kotler, P. (1972), A Generic Concept of Marketing. *Journal of Marketing*, 36.

Kotler, P. & Andreasen, A. R. (1987), *Strategic Marketing for Nonprofit Organizations*(3rd ed). Englewood Cliffs, NJ: Prentice-Hall.

Kotler, P. & Keller, K. L. (2008). *Marketing Management*. 13th eds. Englewood Cliffs, New Jersey: Prentice Hall.

Kotler, P. & Levy, S. J. (1969), Broadening the Concept of Marketing. *Journal of Marketing*, 33.

Kreitner, R. & Kinicki, A.(2004). *Organizational Behavior*. New York: McGraw-Hill.

Kumpt, Frost et al.(1993). Strategic Action and Transformational Change. in Barry Bozeman(ed.), *Public Management: The State of the Art*. California: Jossey-Bass Publishers.

Kweit, Mary G. & Kweit, R. W.(1987). The Politics of Policy Analysis, in J. Desario & S. Langton(ed.), *Citizen Participation in Public Decision Making*. NY: Greenwood Press.

Lawler, III, Edward E.(1993). Creating the High-Involvement Organization, in Jay R. Galbraith & E. E. Lawler III(ed.), *Organizing for the Future*. California: Jossey-Bass Publishers.

Lawrence, Paul R. & Lorsch, Jay W.(1967). *Organization and Environment*. Boston: Harvard University Press.

Leavitt, Harold J.(1951). Some Effects of Certain Communication Patterns on Group Performance. *Journal of Abnormal and Social Psychology*, 46.

Ledford, Jr., Gerald E.(1993). Employee Involvement: Lessons and Predictions, in Jay R. Galbraith & E. E. Lawler, III.(ed.), *Organizing for the Future*. California: Jossey-Bass Publishers.

Levine, Charles H.(1980). The New Crisis in the Public Sector, in C. H. Levine(ed.), *Managing Fiscal Stress*. Chatham, New Jersey: Chatam House.

———(1987). Organization Decline and Cutback Management, *Public Administration Review*, 48(4).

Lewin, Kurt(1947). Frontiers in Group Dynamics: Concept, Method and Reality in Social Science; Social Equilibria and Social Change. *Human Relation*, 1(1).

Likert, Rensis(1961). *New Patterns of Management*. New York: McGraw－Hill Book Co.

______(1967). *The Human Organization*. New York: McGraw－Hill Book Co.

Lindblom, Charles E.(1959). The Science of Muddling Through. *Public Administration Review*, 19(1): 79－88.

______(1968). *The Policy－Making Process*. New Jersey: Prentice－Hall.

Litterer, Joseph A.(1974). Conflict in Organization: A Reexamination, in Henry L. Tosi & Clay Hamner(eds.), *Organizational Behavior and Management: A Contingency Approach*. St. Clair Press.

Luft, J.(1961). The Johari Window. *Human Training News*, 5(1).

Luftman, J. N. et al.(2004). *Managing the Information Technology Resource*. New Jersey: Pearson Education.

Lussier, Robert N.(1996). *Human Relations in Organizations: A Skill－Building Approach*. Chicago: Irwin.

Luthans, Fred(1977, 1981, 1985, 1992, 2008). *Organizational Behavior*. New York: McGraw－Hill.

Mani, B. G.(1995). Old Wine in New Bottles Tastes Better: A Case Study of TQM Implementation in the IRS. Public *Adminisrtation Review*, 55(2).

Manz, Charles C. & Sims, Jr., Henry P.(1987). Leading Workers to Lead Themselves: The External Leadership of Self－Managing Work Teams. *Administrative Science Quarterly*. March.

March, James G. & Simon, Herbert A.(1958, 1961, 1976). *Organizations*. New York: John Willey & Sons.

Martin, S.(1983). *Managing without Managers: Alternative Work Arrangement in Public Organizations*. Beverly Hills, CA: Sage.

Mascarenhas, R. C.(1993). Building an Enterprise Cuture in the Public Sector: Reform of the Public Sector in Australia, Britain, and New Zealanc. *Public Administration Review*, 53(4).

Mascarenhas, Reginald C.(1993). Building and Enterprise Culture in Public Sector: Reform of the Public Sector in Austraria, Britain and New Zealand. Public *Administration*

Review, July/August.

Maslow, Abraham H.(1954). *Motivation and Personality*. New York: Harper & Row.

Massic, G. S.(1971). *Essentials of Management*. New Jersey: Prentice−Hall.

McCaffery, J. L.(1976). MBO and the Federal Budgetary Process. *Public Administration Review*, 36(1).

______(1989). Making the Most of Strategic Planning and Management, in Robert E. Cleary, et al(ed.), *Managing Public Programs*. California: Jossey−Bass.

McClelland, David C.(1961). *The Archieving Society*. Princeton, New Jersey: Van Nostrand.

______(1962). Business Drive and National Achievement. *Harvard Business Review*, 40.

McComick & Illigen(1980). *Industrial Psychology*. New Jersey: Prentice−Hall.

McConkey, Dale D.(1975). *MBO for Nonprofit Organizations*. AMACOM, 1975.

McGregor, Douglas M(1957). An Uneasy Look at Performance Appraisal. *Harvard Business Review*, 35(3).

______(1960). *The Human Side of Enterprise*. New York: McGraw−Hill.

McGregor, Jr., E. B.(1993). Toward a Theory of Public Management Success. in J. L. Perry (ed.), *Public Management: The State of the Art*. California: Jossey−Bass.

Mealiea, Laird W. & Latham, Gary P.(1996). *Skills for Managerial Success*. Chicago: Irwin.

Mercer, J. L.(1992). *Public Management in Lean Years*. Connecticut: Quorum Books.

Milakovich, M. E.(1992). Total Quality Management for Public Service Productivity Improvement. in M. Holzer (ed.), *Public Productivity Handbook*. New York: Marcel Dekker.

Miles, Robert R.(1980). *Macro Organizational Behavior*. Santa Monica, California: Goodyear.

Mileti, D. S. & Sorenson, J. H.(1987). Determinants of Organizational Effectiveness in Responding to Low−Probability Catastrophic Events. *Columbia Journal of World Business*, 22(1).

Miller, Doug(1997). The Future Organization: A Chameleon in All Its Glory, in F. Hesselbein etc(ed.), *The Organization of the Future*. California: Jossey−Bass Publisher.

Miller, N. E. & Dollard, J.(1941). *Social Learning and Imitation*. New Haven.

Millett, John D.(1947). *The Process and Organization of Government Planning*. New York: Columbia University Press.

Miner, Jay(1980). *Theories of Organizational Behavior*. Hinsdale, IL: Dryden Press.

Mintzberg, Henry(1979). *The Structuring of Organizations*. Englewood Cliffs, New Jersey: Prentice−Hall.

______(1983). *Structures in Fives: Designing Effective Organizations*. Englewood Cliffs, New Jersey: Prentice−Hall.

______(1994). The Fall and Rise of Strategic Planning *Havard Business Review*, 74(1).

Mokwa, M. P. & Permut, S. E. (1981). *Government Marketing: Theory and Practice*. New York, New York: Praeger Publishers.

Mondy, Wayne R., Sharplin, A., & Premeaux, S. R.(1990). *Management*. New York: Pearson Higher Education.

Moon, Jeremy(1999). The Australian Public Sector and New Governance. *Australian Journal of Public Administration*, 58(2): 112－120.

Moore, M. H.(1995). *Creating Public Value: Strategic Management in Government*. Massachusetts: Harvard University Press.

Moorhead, G. & Griffin, R.(1992, 2004). *Organizational Behavior*. Boston: Houghton Mifflin Company.

Murray, E. J.(1965). *Motivation and Emotion*. Englewood Cliffs, New Jersey: Prentice－Hall.

Murray, Henry A.(1938). *Explorations in Personality*. New York: Oxford University Press.

Murray, M. A(1975). Comparing Public and Private Management. *Public Administration Review*, 35(4).

Nadler, D. A. & Tushman, M. L.(1980). A Conguruence model for organizational assessment, in E. Lawler, D. Nadler & P. Cammann(eds.), *Organizational Behavior and the Quality of working Life*. New York: Wiley Sons Inc.

Nelson, Valeri, Meadows, K., Cannon, T., Morton, J., & Martin, A.(2002) "Uncertain Predictions, Invisible Impacts, and the Need to Mainstream Gender in Climate Change Adaptations," *Gender and Development*. 10(2): 51－59.

Northouse, Peter G.(2013). *Leadership*. California: Sage.

Nutt, Paul C. & Backoff, Robert W.(1992). *Strategic Management of Public and Third Sector Organizations*. San Francisco : Jossey－Bass Publishers.

O'Reilley, C. A. & Roberts, K. H.(1976). Relationships Among Components of Credibility and Communication Behaviors in Work Units. *Applied Psychology*. 1.

Odgers, Pattie & Keeling, B. Lewis(2000). *Administrative Office Management*. Mason, OH: South Western Educational Publishing.

Odiorne, George S.(1954). An Application of Communication Audit. *Personnel Psycholgy*, 7.

______(1965). *Management by Objectives*. New York : Pitman Publishing Co.

OECD(1995). *Governance in Transition: Public Management Reforms in OECD Countries*.

Organ, Dennis W. & Bateman, Thomas S.(1991). *Organizational Behavior*. MA: Irwin.

Osborne, David & Gaebler, Ted(1992). *Reinventing Government: How the Entrepreneurial Spirit Is Transforming the Public Sector*. Reading, MA.: Addison－Wesley.

Osborne, David & Plastrik, Peter(1997). *Banishing Bureaucracy*. MA: Addison－Wesley.

Ostrom, Vincent(1974). *The Intellectual Crisis of American Public Administration*. Alabama: University of Alabama Press.

Ostrom, Vincent & Ostrom, Elinor(1971). Public Choice : A Different Approach to the Study of Public Administration. *Public Administration Review*, 31(2).

Perrow, Charles(1972). *Complex Organizations: A Critical Essay*. Ill.: Scott & Foreman.

______(1986). *Complex Organizations: A Critical Essay*. New York: McGraw－Hill.

Perry, J. L. & Rainey, H. G.(1980). The Public－Private Distinction in Organization Theory. *Academy of Management Review*, 13(2).

Peters, B. Guy(1996). *The Future of Governing: Four Emerging Models*. Lawrence: University of Kansas Press. 정용덕 외 공역(1998). 『미래의 국정관리』. 법문사.

Peters, T. J. & Waterman, Jr., R. H.(1982). *In Search of Excellence : Lessons from America's Best－Run Companies*. New York: Warner Books.

Petrick, J. A. & Furr, D. S.(1995). *Total Quality in Managing Human Resources*. Florida: Delray Press.

Pfeffer, Jeffrey(1982). *Organizations and Organization Theory*. Boston: Pitman.

Pfiffner, John M. & Presthus, Robert G.(1960). *Public Administration*. New York: Ronald.

Pollitt, C. & Bouckaert, Greert(2004). *Public Management Reform*. Oxford: Oxford University Press.

Pondy, Louis R.(1967). Organizational Conflict Concept and Models. *Administrative Science Quarterly*, 12(2).

______(1969). Varieties of Organizational Conflict. *Administration Science Quarterly*, 14(4).

Porter, Lyman W. & Lawler, III., Edward E.(1968). *Managerial Attitudes and Performance*. Homewood, Illinois: Richard D. Irwin.

Porter, Michael E.(1990). *The Competitive Advantage of Nations: With a New Introduction*. New York: Free Press.

Putnam. Linda L. & Roloff, Michael E. (1992). Communication and Negotiation. *Sage Annual Reviews of Communication Research*. vol. 20. Newbury Park. Calif: sage.

Presthus, Robert G.(1978). *Organizational Society*, New York: Alfred A. Knopf., Inc.

Prior, David(1995). Citizen's Charter, in John Stewart and Gerry Stoker(eds)., *Local Government in the 1990s*. London: Macmilllan Press.

Probasco, G. & Goldhaber, G.(1979). Accuracy Questionnaire, in G. Goldhaber, H. S. Dennis, G. M. Richetto, & O. S. Wiio, *Information Strategies: New Pathways to Corporate Power*. New Jersey: Prentice－Hall.

Pyhr, Peter A.(1970). Zero Base Budgeting. *Harvard Business Review*, 48.

Radin, B. A. & Coffee, J. N.(1993). A Critique of TQM: Problems of Implementation in the

Public Sector. *Public Administration Quaterly*, 17.

Rainey, Hal G.(1997). *Understanding and Managing Public Organizations*. San Francisco: Jossey-Bass Publishers.

Rappaport, Alfred(ed.)(1975). *Information for Decision-Making: Quantitative and Behavioral Dimensions*. Englewood Cliffs, New Jersey: Prentice-Hall.

Redfield, Charles E.(1953). *Communication in Management*. Chicago University Press.

Reece, Barry L. & Brandt, Rhonda(1990). *Effective Human Relations in Organizations*. Boston, MA: Houghton Miflfin Co.

Reece, Barry L. Brandt. R., & Howie, K. F.(2011). *Human Relations*. Mason, OH: South-Western, Cengage Learning.

Rhodes, R. A. W. (1997). *Understanding Governance. Policy Networks, Governance, Reflexivity and Accountability*. Buckingham: Open University Press.

Robbins, Stephen P.(1980). *The Administrative Process*. Englewood Cliffs: Prentice-Hall.

______(1983, 1984, 1990). *Organization Theory: The Structure of Organization*. Englewood Cliffs, New Jersey: Prentice-Hall.

______(1986, 1989, 2003, 2015). *Organizational Behavior: Concepts, Controversies, and Applications*. Englewood Cliffs, New Jersey: Prentice-Hall.

Robbins, Stephen P. & Judge, T. A(2007). *Organizational Behavior*. NJ: Prentice-Hall.

Roberts, Alasdair(1997). Performance-Based Organizations Assesing the Gore Plan, *Public Administration Review*, 57(6).

Roberts, Nancy C.(1993). Limitations of Strategic action in Bureau, in James L. Perry, *Public Management: The State of the Art*. California: Jossey-Bass Publishers.

Robins, Stephen P. (2003). *Essentials of Organizational Behavior*. Englewood Cliffs, New Jersey: Prentice-Hall.

Rogers, Everett M.(1973). *Communication Strategies for Family Planning*. New York: The Free Press.

Rose, R.(1977). Implementation and Evaporation: The Record of MBO. *Public Administration Review*, 37(1).

Rosenbloom, David H. & Kravchuk, R. S.(2002). *Public Administration: Understanding Management, Politics, and Law in the Public Sector*. New York: McGraw-Hill.

Rosenfeld, Paul R., Giacalone, A. & Riordan, C. A.(1995). *Impression Management in Organizations*. London: Routledge.

Rubin, Irene S.(1993). *The Politics of Public Budgeting: Getting and Spending, Borrowing and Balancing*. New Jersey: Chatham House Publishers.

Ruble, T. & Thomas, K.(1976). Support for a Two-Dimensional Model of Conflict

Behavior. *Organizational Behavior and Human Performance*, 16. June.

Runcie, J. F.(1980). Dynamic System and the Quality of Work Life. *Personnel*(November/December).

Savas, Emanuel S.(1987). *Privatization: The Key to Better Government.* New Jersey: Chatham House Publishers, Inc.

Schein, Edgar H.(1965, 1970). *Organizational Psychology.* New Jersey: Prentice－Hall.

______(1985). *Organizational Culture and Leadership*, San Francisco: Jossey－Bass.

Schein, L.(1994). The Road to Total Quality, in W. L. French, et. al.(ed.), *Organization Development and Transformation: Managing Effective Change.* Ill.: Irwin.

Schermerhorn Jr., John R., Hunt, James G., & Osborn, Richard N.(1982, 1985, 2008). *Managing Organizational Behavior.* New York: John Wiley and Sons Inc.

Schlenker, B. R.(1980). *Impressment Management: The Self－Concept, Social Identity, and Interpersonal Relations.* Monterey, California: Book/Cole.

Scott, W. Richard(1987, 1998). *Organizations: Rational, Natural, and Open Systems*, New Jersey: Prentice－Hall.

Scott, W. Richard & Davis, Gerald F.(2007). *Organizations: Rational, Natural, and Open System Perspective*, New Jersey: Pearson Education Inc.

Scrivens, E. (1991) Is There a Role for Marketing in the Public Sector? *Public Money & Management*, Summer.

Sebenius, James K(1993). Essentials of Negotion, N2－894－012, 11/18/93, *Harvard University Case. Harvard University.*

Selznick, Philip(1949). *TVA and the Grass Roots.* Berkeley, California: University of California Press.

______(1957). *Leadership in Administration: A Sociological Interpretation.* New York: Harper and Row.

Sensenbrenner, J.(1991), Quality Comes to City Hall. *Harvard Business Review*, 69(2).

Seta, Catherine E, Paulus, Paul B. & Baron, R. B.(2000). *Effective Human Relations.* MA: Allyn & Bacon.

Sharp, Elaine B.(1990). *Urban Politics and Administration.* New York: Longman.

Shaw, M. E.(1964). Communication Networks, in L. Berkowitz(ed.), *Advances in Experimental Social Psychology*, 1.

______(1981). *Group Dynamics: The Psychology of Small Group Behavior*(3rd ed.). New York: McGraw－Hill.

Shenkman, M. H.(1992). *Value and Strategy.* New York: Quorum Books.

Sherwood, F. P. & Page, W. J.(1976). MBO and Public Management. *Public Administration*

Review, 36(1).

Simon, Herbert A.(1957, 1976, 1997). *Administrative Behavior; A Study of Decision−Making Processes in Administrative Organization*. New York: The Free Press.

______(1960, 1977). *The New Science of Management Decision*. New York: Harper & Row.

Sims, Henry & Cioia, D.(1986). *The Thinking Organization*. San Francisco: Jossey−Bass.

Starling, Grover(1998). *Managing the Public Sector*. Florida: Harcourt Brace & Co.

Starry, Claire & McGaughey, Nick(1988). Growth Industries: Here Today, Gone Tomorrow. *Business Horizons*, 31(4).

Staw, B. M.(1984). Organizational Behavior: A Review and Reformulation of the Field's Outcome variables. *Annul Review Psychology*, 35.

Steers, Richard M.(1984). *Introduction to Organizational Behavior*. Illinois: Scott, Foreman & Co.

______(1991). *Motivation and Work Behavior*(5th ed.). New York: McGraw−Hill.

Steers, Richard M. & Black, J. Stewart(1994). *Organizational Behavior*. New York: Harper Collins College Publishers.

Stewart, Debra W. & Garson, G. David(1983). *Organizational Behavior and Public Management*. New York: Marcel Dekker.

Stogdill, Ralph M.(1974). *Handbook of Leadership: A Survey of Theory and Research*. N.Y.: The Free Press.

Stone, Clarence(1980). Systemic Power in Community Decision Making. *APRS*, 74.

Swiss, J. E.(1991). *Public Management Systems: Monitoring and Managing Government Performance*. New Jersey: Prentice−Hall.

______(1992). Adapting Total Quality Management(TQM) to Government. *Public Administration Review*, 52(4).

Szilargyi, Jr. A. D. & Wallace, Jr., M. J.(1983). *Organizational Behavior and Performance*. New York: Harper Collins Publishers, Inc.

Tannehill, R. E.(1970). *Motivation and Management Development*. London.

Tannenbaum, Robert & Schmidt, Warren H.(1985). How to Choose a Leadership Pattern. *Harvard Business Review*, 2.

Taylor, Frederick. W.(1947). *Scientific Management*. New York: Harper & Brothers.

The Report of the President's Commission on Industrial Competitiveness(1985). *Global Competitive: The New Reality*.

Thomas, John C.(1986). *Between Citizen and City*. Lawrence: University Press of Kansas.

Thomas, Kennneth W. & Schmidt, Warren H.(1976). A Survey of Managerial Interests with Respect to Conflict. *Academy of Management Journal*, June.

Thompson, James D.(1976). Organizations in Action. New York: McGraw-Hill.

Thompson, Victor A.(1965). Bureaucracy and Innovation. *Administrative Science Quarterly*, 5. June.

Toffler, Alvin(1990). *Powershift: Knowledge, Wealth and Violence at the Edge of the 21st Century*. New York: Bantam Books.

Tosi, Henry L.(eds.)(1984). *Theories of Organization*. Canada: John Wiley and Sons, Inc.

Trice, H. M. & Beyer, J. M.(1986). Charisma and Its Routinization in Two Social Movement Organizations. *Research in Organizational Behavior*, 8.

Turner, Mark & Hulme, David(1997). *Governance, Administration & Development*. London: Macmillan Press.

Tyson, L. D'Andrea(1992). *Who's Bashing Whom? Trade Conflict in High-Technology Industries*. Washington: Institute for International Economics.

UNDP(1997). Developing Capacity for Effective Governance. A Workshop for UNDP Offices.

Urwick, Lyndall F.(1947). *The Elements of Administration*. New York: Harper & Row.

Van Wart, Montgomery(1955). The First Step in the Reinvention Process: Assessment. *Public Administration Review*, 55(5).

Vardon, Sue(1999). Centrelink: A Reply to ACOSS. *Australian Journal of Public Administration*, 58(3): 105-108.

______(2000). We're From the Government and We're Here to Help: Centrelink' Story. *Australian Journal of Public Administration*, 59(2): 3-10.

Vroom, Victor H.(1964). *Work and Motivation*. New York: John Wiley & Sons.

Vroom, Victor H. & Jago, Arthur G.(1988). *The New Leadership*. Englewood Cliffs, New Jersey: Prentice-Hall.

Vroom, Victor H. & Yetton, P. W.(1973). *Leadership and Decision Making*. Pittsburgh: University of Pittsburgh Press.

Wahba, M. A. & Bridwell, L. G.(1973). Maslow Reconsidered: A Review of Research on the Need Hierachy Theory. *Proceedings of Academy of Management*.

Walton, Richard E.(1973). Quality of Work Life: What Is It?. *Sloan Management Review*. Fall.

Walton, Richard E. & Dutton, John(1969). The Management of Interdepartmental Conflict: A Model and Review. *Administrative Science Quarterly*, 124(1).

Waterston, Albert(1965). *Development Planning: Lessons of Experience*. Baltimore: Johns Hopkins Press.

Weber, Max(1947). *The Theory of Social and Economic Organization*, T. Parsons(trans. & eds.), New York: The Free Press.

Wechsler, B. & Backoff, R. W.(1986). Policy-Making and Administration in State Agencies:

Strategic Management Approaches. *Public Administration Review*, 46(4).

Weick, Karl(1979). *The Social Psychology of Organizing*. Reading, MA: Addison-Wesley.

Weihrich, Heinz(1985). *Management Excellence*. New York: McGraw-Hill.

White, O. F. & Wolf, J. F.(1995). Deming's Total Quality Management Movement and the Baskin Robbins Problem. *Administration & Society*, 27(2).

Whitehill, A. M.(1991). *Japanese Management: Tradition and Transition*. London: Routledge.

Wholey, Joseph S.(1994) Introduction: How Evaluation Can Improve Agency and Program Performance, in Joseph S. Wholey, K. E. Newcomer & Associates(ed.), *Handbook of practice program evaluation*. San Francisco: Jossey-Bass.

Wiener, Nobert(1948). *Cybernetics: Control and Communication in the Animal and the Machine*. New York: John Wiley & Sons.

Wildavsky, Aron B. & Hammann, A.(1965). Comprehensive Versus Incremental Budgeting in the Department of Argriculture. *Administrative Science Quarterly*, 10.

Wilson, G. L., Hantz, A. M. & Hanna, M. S.(1992). *Interpersonal Growth Through Communication*. IA: William C. Brown Publishers.

Wilson, James Q.(1989). *Bureaucracy: What Government Agencies Do And Why They Do It*. New York: Basic Books.

Wilson, L. A. & Durant, R. F.(1994). Evaluating TQM: The Case for a Theory Driven Approach. *Public Administration Review*, 54(2).

Yukl, Gary A.(1994, 2002, 2006). *Leadership in Organizations*. Englewood Cliffs, New Jersey: Prentice-Hall.

______(2013). *Leadership in Organizations*. Essex, England: Pearson.

Zifcak, Spencer(1994). *New Managerialism: Administrative Reform in Whitehall and Canberra*. Buckingham: Open University Press.

岡部史郎(1967).『行政管理』. 東京: 有斐閣.

今村都南雄(1978).『組織と行政』. 東京: 東京大學出版會.

馬場品雄(1970).『組織行動の心理學』. 東京: 白桃書房.

本田弘(1993).『行政管理のシステム』. 東京: 勁草書房.

西尾勝(1990).『行政學の基礎概念』. 東京: 東京大學出版會.

______(1993).『行政學』. 東京: 有斐閣.

辻清明(1976).『行政の過程』. 東京: 東京大學出版會.

田中守(1976). 管理の動向. 辻清明 編,『行政の過程』. 東京: 東京大學出版會.

村杉健(1987).『作業組織の行動科學』. 東京: 稅務經理協會.

찾아보기

ㄱ

ㄴ

ㄷ

ㄹ

ㅁ

ㅇ

ㅈ

저자 소개

오세덕(吳世德)

경희대학교에서 정치학 박사학위를 취득했다. 경희대학고 행정학과 교수 · 사회과학대학장 · 행정대학원장 등을 역임하고, 현재 경희대학교 행정학과 명예교수로 재임 중이다. 국가공무원 채용시험 · 승진시험 위원, 한국행정학회 이사, 한국정치학회 이사, 한국행정사학회 부회장, 한국인간관계학회고문 등을 역임했다.

주요 저서 ▮

조직관리론(법문사, 1981, 공저)
현대조직관리론(법문사, 1995, 공저)
현대행정관리론(동림사, 1997, 공저)
조직행태론(동림사, 2004, 공저)
인생은 실록인가 유사인가(학림사, 2017)
조직행태론(윤성사, 2018, 공저)
조직론(윤성사, 2019, 공저)

이명재(李明宰)

경희대학교에서 행정학 박사학위를 취득했다. 상명대학교 행정학과 교수 · 인문사회과학대학장 · 정치행정대학원장 등을 역임했다. 국가공무원 채용시험·승진시험 위원, 행정관리사시험 전문위원, 한국행정학회 이사, 한국인간관계학회 부회장 등을 역임했다.

주요 저서 ▮

객관식 행정학(법문사, 1995, 공저)
한국행정의 과제와 개혁(아세아문화사, 1998, 공저)
조직발전론(대영문화사, 2003)
조직행태론(동림사, 2004, 공저)
행정조직론(동림사, 2005)
인간행동과 사회환경(대영문화사, 2005, 공저)
조직행태론(윤성사, 2018, 공저)
조직론(윤성사, 2019, 공저)

강제상(姜霽相)

미국 뉴욕대학교(New York University)에서 행정학 박사학위를 취득했다. 경희대학교 입학관리처장 · 정경대학장을 역임하고 현재 행정학과 교수로 재직 중이다. 학회 활동으로는 한국국정관리학회장, 한국인사행정학회장, 한국행정학회장 등을 역임했다.

주요 저서 ▮

새 조직행태론(대영문화사, 1999, 공저)
고위공무원 개방형 임용제도(나남, 2000, 공저)
인사행정의 이해(법문사, 2000, 공저)
행정기획론(박영사, 2001, 공저)
조직행태의 이해(대영문화사, 2002, 공저)
정부조직진단(대영문화사, 2002, 공저)
거버넌스의 이해(대영문화사, 2003, 공저)
현대인사행정론(법문사, 2007, 공저)
조직행태론(윤성사, 2018, 공저)
조직론(공저, 윤성사, 2019, 공저)

임영제(林泳濟)

경희대학교에서 행정학 박사학위를 취득하고 경희대, 서울시립대, 숙명여대 등에서 외래교수와 객원교수를 역임했다. 학회활동으로는 한국행정학회 편집위원·총무위원, 한국정책과학학회 연구이사, 한국인간관계학회 연구이사, 안전행정부 정책자문위원 등을 역임했다. 현재 경희사이버대학교 보건의료관리학과에 재직하면서 강의와 연구활동을 하고 있다.
(yyj629@khcu.ac.kr)

주요 저서 ▮

현대사무관리론(법문사, 2000, 공저)
현대사회와 행정(대영문화사, 2001, 2004, 공저)
행정기획론(박영사, 2001, 2010, 공저)
인간관계의 이해(법문사, 2003, 2007, 공저)
정보사회와 현대조직(대영문화사, 2004, 공저)
조직행태론(동림사, 2004, 공저)
현대인간관계론(박영사, 2006, 2016, 공저)
행정학개론(박영사, 2006, 2015, 공저)
조직행태론(윤성사, 2018, 공저)
조직론(윤성사, 2019, 공저)
리더십(대영문화사, 2020, 공저)

김강민(金剛民)

경희대학교에서 행정학 박사학위를 취득하고 서울연구원에서 연구원을 거쳐 현재 문화재청, 병무청, 산림청, 용인시 등의 갈등관리심의위원으로 활동하고 있다. 학회 활동으로는 한국정책평가학회 연구이사, 한국지방행정학회 이사, 한국위기관리학회 이사 등을 역임했다. 현재 단국대학교 분쟁해결연구센터 조교수로 재직 중이다.

주요 저서 ▮

공정사회와 갈등관리(박영사, 2011, 공저)
갈등을 해결하는 구정소통(커뮤니케이션북스, 2012, 공저)
공공갈등 국민에게 묻는다(노스보스, 2015, 공저)
갈등관리와 협상(노스보스, 2018, 공저)

제3판

행정관리론

펴낸날 제1판 제1쇄 2007년 8월 30일
제2판 제1쇄 2013년 2월 15일
제3판 제1쇄 2020년 2월 25일
지은이 오세덕 · 이명재 · 강제상 · 임영제 · 김강민
펴낸이 임춘환
펴낸곳 도서출판 대영문화사
주소 (본사) 사무실: 경기도 고양시 일산서구 주화로 70
우신프라자 307호 (㊤ 10387)
(본사) 물류센터: 경기도 고양시 일산서구 덕산로
107번길 68-50 (㊤ 10205)
등록 1975년 12월 26일 제3-16호
전화 (031) 913-3062, (031) 914-3884~5
팩스 (031) 913-3839
홈페이지 http://www.dymbook.co.kr

ISBN 978-89-7644-762-3

값 27,000원